高等职业教育精品规划教材

大学生就业与创新创业

主编 张宏升

应急管理出版社

·北京·

图书在版编目（CIP）数据

大学生就业与创新创业 / 张宏升主编． －－北京：应急管理出版社，2023

高等职业教育精品规划教材

ISBN 978 -7 -5020 -9595 -6

Ⅰ.①大… Ⅱ.①张… Ⅲ.①大学生—职业选择—高等职业教育—教材 Ⅳ.①G647.38

中国版本图书馆 CIP 数据核字（2022）第 210657 号

大学生就业与创新创业（高等职业教育精品规划教材）

主　　编	张宏升
责任编辑	闫　非
编　　辑	田小琴
责任校对	张艳蕾
封面设计	王　滨

出版发行	应急管理出版社（北京市朝阳区芍药居 35 号　100029）
电　　话	010 -84657898（总编室）　010 -84657880（读者服务部）
网　　址	www.cciph.com.cn
印　　刷	北京地大彩印有限公司
经　　销	全国新华书店
开　　本	787mm×1092mm$^1/_{16}$　印张 19$^1/_2$　字数 417 千字
版　　次	2023 年 3 月第 1 版　2023 年 3 月第 1 次印刷
社内编号	20221309　　　　　定价　63.00 元

版权所有　违者必究

本书如有缺页、倒页、脱页等质量问题，本社负责调换，电话:010 -84657880

编 委 会

主　　任　蒲金龙　刘　忠
副 主 任　王　晖　李　燕　魏孔明
委　　员（以姓氏笔画为序）
　　　　　　丁兆栋　马瑞山　王文革　王多荣　牛鹏程
　　　　　　兰聘文　卢建兵　刘志平　刘国强　刘　荣
　　　　　　朱启进　孙庆唐　吴森福　李志明　李　学
　　　　　　张宏升　何沛锋　杨　桢　陈　彦　胡贵祥
　　　　　　侯　侠　南永新　南有禄　赵澍民　黄少华
　　　　　　焦　健　梁珠擎　程来胜

本书编写人员

主　　编　张宏升
副 主 编　宋子华
参编人员　杨婉欣

序

改革开放以来,我国职业教育迅速发展。2019年国务院印发《国家职业教育改革实施方案》,进一步肯定了职业教育的作用及现实意义,要求要牢固树立新发展理念,服务建设现代化经济体系和实现更高质量更充分就业需要,对接科技发展趋势和市场需求,完善职业教育和培训体系,优化学校、专业布局,深化办学体制改革和育人机制改革,以促进就业和适应产业发展需求为导向,鼓励和支持社会各界特别是企业积极支持职业教育,着力培养高素质劳动者和技术技能人才。2020年《教育部 甘肃省人民政府关于整省推进职业教育发展打造"技能甘肃"的意见》出台,明确提出了部省合作推进甘肃职业教育发展,聚焦打造"技能甘肃",树立西部职业教育发展示范,全面推进本科职业教育改革试点工作。甘肃高等职业教育发展迎来了新机遇、踏上了新征程。为了实施科教兴国战略,发展职业教育,提高劳动者素质,促进社会主义现代化建设,2022年国家颁布了《中华人民共和国职业教育法》,鼓励并组织职业教育的科学研究。

在此关键时期,恰逢世行贷款甘肃职业教育发展项目助推甘肃省职业教育发展。世行贷款甘肃职业教育发展项目,是经国务院批准,由甘肃省人民政府担保,借用世界银行贷款以提高甘肃省职业院校开展职业教育与培训整体能力的改革创新项目;是全面贯彻全国职教工作会议精神,落实《甘肃省人民政府关于贯彻落实国务院加快发展现代职业教育决定的实施意见》,针对甘肃省经济产业发展战略中技能型人才不足的实际,通过利用外资,同时引进国际先进的职业教育发展理念和经验,进一步促进甘肃省现代职业教育体系建设的重要支撑项目。

甘肃能源化工职业学院子项目是该项目的重要组成部分。项目的实施,为学校引智引资,改善办学条件,改革教育教学方法,推进课程体系建设,提升人才培养质量,促进学校高质量发展奠定了基础。学校以此为契机,积极推进职业教育教材编写工作,遴选资深教师和企业专家组成编委会,编写了这套

▶ 大学生就业与创新创业

"高等职业教育精品规划教材"。在此过程中,我们始终得到了世行专家团队、教育主管部门和相关院校的大力支持和积极参与,对此深表感谢。

我们要抢抓"一带一路"建设和新一轮西部大开发的历史机遇,探索经济欠发达地区职业教育与区域产业互动发展、融合发展、高质量发展的路径,推动高等职业教育发展,打造"技能甘肃"职业教育高地,为新时代甘肃融入"一带一路"建设培养技术技能型人才。

高等职业教育精品规划教材编委会

2022 年 9 月

前　言

随着我国高校招生规模的不断扩大，大学生就业问题成为关系到社会经济发展和国家稳定、高等教育体制改革的综合性问题，其能否顺利就业，不仅会影响大学生个人的发展前途，而且涉及千家万户的利益，影响社会的和谐与稳定，因而备受社会各界的广泛关注。因此，提高大学生的就业创业意识、加强就业与创业指导，对提升大学生的个人竞争实力、促进社会发展有着十分重要的作用。

在世行贷款甘肃职业教育发展项目的助推下，由兰州石化职业技术大学长期从事大学生就业创业指导工作的老师编写本书。本书由张宏升教授担任主编，并负责统稿、定稿。具体编写分工如下：宋子华编写项目一、项目二、项目三、项目四；杨婉欣编写项目五、项目六、项目七；张宏升编写项目八、项目九、项目十、项目十一、项目十二。本书在编写过程中参考的文献已列出，在此对所有文献的作者表示衷心的感谢。

由于编者水平所限，编写时间较紧促，书中难免有不妥之处，敬请读者批评指正。

编　者

2022 年 9 月

目　　录

项目一　大学生就业前的准备 ································· 1

　　任务一　大学生就业形势与就业状况 ························· 1
　　任务二　大学生就业的主要方式 ····························· 8
　　任务三　就业信息的搜集、处理和利用 ····················· 10

项目二　就业政策与就业定位 ································ 24

　　任务一　就业促进政策 ····································· 24
　　任务二　就业定位 ··· 31

项目三　求职过程指导 ······································ 41

　　任务一　求职材料的准备 ··································· 41
　　任务二　求职礼仪 ··· 55
　　任务三　笔试及其应对技巧 ································· 60
　　任务四　面试及其应对技巧 ································· 66

项目四　毕业流程与就业程序 ································ 84

　　任务一　毕业流程 ··· 84
　　任务二　就业程序 ··· 87

项目五　就业权益与保障 ···································· 95

　　任务一　就业权益的主要内容 ······························· 95
　　任务二　求职陷阱应对策略 ································ 103
　　任务三　就业协议与劳动合同 ······························ 110
　　任务四　社会保险 ·· 117
　　任务五　违约责任与劳动争议 ······························ 120
　　任务六　就业法律保障 ···································· 123

项目六　创新与创业 ······································· 130

　　任务一　创新 ·· 130

> 大学生就业与创新创业

　　任务二　创业 ·· 141
　　任务三　创新创业 ·· 152

项目七　创业者与创业能力 ·· 158
　　任务一　创业者概述 ··· 158
　　任务二　创新能力概述 ·· 166
　　任务三　创新能力培养 ·· 171
　　任务四　创新能力开发 ·· 176

项目八　创业团队与创业资源 ··· 185
　　任务一　创业团队组建 ·· 185
　　任务二　创业团队管理 ·· 190
　　任务三　创业资源 ·· 196
　　任务四　创业资源管理 ·· 202
　　任务五　创业融资 ·· 207

项目九　创业机会与创业项目选择 ·· 218
　　任务一　创业机会识别 ·· 218
　　任务二　创业机会评价 ·· 225
　　任务三　创业项目选择 ·· 232

项目十　创业风险及防范 ·· 237
　　任务一　创业风险概述 ·· 237
　　任务二　创业各阶段的风险 ··· 244
　　任务三　创业风险的防范措施 ·· 252

项目十一　创业计划书 ··· 259
　　任务一　创业计划书概述 ·· 259
　　任务二　创业计划书的编制规范 ··· 262
　　任务三　创业计划书的编写与演示 ·· 267

项目十二　新企业创建 ··· 276
　　任务一　新企业组织形式选择 ·· 276
　　任务二　新企业的创建过程 ··· 283
　　任务三　新企业的管理 ·· 289

任务四　新企业的社会责任 …………………………………………………… 293
参考文献 ……………………………………………………………………………… 297

项目一　大学生就业前的准备

任务一　大学生就业形势与就业状况

【任务目标】
(1) 了解高等教育大众化与大学生就业形势。
(2) 了解就业需求发生结构性变化。

【任务描述】
从我国高等教育实施扩大招生规模以来，大学毕业生人数逐年增多，我国高等教育进入了大众化教育阶段，大学毕业生身份、就业市场、就业结构也随着发生了显著变化。这就使得就业形势出现许多不确定、不稳定因素，大学毕业生就业面临诸多挑战，但总体平稳。

【案例导入】
我是一名大三的女学生，面对毕业以后的路非常迷茫。我是一个非常普通的大学生，没什么头衔，学习成绩也一般，没有获过奖学金，但喜欢看各种各样的书。我一直觉得大学的课程不能让我学到有用的知识，所以似乎一直没有认真对待学习。我的家人希望我能参加专升本考试，继续学习。但我觉得本科的学习好像是专科学习的翻版，没有目的的学习，学不到真正有用的知识。而且我这样的情况可以考到比现在更好的大学吗？高学历真的就能找到更好的工作吗？经验是不是很重要？

【任务知识】
大学生是国家宝贵的人才资源，是民族的希望、祖国的未来。近年来，社会对大学生就业的关注越来越高，大学生就业现状和前景成为一个社会普遍关注的话题。那么，大学生的就业到底面临一种怎样的形势呢？这是每位毕业生首先想了解的问题。据有关部门统计，"十三五"期间，我国每年新增就业岗位总计900多万个，但每年需在城镇安排就业的人数仍然维持在2500万人。由于劳动力供给严重大于岗位需求，大学毕业生就业空间受到挤压，适合他们的岗位也就少，竞争日趋激烈。"一毕业，就失业""一位难求""本科生—操场、硕士生—礼堂、博士生—走廊"……这些流行语从侧面反映了目前高校毕业生就业的形势，求职应聘情况也反映着高校毕业生就业竞争的激烈。

近年来，党中央、国务院积极持续地出台了一系列"稳增长、保就业、惠民生"的政策措施，在这些政策措施的有效发力下，我国就业形势总体良好，但仍然存在一些区域性、结构性和体制机制性问题。

一、高等教育大众化与大学生就业

1999年6月24日,教育部和国家计委联合宣布,1999年普通高校招生人数增加到156万人,比上一年增长47%,随后,我国高等教育迈开了连续扩招的步伐。2003年是高校扩招后的第一批本科毕业生进入就业市场,毕业生人数为212万人,比2002年增加了67万人,增幅为46%,这个增幅是20多年来最大的一年。2020年全国普通高校毕业生人数为874万,2021年为909万,2022年达到1076万。

根据美国学者马丁·特罗的教育研究理论,高等教育毛入学率15%以下为精英教育阶段,15%~50%为大众化教育阶段,50%以上为普及型教育阶段。目前,中国高等教育已经进入了国际公认的大众化教育阶段。

与高等精英教育相比,大众化教育阶段的大学生就业也呈现大众化发展趋势,主要表现在以下几个方面:

(一)大学毕业生身份发生深刻变化

在大众化教育阶段,接受高等教育被认为是具有一定资格者的一种权利,与精英教育阶段性比,更多的适龄青年有机会进入大学,大学生的身份由"天之骄子"变成了"普通劳动者"。所以,面对新的大众化阶段的大学毕业生就业形势,要求大学生改变狭义的就业观、树立广义的就业观,即只要有一份相对稳定收入的工作,不管是国有单位还是非国有单位,甚至从事个体工作,只要是实现了个人的社会价值,只要是通过劳动取得合法收入等都是就业。在工作种类上,大学毕业生不仅可以从事一份工作,也可以同时兼任多份工作;在工作收入上,既可以从事较高收入的工作,也可以从事一般收入的工作;在工作地点上,既可以是城市,也可以是农村;在工作的稳定性上,既可以是从事稳定的长期工作,也可以是不太稳定的短期工作。

(二)大学毕业生的就业市场竞争日趋激烈

大众化高等教育阶段,从现实整体上来说,大学毕业生的供给大于社会需求。大学毕业生主要在社会"大众化"岗位上就业,通过内部竞争获得就业机会;高校之间通过市场竞争,抢占市场份额,拓展生存发展的空间。因此,大学生就业问题,越来越成为高等教育关注的焦点。

(三)大学毕业生的就业结构发生显著变化

从世界经济发展史看,随着社会的发展和科学技术水平的提高,第三产业的从业人员迅速增加。发达国家第三产业从业人员比重一般达到60%~75%。可以预计,随着我国"全面建成小康社会"的推进及城镇化的演进,第三产业的从业人员必将大幅增加,将会从现在所占比例不到30%上升到50%左右。现代化的第三产业是以知识和高科技为支撑的,如服务外包产业(涉及软件研发、产品技术研发、工业设计、信息技术研发、信息技术外包服务等流域)、金融保险、法律、审计、财会、投资、心理、职业、出国留学等方面的咨询服务业,以及各类经纪人和中介机构、文化教育等服务业。由此可见,我国第三产业发展空间非常大,发展前景也非常好。第三产业的健康发展,将会吸引大批具备较高文化素质及专业技能水平的人员。大学毕业生进入第三产业领域就业,是高等教育大众化时代大学毕业生就业的一个显著特征,大学毕业生的就业结构也将由第二产业为主导走向以第三产业为主导。

(四)大学毕业生就业形式的多样性

高等教育步入大众化教育阶段,已不仅仅是数量的变化,高等教育的社会需求、培养目标、培养模式都将发生一系列质的改变,它要求高等教育培养数以亿计的高素质劳动者、数以千万计的专业人才和一大批拔尖创新人才。培养目标的多样化要求,必然导致大学毕业生的就业取向、就业形式的多样化。大学毕业生就业是社会就业的一个重要组成部分,社会有多少种就业形式,大学毕业生就可能有多少种就业形式。从工作时间来分,有全日制、半日制、计时等;从就业地点来看,有大城市、中小城市、贫困边远地区;从就业单位属性来看,有三资企业、科研院所、高等院校、国有大中型企业、私营企业等;从就业途径来看,有招聘会、学校推荐、网上求职等;从岗位资源来看,可分为就业、创业;从实现方式看,可分为一次就业、准备就业、暂时待业等;从就业管理性质来看,可分为显性就业、隐性就业(又称非正规就业,如钟点工、临时工、季节工、自由职业者、网站管理人员、自由撰稿人等)。就业形式由单一性向多样性转变,必然要带来大学生就业观念的转变。

二、大学毕业生人数逐年增加

我国高等教育实施扩大招生规模、自主择业以来,大学生人数逐年增多,如图 1-1 所示。

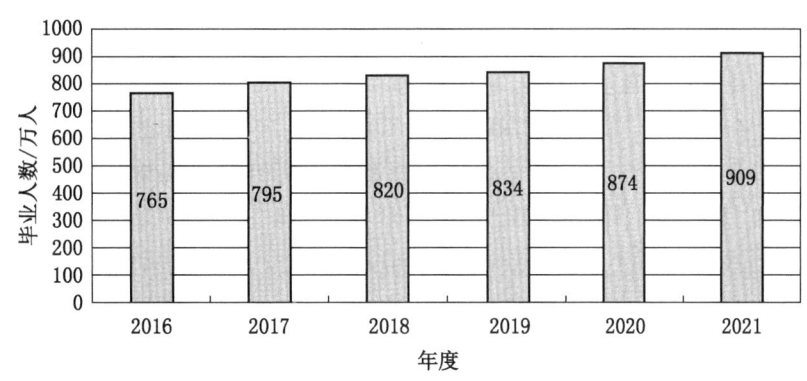

图 1-1 2016—2021 年全国高校毕业生人数

在经济增速稳定、就业拉动有限的宏观环境下,近几年我国大学生的初次就业率(截至毕业年度8月底的就业率）基本维持在70%之上。金融危机过后，国家出台实施了一系列促进大学生就业的新政策，随着经济的回暖，就业状况有所好转、初次就业率有所提升。

随着近两年来人工智能的大力发展，越来越多的传统岗位诸如财务、会计等一些高程序化的职位将被部分取代，市场上目前愈加需求各类技术性强的人才。尽管国家颁布各类就业政策，比如引导和鼓励高校毕业生到基层工作，围绕"一带一路""长江经济带""京津冀协同发展"等重大发展战略、向重点领域输送高校毕业生、推进大学生自主创业、提高就业指导水平和服务能力、深化高校人才培养改革、优化高等教育结构，但仍然难以缓解劳动力的供求矛盾，大学生就业、创业面临复杂严峻的形势。

三、就业需求发生结构性变化

就业需求的结构性变化，就是用人单位需求的变化与大学生的个人需求、职业价值取向的变化。一方面，用人单位的需求是不平衡的。由于多年来社会经济的累积与发展，各区域发展存在不平衡的现象，东部发达地区、省会城市、北上广等热点区域为大学毕业生提供了良好的生存环境和较好的发展前景，从而成为人才的输入地，也是大多数毕业生首先考虑的工作目的地。因此这些地区人才竞争激烈，很多大学生未能有效就业。与此相反，在西部地区、离省会城市相对较远的三线城市却存在大量的岗位招不到大学毕业生的情况。另一方面，大学生的职业价值取向和就业观念的变化在一定程度上也造成了大学生就业难。随着大学教育的普及，大学生的"精英"光环在逐渐弱化，甚至消失，但对于一直深居"象牙塔"的大学生来说，"精英"思想仍然束缚着他们的择业观念。北京社会经济科学研究所"当代大学生就业状态研究"课题组在《中国教育报》上公布的调查结果显示，大学生在选择就业单位时，更多的人倾向于选择大城市、大企业就业。虽然用人单位欠缺某些专业的人才，如机械、技术专业等，一些大学生即使专业对口，也因为"工作不够体面"等原因错失工作机会。

我国第一产业就业比重，过去长期占到50%以上，从2008年开始降到40%以下；第二产业就业比重在2012年首次突破30%；近年来，第三产业就业比重持续增加，2011年首次超过第一产业。中国自改革开放以来，产业结构历经多次调整，结构得到了不断优化。1978年，我国三次产业间的比例为27.7∶47.7∶24.6。1985年，三次产业间的比例为27.9∶42.7∶29.4。2012年，三次产业间的比例为9.1∶45.4∶45.5。2019年三次产业间的比例为7.1∶39.0∶53.9。2020年，由于受疫情影响，三次产业间的比例为7.7∶37.8∶54.5。

2021年，我国第一产业增加值占GDP的比重为7.3%，第二产业增加值的占比为39.4%，第三产业增加值的占比为53.3%。从统计数字可以看出，三次产业的比重变化为：第三产业逐年上升，第二产业比重平稳，第一产业占比呈现出逐步缩小趋势。自2001年加入WTO以来，我国产业结构持续优化：第一产业增长相对缓慢；第二产业增长迅速；

第三产业改变了以往以商贸、餐饮为主的单一发展格局，金融、保险、研发和咨询等行业得到了快速发展。

从就业情况看，第一产业就业比重明显下降，第二产业就业比重增长缓慢，第三产业就业比重增长速度高于第一和第二产业，产业结构总体呈现出保持在二、三、一形态基础上的不断优化。

随着网店、微商、网购、快递等网络创业，就业新业态不断涌现，服务业吸纳就业的能力进一步增强，就业结构正逐步从原来第一产业占绝大多数的"金字塔形"向第三产业比重不断上升的"倒金字塔形"转变。

（一）专业的热门与冷门转化快

学习的最终目的是学以致用。为适应社会发展的需求，学校的教育在不断改革，其专业设置、课程设置与社会的关联度也在不断上升。教育改革在一定程度上减小了学校与社会的差距，缩短了理论与实践之间的距离。但随着社会科学技术的迅速发展，企业的内部结构不断发生变化，岗位的设置、人员的需求都在不断调整。而高校热门专业的扩招只能针对当下的社会需求和社会热点，有可能大学生毕业时企业的岗位需求已经发生了变化。

（二）用人单位对学历要求进一步提高

随着社会的进步与高新技术的发展，一些行业、岗位需要具有较高专业水平及素质的人才。从近年各地专门针对毕业生举办的双选会来看，各单位纷纷提出对高层次人才的需求。

（三）能力要求高于学习成绩

随着社会经济的发展，用人单位的择才观念也在发生变化。调查显示，除了专业能力，用人单位还提出了明确的非专业能力的要求，要求依次为环境适应能力、人际交往能力、自我表达能力、专业能力、外语能力，能力成为影响大学生成功就业的直接因素。

四、当前大学生就业形势

当前我国的就业形势将延续总体平稳态势，但不确定、不稳定因素仍然很多，就业形势依然比较复杂、面临诸多挑战。

（一）毕业生规模再创新高，竞争异常激烈

一方面高校应届毕业生再创新高。2022年的高校应届毕业生为1076万人，比2021年又增加167万人。另一方面留学生回流。疫情导致更多海外留学生选择回国找工作，这让职场新人们面临更加激烈的竞争。最新数据显示，2020年，向国内岗位投递简历的海归人才数量较2019年增长了33.9%，而在2022年春节后第二周，随着考研成绩公布，更多应届生流向就业市场，求职人数同比增长14.31%。

（二）疫情影响仍有不确定性

▶ 大学生就业与创新创业

2021年《经济蓝皮书》指出,目前中国的新冠肺炎疫情防控已取得阶段性成效,但从全球范围来看,疫情形势并没有得到缓解,疫情的发展形势仍存在较大的不确定性。

(三) 校园招聘岗位数量有所减少

据统计,2020年2月28日,自24365校园招聘启动一周便已推出200多万岗位。但是截至2021年3月16日,24365校园招聘服务面向2021届高校毕业生已举办25场专场招聘会,参与企业7.5万多家,提供岗位256万多个。

(四) 新领域新业态从业人数增多

李克强总理在2021年《政府工作报告》中强调"要支持和规范发展新就业形态,加快推进职业伤害保障试点",体现了国家对于新就业形态发展的重视。

根据国家信息中心《分享经济发展报告》的数据显示,参与共享经济的平台从业者人数,2015—2020年增加3400万人,年均增长率9%。可以看到,新就业形态群体已经成为我国当前以及未来劳动力市场不容忽视的就业群体,是我国劳动力市场发展的重要趋势,蕴含着巨大的发展动力和潜力。

(五) 部分群体就业难度持续增加

《中华人民共和国职业分类大典》将我国职业归为8个大类,66个中类,413个小类,1838个细类。然而,在众多的职业中,却仍旧有部分群体"无业可就"。部分毕业生由于内在或外在、可控或不可控、稳定或不稳定的因素,造成在就业市场上竞争力不足、求职过程中处于弱势地位,加上岗位竞争激烈,一方面是受到疫情影响,另一方面是上一年待业的毕业生的累计,此外还有留学回国的学生,因此就业难度持续增加。

(六) "高期望""慢就业"加剧

当大多数高校毕业生为找工作而焦急忙碌时,有一小部分学生既不着急就业,也没有继续深造,而是选择去游学、支教、在家陪父母或者创业考察等,慢慢考虑人生道路。这种做法被称为"慢就业"。

大学生"慢就业"现象的出现,一方面是人们的思维不再受到"毕业即就业"观念的限制;另一方面,随着社会经济的发展,大学生就业观念发生了转变,已经从"要找到一个饭碗"转变成"要找到一个金饭碗"。简单说,不着急找工作,很大程度上是因为家长和学生本人对工作期望值高,既然目前无合适工作,那么更多的家长宁愿选择让孩子继续深造。选择"不就业"的"95后"大多集中在一线城市,其中北京比例最高、其次是上海、杭州排第三。不可否认"慢就业"已经成为就业现状的一部分。

我国越来越多的"95后"年轻人告别传统的"毕业就工作"模式成为"慢就业族"。调查数据显示,毕业生选择"慢就业"最主要的原因是:"就业形势严峻,找不到满意的工作",有57.7%的受访者选择"慢就业";受访者希望能够"理性寻找发展方向,不愿意在没有找到方向前被具体工作束缚";"准备自己创业""要考研""想做自由职业者"等理由也位居前列。国家职业指导师蒋玉芬分析说"慢就业"折射出大学生一些新的就业观。随着经济和文化的发展，社会的多样性和宽容度都在增加，大学生的就业方式也越来越多样化。现在年轻人对自我定位和自身发展有越来越高的追求，思想也越来越开放，他们对于就业的观念不再局限于"朝九晚五"，而是选择更加多元化的就业方式。

（七）"互联网+就业"模式尚需完善

"互联网+"通过其自身的优势，对传统行业进行了优化升级转型，使得传统行业能够适应当下的新发展，从而推动社会不断地向前，推进大学生精准就业。但同时，当前"互联网+就业"模式建设还存在理念认知上的偏颇、大数据技术在大学生就业服务中的应用还不够充分、就业指导服务方式还不够科学等现实之困。要让"互联网+就业"模式成为推进大学生精准就业的新样态，还需要进一步完善其实现路径。

（八）创新创业成功率低

近年来，国务院和各级地方政府积极推进"大众创业、万众创新"，搭建创业创新平台，完善创业创新支持政策，做好创业创新公共服务。市场主体的潜力和活力得到快速激发，创业成为带动就业增长的重要源泉，创业带动就业的倍增效应不断显现。在"大众创业、万众创新"的号召下，创业成了大学生们追求的重要目标，各地教育部门、学校也纷纷为高校学子创造条件，力图通过高校、政府、社会三方建立有效机制，引导大学生创新，支持大学生创业实践。有数据指出，即使在北京、上海、广东、浙江等创业环境较好的省市，大学生创业成功率也只有5%左右，这与欧洲和美国的大学生创业成功率20%有相当大的差距，大学生创业失败风险不容忽视。大学生创业自然是值得鼓励与肯定，但创业并非易事，鼓励与支持大学生创业需要给予他们更多的实质性帮助，不能让创业成功率低浇灭大学生的创业热情。

（九）重点群体就业还需稳固加强

政府把高校毕业生就业摆在就业工作首位，以就业促进、创业引领、基层成长为着力点，促进供需对接和精准帮扶，实现了高校毕业生就业水平总体稳定。继续实施高校毕业生"三支一扶"计划，化解钢铁、煤炭行业产能过剩，职工安置工作整体平稳有序。农村劳动力转移就业平稳增长，农民工综合素质显著提升，注重精准施策，通过劳务协作试点、技能脱贫、创建就业"扶贫车间"等多种形式，促进农村贫困劳动力转移就业，实现零就业家庭动态清零。

（十）就业质量有待进一步提高

习近平总书记在党的十九大报告中指出："就业是最大的民生"。要坚持就业优先战略和积极就业政策，实现更高质量和更充分就业。随着经济社会发展、人民生活水平不断提高，劳动者对美好生活的向往也在不断提高，劳动者都希望工作条件好、工作环境好、劳动报酬高、成长发展空间大的劳动岗位。总体来讲我们的经济发展水平还有一些过程。所以在这个过程中，劳动者的需要和经济社会发展的不平衡不充分之间的矛盾存在，所以还需要进一步加大力度提高就业工作的水平、提高就业质量、提升人民的幸福感。

任务二　大学生就业的主要方式

【任务目标】
（1）了解大学生就业的主要方式。
（2）分析自我，试着做出正确的选择。

【任务描述】
大学生就业方式已从单一化走向多样化，应正确选择适合自己发展的方式。

【案例导入】
小张出生在一个小山村，是兰州某高校大四学生，考上大学找个好工作改变家里贫穷的现状是他唯一的梦想，因为家境贫寒放弃了考研的机会，开始步入找工作的毕业大军之中，看着同学们都在忙碌地四处奔波，而小张内心无比焦急，不知道自己该如何选择？

【任务知识】
目前大学生的就业方式是"自主择业，双向选择"，从过去的单一化走向多样化。

一、即时就业

即时就业指大学生在毕业之前，通过学校推荐或自行参加招聘会，与用人单位签订就业协议书，毕业后即到签约单位就业的方式。即时就业在当前的就业环境下，对大学生自信心的提高、工作经验的积累都是很有帮助的。

目前，大学毕业生实现即时就业的方式呈现多元化的趋势，主要表现为以下两种。

（一）供需见面，双向选择

"供需见面，双向选择"是大学毕业生择业的重要方式。每年春季和秋季，各高等院校就会陆续举办用人单位和毕业生的供需见面会。毕业生和用人单位经过双向选择、相互确定后，签订大学毕业生就业协议书；或者毕业生直接进入用人单位实习，毕业后正式签订劳动合同，成为用人单位的正式员工。

（二）参加国家公务员考试，被录用就业

我国对国家机关行政人员实行公务员制度，国家每年都会招考公务员，因此报考国家公务员也成为部分大学生就业的渠道。

国家行政机关录用公务员，采取公开考试、严格考察、平等竞争、择优录取的办法。国家公务员录用考试包括笔试和面试两个环节。考试的内容根据公务员应具备的基本能力和不同岗位类别分别设置。一般考试内容包括公共科目和专业科目，其中公共科目普遍包含"行政职业能力测验"和"申论"，专业科目依据不同职位类别分别设置。

二、延时就业

延时就业指大学生在毕业时暂时未找到满意的工作，或由于其他原因暂缓就业，或先

回家庭所在地后就业的就业方式。

对最终需要踏上工作道路的大学生来说，可以延时就业，但不能一直延时。未及时就业，容易给人留下"就业期望值过高"或"自身素质不高"的印象。有的大学生在择业过程中存在"等"和"靠"的思想，导致"延时就业"，甚至造成"不就业"的情况，只好暂时回家依靠父母过"啃老族"的生活。

三、自主创业

自主创业指大学生毕业后不是"寻求"工作，而是选择自己或与他人合作创办公司。自主创业已成为目前大学毕业生一种新的就业途径。它将大学生从雇员的位置提升到雇主的位置，同时也在大学毕业生的知识、能力和综合素质等方面提出了更高的要求。

相对来说，要实现自主创业，大学生应具有良好的自我认知能力，并培养科学规划、团队管理、谈判、处理突发事件、学习、社会交往等多种能力。

为支持大学生自主创业，国家各级政府出台了很多优惠政策，涉及融资、开业、税收、创业培训、创业指导等方面。根据国家有关规定，应届大学毕业生创业可享受免费风险评估、免费政策培训、无偿贷款担保、部分税费减免等优惠政策。

四、升学深造

升学深造主要包括参加研究生考试、普通高校专升本考试、成人高考、对口升学考试及高等教育自学考试等。大学生通过深造，一方面可以提高自身学历层次，另一方面也能缓解社会就业压力。但是，无论是就业还是升学深造，都要理性选择，不可盲目跟风。每个大学生的学习能力、身体、经济等方面的条件都是不同的，要结合自己的特点和未来职业规划做出适合自己的选择。不管是选择就业还是选择升学深造，都必须摆正位置、调整心态，只有这样才有利于自身的发展。

五、国家项目就业

国家项目就业指大学生通过参加国家、地方就业项目完成就业的方式。如大学生服务西部志愿者计划、"三支一扶"、"进村进社"、一村一名大学生工程等。这些项目不仅可以解决当前就业的难题，而且可以让"高知阶层"深入农村，实现发展边远地区、缩小城乡差别和区域差别、促进社会全面协调发展的长远战略。

六、灵活就业

灵活就业包括自由职业、意向就业、自主创业等，例如作家、自由撰稿人、翻译工作者、艺术工作者等。与传统的就业模式相比，灵活就业具有灵活性强、自由度大、适用范围广、劳动关系比较松散等特点。

灵活就业在一定程度上不同于正规的全日制工作。当事人与用人单位之间也没有稳定的劳动法律关系，工作内容与收入相对不稳定。同时，这类工作的"非强制性"，也要求当事人有很强的自觉性。

七、出国留学与出国就业

出国留学，指的是大学生毕业后去其他国家继续学习。如果想出国留学，必须参加对应的出国留学考试（如托福、雅思等），考试通过后可以申请拟就读的大学与专业。出国留学不仅对家庭的经济条件是一个考验，而且对个人的生活、生存能力也是一种考验。

出国就业，一般指出国劳务、劳务出口，主要是指劳务出口国（输出国）向劳务进口国（输入国）提供劳动力或服务。劳务进口国主要以发达国家为主，如美国、德国、法国、瑞士、加拿大、日本等；劳务出口国以发展中国家居多，如巴基斯坦、印度、菲律宾等。

一般情况下，大学生可以从电视、报纸、网络等媒体中获得各种招收出国劳务人员的信息。申请出国就业（出国劳务）必须具备以下条件。

（1）符合进口国需要的专业技术技能。
（2）良好的道德修养，遵守进口国的法律和劳动纪律。
（3）健康的身体，能够适应进口国的气候条件和劳动环境。
（4）必要的语言能力，尤其是直接和外方交流的外语水平。

任务三　就业信息的搜集、处理和利用

【任务目标】
（1）了解就业信息搜集，并掌握搜集方法。
（2）掌握就业信息的筛选及筛选步骤。
（3）掌握就业信息的处理和利用。
（4）了解分渠道划分就业信息。

【任务描述】
就业信息就是指通过各种媒介传递的有关就业方面的消息和情况，它是毕业生求职择业的前提和必要条件，关系到求职择业的成败。就业信息的搜集从信息的特性、求职信息的内容、求职信息的作用、搜集求职信息的渠道等方面入手。大学生应根据自己的实际情况和需求，对获得的信息进行筛选处理，使获得的信息具有准确性、全面性和有效性，从而使之更好地为自己的求职服务。

【案例导入】
某毕业班在大四下学期刚开学便安排学生去外地实习两个月。正当班上其他同学整装待发之时，小王却不动声色地忙开了：他先找了班主任，拜托班主任如有合适单位请帮忙推荐并留下两份他的自荐材料；然后又找到学校负责就业推荐工作的老师，请他们有重要信息及时告知自己；接下来他走访了自己最要好的一位低年级朋友，拜托这位师弟定期到校就业信息栏看看，将有关重要信息及时告知自己；最后他仔细查询了即将离开的两个月中各地人才交流会的信息，并据实际情况做了安排。做完了以上联系工作，小王便安心地前往外地实习去了。这样小王尽管在外地实习，却总比班上其他同学消息灵通，不断接到用人单位的面试通知，选择的机会颇多，实习结束时小王的工作单位也顺利敲定。

在日常就业指导工作中，时常会听到有的毕业生抱怨：有这么多用人单位的需求信息，学校怎么就及时通知他而不及时通知我？太不公平了！那些捷足先登者肯定是有特殊关系，得到了特殊关照！真是这样的吗？

据调查，所有院校都希望尽可能多地把自己的学生推荐出去，只要掌握了用人信息，都会想方设法通知到有关的毕业生，而实际情况却是：由于毕业班同学不是外出实习，就是做毕业论文、毕业设计或外出求职等，联系起来很困难，往往是打很多电话还不一定能找到本人，结果往往是那些一呼即应或平时主动联系密切的同学总是能抢占先机，而联系不上或不及时的则造成信息资源浪费、就业机会错过。

上述案例中的小王显然在这个问题上处理得很好，虽然他在求职关键时期人在外地实习，但他能够主动密切与学校联系，使得信息来源渠道畅通无阻，赢得了时间和机会，因此作为毕业生应主动与学校各方面保持联系，利用各方面的资源为就业多找一个门路和机会。

【任务知识】

现在是信息时代，每天都有海量的信息充斥着我们的生活。正所谓"黄金有价，信息无价"，信息竞争能力也已成为当代大学生成功的重要评价指标。可以说，谁掌握的求职信息更广泛，谁的择业视野就更宽阔；谁获取的求职信息质量越高，谁的择业把握就越大。在求职过程中，职业目标的确立、职业规划的设计等都是以求职信息的搜集和处理为基础的。所以，求职信息的搜集与处理是求职过程的第一步。毕业生应把握时机、珍惜机会、理性分析、有的放矢，根据自己的职业目标，有针对性地对信息进行搜集、处理和运用，不能"守株待兔"，也不能"普遍撒网"。

就业信息就是指通过各种媒介传递的有关就业方面的消息和情况，如就业政策与形势、就业机构介绍、供需情况、招聘活动及用人信息等。它是毕业生求职择业的前提和必要条件，关系到求职择业的成败。在当今的信息时代，就业不仅是实力的竞争，也是信息的竞争。作为新世纪的大学毕业生，应当高度重视就业信息的重要性，积极主动、广辟途径地收集就业信息，并认真细致、去伪存真地分析、筛选、整理这些信息，从而做出准确的判断、把握选择的主动权、抓住就业机会，为成功就业奠定基础。

一、就业信息的搜集

每当高校毕业生求职的时候，总会出现这样的情况：有些毕业生手里有几个就业单位，为不知何去何从而烦恼；而有的毕业生却因找不到一个合适的单位而发愁，甚至有时后者比前者优秀得多。为什么会出现反差如此巨大的情况？事实上，毕业生求职择业不仅取决于个人素质、国家经济形势和社会等诸多因素，同时也取决于就业信息的搜集。

(一) 信息的特性

搜集就业信息是求职择业的基础。因此，必须利用各种渠道和途径及时地、广泛地、全面地、准确地搜集求职信息，为择业做好充分的准备。求职信息作为信息的一种形式，一般具备以下特性。

1. 真实性

搜集的信息必须真实反映用人单位的状况、岗位要求、工作性质等内容。就业信息的准确性是毕业生做出职业选择的关键，信息不准会给择业、求职带来决策上的失误。

由于信息的来源渠道不同、传递方式不一，大量信息扑面而来，难免造成信息的真实程度不一。在当前人才市场尚不十分健全的情况下，假信息或不准确的信息层出不穷，造成有的毕业生求职未成却人财两空，贻误了求职的最佳时机。因此，毕业生需要结合自身实际对搜集到的信息进行处理和筛选，保证信息的真实、可信。

2. 时效性

搜集到的信息要及时，实时反应用人单位最新的需求状况。求职信息是否及时是毕业生求职决策的重要依据。当代社会，信息更新非常快，若信息不及时，择业和求职者可能会走不必要的弯路。信息都有时间的要求，在规定时间内是有效的，过了一定时间，就失去了它的意义和作用。因此，毕业生在搜集、整理、处理求职信息时一定要注意信息的有效时间，争取及早对信息做出应有的反应，而不要让重要的求职信息在自己手上成为"明日黄花"。

3. 准确性

求职信息必须能够真实、准确地反应招聘单位的意图，不能含糊其辞、模棱两可，否则容易对应聘者造成误导。因此，要从简单的求职信息中认真琢磨、仔细体会，对于一些不是十分清楚的求职信息要及时与招聘单位取得联系或请教别人，搞清招聘单位的准确信息，以免与所求职位相差太远，甚至上当受骗。如果求职信息不准确，也会使应聘者浪费许多精力、财力，贻误时机。

4. 针对性

随着人才市场的发展就业信息愈趋丰富，毕业生在收集就业信息的时候必须在对自我正确认知的基础上，根据性格、兴趣、能力、价值观等综合因素收集针对自己适用的求职信息，避免收集范围过大造成不必要的时间和人力的浪费。因此，必须注意求职信息的针对性，不能盲目追求当今社会普遍看好的职业，适合自己的信息一定要予以重视，不适合自己的求职信息也一定要果断地摒弃，减少求职择业的盲目性和盲从性。

(二) 求职信息的内容

求职信息的内容通常应包含以下几个方面：

（1）当年国家和各地方、各部门以及学校针对毕业生就业的一些政策、规定，是毕业生求职择业的前提和基础。就业政策和法规既包括国家的就业方针、原则、政策及相关就业规定，如《中华人民共和国劳动法》《中华人民共和国劳动合同法》《中华人民共和国反不正当竞争法》《国家公务员暂行条例》等，也包括地方的用人政策，如求职地的招聘政策、人事代理的规定、落户政策等。

（2）当年和当地就业市场的供需信息。就业市场的供需信息包括社会经济发展形势，当年毕业生总的供求形势、社会各行业、各类企事业单位经营状况和对毕业生的需求等，特别是重点把握本校、本专业的社会需求状况，并依据其受欢迎程度及时调整择业期望值。

（3）求职信息要有具体的内容。一般情况下，招聘单位的情况应包括：①招聘单位需求的人才数量和具体要求；②招聘单位的性质及在行业、地区中的地位以及发展前景；③招聘单位的发展历史以及目前的硬件设施、发展规模、经济效益、职工收入状况及其他福利待遇，包括养老保险、医疗保险、工伤保险、住房公积金等；④招聘单位的管理体制、岗位设置、技术人员、管理人员、职工的培训机会，个人发展前景等方面情况；⑤招聘单位的人事管理制度、人才使用情况等；⑥招聘单位的地理环境、文化生活、办公条件等；⑦招聘单位的联系方式。

（4）其他信息。其主要包括就业安排活动信息、成功择业的经验及教训等信息，如举办招聘会或供需洽谈会的时间、召开企业说明会的时间、"择业过来人"的择业经验与教训、就业指导教师的建议等。

（三）求职信息的作用

信息的价值具有"会用则有，不会用则无"的特性。因此，要深入思考，善于发现并利用信息的价值。当今社会是一个信息社会，一个人拥有信息量的多少，往往是决定其事业成功与否的关键。

1. 对目前的形势、政策做到心中有数

掌握有关的国家就业政策是求职择业中的关键一步。大学毕业生的就业政策是国家为完成一定历史时期的任务，适应经济建设和社会发展需要而制定的有关就业的行动准则，它将根据国家政治经济形势的变化而不断调整。各地区、各部门及各高校也根据国家当年颁布的有关政策并结合本地区、本部门和本校的实际制定本地区、本部门和学校的一些就业政策。因此，毕业生在面向社会求职择业时，了解学校所在地区和国家的就业政策及就业管理机构的工作程序，适时把握、不失时机地利用每次就业机会进行求职择业，将有助于自己求职择业目标的实现。同时，这也可以使毕业生在择业过程中少走弯路。

2. 有针对性地提高能力

根据自己所掌握的就业信息，针对招聘单位对本专业人才的要求，及时补充知识、提高能力，增强个人的竞争优势。这样就会使毕业生在自己面对众多就业机遇时，不会因个人的知识、能力影响择业。同时，可根据掌握的求职信息及时调整择业目标，正确评价自我，使个人的要求与社会的需求相一致，避免脱离社会实际。

▶ 大学生就业与创新创业

3. 可以提供就业机遇

对于毕业生来说,一条有用的求职信息就是一个就业机遇。一个好的就业机遇,就可能有一个好的职业。随着劳动力市场化程度的提高,职业信息就显得越来越重要。应聘者获得的信息越广泛,信息质量越高,求职择业的把握性就越大,成功率也就越高。

纵观历年来的毕业生就业情况,凡是求职择业比较顺利、对就业单位感到满意的毕业生,绝大多数拥有一定数量的求职信息。反之,就业态度不积极、未掌握必要求职信息的毕业生,求职择业确实是"难于上青天"。所以,毕业生在就业过程中,一定要高度重视求职信息的作用。

(四) 搜集求职信息的渠道

就业信息可以帮助毕业生确定择业去向,选择工作单位。可以说,信息是择业的基础,是走向用人单位的桥梁。谁获得了就业信息,谁就获得了就业主动权;谁收集的就业信息多,谁择业的范围就大,谁就更能主动地掌握自己的命运。

就业信息的搜集并不仅限于需求的数量,还包括对人才素质以及需求单位的隶属关系、单位的性质、发展前景等。因此,必须充分利用各种渠道和途径准确地收集与择业有关的信息,为择业决策做好充分的准备。毕业生获取求职信息的渠道主要有以下 8 种。

1. 专场招聘会

为了更好地解决大学生就业问题,教育厅、各地区的人事部门以及各大高校都会定期地举行各类供需见面会。在供需见面会中提供了很多针对性较强的就业信息,毕业生可以在现场进行比较选择,挑选自己喜欢的用人单位。毕业生应该根据自身的职业规划和定位,结合自己所学专业、技能和特长,有选择地参加招聘会,不要逢场就进、逢场就挤;在参加招聘活动前应对各场次的供需见面活动具体安排,特别是参加招聘的用人单位及提供的岗位信息有所了解,再决定是否参加;进了招聘会现场后,也不要盲目排队,要根据自己的主客观条件选择匹配的岗位。对于那些排"长龙"的用人单位,可以先把单位的相关信息记录下来,会后再和他们联系。参加大型招聘会人员很多,所以毕业生在参会时一定要注意人身、财物安全,有目的性地投递求职材料。

2. 人才市场及就业洽谈会

在各地人才市场和定期、不定期组织的人才交流会上,毕业生可以通过与用人单位直接见面获取更多信息,有的还可以当场签订协议,比较简捷有效,但总体来说成功率不高。同时,各高校、各地各部门还在毕业生就业的高峰期举办各种类型、各种层次的"双选"洽谈会。由于这些洽谈会是专门针对高校毕业生组织的,因此与人才市场定期组织的人才交流会比较针对性更强,毕业生和用人单位都有较强的目的性,获得成功的可能性比较大。

3. 各级政府人事部门

为了适应毕业生就业制度改革的需要,每年教育部都要制定毕业生就业的有关方针、政策,各省、自治区、直辖市的主管部门也要相应地制定实施意见。各地的毕业生就业指导机构，也要开展信息交流和咨询服务。

全国县以上各级政府一般都设立了毕业生就业指导机构，这些主管部门的主要职责是制定所辖区域的毕业生就业政策，向毕业生发布本地区企事业单位的招聘信息，为毕业生就业提供各种咨询与服务。他们每年都要通过各种形式为毕业生提供各种真实、可靠的就业信息。他们既是信息来源中心，又是咨询服务中心，指导毕业生顺利实现就业。例如，广东省大中专毕业生就业指导中心，负责本省大学毕业生就业服务工作。该中心建有就业市场信息库，并建立了完善的信息网络系统，达到信息资源的共享；另外还出版发行《就业指引》，向全省高校毕业生不定期地提供用人单位的简要情况及详尽的需求信息。由此可见，这一途径同样能给毕业生就业提供很大帮助。

4. 院校就业主管部门

各院校都设有毕业生就业指导机构（就业指导中心或就业办公室），这是高校毕业生就业工作的直接主管部门。高校毕业生就业指导机构的职责：向国家、地方主管部门和用人单位征集用人信息并加以整理、归纳、分析；通过各种方式组织毕业生和用人单位的供需见面会；负责毕业生的就业指导，提供就业咨询服务；编制毕业生就业建议方案，处理毕业生就业的一系列问题。高校毕业生就业指导机构所搜集的信息主要是由招聘单位针对高校学科专业设置提供的，准确性高、权威性高、对口性强、可信度大，是毕业生放心的就业渠道。

5. 广播、电视、报纸、杂志等各种媒介

在传媒高度发达的今天，广播、电视、报纸、杂志等各种传媒都会以一定的形式提供人才需求信息，用人单位通过这种渠道发布的就业信息传播广、速度快、信息量大。毕业生通过这些媒介的广告宣传，可以掌握人才需求的动态，了解到用人单位的工作性质、所需人才的条件和工作待遇等，容易发现择业机会。这种信息往往由于广告费比较昂贵，不能详细介绍工作单位和岗位的详细情况，而需要求职者进一步去了解调查。

6. 社会关系网络

每个人都是纷繁的社会关系网中的一个节点，人际间的互相联络是交流各种信息的纽带，要善于利用这种信息传播途径。相当一部分毕业生是通过自己的社会关系网去找工作的，通过这种渠道就业的成功率是很高的，这种社会关系包括自己的父母、亲戚、朋友、邻居、同学、校友，也包括自己本专业的老师和班主任。本专业的教师比别人更清楚你适合到什么单位就业，而且他们往往在科研协作、兼职教学、学生实习实践中与对口单位有着广泛的接触。历届校友会不要错过，要经常跟校友保持联系，因为校友大多在对口单位工作，对所在单位情况了如指掌，通过他们可以获得许多具体、准确的信息。家长和亲友对你的就业更为关心，他们与社会的多方面有联系，常常是你找到工作最有力的后盾。

事实上，几乎任何一个人都有可能给你提供工作机会，因为不管他们从事何种工作，他们都认识多样的人，从而帮助你找工作。你要做的就是通过适当的途径和方式告诉他们你在找工作，你理想的工作是哪一方面的。同时，认真地对待他们给你介绍或推荐的工作，正确地处理你认为其中不适合你的工作，不能直接拒绝或有诸多不满和抱怨，否则下次即使有适合你的工作，他们也不敢再贸然推荐，这样你可能失去好的就业信息和机会，甚至造成终生遗憾。

7. 网络、新媒体

随着计算机网络的普及，网上招聘逐渐成为一种时尚潮流，越来越多的用人单位和职业介绍机构在互联网、新媒体上发布招聘信息或提供人才供求信息。互联网提高了招聘、就业的便捷性，而且可以提供海量信息，选择的范围更广，毕业生可以通过专业的招聘网站，如前程无忧、智联招聘、中华英才网、猎聘网、58同城等搜集就业信息，也可通过企业官方网站和地方政府及学校提供的网上就业信息去求职。这个新兴的渠道为用人单位和求职者提供了一个相互了解的平台，用人单位通过网络介绍自己的单位和所需求人才的要求，求职者则可以自由地通过网络搜集各种就业信息，还可以通过网络发布个人信息去求职，在网站上留下自己的简历、求职意向等关键信息，让用人单位精准地找到自己，"网上求职"已经成为毕业生求职的一种时尚。

个别用人单位的招聘启事信息发布仓促，报名时间短，往往稍不关注，报名时间已经截止了。所以，毕业生每周至少要浏览两次网络需求信息，以免错失良机。

网络社区也是毕业生需要关注的，各大校园都有本校的BBS，上面的求职板块讨论十分热烈，许多"牛人""能人"发帖分享自己的成功求职经验，并且乐于回答网友提出的问题。如果他们介绍的用人单位正好是你想去应聘的，那么不妨跟帖交流以求指点。

当然，网上也充斥着各种虚假、过时的垃圾信息，毕业生在网上求职时要注意掌握必要的窍门，避免盲目带来损失。

8. 岗位实习、社会实践单位

毕业生所参与的岗位实习、社会实践与专业紧密相关且针对性强，通过岗位实习、社会实践，毕业生与其用人单位间的相互了解会更有效，这类获取信息的方式应该是贯穿学生在校期间的始终。如果说实习单位有意招人，很可能你就是其要考虑的第一个对象，每年通过岗位实习、社会实践就业的毕业生都占有很大比重。毕业生不妨积极联系自己心仪的用人单位进行实习，为应聘该单位打好基础。

总之，不同类型和不同层次的求职者，应当尽量选择适合自己的搜集求职信息的渠道，降低求职成本。

二、就业信息的筛选、搜集方法及筛选步骤

(一) 筛选原则

21世纪是信息爆炸的时代，海量的信息充斥着我们的世界，由于信息的来源和获得的方式不尽相同，其内容必然是杂乱的、相互矛盾的，也难免有虚假不实的。如何判断就业信息的真实性、时效性以及是否适合自身的条件，是非常关键的。只有对就业信息仔细求真、求新、求专，才能事半功倍，提高应聘成功率；否则，草率地进行求职行动可能会

空耗人力、物力、财力，结果还不尽如人意，甚至受骗上当。在对就业信息进行筛选和处理时，可把握以下几个原则。

1. 发挥优势和学以致用的原则

在筛选求职信息时，要尽量做到发挥所长、学以致用，这样可以发挥优势、避免人才资源的浪费。

2. 面对现实、理论联系实际原则

在使用求职信息时，无论个人的愿望如何美好，在实际操作时则要面对现实，不能图虚荣爱面子、好高骛远，而要量力而行、量"能"择业、量"才"定位。也就是把所有的求职信息都对照衡量一下，看是否适合于自己，尤其要选择适合自己性格、气质，且有利于发挥特长的单位和具体岗位。

3. 在政策范围内择业的原则

使用就业信息时，要把个人意愿和国家需要结合起来，并根据社会需要与自己的能力、愿望做出职业选择。

4. 辩证分析原则

用辩证唯物主义的方法论来分析信息，用历史的、发展的、变化的眼光研究并处理信息的实际利用价值。

5. 综合比较原则

把所有的信息放在一起从各个方面比较各自的利弊和优势。就业信息不仅仅是用人单位的需求信息，它涉及的范围很广。比如，有的是关于就业方针、政策方面的信息，有的是与自己所学专业有关的信息，还有的是关于用人单位对所需人员的素质要求等方面的信息。

（二）求职信息搜集的方法

毕业生可依据自己的实际情况，综合运用以下方法进行求职信息的搜集。

（1）方位搜集法。该方法需要将与专业相关的就业信息尽可能地搜集起来，然后进行分类、整理与筛选。其优点是获取的就业信息广泛，可供选择的机会多；缺点是需要花费大量的时间和精力。

（2）定方向搜集法。该方法是依据自己的职业目标和求职行业范围来搜集信息。其优点是以专业方向、兴趣趋向和能力特长为依据，具有针对性、适用性。但需要注意：选定的方向和范围过于狭窄时会降低机会，尤其是当你的职业方向是竞争激烈的热门行业，择业的困难有可能会增大。

（3）定区域搜集法。该方法是根据自我对某一或几个地区的偏好来搜集信息，对职业目标和行业范围关注得相对较少。这种方法搜集信息时可能会因为所面向地区的狭小和"地区过热"而增加择业的难度。

（三）筛选的步骤

求职信息的筛选过程实际上是一个求职决策过程，这是择业的关键所在。应聘者在广

▶ 大学生就业与创新创业

泛搜集求职信息的基础上,要结合自己的实际情况,依据国家和地区的政策、法规,对获取的原始信息进行有目的、有针对性地归纳、整理、分析和选择。

1. 筛选求职信息的步骤

(1) 鉴别获取的信息。由于所获取的信息不一定都全面、准确,因此要对信息进行严格的鉴别和判断,并加以澄清和剔除,使之更好地为自己的求职择业服务。鉴别信息首先要确定信息的可靠度,对于不可靠的信息要通过各种信息渠道去打听;其次,要鉴别信息的内容是否齐全,特别是发现自己想要知道的细节没有或者不清楚时,要抓紧时间进行实际考察,旁敲侧击地询问一些情况或通过其他渠道了解,还可以在应聘时向主聘人面试官提出。总之,要等信息基本准确之后再作决定。

(2) 按照自我标准,将信息排序。在信息加工之前,先给自己草拟一个职业选择提纲,确定择业标准;再按照标准进行初选,即去粗取精、去伪存真;然后进行细选,把较符合自己实际情况的信息选出来;最后再进行精选,决定两个以上的信息作为应用信息。对应用信息,要进行排序,要有主次之分。

(3) 反馈信息。将已排好序的信息,按从高到低的顺序反馈给招聘单位,表示自己愿意去该单位的诚意。反馈信息可以是一个,也可以是两个或两个以上(在时间紧迫时这样做,但同时接到两个或两个以上单位接收意见时,对不去的单位必须及时反馈意见,并表示歉意)。信息一旦反馈后,应多与招聘单位联系,随时听候答复。

2. 筛选及应用求职信息时应注意的问题

(1) 从众行为。即缺乏主见,人云亦云,别人说哪里好就往哪里跑,别人往哪里走就往哪里凑。

(2) 轻言行为。即一味盲从,认为亲友告知的信息就一定可靠,报刊上的信息就是百分之百的准确,因而未做筛选就做选择。

(3) 模棱两可,举棋不定。即陷入大量信息的旋涡中不能自拔,在眼花缭乱的信息面前,左思右想、犹犹豫豫,拿不定主意,其结果便落得"竹篮打水一场空"。

(4) 急于求成。有的毕业生由于缺乏社会经验,真正到了人才市场,就心慌意乱;有的自感择业条件不如人,怕找不到单位,因而得到信息时,不经深思熟虑就匆忙做决定;有的不慎重,在没有广泛收集信息时便做决定,而当获取新的信息后便推翻以前的决定。

三、就业信息的处理和利用

一般来说,通过上述渠道所搜集到的原始就业信息都比较杂乱,有相当一部分信息是没有用的,应根据自己的实际情况和需求对信息进行去粗取精、去伪存真,有目的、有针对性地加以筛选处理,使获得的信息具有准确性、全面性和有效性,使之更好地为自己求职服务。把通过各种渠道搜集来的信息按地区、性质进行分类,再按自己的择业标准进行等级分类,把那些自己感兴趣的单位列为第一等级,作为求职择业的重要选择方向。

(一) 处理就业信息时的原则

在处理就业信息时应把握以下原则：

（1）掌握重点。将收集到的所有就业信息进行比较，初步筛选后把重点信息选出来标注并留存，一般信息则仅做参考。

（2）适合自己。每个人的情况不一样，应选择适合自己的信息。

（3）注意信息的时效性。搜集到就业信息后，应适时使用，以免过期。

（4）确定信息搜集范围时不能局限于"热门"单位和周边较近的地区，否则会大大降低就业的成功率。

（二）应用就业信息时应考虑的方面

1. 研究分析就业信息，确定合适的择业目标，对自己合理定位

择业目标是求职者的职业期望，是求职者对某项职业的追求和向往。制订切合实际的择业目标，除对自身条件有很清楚的认识外，还必须通过搜集就业信息来明确择业政策范围，熟悉行业特点以及与自身条件相关的行业状况；然后，根据社会需求信息与相关用人单位的岗位要求确定择业目标，在实施过程中发现有偏差时，应及时根据信息反馈情况调整择业目标。许多信息的价值往往不是浮在表面的，必须经过深入挖掘才能发现。比如，根据有些单位的现状，可能还难以判断、预测单位和自己今后的发展；有些单位虽然目前可能条件差一些，但从长远看是有前途的，有较大的发展空间。这就要求毕业生既要站在高处，从长远的、大局的方向看自己职业及单位的趋势，又要留意信息的细枝末节，由表及里地挖掘信息的内涵价值。在当今变化万千、节奏加快的时代，由于就业信息传播速度快、共享程度高，毕业生得到的信息仅仅代表着一种可能的机会，而且充满着竞争，机会稍纵即逝。因此，毕业生获取信息后，一定要尽快分析处理并向信息发布者反馈信息，早动手未必能得到这个岗位，但反应迟钝者肯定会失去这个岗位。

毕业生在初次就业的时候，无论经验还是技术能力都还比较薄弱。因此，毕业生要立足于从实际出发，冷静而认真地分析自己的优势和不足，不要因为某个次要条件达不到单位的要求就轻易放弃，要努力尝试并争取让单位接纳自己，要正确对待自己和工作，而不是好高骛远去选择高难度或不能胜任的工作。

2. 灵活应用就业信息，锻炼和评估自己的择业能力

择业能力是人们进行求职择业活动的本领，是在人们先天生理素质的基础上经过训练和培养而形成的。一般说来，择业能力强的人，择业成功的可能性较大；反之，择业成功的可能性较小。当今的毕业生应当抓住机遇，主动与用人单位交往。大学毕业生的社会期望值一直较高，目标与现实之间往往存在差距。在明确目标的同时，应仔细分析了解自己的优缺点，明确目标与现实间的距离。明确自己的目标与现实间的差距后，下一步的问题是怎样缩短差距，即尽可能地找出缩短这一差距最适合的途径：除了了解自己，还要了解用人单位的准确名称、隶属关系、单位性质、规模、发展前景、地理环境、经营范围和种类等，要了解用人单位需要的专业、层次、使用意图、具体工作岗位、福利待遇（包括薪金、福利、保险、奖金、住房、培训、休假、工作时间、提薪机会等），以及用人单位的联系方式（如人事部门联系人、电话、通信地址、邮政编码等）。

3. 应用各种具体信息，选择就业岗位

用以指导自己确定择业目标和择业方式的信息，大都应从总体上去把握。但在选择确定自己的职业岗位时，必须充分重视应用通过各种途径搜集到的具体单位的用人信息，不失时机地对各种具体用人信息进行考证、核实，抓住适合自己的有效信息。在自主择业条件下，择业能力的强弱与人们能否获得择业成功的关系很大。在选择确定自己的职业岗位时，必须充分重视应用通过各种途径搜集到的具体单位的用人信息，包括用人单位直接发出的人才需求函、招聘广告、就业市场上用人单位的招聘面试、亲朋好友介绍的某单位的用人需求等，不失时机地对各种具体用人信息进行考证、核实，抓住适合自己的有效信息。

当你收集到信息后，一定要尽快分析处理并及时向信息发出者反馈信息。只有及早准备、尽快出击，才能在人才市场的激烈竞争中争取主动，真可谓"有花堪折直须折，莫待无花空折枝"。就业信息对毕业生来说十分宝贵，获得准确有效的信息后若能及时进行分析，有助于在择业中做出正确选择。

四、分渠道划分就业信息

（一）企业

企业是吸纳劳动者最多的用人单位，也是多数大学生最终选择的用人单位。按照所有制标准来划分，企业可以分为国有企业和非国有企业两大类。

1. 国有企业

国有企业是指所有制形式上属国家所有或国家控股的企业。国有企业是我国经济发展的命脉，是我国国民经济收入的主要来源，在资金、人员、技术、管理等方面，都有比较雄厚的基础。在科学技术、管理经营、人才培养等方面起着示范和带头作用。国有企业，尤其是国有大型企业，具有福利待遇优厚、工作环境好、注重对员工的人文关怀等优势，因而成了许多大学生择业的首选目标。

2. 外资企业

外资企业是建立在我国领土上，根据我国有关法律规定的由一个或一个以上的国外投资方独立经营或与我国投资方共同经营，实行独立核算、自负盈亏的经济实体。在人事管理方面，外资企业一般按照国际惯例从事管理。根据双向选择的原则，实行聘用合同制、择优任用制。

3. 集体和乡镇企业

集体所有制企业是指在所有制关系上属于劳动者集体所有、共同劳动，以按劳分配原则为主体的社会经济组织。集体企业的人事管理制度与国有企业基本相同。专业技术职务的聘任也与国有企业大体相当。乡镇企业是指乡镇或村办的企业及部分农民联营合作的企业等，它是改革开放的产物。

（二）报考研究生

研究生分为两个层次：硕士研究生、博士研究生。对于本科学生而言，提到"研究生"通常指硕士研究生。研究生考试的内容可以分为两大部分：公共课和专业课。专业课由报考的院校负责出题（也有相关专业由全国统考的）；公共课主要包括政治、英语、数学三大部分，由教育部统一命题，全国统考。一般而言，考研的准备时间不宜太长，进入大三学期准备即可，但是如果跨专业考研的话，准备时间要适当提前。

（三）公务员、选调生、事业单位

1. 公务员

按照我国公务员法的规定：公务员是指依法履行公职、纳入国家行政编制、由国家财政负担工资福利的工作人员。我国每年都会举行数十次大大小小的公务员考试，从纵向来划分，可以分为中央、国家机关公务员考试和地方公务员考试两种；从横向来划分，可分为各个系统的公务员考试。一般系统单独招考的情况比较少，都是由人事部门统一招考各系统的公务员，所以公务员考试中最主要的就是中央和各省人事部门组织进行的统一招考。公务员考试包括笔试和面试。笔试的内容庞杂，但一般深度较浅，注重考察知识层面，而且要求快速作答。根据《国家公务员暂行条例》和《国家公务员录用暂行规定》第十四条的规定，报考公务员的有关人员必须具有中华人民共和国国籍，享有公民的政治权利；拥护中国共产党的领导，热爱社会主义等；年龄多要求为18周岁以上、35周岁以下。当然，报考者还要达到招考部门规定的体检合格要求。

2. 选调生

选调生是组织部门有计划地从高等院校选调品学兼优的应届大学本科以上毕业生到基层工作，作为党政领导干部后备人选和县级以上党政机关高素质的工作人员人选进行重点培养。选调生的提拔一般采取借调方式，借调满一年便可转入借调单位，有公务员岗位编制的不通过公开公务员考试直接提拔，借调单位可以是省级机关或该生所在市级组织部人事范围内。

并不是所有的高校毕业生都适合报考选调生，报考人员应当符合以下条件：热爱中国共产党，热爱人民，具备从事机关工作的基本素质和党政领导人才的潜质，适应基层艰苦环境，在校期间综合表现优秀、学习成绩良好、群众威信较高。

3. 事业单位

事业单位是为党政机关和国民经济、社会生活各个领域服务的，为国家创造或改善生产，增进社会福利，满足人民文化、教育、科学、卫生等方面的需要，不以为国家积累资金为直接目的的单位。

（四）基层就业项目

1. 大学生村干部

大学生村干部，是指具有专科以上学历的应届或往届毕业生，担任村党支部书记助理、村主任助理或其他"两委"职务的工作者。大学生村干部工作与"三支一扶"计划、

▶ 大学生就业与创新创业

农村教师特岗计划、志愿服务西部计划均不相同。大学生村干部是村级组织特设岗位人员，从事村务管理工作，工作地点在村里，而其他三类主要从事服务性工作，工作地点以县市和乡镇为主。

2. "特岗计划"

"特岗计划"是农村义务教育阶段学校教师特设岗位计划的简称。国家通过公开招聘高校毕业生到西部"两基"攻坚县以下农村学校任教，引导和鼓励高校毕业生从事农村义务教育工作，创新农村学校教师的补充机制，逐步解决农村学校师资总量不足和结构不合理等问题，提高农村教师队伍的整体素质。

3. "三支一扶"

"三支一扶"，是指大学生在毕业后到农村基层从事支农、支教、支医和扶贫工作。其目的在于为高校毕业生向基层单位落实就业问题提供具体的指导和保障。从2006年起的连续5年，每年招募2万名左右高校毕业生，主要安排到乡镇从事支教、支农、支医和扶贫工作，工作时间一般为2~3年，工作期间给予一定的生活补贴，工作期满后自主择业，择业期间可享受一定的政策优惠。

4. 大学生志愿服务西部计划

根据国务院常务会议精神，从2003年开始，团中央、教育部、财政部、人力资源和社会保障部共同组织实施西部计划，按照公开招募、自愿报名、组织选拔、集中派遣的方式，每年招募一定数量的普通高等学校应届毕业生，到中西部贫困县的乡镇一级从事志愿服务工作。志愿者服务期满后，鼓励扎根基层或者自主择业和流动就业，并在升学、就业方面给予一定政策支持。其主要内容为支教、支医、支农、基层青年工作、新疆双语教学（原新疆汉语教学）、灾后重建、全国农村党员干部现代远程教育、西部基层检察院、西部基层法律援助、西部基层人民法院、西部农村平安建设和开发性金融等专项行动，服务期限为1~3年。

（五）应征入伍

应届大学生参军入伍的征集对象包括：普通本科、高职等全日制公办和民办学校当年毕业的学生。往届毕业生、成人教育、各类非学历教育、培训类学校及自考类学校学生不包括在各级各类学校应届毕业生范围之内。对应征者的年龄要求：高职应届毕业生的年龄可以放宽到23岁，本科及以上应届毕业生放宽到24岁。"高校毕业生"是指中央部门和地方所属全日制公办普通高等学校、民办普通高等学校和独立学院的全日制普通本专科（含高职）、研究生、第二学士学位应届毕业生，不包括往届毕业生及成人高等教育、高等教育自学考试类生、各类非学历教育的学生。

（六）出国留学

在我国，根据留学经费来源不同，出国留学主要有以下三种类型。

1. 公费留学

公费留学指国家根据需要，按计划派遣由国家提供出国学习、生活及往返旅费的出国留学，一般分为大学生、研究生、进修人员和访问学者等公费留学。因选派部门不同，它可分为国家公派和单位公派。

2. 自费公派

自费公派是由个人自费按国家公派的方式加以管理，实际上是公派的一种。近几年来，这部分人也被纳入单位公派的范围。在各机关、企业、事业团体里工作的各类专业骨干人员、毕业研究生、优秀文艺骨干、优秀运动员、机关工作业务骨干和具有特殊技能的人才，经过本单位的同意，通过取得各种奖学金、贷学金或者亲友的资助后，均应纳入所在单位、部门的派遣计划（在政府部门所属人才交流机构存档人员除外）。

3. 自费留学

出国学习、生活、医疗和往返一切费用由自己承担或者由国外亲友资助。

【项目习题】

1. 我国就业形势与就业市场供需状况如何？
2. 大学生就业的主要方式有哪些？
3. 根据自己的首选求职目标和第一备选求职目标，分别搜集两三个招聘信息。
4. 在当前的就业形势下，大学生应如何树立正确的择业观？
5. 搜集和合理利用就业信息在大学生求职过程中有何作用？
6. 结合实际谈谈自己就业时必须了解和掌握的信息有哪些。
7. 针对身边同学在求职准备中的心理状况展开讨论和分析。

项目二　就业政策与就业定位

任务一　就业促进政策

【任务目标】

(1) 了解我国大学生就业政策的变迁。

(2) 了解我国就业促进政策。

(3) 熟知针对大学生就业促进政策的内容。

【任务描述】

我国大学生就业政策历经了两次变革，在不同的历史发展阶段，对大学生的就业工作起到了积极的作用。随着我国高等教育大众化普及率的提高，完善与变革高校大学生就业政策机制具有重要意义。为全力做好普通高校毕业生就业创业工作，以更大决心、更强力度、更实举措对冲疫情影响，教育部、人力资源和社会保障部、工业和信息化部、国资委、共青团中央等多部门出台了关于大学生就业的指导性文件，指导高校毕业生平顺完成就业。

【案例导入】

《石家庄市促进2021年高校毕业生就业创业十条措施》出台之后，为使群众及时了解政策、掌握政策、享受政策红利。石家庄市人社局通过石家庄市广播电视台生活频道《人社在线》电视栏目进行解读，每周制作播出一期，每期15~20分钟，每周周一晚21:15首播，周五中午12:30重播。通过系列解读，让人社政策更好地为群众知晓了解，取得了较好的宣传效果。

【任务知识】

一、我国大学生就业政策的变迁

大学生就业政策是国家关于大学生就业的指导性文件，它体现了国家对大学毕业生择业的政策导向。新中国成立至今，我国的高等学校毕业生就业政策随着国情不断发展，根据这一政策的具体内容及特点，其演变过程大致上可以分为三个时期。

（一）计划经济时代"统包统分"时期（1949—1984年）

这一阶段我国大学生就业政策最主要特征是以政府编制计划与高校实施计划相结合，时间从新中国成立初期一直延续到20世纪80年代中期。在计划经济体制下，我国的高等教育是一种高度集中的计划管理模式，从招生到就业，无不打上"计划"的历史烙印。新中国成立后整个国家百废待兴，新创办的各种建设项目需要大量人才，作为国家培养的高级专门人才的大学生，在当时属于一种稀缺社会资源。为更好地发挥这一稀缺社会资源在国家经济建设中的作用，中央提出了"统一计划、集中使用、重点配备"和"在适应国家建设需要的基础上贯彻学用一致的原则"等一系列毕业生分配的方针政策，并在此基础上确定了"地方分配、中央调剂"的分配原则。

由此可见，这一阶段的毕业生分配制度是伴随着我国长期实行的计划经济体制而产生和完善，这种分配制度与我国当时的计划经济体制相适应，在一定的历史时期发挥了重要的历史作用。它既保证了国家对各种专业人才的急需，又为边远地区、艰苦行业输送了大批建设人才，还保障了大学生的就业，解除了家长和学生的后顾之忧。但是在计划经济向市场经济转变的过程中其弊端也逐渐显露出来：一是国家包得过多、过死，极大地限制了个人的积极性和创造性，减弱了竞争意识和观念；二是过分强调了政府意志，忽略了毕业生自我表现的发展需要，束缚了企业用人机制的完善；三是造成高校缺乏就业市场的反馈信息，难以依据社会需要的变化及时、有效地调整人才培养目标、培养规格，失去了主动适应经济建设和社会发展的动力和活力。

（二）过渡时代"双向选择"时期（1985—1992年）

这一阶段是以通过"供需见面"落实"切块计划"逐步向毕业生与用人单位"双向选择"过渡为主要特征的。随着改革开放的深入，社会主义市场经济的发展，"统包统分"的大学生就业分配制度越来越不适应形势的发展，其弊端逐渐显露出来，亟待改革。从20世纪80年代中期到90年代末，我国大学生就业政策开始由供需见面逐渐步入了双向选择的过渡阶段。1985年我国政府颁布了《中共中央关于教育体制改革的决定》，其重大举措之一就是提出对国家招生计划内的学生实行"在国家计划指导下，由本人选报志愿、学校推荐、用人单位择优录用"的分配制度。1989年3月，国务院批转了原国家教委提出的《高等学校毕业生分配制度改革方案》，其中明确提出了在过渡阶段实行以学校为主导向社会推荐就业，毕业生和用人单位在一定范围内双向选择的办法。1992年党的十四大明确经济体制改革目标是建立社会主义市场经济体制，相应地高校毕业生分配制度逐步向适应社会主义市场经济体制的"市场导向、政府调控、学校推荐、学生和用人单位双向选择"新制度过渡，这一时期"双向选择"的毕业生就业政策与我国转型时期的经济体制相适应，扩大了用人单位选才的自主权，实现了人才资源的合理配置，扩大了高等学校的办学自主权，提高了办学质量，增强了大学生的学习积极性和竞争意识，有利于发挥学生自身优势，促进了我国的经济发展。

（三）市场经济时代"自主择业"时期（1993年至今）

20世纪90年代末至今是我国大学生就业政策以市场为导向的自主择业阶段，主要以毕业生自主就业为主，同时政府促进就业和鼓励创业。1993年2月，国务院颁布的《中国教育改革和发展纲要》明确：为保证艰苦地区和行业、国家重点单位的人才要求，实行

▶ 大学生就业与创新创业

少数毕业生由国家安排就业，大多数毕业生自主择业的制度。1994年国家教委发布《关于进一步改革普通高等学校招生和毕业生就业制度的试点意见》，指出高等教育非义务教育应建立收费制度，改变国家包办大学费用、包就业的做法，逐步建立起"学生上学缴纳部分培养费用，毕业后自主择业"的就业机制。1999年，经国务院批准，教育部颁布了《面向21世纪教育振兴行动计划》，按照这一文件规定：从2000年起，我国要建立比较完善的毕业生就业制度，并同时取消了向毕业生发放"派遣证"的做法，将此做法改为向毕业生发放"就业报到证"。同年6月召开的全国教育工作会议也指出：我们建立的毕业生就业制度应当是一个不包分配、竞争上岗、择优录用的用人制度，这标志着我国大学生就业制度结束了"计划、分配、派遣"的历史，转向了以市场为导向。1999年我国大幅度扩大招生规模，2000年大规模扩招的第一届专科生大量进入劳动力市场，2003年普通高等学校扩招本科大学生毕业。

2002年3月，国务院办公厅发布《关于进一步深化普通高等学校毕业生就业制度改革有关问题的意见》指出，由于思想观念、体制和工作等原因，高校毕业生就业产生了一些新的问题：一些地方高校毕业生就业出现困难，提出加快调整人才培养结构、加强对高等专科学生的职业技能培训、拓宽高校毕业生到基层就业的渠道、切实解决非公有制单位聘用高校毕业生的有关问题、制定鼓励人才合理流动的政策、完善未就业高校毕业生的有关政策、进一步整顿和规范高校毕业生就业市场秩序、进一步加强对高校毕业生的思想教育和就业指导等政策。同时，该文件还提出"鼓励和支持高校毕业生自主创业，工商和税收部门要简化审批手续，积极给予支持""从事个体经营和自由职业的高校毕业生要按当地政府的规定，到社会保险经办机构办理社会保险登记，交纳社会保险费"。另外，为了鼓励大学生自主创业和灵活就业，激发个人的积极性创造性，开拓出更新更广的就业领域，人力资源和社会保障部还应该开展多种形式创业培训。2003年制定的《关于城镇灵活就业人员参加基本医疗保险的指导意见》，确保了大学生在选择灵活就业的同时，没有后顾之忧。

高校毕业生就业政策的改革进程与我国经济体制改革进程基本一致，经历了依赖分配到国家、集体、个人三者结合就业，再到市场就业的发展和转变，是逐步市场化并充分发挥劳动力市场配置劳动力资源的基础性作用的过程。

二、我国就业促进政策

促进就业离不开政策的支持，为切实解决劳动力供求总量矛盾和劳动力结构性矛盾突出的问题，充分发挥国家宏观经济社会政策在促进就业工作中的重要作用。《中华人民共和国就业促进法》(以下简称《就业促进法》)对促进就业的政策扶持做出了明确规定：即有利于促进就业的产业政策、财政政策、税收优惠政策、金融支持政策、城乡统筹、区域统筹、群体统筹、有利于灵活就业的劳动和社会保险政策、就业援助政策、失业保障政策等十项基本政策。

（一）有利于促进就业的产业政策

《就业促进法》规定：县级以上人民政府应当把扩大就业作为重要职责。统筹协调产业政策与就业政策，鼓励发展劳动密集型产业、服务业，扶持中小企业，鼓励、支持、引导非公有制经济发展，发展国内外贸易和国际经济合作，鼓励各类企业在法律、法规规定的范围内，通过兴办产业或者拓展经营，来拓宽就业渠道、增加就业岗位。

（二）有利于促进就业的财政政策

国家实行有利于促进就业的财政政策，县级以上人民政府应当根据就业状况和就业工作目标，在财政预算中安排就业专项资金用于促进就业工作。就业专项资金用于职业介绍、职业培训、公益性岗位、职业技能鉴定、特定就业政策和社会保险等的补贴，小额贷款担保基金和微利项目的小额担保贷款贴息，以及扶持公共就业服务等。

（三）有利于促进就业的税收优惠政策

国家鼓励企业增加就业岗位，扶持失业人员和残疾人就业，对吸纳符合国家规定条件的失业人员达到规定要求的企业、失业人员创办的中小企业、安置残疾人员达到规定比例或者集中使用残疾人的企业、从事个体经营的符合国家规定条件的失业人员、从事个体经营的残疾人、国务院规定的其他企业人员，依法给予税收优惠。

（四）有利于促进就业的金融支持政策

国家实行有利于促进就业的金融政策，增加中小企业的融资渠道，鼓励金融机构改进金融服务，加大对中小企业的信贷支持，并对自主创业人员在一定期限内给予小额信贷等扶持。

（五）城乡统筹的就业政策

国家实行城乡统筹的就业政策，建立健全城乡劳动者平等就业的制度，引导农业富余劳动力有序转移就业，县级以上地方人民政府推进小城镇建设和加快县域经济发展，引导农业富余劳动力就地就近转移就业。在制定小城镇规划时，将本地区农业富余劳动力转移就业作为重要内容，县级以上地方人民政府引导农业富余劳动力有序向城市异地转移就业，劳动力输出地和输入地人民政府应当互相配合，改善农村劳动者进城就业的环境和条件。

（六）区域统筹的就业政策

国家支持区域经济发展，支持民族地区发展经济，鼓励区域协作，统筹协调不同地区就业的均衡增长。通过促进区域经济发展、增加就业岗位，实现区域经济发展和吸引人才的良性互动。

（七）群体统筹的就业政策

《就业促进法》规定：各级人民政府统筹做好城镇新增劳动力就业、农业富余劳动力转移就业和失业人员就业工作。将就业重点群体纳入就业政策中着重强调，有利于进一步明确政府工作职责，将重点群体作为对象开展针对性服务。

（八）有利于灵活就业的劳动和社会保险政策

▶ 大学生就业与创新创业

《就业促进法》规定：各级人民政府采取措施，逐步完善和实施与非全日制用工等灵活就业相适应的劳动和社会保险政策，为灵活就业人员提供帮助和服务。灵活就业是指在劳动时间、收入报酬、工作场所、保险福利、劳动关系等方面不同于建立在工业化和现代工厂制度基础上的传统主流就业方式的各种就业形式的总称。将劳动和社会保险政策覆盖范围扩大，将灵活就业纳入其中，是政府职能充分发挥的表现。

（九）就业援助政策

《就业促进法》加大了对困难群体的扶持力度。各级人民政府建立健全就业与再就业援助制度，将就业援助与解决就业困难人员的生产生活结合起来，采取税费减免、贷款贴息、社会保险补贴、岗位补贴等办法，通过公益性岗位安置等途径，对就业困难人员实行优先扶持和重点帮助。政府投资开发的公益性岗位，应当优先安排符合岗位要求的就业困难人员。被安排在公益性岗位工作的，按照国家规定给予岗位补贴。

（十）失业保障政策

国家建立健全失业保险制度，依法确保失业人员的基本生活，同时加强对失业人员从事个体经营的指导，提供政策咨询、就业培训和开业指导等服务。

三、针对大学生就业的促进政策

面对就业形势的新变化和新挑战，我国把就业作为重中之重，坚持实施就业优先战略和更加积极的就业政策。根据《教育部关于做好2022届全国普通高等学校毕业生就业创业工作的通知》，当前促进高校毕业生就业主要有以下一些政策措施。

（一）鼓励毕业生服务国家发展战略

1. 引导毕业生到重点领域就业

各地各高校要围绕国家经济社会发展需要，主动对接国家发展战略需求，向重点地区、重大工程、重大项目、重要领域输送毕业生。结合"一带一路"建设、京津冀协同发展、长江经济带发展，大力开拓就业岗位，落实区域协调发展战略，引导毕业生到中西部地区、东北地区和艰苦边远地区就业。

2. 促进毕业生到新兴领域就业创业

各地各高校要结合建设科技强国、质量强国、航天强国、网络强国、交通强国、数字中国、智慧社会要求，引导毕业生到高技术产业、战略性新兴产业、先进制造业和现代服务业等领域就业创业。深入挖掘互联网、大数据、人工智能和实体经济深度融合创造的就业机会。在共享经济、现代供应链、人力资本服务等领域拓展就业新空间。

3. 鼓励毕业生到国际组织实习任职

各地各高校要加强政策支持力度，在经费资助、教学管理、就业服务等方面出台具体举措。高校要结合人才培养特色和学科优势，加快培养具有参与全球治理能力的高素质人才，加强与国际组织联系。拓宽合作交流渠道，及时收集发布国际组织招聘信息，把国际组织相关内容纳入就业指导教材和课程，通过开展讲座报告、项目推介、组建社团等多种方式，为毕业生到国际组织实习任职提供咨询、指导、培训等服务。

（二）引导毕业生到基层就业

1. 拓宽毕业生基层就业渠道，鼓励毕业生到基层、中西部地区就业

各地各高校要深入贯彻中央《关于进一步引导和鼓励高校毕业生到基层工作的意见》，落实好基层就业学费补偿代偿等政策，实施高校毕业生基层成长计划。服务乡村振兴战略，引导毕业生到现代种植业、农产品加工、农村电子商务等一二三产业就业创业。继续组织实施好"教师特岗计划""三支一扶""西部计划"等中央基层就业项目。鼓励毕业生到城乡基层从事教育文化、健康养老、扶贫开发等工作，到社会组织就业。

各级政府为毕业生到基层和艰苦地区工作积极创造条件，为毕业生到城市社区、农村基层就业和志愿到西部就业提供政策支持。鼓励毕业生"支教、支农、支医和扶贫"。中央就业专项资金对中西部地区高校毕业生就业见习基本生活补助给予适当支持。鼓励医学类高校毕业生到乡镇卫生院工作，充实农村基层卫生服务队伍。鼓励农科高校毕业生到基层农技推广服务一线工作。凡在以上地区工作两年或两年以上的毕业生在报考研究生、报考党政机关和应聘国有企事业单位时享受优惠政策。另外，志愿服务西部的毕业生在服务期间计算工龄，两年志愿者服务期满后鼓励其扎根基层或者自主择业、流动就业。

2. 继续做好大学生征兵工作，鼓励高校毕业生入伍服兵役

加强与兵役机关协调配合，落实学费资助、复学升学、就业创业等优惠政策，共同组织咨询周、宣传月等活动。加强高校大学生征兵机构建设，面向毕业生、在校生及新生等群体开展宣传动员，在高校放暑假前对体检、政审合格的学生发放"大学生预定兵通知书"。

高校毕业生应征入伍服义务兵役的，可以全部代偿助学贷款或者补偿学费，服役期满后，参加政法院校为基层公检法定向岗位招生考试时，优先录取。具有高职高专学历的，退役后免试入读成人本科，或经过一定考核入读普通本科，或者可根据需要参照应届毕业生办理就业报到手续。

3. 鼓励和支持毕业生到中小微企业就业、自主创业和灵活就业

各地各高校要充分发挥中小微企业吸纳毕业生就业的主渠道作用，广泛收集发布岗位信息。省级教育部门要积极配合人力资源社会保障、税务、中小企业主管部门等，落实中小微企业吸纳毕业生的社保补贴、培训补贴、降税减负等优惠政策。高校要关心毕业生在中小微企业的成长发展，支持毕业生在中小微企业进行产品研发和技术创新。

鼓励各类企事业单位特别是中小企业和民营企事业单位聘用高校毕业生；对于高校毕业生初创企业的，可按照行业特点，合理设置资金、人员等准入条件，并允许注册资金分期到位。允许高校毕业生按照法律法规规定的条件、程序和合同约定将家庭住所、租借房、临时商业用房等作为创业经营场所。对应届及毕业2年以内的高校毕业生从事个体经营的，自其在市场监督管理部门首次注册登记之日起3年内，免收登记类和证照类等有关行政事业性收费；登记求职的高校毕业生从事个体经营，自筹资金不足的，可按规定申请

▶ 大学生就业与创新创业

小额担保贷款，从事微利项目的，可按规定享受贴息扶持；对合伙经营和组织起来就业的，贷款规模可适当扩大。完善整合就业税收优惠政策，鼓励高校毕业生自主创业。对灵活就业高校毕业生申报就业的，提供免费劳动保障和人事代理服务，做好社会保险关系等的接续。

（三）促进以创业带动就业

1. 深化高校创新创业教育改革

各地各高校要把创新创业教育改革作为高等教育综合改革的重要突破口，在培养方案、课程体系、教学方法和管理制度等方面将改革持续向纵深推进。促进专业教育与创新创业教育有机融合，将创新创业教育贯穿人才培养全过程。强化创新创业实践，办好各级各类创新创业竞赛，着力培养学生的创新精神和创造能力。

2. 落实创新创业优惠政策

省级教育部门要配合有关部门进一步完善落实注册登记、税费减免、创业贷款等优惠政策，为毕业生创新创业开辟"绿色通道"。高校要细化完善教学和学籍管理制度，进一步落实创新创业学分积累与转换、弹性学制管理、保留学籍休学创业、支持创新创业学生复学后转入相关专业学习等政策。

3. 提升创新创业服务保障能力

各地各高校要加快发展"众创空间"，依托创业园、创业孵化基地等为毕业生创新创业提供场地支持。多渠道筹措资金，综合运用政府支持、学校自筹以及信贷、创投、社会公益、无偿许可专利等方式扶持大学生自主创业。建立健全国家、省级、高校大学生创业服务平台聘请行业专家、创业校友等担任导师，通过举办讲座、论坛、沙龙等活动，为大学生创业提供信息咨询、管理运营、项目对接、知识产权保护等方面的指导服务。

（四）提供全方位就业指导服务

1. 优化就业精准服务

各地各高校要广泛应用"互联网＋就业"新模式，通过新职业网、智慧就业等平台，根据毕业生和用人单位需求，开展精准对接服务，推动搭建跨区域、跨行业、跨类别的招聘信息服务平台。鼓励举办分层次、分类别、分行业的中小型校园招聘活动。更多采用网上初选、线下面试的便捷校园招聘模式，做好在内地（祖国大陆）高校就读的港澳台毕业生就业服务工作。

2. 加大就业困难群体帮扶力度

各地各高校要重点帮扶贫困家庭、少数民族、身体残疾等毕业生就业困难群体，配合有关部门落实好求职创业补贴等政策。要通过开展个性化辅导、组织专场招聘、优先推荐岗位、发放求职补助等方式，确保困难群体就业一个不能少、一个不能掉队，要与人力资源和社会保障部门做好离校未就业毕业生的信息衔接和服务接续工作。

3. 规范就业工作管理

各地各高校要严格落实就业签约"四不准"要求：不准以任何方式强迫毕业生签订就

业协议;不准将毕业证书、学位证书发放与签约挂钩;不准以户档托管为由劝说毕业生签订虚假协议;不准将岗位实习、见习证明材料作为就业证明材料。建立健全毕业生参与的就业状况统计核查机制,严禁发布带有歧视性内容的招聘信息。严密防范"培训贷"、求职陷阱、传销等不法行为,切实维护毕业生权益。确保校园招聘活动公平、安全、有序。有条件的地区要积极推动建立入职定点体检和结果互认机制,尽力避免手续过于烦琐、重复体检。

4. 提高就业指导能力

各地各高校要加强就业指导教师的培养培训,在专业技术职务评聘中充分考虑就业指导教师的工作性质和工作业绩。推进就业指导教师队伍职业化、专业化、专家化,把学生职业发展与就业指导课程贯穿于整个人才培养体系,将课程与学科专业相融合,探索慕课等新型课程形式,要为大学生职业发展提供个性化咨询指导。

5. 充分发挥高校毕业生就业状况反馈作用

各地各高校要认真落实就业情况统计和监测责任制,确保就业数据真实准确。不断完善就业质量评价指标体系,按时向社会发布高校毕业生就业质量年度报告,鼓励开展毕业生就业创业与职业发展状况跟踪调查,推动形成就业与招生计划、人才培养、经费拨款、院校设置、专业调整的联动机制。

任务二 就 业 定 位

【任务目标】

(1) 了解大学生就业中存在的问题。

(2) 熟知大学生如何进行就业定位。

(3) 掌握大学生心理调适的具体方法,提高就业心理调适能力。

【任务描述】

大学生在就业过程中往往会存在就业定位、心理障碍与心理压力等问题,这就需要大学生就业时能够迅速完成自我角色转换,做好就业心理准备。摆正自己的位置,客观、冷静地进入求职状态,认识社会、了解社会,以自身的实力积极主动地去适应社会需要。

【案例导入】

我的未来在哪?

学生王某,女,法学专业大四学生,曾向已毕业的学长咨询就业方向和未来发展,但发现专业对口工作竞争激烈,外地人在上海就业形势严峻,很多毕业生签约工作和专业方向大相径庭,于是对是否要学习法学专业产生怀疑,对未来发展感到迷茫,经常假想如果毕业以后找不到合适的工作该怎么办?自己到底要做什么工作?在剩余的大学时光里,该顺其自然还是应该做些准备?这种对未来的迷茫使王某思想进入不稳定期,处于进退两难的抉择中，不知路在何方？

【任务知识】

成功需要多方面的基本要素，即知识、能力、心理等，如果说知识、能力是一个人得以成功的刚性要素，那么心理则是一个人成功的软性要素。在一个人的成功之路上，刚性要素虽然是基本的，但软性要素往往起着至关重要的作用。

一、大学生就业中存在的问题

高校毕业生就业事关广大学生及其家庭切身利益、事关社会主义现代化建设、事关社会和谐稳定，现已成为国家和社会普遍关注的焦点。大学生在就业中存在的就业定位、就业心理问题，成为正视和解决大学生就业难不可忽视的因素。

（一）大学生就业定位存在的问题

大学生就业定位是指大学生根据自身特点和社会用人需求，对个人就业地域、单位、岗位、薪资、职业发展方向进行规划。大学生就业定位包含两层含义：一是大学生就业定位应与个人自身特点相结合，要充分考虑个人的兴趣、性格、气质、能力、职业价值观等个人特征；二是大学生就业定位应与社会用人需求相结合，大学生就业定位属于社会活动，受到社会的制约，它不单体现学生的个人需求，还要体现社会需求，任何脱离社会需求的就业选择都是不现实的。为此，大学生就业定位应把社会需要作为出发点和归宿点，同时体现个人愿望。但是，当代大学毕业生在就业定位中，仍然存在自我认知不清、就业心理期望过高和就业观念偏差的问题。

1. 自我认知不清

小宋在大四学年刚开始的时候，就开始四处投简历找工作，听到其他同学说有公司开始招聘，他就忙着去投简历，可是直到当年毕业还没找到工作。究其原因是小宋没有认清自己，不知道自己想要的和适合的工作和职位，只是一味盲目投简历而导致当年就业失败。像毕业生小宋这样的并不是个例，根据调查，很多大学生存在对自身职业生涯规划目标不了解、对所学专业不了解、对目标职业环境不了解的"三不了解"状况。不少招聘单位表示"很多毕业生在进入社会以前，根本没有就业方向，只要见到有公司招聘，不管自己合适不合适，只管往里投简历"。这种盲目地找工作，随意性很大，见到有招聘就海投简历，寄希望于碰运气，如此找工作会让自己，错失难能可贵的就业机会。对于毕业生来说，认清自我是一件很重要的事，方能在毕业的大潮中，抢占先机、立于不败之地。

2. 就业心理期望过高

毕业生小李来自云南罗平，在学校期间应聘中刚好罗平一家制药厂想跟他签约，专业对口又在家乡，但他本人的择业意向却是：单位地点必须在昆明市，至于到昆明的什么单位、具体做什么工作并不重要，除昆明外的单位一概不考虑。因此，直到毕业他还未落实工作单位。

就目前我国劳动力市场的情况来看，就业难是相对的，一边是一线城市毕业生集聚，可容纳学生有限；另一边是较为偏远的城市门可罗雀，难以吸纳人才。很多学生都抱有就业地点应该在沿海城市或者经济发达城市想法。调查显示：有85%的毕业生把北京作为目标工作城市之一，其次是上海占35%、广州占29%、深圳占26%，之后分别是南京、天津、青岛等。这样的地域局限在很大程度上限制了大学毕业生自主选择范围，不能很好地把握适合自己的工作机会，同时也使我国一些相对偏远、经济发展滞后的城市始终处于无人可用、岗位空缺的窘境。

从心理作用来看，就业期望值就像一把"双刃剑"，把握得好可以成为激励大学毕业生向上的动力，把握得不好会使学生在理想与现实之间产生强大的心理落差，导致一部分毕业生在求职就业过程中因定位不准而错失良机。从目前情况来看，高校毕业生普遍存在就业期望值过高的现象，致使他们不能正确地认识就业形势，不能够正确认识自我。

3. 就业观念偏差

毕业生小杨，一直在城市生活，大学毕业的她对多家公司的招聘都不感兴趣，她的择业意向是：必须要留在大城市、高工资、体面的单位，同时需从事公司的人力资源工作。面对这样的择业意向，大多数公司表示：这样的毕业生不在少数，他们的就业观念只考虑到自身想要什么，没有分析自己适合什么以及社会的需求情况，因而存在一定偏差。

职业生涯可以分为内职业生涯和外职业生涯。外职业生涯是指从事职业时的工作单位、工作地点、工作内容、工作职务、工作环境、工资待遇等因素的组合及其变化过程。内职业生涯是指从事一种职业时的知识、观念、经验、能力、心理素质、内心感受等因素的组合及其变化过程。外职业生涯的构成因素通常是由别人认可的和给予的，也容易被别人否认和收回；内职业生涯各项因素的取得主要靠自己努力追求得以实现。

当今，很多大学生受到拜金主义、功利主义、实用主义等消极社会思潮的影响，过分强调外职业生涯，过分注重工作条件、工资收入等眼前可以看到的利益，忽视自我素质及能力提高等内职业生涯的发展。甚至还将职业划分为不同的等级，在就业需求上与其他同学比地位、比名声、比薪酬；在奉献上却比付出少，不愿意到条件比较艰苦的地区或者行业工作，往往忽略企业的岗位是否合适、个人的发展与前景是否广阔、专业是否对口等问题。久而久之，大学生在就业时"高不成、低不就、眼高手低"往往成了其代名词。

(二) 大学生就业的一般心理问题

由于高校大学毕业生处于学历不及硕士、博士研究生，动手能力不及高职高专和中专生的"夹生层"。绝大多数毕业生都经历过求职周期长、奔波地域广的艰辛过程。大学生又是从青年期到成年期过程中的一个特殊群体，处于"第二次心理断乳期"和"心理延缓偿付期"。面对就业，大学生的心理是复杂多变的，难以解决求职竞争的高风险性与就业心理的低承受性之间的矛盾。一般来说，毕业生出现的心理障碍多属适应过程中的轻度心理障碍，如焦虑、恐惧、自卑等。

1. 压力与焦虑心理

大学生就业焦虑是指大学生在严峻的就业形势和巨大的就业压力下产生的紧张、不安、焦急、忧虑、抑郁、恐惧等感受相互交织的一种复杂的情绪体验。调查表明：近年来，就业焦虑在大学生群体中具有普遍性，且就业焦虑程度呈逐年上升的趋势。农村学生的焦虑程度高于城市学生，女生的焦虑程度高于男生，处于中间层次的院校学生的焦虑程度高于重点院校和专科学校学生。就业压力甚至提前进入大一大二学生的心灵，导致了各种心理问题的产生。

俗话说："人无远虑必有近忧"，适度的焦虑可以使学生产生一定的压力，从而激发他们的学习和不断丰富完善自己的动力，但是焦虑如果不能得到及时有效地缓解就有可能向更严重的心理危机或病态发展，表现出情绪紧张、头晕目眩、心情紊乱、注意力不能集中、失眠等症状。背上精神包袱的大学生在求职或面试中很难展现自己的才能，有的同学在屡受挫折后，甚至产生了恐惧感，一提到工作就心理紧张。过度的焦虑不仅影响大学生正常的生活、学习和娱乐，还会成为就业的绊脚石。

2. 挫折心理

高校毕业生就业挫折心理是指大学毕业生由于就业目标未能实现而导致的心理受挫现象。其表现在陷入苦闷、失望、悔恨、愤怒等多种复杂的情绪体验中。可以肯定的是，几乎所有大学生的求职经历都不是一帆风顺的，在求职的过程中，遇到用人单位的拒绝是很正常的情况，大学生们或多或少都受到过就业挫折的影响。就业挫折是一种主观感受，对某些人构成挫折的就业环境，对另外一些人来说也许是增强抗挫能力、找到理想职业的必由之路，它与每个人承受挫折的能力和程度密切相关。所以，我们能看到一些大学生在毕业求职中屡屡受挫，但屡败屡试、不曾放弃；也有不少大学生在求职时只想成功，一旦遭受挫折就像泄了气的皮球，一蹶不振、陷入苦闷、焦虑、失望的情绪之中不能自拔，他们对求职中的挫折既缺乏估计也缺乏承受能力，不能很好调节自己的心态，也不会通过总结反思求职中的经验教训来获得下一次的成功。想要就业成功，大学生自身的知识、能力、素质起着决定性作用，如果自身知识储备量少、能力不突出、综合素质不高，那么自然会在就业中受挫。大学生要善于分析受挫的原因，从中汲取教训和积累经验，不惧失败和挫折，积极应对。

3. 自卑心理

大学生就业自卑心理是指大学生因就业问题而产生的自卑心理，不敢正视现实，对自己的长处估计不够，怀疑自己的能力，不善于发现适合自己的职业岗位，在对自己的抱怨、贬低中失去了求职的勇气，总认为自己的能力水平比不上别人、单位要求很高自己肯定达不到、就业竞争那么激烈、自己肯定找不到好工作等。

就业中的自卑一般产生于以下一些情况：一是一些冷门专业的学生看到就业市场招聘自己专业的单位少、待遇低，在求职中遭受冷遇，就容易产生悲观失望的情绪；二是一些性格比较内向、不善言辞的大学生看到其他应聘者口若悬河，自己什么也说不出来、也没有什么特长，所以会自惭形秽；三是一些在校成绩与表现一般的大学生看到别人的自荐书上奖励、证书、成果一大堆，自己什么也没有，容易自我贬低；四是大学生看到自己在毕业求职中屡屡受挫,找不到合适的工作,而身边的人一个个都去上班了,渐渐变得越来越不相信自己;五是一些女大学生在就业遭受到用人单位的歧视后会自怨自艾。

有自卑心理的大学生,过分看重自己的缺陷和不足,不能客观辩证评价自己,在就业过程中难以发挥自己的优势,甚至会产生不敢面对的怯懦心理,认为自己就是一个失败者,最终导致就业的成功率不高。

4. 自负心理

自负心理与自卑心理都是由于不能正确认识自己而产生,缺乏客观的自我分析和评价的表现。与自卑心理相反的是,自负心理是指过高地估计个人能力、水平和在竞争中的地位失去自知之明。这种心理在名牌高校毕业生、热门专业毕业生和学习成绩好、综合素质高的学生中较为普遍。一些大学生毕业后,常常表现出很高的优越感,认为自己是从象牙塔里走出来的天之骄子、高人一等,而对别人不屑一顾,择业的过程中对用人单位挑来挑去,并要求有可观的收入、一定的地位。抱有自负心理的大学生,在面试时往往夸夸其谈、过于张扬,结果会扭曲自己的才华,给用人单位留下不踏实、浮躁的印象;择业失败后,会把所有的原因和责任归咎于社会和用人单位,认为现实无法满足自己发展的需要。对毕业生来讲,自负心理是求职过程中的一种自我膨胀,是一种不知天高地厚的表现,反映了毕业生的狭隘与不成熟。

自卑和自负虽然处于两个极端,但在就业中自卑与自大常存在相互交织的现象,两者有时会相互转化。自卑的人常见的扭曲信息的形式为自负,在言行举止间故意要凌驾于他人之上,以显示自己的优越感,实质上是掩饰自己内心的自卑。自负的大学生在求职中自觉高人一等、自命不凡,一旦出现求职失败则容易自卑自责、一蹶不振。

5. 依赖心理

依赖心理与自卑心理相似,也是一种不自信的表现。依赖心理是指在择业中缺乏独立和承担责任的意识,不会主动抓住属于个人的机遇,只会抱着靠别人帮助和发现的依赖思想。依赖心理与大学生自身成长经历的局限性是分不开的。大学生一直处于学校的象牙塔中,严重缺乏社会经验和求职择业的经历,在出现从未经历的求职时一时难以找出应对策略,转而向他人寻求帮助。很多即将走向社会的大学生既渴望独立但又陷入依赖他人的怪圈当中,在某种程度上借助他人的帮助。毕业生掌握信息更及时、看问题角度更全面,但是另外一方面一些大学毕业生把精力放在托关系、走后门、找门路上形成一些不正之风,不利于公平竞争。

从长远来说,依赖的心理对毕业生的社会适应是有害的。大学生不是从自己的实际情况做出切合实际的选择,在就业的过程中往往缺乏主见、优柔寡断、反复无常。依赖的习惯还会使人逐渐丧失自信、失去自我,忽视自身的素质和能力的提高。在当今竞争激烈的社会中,自信心、自我效能感对于一个人的成功越来越重要。

6. 攀比心理

攀比心理是当自己不如别人时,而产生一种心理状况。市场经济一方面给大学生提供了施展才华的机会,另一方面也使部分大学生产生急功近利、重实用而轻专业的思想,很多大学生恨不得一夜暴富、一夜成名。"我不比谁差"这是大学生攀比的理由,在大学生就业中,攀比心理主要有四种表现形式:第一种是与同班的同学比。比如,有的学生会认为我和他各方面条件都差不多,他签到了月薪4000元的工作,我为什么要签月薪3000元的。第二种是与老同学比。比如,有学生想:中学时我的成绩一直比他好,读的大学也比他好,为什么签的单位却没有他好。第三种是跟往届的师兄师姐相比。有些优秀的师兄师姐在念大三的时候就被用人单位"抢"走,薪酬也比较高,于是自己的期望值也变高,就不愿轻易签约。第四种攀比心理是应聘成功后"这山望着那山高"。有的学生数次应聘成功,手中offer满满,于是就飘飘然不肯轻易签约,而期待有更好的岗位时再出手,盲目攀比心理导致毕业生择业期望居高不下,已经影响到毕业生顺利就业。

二、大学生如何进行就业定位

(一) 做好自我认知

正确的自我认知是正确判断自身行为、正确判断与分析事件、正确处理与解决问题的基础与前提。

1. 正确认识自我

认识自我,既包括身高、样貌等外在特点,也包括性格气质、兴趣爱好、能力志向等内在特质,还包括自己在周围人际交往中的形象。自身的社会角色定位等认识自我的方式可以是个人通过自我鉴定、自我总结和自我反思的"自省法",也可以多与老师、同学、自己的父母进行沟通和交流。从别人的视角看自己,在正确认识自己的过程中,保持一个健康的心态,注重自信心的培养和塑造是非常重要的。

2. 客观评价自我

对自己的认识分析一定要全面、客观、深刻,深入地了解自身的能力以及擅长之处,寻找身上的闪光点,同时绝不能回避缺点和短处。每个人与生俱来都会或多或少存在一定的缺点和不足。卡耐基曾说过:"人性的弱点并不可怕,关键在于我们要正确地认识、认真地对待,并努力克服和提高"。大学生可以通过多种努力来扬长避短,不断地完善自我。

3. 明确自己的追求

作为一个社会人,要想在社会上站稳脚跟,必须要有自己的追求。不论是还在校园里求知的学子还是即将走进社会的大学毕业生,都应该要有自己的追求。

"认识你自己",这是一条镌刻在古希腊德尔斐城智慧神庙上的箴言,也是大哲学家苏格拉底最为推崇的名言,千百年来影响了无数后人。对于大学生来说,正确认识自我是进行就业心理准备的重要环节。对于有心理障碍的学生,专业人员会给予指导性的意见,建议通过心理咨询和治疗,促使其尽快解决和克服,为其健康成长提供保障。

目前,一些企业纷纷将职业测评作为帮助判断求职者是否可以被录用或担任重要岗位的工具。大学生可以参加职业测评,包括职业兴趣测评、职业规划测评等,通过测评帮助大学生发现自己的职业兴趣和能力特长，确定合理可行的职业生涯发展方向，提高毕业生竞争力。同时，大学生应该认真、客观地分析自己的性格、兴趣、爱好、特长，还有学校、专业、能力，以及相貌、身高、性别、家庭等因素。在进行分析时，要坚持辩证原则，既要看到优势，又要看到不足。对于自身不足，要深入分析哪些是可以通过努力改变的，哪些是不能改变的；能否变劣势为优势，如何尽快弥补提高劣势。评价自我时，要学会"以人为镜"，虚心听取老师、同学的意见和建议，得出正确结论。尤其注意评价要适度，既不要过分美化自己的长处，也不要过分突出不足，更不能以偏概全，全盘肯定或否定。

（二）找准职业定位

1. 认清就业形势

大学生应该深入了解我国现在的就业状况。大学生就业形势总体稳定，但毕业生数量庞大，也出现大学生就业难的问题。在这种情形之下，大学生一味苦等用人单位找上门，无异于浪费宝贵光阴。过分执着于与现实相去甚远的理想，就难以经受实践的考验。

2. 职业定位要合理

大学生要找出自身专业能力与职业的契合点，选定自己的职业方向，要了解这份职业的工作内容、工作环境以及它对我们的技能、经验、知识等方面的要求。当然，就业不能仅仅局限在自己所学的专业内找工作，只要是适合自身发展的、有发展前景的职业都应该勇于尝试，多一次尝试就会多一次机会。

3. 设定目标职业

目标就是航行的灯塔，让人在前进中不会漫无目的。职业方向的选择应按照职业生涯规划的四项基本原则，即选择自己所爱的原则（对选择的职业是热爱的，从内心自发地认识到要干一行、爱一行。只有热爱它，才可能全身心地投入，做出一番成绩）、择己所长的原则（选择自己所擅长的领域，才能发挥自我优势，注意千万别当职业的外行）、择世所需的原则（所选职业只有为社会所需要，才有自我发展的保障）、择己所利的原则（应该本着利己、利他、利社会的原则，选择对自己合适、有发展前景的职业），结合自身实际来确定。制定出适合自己的职业目标后，要认真地去了解自己和职业要求之间的差距。

（三）积极调整就业心态

1. 树立积极的就业观

现阶段的就业形势，不可能一步到位。大学生要保持健康向上的心态，以主动的心态积极面对就业，要牢固树立"先就业，后择业，再创业"的观念。"先就业"就是要认识社会，打好经济物质根基。"后择业"就是要在认识社会的基础上，按照本身的经验能力合理选择有所建树的事业。"再创业"就是当大学生们已经具有了一定的社会经验和经济基础后，按照社会的需要和本身的意愿去开创一番事业。

2. 全面提升自身综合素质

在就业前，要多抓住锻炼自己的机会，着力提升学习能力、适应能力和创新能力；提升自身人格修养、诚信意识和责任意识,增强自己的竞争力和自信心。

3. 调整就业期望值

大学生要根据市场需求调整自己的就业期望值,对自身实际和未来发展有客观准确的分析和定位。降低就业期望值,及时抓住机遇,选择最适合自己又有可能获得成功的就业机会,脚踏实地、埋头苦干,使自己尽快成为适应社会需要的合格人才。

4. 提高心理承受能力

求职过程难免磕磕绊绊,在求职失利的情况下,大学生应该用冷静和坦然的态度来对待,客观地分析自己为什么求职失败,并进行正确的归因。

(四) 制订职业生涯规划

当前很多大学生在进行职业生涯规划时,功利性比较明显,理想化色彩突出,渴望去大城市、大单位,热衷于福利待遇好、社会地位高的岗位,希望就业过程顺风顺水,一步到位。殊不知,这样的规划可能脱离个人实际,缺乏实现的可能性,也就失去了规划的意义。毕业生在做规划时,要从就业形势和个人情况的实际出发,诸如个人专业与社会需求、个人素质与岗位要求、考研与就业选择、个人愿望与父母意见等因素都需要认真考虑,目标期望值要适中,寻找一个比较恰当的定位点,根据个人实际选择难度适中的目标作为努力方向。做出规划后,要虚心征求老师、同学的意见,在其基础上适当调整规划、更改自我设计,要先投身职场、锻炼能力、积累经验,再逐步实现目标。

大学生在调适自我定位过程中,还应让职业生涯规划贯穿到整个大学的全过程:大一阶段,要进行自我认识分析,了解自己的兴趣爱好、性格特征和职业性质,培养正确的职业价值观念;大二阶段,要学会认清专业发展与职业发展的关系,设计职业生涯;大三阶段,要深入社会实践、了解社会,提升职业修养,认清就业形势,根据社会用人需求调整自己的目标;大四阶段,要进行角色转换,树立市场意识和竞争意识,加强就业技能,实现成功就业。

三、大学生心理调适的具体方法

在人的一生中,职业选择期是非常关键的时期,这一时期的健康心理关系着一个人今后人生历程的发展,决定着一个人取得事业成功与自我价值的实现。为科学应对大学生择业中的心理障碍与心理压力,大学生可以根据自己的实际情况有选择地使用一些心理调适的方法。通常来说,大学生可以采用理情疗法、宣泄法、升华法、补偿法、积极暗示法、注意力转移法等方法来进行心理调适。

(一) 理情疗法

哲学家埃皮克提图在2000多年前对理情疗法的阐述为:每当我们心乱意乱的时候,并非我们生活中的事情本身困扰导致的,而是由我们持有的一些导致抑郁、焦虑、暴怒等不良情绪的信念导致的。即困扰人的不是事情本身,而是我们对它们的看法。例如:有的大学生择业不顺利就怨天尤人,认为"人才市场提供的岗位太少""用人单位要求太高",

其原因就在于他只从客观上找原因,认为"大学生择业应当是顺利的""社会应该为大学生提供充足的岗位"等。正是由于这些不正确的认知信念,造成了他的不良情绪,而这种不良情绪恰恰来自于他自己。

大学生运用理情疗法时要把握三点:要认识到不良情绪不是源于外界,而是由于自己的非理性信念所造成的;情绪困扰得不到缓解是因为自己仍保持过去的非理性信念;只有改变自己的非理性信念,才能消除情绪困扰。

(二)宣泄法

宣泄法是通过排出消极情绪进行心理调适的方法。人在受挫时,会产生很多消极情绪,对待这种情绪比较好的方法是在合适的场合采取合适的方法发泄出来。

一是大哭一场。哭是人类的一种本能,是人的不愉快情绪的直接外在流露,从医学角度讲:短时间内的痛哭是释放不良情绪的最好方法,是心理保健的有效措施。因为人在情感激动时流出的泪会产生高浓度的蛋白质,它可以减轻乃至消除人的压抑情绪。

二是写日记。写出心中苦闷的事情,记得越详细越好,消极情绪可以得到一定程度的疏解。

三是找人倾诉。把自己的烦恼、愤怒、痛苦等向老师、朋友或亲人倾诉。倾诉烦恼的过程中,可以获得更多的情感支持和理解,还可获得认识和解决问题的新思路,增强克服困难的信心。

四是运动、打球、爬山等较大量的运动,可以有效消除压抑心理,恢复心理平衡,但应注意场合、身份、气氛,注意适度,宣泄应是无破坏性的。一般说来,受挫时由于负性情绪的干扰,个体容易变得思维狭窄、固执、偏激,缺乏对行为后果的预见性,而通过适度发泄,放松情绪,让认知恢复正常。

(三)升华法

升华法是改变原有的低层次动机和行为,而使之符合社会规范和时代要求,是对消极情绪的一种高水平的宣泄,是将消极情感引导到对人、对己、对社会都有利的方向去。比如,一个学生经历首次求职失败后没有因此而消沉,而是痛定思痛把注意力转移到学习中,并立志做生活的强者、证明自己的能力。歌德因为失恋写出了名著《少年维特的烦恼》就是升华的典型例子。

(四)补偿法

一个人在生活或心理上难免有某些缺陷,因而影响某一目标的实现。补偿法就是指人们采取种种方法补偿这一缺陷,以减轻、消除心理上的困扰。一种补偿是以另一个目标来代替原来尝试失败的目标;另一种补偿是凭新的努力,以期某一弱点得到补救,转弱为强来达到原来的目标。当大学生在就业过程中不能达到确定目标而受到挫折时,可以用另一种目标或行动来代替,通过其他的一些活动来弥补心理的创伤,驱散内心的忧愁和痛苦,增强前进的信心和勇气。

(五)积极暗示法

▶ 大学生就业与创新创业

暗示法是一种常见的、奇妙的心理现象。人们可以通过它把病治好，也可以因为它而无病生起病来，这就是积极暗示和消极暗示。暗示法是指自己接受某种观念，对自己的心理施加某种影响，使情绪与意志发生作用。例如：多数大学毕业生在求职前，会查阅用人单位的招聘要求，看看自己的条件能否达到用人单位的要求，有些人会越来越觉得自己与用人单位的要求相差甚远，索性放弃了这次机会；有的人则相反，当他发现自己的条件与用人单位的要求有差距时，会下意识想到如何扬长避短，解决自身条件的不足，并且暗示自己就算这次不成功也可以从中获取经验教训。有研究表明：积极的心理暗示对人的情绪和行为有奇妙的作用，恰当地使用积极的心理暗示可以达到消除紧张焦虑情绪，建立乐观积极心态的作用。大学生在笔试、面试等重大场合感到紧张、焦虑时，可以用积极的自我暗示"我不紧张，我一定可以做到的"，在缓解自身紧张情绪的同时激励自我。

（六）*注意力转移法*

注意力转移法是指个体对某个对象的情感、欲望或态度因某种原因无法直接向其表现，而是把它转移到一个比较安全、能为大家所接受的对象上，以减轻自己心理上的焦虑，即把注意力从消极情绪转移到积极情绪上。大学生求职碰壁是在所难免的事情，但是如果长时间沉浸在求职失败的消极状态中，会导致不良情绪的泛化、蔓延，对身心健康不利。当求职的不良情绪出现时，大学生可以把注意力放到自己感兴趣、较自信的其他活动，使不良情绪逐渐消失。例如：听音乐、散步、看电影、参加体育运动、接受大自然的熏陶等使自己没有时间沉浸在不良情绪反应中，尽快调整好自己的情绪重整行装再出发。

大学生就业时需要不断调整自身认识、不断调整心态，只有自己融入工作，才能爱上工作，对职业选择不产生迷茫。职业生涯发展是十分严肃的，很多大学生"毕业即失业"或者频繁跳槽找不到方向，除了自身的职业心态和职业心理素质需要调整外，还需要在职业初期就形成明确的发展策略。有了明确的发展策略，大学生的职业生涯发展将不再迷茫！

【项目习题】

1. 我国大学生就业促进政策包括哪些内容？
2. 大学生就业的一般心理问题应如何做好调适？
3. 在就业中如何树立好正确的自我定位？
4. 在当前的就业形势下，大学生应如何树立正确的择业观？
5. 针对身边同学在求职准备中的心理状况展开讨论和分析。

项目三 求职过程指导

任务一 求职材料的准备

【任务目标】

(1) 熟悉求职信息搜集与处理的相关知识。

(2) 掌握就业推荐表、个人简历、求职信及附件的准备。

【任务描述】

求职材料是用人单位对求职者的首次接触和第一印象，是求职者的脸面。它直接反映了求职者的水平和素质，直接决定了求职者是否有面试的机会，也是广大毕业生用来和用人单位取得联系最常用的方法之一。求职材料的准备体现出求职者的综合能力，甚至是求职者工作思路的一种模拟演练。

【案例导入】

用成果证明能力

小刘是市场营销专业的专科毕业生，毕业时她选择了某家电销售公司的销售岗位作为自己求职的目标。为了顺利应聘，她决定利用招聘会前的一周时间，为该公司拿出一份市场调研报告。在接下来的几天里，她对该公司所有的产品做了细致的市场调查，从市场份额、产品到竞争对手等各方面的情况都了解得清清楚楚，并做出了一份有分量的市场调研报告，最后在招聘会上击败了众多学历高于她的竞聘者，被公司录用。

点评建议：小刘针对目标公司和岗位，结合自己的专业知识，为应聘单位提供了可行性成果报告。用人单位最希望的就是招聘到的人能实实在在解决问题，提出切实可行的解决方案，这样的人最能获得应聘单位的认可。

【任务知识】

大学毕业生在参加各种供需见面活动、访问用人单位、恳请老师推荐、拜托亲戚朋友相助时，都需要一份求职材料，以达到"广种薄收"的效果。而大部分用人单位安排面试的依据是阅读反映毕业生情况的书面材料，因此撰写有说服力并能吸引读者注意力的书面资料是赢得胜利的第一步。求职材料是毕业生用来和单位取得联系、介绍自己基本情况、全方位展现自己风采的各种说明性和证明性的材料，它在求职过程中有举足轻重的作用。一份完整、直观且有吸引力的求职材料是毕业生获得理想职业的敲门砖。

▶ 大学生就业与创新创业

一、求职材料概述

（一）求职材料的组成

求职材料是对求职者个人基本情况的完整概括。其主要包括：高校毕业生就业推荐表、个人简历、求职信、附件（成绩单、技能证书复印件、获奖证书复印件等）等材料。

1. 就业推荐表

毕业生就业推荐表是由本省就业主管部门统一印制，学校毕业生就业主管部门出具的、具有代表校方向用人单位推荐毕业生的作用的一种推荐表。

2. 个人简历

个人简历是求职者给招聘单位发的一份简要介绍。其基本信息包含：姓名、性别、年龄、民族、籍贯、政治面貌、学历、联系方式、自我评价、专业技能、工作经历、学习经历及本人对这份工作的简要理解等。

3. 求职信

求职信是求职者向用人单位或单位领导人介绍自己的实际才能、表达自己就业愿望的一种书信。用人单位通过求职信对众多求职者有一个大致的了解后，再通知面试或面谈人选。

4. 成绩单

大学毕业生学习成绩的证明，通常为表格形式，应由院系教学部门印制并盖章。

5. 证件与证书

证件与证书是毕业生求职、任职、开业等的资格证，是企业招聘、录用人才的主要依据。它会帮助求职者获得更多的就业机会，是就业的敲门砖，而且可以提高其打开招聘企业这扇门的概率。证书有学历证书和职业资格证书。

6. 参加社会实践、毕业实习的鉴定材料

这能让毕业生体验社会生活，为毕业后踏进社会做好充分的准备，积累相关经验，提高自身的实力。鉴定材料是社会实践单位和实习单位给予的评价，对日后就业有一定的帮助。

（二）求职材料的装订

大学毕业生求职时一般需要将求职材料装订成册。

1. 装订顺序

用人单位翻阅求职材料的时候，因为求职者数量多，不一定会对每份材料中的每一页都认真仔细阅读，因此在求职材料的装订中，需考虑用人单位对求职材料各种信息的需求心理，按照求职材料所反映信息的重要程度来顺序装订。

常见的装订顺序：封面、求职信、简历、推荐表复印件、在校成绩单、其他证明材料（包括各种证书的复印件、各种作品或成果的复印件）。

2. 装订要求

（1）所有求职材料切忌歪斜。

（2）求职材料的所有纸张应该整洁干净。

（3）求职材料中的纸张大小尽量一致，建议统一用 A4 纸张。

（4）求职材料中的字体应该一致，排版的行距应该一致。

（5）切忌用松动的透明文件夹，以免求职材料脱落，造成散页、掉页。

二、求职材料的重要性

求职材料是广大毕业生用来和单位取得联系最常用的方法之一。在求职择业过程中，求职材料有着举足轻重的作用，自荐、面试、录用都离不开它，求职材料的好坏直接影响着就业。求职材料的准备在一定程度上体现出求职者的意志、情感及能力，甚至是求职者工作思路的一种模拟演练。在准备求职材料的时候需要注意很多的细节，其重要性主要体现在以下几个方面：

（1）在编写自荐材料过程中，毕业生能够逐渐清楚自己的实际情况，能对自身的情况做出全面的分析和评价，明确自己的专长和爱好，把职业的要求和自己的个性特征、实际才能结合起来，理性思考，做出明智的择业取向。

（2）通过求职材料，招聘单位不仅可以了解一个人的简单经历，而且还能了解一个人的知识能力以及特长、爱好，并能够争取到一次面试机会。

（3）求职材料是招聘单位的面试出发点及面试后做出取舍的主要依据。

三、求职信的写法

求职信是求职者写给招聘单位的信函，是拉近与单位距离取得单位好感的媒介，它可以表达许多在简历中无法表达的内容，起到毛遂自荐的作用。写求职信是目前毕业生求职择业的一种比较常用的，也是非常重要的手段。

（一）求职信的格式

一般来说，求职信是属于书信范畴，所以格式应当符合书信的基本要求，主要包括称呼、正文、结尾、署名和日期。

1. 称呼

根据应聘单位的性质不同，求职信接收人的称呼也应不同。面对企业的领导人，要称呼尊敬的总经理、人力资源主管；面对事业单位的领导人，称谓是尊敬的领导；面对学校的领导人，称谓是老师、教授等。对收信人的名字要写准确，要注意求职信是发给单位的某个人，而不是某个单位，这样你的信才可能有具体的人进行处理。

2. 正文

正文是求职信的中心部分，其形式多种多样，正文中所要表达的意思应该包括以下内容。

▶ 大学生就业与创新创业

1）问候

通常书信的格式是在称呼之后有一句问候语，求职信当然也不例外。问候语简短即可，一般来说，只要"您好"两个字就足够了。不要像平常给朋友写信一样，写上诸如"最近好吗？""近来可好？"之类的问候语，这不是正规商业信函的写作手法。

2）个人基本情况和求职信息来源

首先，在正文中简明扼要地介绍自己，对于应届毕业生而言，在信件开头说明自己的学校、学历、专业等基本信息即可。其次，最好写出信息的来源渠道。如果你心目中的公司并没有公开招聘人才，你也可以写一封自荐信去"投石问路"。

3）应聘的岗位及能胜任本岗位工作的能力

说明应聘岗位和能胜任本岗位工作的各种能力。这是求职信的核心部分，主要是向对方表明自己有本专业知识和工作经验，有本专业技能和成就，有与本工作要求相符的特长、兴趣、性格和有关能力。

总之，要让对方感到你能胜任这个工作。此外，在阐明你所要应聘的职位时，一定要写明具体的职位，如"我希望应聘贵公司的工程监理员职位"，不要使用那种诸如"一份有挑战性的工作"等含糊的字眼。切记，这部分的内容一定要有针对性，一定要突出与所申请职位有联系的内容，你所陈列的每一方面的知识技能和实践经历要能够表明你可以胜任该职位，从而让招聘人员觉得你是他们最好的人选之一，让你通过筛选进入面试程序。

4）个人潜力

暗示自己的潜力。比如，向对方介绍自己曾经做过的各种社会工作、所取得的成绩，这样预示着你有潜在的管理和组织才能，有发展和培养的前途。

5）个人贡献

强调自己能为招聘单位做出什么贡献。上面所描述的能力是从应聘者自身情况而言的，而招聘单位更为看重的是其能为公司做出什么样的贡献。这里有一个误区，很多求职者为了表示自己的谦虚，在求职信中大书特写自己的不足，并表示希望能够在将来的工作中得到学习提高的机会。事实上，这种谦虚是没有必要的，每个公司都会对自己的员工进行培训，但是这并不是公司招聘员工的初衷，他们招聘你是看重你能为公司带来的贡献。

3. 结尾

在结尾部分应写出希望到贵公司工作，请求给予面试机会，并认真地写明自己的详细联系方式。

4. 署名和日期

求职信的落款应署名并注明日期。署名要与信首的称呼相呼应。

（二）求职信内容及版式上的特色

如何使自荐信更具针对性和吸引力呢？必须最大限度地展现应聘者的"卖点"，按照求职信的基本要求和格式，量身定做适度的自我推荐信是求职的基本要求。正文是求职信的核心，应该在这方面多下些功夫，甚至有些创意。

1. 有的放矢

不要把求职信写得太普通，然后大量复制，到处投递。有效的求职信都具有很强的针对性。

特别提醒：在求职材料的封面、求职信的右上角应清楚写明求职单位和求职岗位，用这种形式来强化求职的针对性。

2. 设置几个兴趣点

写出毕业生自己最关键的经历、最好的成绩、最重要的特长以及自己的愿望、心情和信心等。表明应聘者所特有的教育、技能和个性特征将会为招聘单位做出特殊贡献。

3. 特殊词句、段落加黑加粗表示

在求职信的格式上，对需要特别强调的词句用另外一种字体打出。例如，主要特长词句用加黑、加粗的字体显示，便于浏览；特别的段落，可两端各缩进两个字距的方法处理，就更能吸引招聘者的目光。

4. 加个小故事或者事例

在每个人的成长过程中总有一些特别的经历，会对自己的人生道路和对人生的看法产生重要的影响，甚至会改变一个人对于人类、机会、金钱和世界的看法。尤其是重大的挫折、人生的转变或者一个悲剧，这样的事例往往最能打动招聘者的心弦，因为通过这些小故事能反映出自信、有责任感、不轻言放弃等众人皆推崇的品质，而这些良好的品质正是招聘单位所需要的。

5. 逆向思维，胜人一筹

求职应聘者不附和、不随俗、不从众，是有主见的表现。有一位同学这样写道："其实我并不觉得贵公司条件有多好，只是感觉比较适合我的专业。而且觉得最后能不能入选，关键在于实力而不在于运气。"这种写法往往能使招聘者眼前一亮，起到好的作用。

6. 适当自负一些

"我虽刚刚毕业，但我年轻、有朝气、有能力完成任何工作。尽管我还缺乏一定的经验，但我会用时间和汗水去弥补。请领导放心，我一定会保质保量地完成各项工作任务。"口气坚决、信心十足，给人以精力旺盛，"初生牛犊不怕虎"的感觉。在给自荐信加放"味精"的过程中，一定要记住，"味精"只能适当地加一点，如果把一碗"味精"都倒进锅里，后果就可想而知。

(三) 求职信写作注意事项

求职信在写作时应注意以下事项：

(1) 信封、信纸要选用符合标准的，切不可随意使用标有其他单位名称的信封、信纸。

（2）要坚持实事求是的原则，恰如其分地介绍自己各方面的能力，既不贬低自己，也不过分吹嘘，要把握好一个度，要知道没有人会喜欢一个没有自信或夸夸其谈的人。

（3）篇幅适中，不宜过长，文字在200字左右为宜，因为信写得太长、太烦琐，一定不会引起他人的兴趣。

（4）文字要顺畅，字迹要清晰。要知道求职信是用人单位对求职者的一次非正式的考核。用人单位可以通过求职信了解求职者的语言修辞，并在领略信件内容的同时也欣赏到了你的特长。

（5）求职信的内容排列要清楚，段落与段落之间要有空位隔开，想要突出的重点内容可用特别字体，如用黑体字加以突出。

（6）学会用多种文字写求职信，比如用中、英或中、日文对照，尤其是到外资公司、商社应聘，这样既表明了应聘者的外语水平，同时又表示了对这家公司的尊重。

（7）求职信应该具有针对性。申请每一份工作，应该认真写好一份求职信，以表示自己对申请这份工作很真诚。不要千篇一律地复制几十份求职信到处投寄，其结果必然是处处落空。

（四）求职信模板

1. 模板一

尊敬的领导：

您好！

感激您能在百忙之中垂阅我的自荐信！贵银行的良好形象和员工素质吸引着我这位即将毕业的学生，我很愿意能为你们银行效一份微薄之力！

我在校期间学习努力认真，以优异的成绩完成了专业基础。以下，进行一个简单的自我介绍。

我积极参加学校组织的各类活动，与老师同学和睦相处，能说一口流利的英语，在业余时间通常会通过各种途径去找能够让自我得到锻炼的各种工作。

我很期望能到贵银行去工作，使我所学的理论知识与实践相结合，让我的人生能有一个质的飞跃。我相信你们的整体形象、管理方式、工作氛围会更加吸引我，是我心目中所追求的梦想目标。我在此诚恳地请求您能够给我一次机会，让我展示我的本事。

我个人方面，我的性格是十分随和的，并且善于和人沟通，能够很快地融入新的环境与团队。由于本人喜欢学习新的知识并运用于实际，所以很擅长于理解新事物并且善于钻研。对于新的挑战有很大的兴趣，并且不怕困难，能够很快在挑战与压力的环境中快速适应。在大学期间参加过几次实习工作，让我的工作及沟通技巧有很大的提升，加之我的性格开朗，所以在每次的实习中都能够与团队中的每一位成员融洽相处并没有发生过摩擦，并且对于团队队友之间的摩擦还能够起到缓解的作用，所以我相信我能够很好地融入团队并且协助团队更好地完成任务。

我的个人兴趣是钢琴以及声乐，平时喜欢听一些古典音乐，也喜欢旅游。

随信附上个人简历，期待与您的面谈。最终多谢您能在百忙之中给予我的关注。
此致
敬礼！

自荐人：李四
2022 年 3 月 20 日

2. 模板二

尊敬的王主管：

您好！

我是＊＊大学社会学系 2022 届本科毕业生。昨天在学校网站上获悉贵单位正在招聘人力资源干事，这是我一直在寻找并且能胜任的岗位。

我的专业是社会学，通过专业学习掌握了访谈、模型、大数据等研究方法，选修过招聘录用、薪酬、绩效、培训开发等相关课程。

我曾任学校学生会新媒体中心干事，负责官方微博、微信、网络平台各账号的维护与文字编辑工作，并进入《芭莎珠宝》杂志的新媒体编辑部实习，还在院学生会担任过体育部副部长，在文字表达、团队合作和组织协调能力等方面得到了很好的锻炼。

我参与的国家级大创项目"高校创新创业公众号服务功能的提高研究"荣获学校本科生创新创业年会优秀大学生项目，目前通过了国家计算机水平二级考试以及英语四六级考试，并在 2020 至 2021 学年获得学校学业优秀奖学金。

感谢您在百忙之中审阅我的自荐信，随信附上我的简历，期待能有进一步面试的机会。

此致
敬礼！

自荐人：张三
2022 年 3 月 25 日

四、简历的制作

个人简历主要是针对应聘的职位，把求职者的相关经验、成绩、能力和性格简要地列举出来，以体现求职者的整体素质、教育和工作情况，从而达到推荐自己的目的。简历的内容主要包括求职者的个人概况、应聘职位、教育背景和资历等基本要素。个人简历通常附在求职信后，目的是让用人单位具体了解你，从而得到面谈的机会。如果招聘人员对某位求职者的简历感兴趣，则意味着该求职者迈出了求职成功的第一步。

（一）简历的基本类型

如果能在不同的时间、场合用到合适的简历，肯定有助于毕业生的求职。这里介绍五

▶ 大学生就业与创新创业

种类型的个人简历。

1. 时序型

这是最普通也是最直接的简历类型，即从毕业生最近的经历开始，逆着时间顺序逐条列举个人信息。这种简历清晰、简洁，便于阅读。

一份时序型简历应包括目的、摘要、经历和学历等内容。它一般适用于以下情况：①求职者的工作经历，能很好地反映出自己相关工作的技能在不断提高；②求职者有一段可靠的工作记录，表明自己得到不断的调动与提升；③求职者最近所担任的职务，足以体现自己的优势。

2. 功能型

这是一种不太常用但往往很有效的简历。它强调毕业生的资历与能力，并对个人的专长和优势加以一定的分析和说明。技能与专长是功能型简历的核心内容。

一份功能型简历一般包括目的、成绩、能力、经历以及学历等内容。它一般适用于：①求职者的部分工作经历及技能与求职目的无关；②求职者只想突出那些与应聘职务相关的内容；③求职者是一个应届毕业生、退伍军人或者自己正想改行；④求职者的工作经历有中断或存在特殊问题。

3. 复合型

这种简历是时间型和功能型的综合运用。毕业生可以按时间顺序列举个人信息，同时刻意突出个人的成绩与优势。

一份复合型简历一般包括目的、概况、成绩、经历和学历等内容。它一般适用于：①求职者是一个应届毕业生、退伍军人或者自己正想改行；②求职者曾有过自己事业的"巅峰"；③求职者既想突出成就与能力，又想突出自己的个人经历。

4. 业绩型

业绩型简历以突出成绩为主，因此一般将"成绩"一栏直接提到"目的"栏后。

一份业绩型简历一般包括：目的、成绩、资力、技能、工作经历以及学历等内容。它并不适用于所有求职者，一般适用于专业销售人员、职业经理人、顶级行政人员等。

5. 目的型

除了以上几种主要的类型外，简历也可以完全根据求职目的来安排。只要适应于具体情况，目的型简历可以是上述类型中的任意一种（一般多为复合型）。

目的型简历一般适用于特定职业的求职，对工作在特定领域的应聘者较为有用，如教师、电脑工程师、律师等。

（二）简历的撰写原则

1. 要有重点

一个招聘者希望看到应聘者对自己的事业采取的是认真负责的态度。不要忘记雇主在寻找的是适合某一特定职位的人，这个人将是数百应聘者中最合适的一人。

2. 把简历看作一份广告，推销自己

最成功的广告要简短而富有感召力,并且能够多次重复重要的信息。简历应该限制在一页纸以内,个人情况介绍不要以段落的形式出现,尽量运用动作性短语使语言更加鲜活有力。在简历页面上写一段总结性的语言,陈述自己在求职上最大的优势,然后再在个人介绍中将这些优势以经历和成绩的形式加以叙述。

3. 要陈述有利的信息,争取成功的机会

尽量避免在简历阶段就遭到拒绝。在编写简历时,要把最有价值的内容放在简历中,强调工作目标和重点,语言要简短,并且要避免可能会使自己被淘汰的不相关信息。要知道当自己获准参加面试时,简历就完成了它的使命。

(三) 简历的基本内容

1. 个人概况

个人概况包括求职者的姓名、健康状况、联系方式、性别、出生年月、籍贯、户口、政治面貌、照片等与个人相关的资料。

(1) 姓名。求职者的姓名应该放在简历页面最上面的位置,也可放在简历标题中。总而言之,要让姓名突出和醒目。

(2) 联系方式。求职者的联系方式一经确定就不要轻易更改。联系地址一般不作为常用联系方式放在简历上。

(3) 性别与出生年月。简历作为正式的个人资料应该写清楚性别和年龄,一般在简历中标注年龄时要写清楚出生年月。

(4) 籍贯与户口。在简历上写明籍贯与户口所在地是很有必要的,因为很多工作都有极强的地域限制。

(5) 身体条件。求职者如果有很出众的身体条件,也可以在简历上专门列出,如具有出众的气质或甜美的声音对女性应聘办公室文员等很有帮助。另外,个人的身高、体重和健康状况也应如实填写。

(6) 政治面貌。应聘政府部门或者企事业单位时应写清楚政治面貌。

(7) 照片。求职者的照片虽然不一定要附在简历上,但是必须准备好,至少在填报名表时会用到。求职者若对自己的形象和气质有信心,那么无论招聘公司是否要求寄照片,求职者都可以把自己的照片随简历一同寄去,以求为自己的应聘加分。

2. 应聘职位

求职者在简历上要清楚地注明所要应聘的职位,这一点非常重要,因为一些招聘人员有时会按照职位对简历进行分类。求职者通过邮寄方式递交材料时,职位申请栏最好不要留空白,以免错失面试机会。

3. 教育背景

教育背景主要是指求职者就业前所获得的最高学历和教育经历,缺乏工作经验的应届毕业生应该详细介绍自己的教育背景。

(1) 学历。求职者如果有多个学历,应该将最近获得的学位或者最高学历写在前面。

▶ 大学生就业与创新创业

学历能够展示求职者的专业特长,填写时应该写清楚毕业学校的名称、专业名称、毕业时间以及所获学位。若辅修的专业和应聘职位密切相关,应该将辅修专业写在主修专业后面。

(2) 与应聘职位有关的课程。写清与应聘职位有关的课程能够反映出求职者的专业知识和技能。求职者如果觉得自己所学过的一些非专业课程有利于应聘成功,也可以建立一个"主要课程"或者"相关课程"项目,并把这些课程的科目详细地以列表形式展现出来。

(3) 课外生活。大学生在求职时应该在简历里写出在学校里参加的相关课外活动和取得的成绩,让用人单位了解到自己的爱好、才能、修养及健康状况。

(4) 社会实践。大多数大学毕业生并没有很多社会经验,因而可以列上有意义的社会实践活动,例如做兼职或者参加志愿者活动等的企业,求职者也可以在简历中写出来。若兼职单位是知名企业,往往能给求职者加分。

4. 资历

在简历中,任职资格、技能与专长、资格证书、荣誉与成就等项目应该按照重要性从高到低排列。

1) 任职资格

求职者应聘时先对自身经历进行总结,展示自己与招聘岗位相契合的优势,引起招聘人员的注意;然后总结自己的强项,用简洁、可信、有力的语言组织起来,写出自己的任职资格。

2) 技能与专长

求职者要把工作技能或者专长以列表的形式清楚地在简历中列出来,所列出的技能必须和应聘岗位相符,最突出的技能应当是最接近岗位要求的,而不是求职者最拿手的。

3) 资格证书

许多招聘单位都要求求职者具有职业资格证书(如计算机等级证书,英语四、六级证书或会计证等),因为这些能够证明求职者的工作能力和技术等级。求职者其他一些证书,例如钢琴、小提琴之类的级别证书能够显示出个人素养与业余爱好,也可以写在简历上,并且注明获得这些证书的具体时间。

4) 荣誉和成就

求职者倘若在校期间曾经获得过奖学金及"三好学生""优秀学生干部""优秀团员"等荣誉,或者成功主持、举办过某些活动等,应将这些写在简历中的"荣誉与成就"一栏内。

5. 严把简历"质量关"

1) 特长

求职者在简历中应该把自己的特长写清楚、写详细。例如,求职者说自己擅长写作,就应写明自己是擅长写新闻稿还是调研报告,或是二者都擅长,发表的重要作品最好也列出来。另外,特长最好和应聘职位所要求的能力相匹配。

2)证书

在制作简历时,证书、奖状自然是必不可少的,但求职者在简历里罗列一大堆"荣誉"也是不明智的。胡乱拼凑只是堆砌,对"职"下"证"才是最佳方法。

3)经历

有些招聘单位比较看重求职者的实习和工作经历。但是,求职者如果在简历里列出十几个工作经历会让招聘方认为你工作不够有耐心,不能长期服务于一家企业。兵不在多而在精,工作经历同样是这样。

4)职务

团支部书记、班长、学生会主席、校园社团负责人等诸如此类的职务在大中专毕业生的求职简历中常常出现。但是这样的职务一多,未免让用人单位疑惑那些未当过"官"的普通学生哪里去了?求职者千万不要为了罗列"职务"而丢掉"诚信"。

5)照片

为了给用人单位留下更深的印象,越来越多的学生求职者不惜花费重金在照片上大做文章,甚至丢掉了自身特色。过分装饰反而虚伪,真实自然才显本色。

(四)撰写求职简历的注意事项

求职者在撰写个人简历时要特别注意以下几点:

(1)确保真实。真实是简历最重要和最基本的要求。求职者要诚实地撰写简历,在简历里编造事实和抬高身价都是不可取的。投寄简历的最终目的是获得工作,若因造假而被招聘方识破的话,既会丢掉工作机会,也会失去人格尊严。简历不宜过分渲染或不切实际地描述,这会让招聘人员对你产生反感。

(2)突出重点。求职者要根据应聘单位与职位的要求巧妙地突出自己的优势,给招聘方留下深刻的印象。个人优势是整份简历的点睛之笔,同时也是最能表现个性的地方,既要不落俗套,又要合乎情理、具有说服力。

(3)言简意赅。招聘人员每天都要面对大量的求职简历,浏览每一份简历所用的时间都很短,若简历太长,招聘人员难免漏看重要内容,反而这不利于求职者求职。

(4)自己动手。有的求职者请专业人员为自己写简历或在网上找一些范例模仿。事实上,专业人员写的简历或网上的简历模板都个性不足,而简历能够打动人的地方恰恰就在于个性。撰写简历不亲力亲为的话,若面试官提问涉及简历里的情况,求职者也许会回答不上来,从而造成面试失败。

(5)美观。要清楚、完整地将自己的经历与取得的成绩表现出来。字体的大小要恰当,不要压缩版面,不要将字体缩小到他人难以阅读的程度,不要因省钱而使用劣质纸张。

(五)简历写作中常见的错误

简历是求职的通行证,所以很多求职者会在简历上下很大功夫。但是,在简历写作中，有些求职者眼里的"锦上添花"实际上却是"画蛇添足"。

1. 根据招聘要求伪造简历

王兵是一个精力充沛、野心勃勃的人，他对一家公司的管理职位非常感兴趣，但自己没有这个职位所需的学历和工作经验，因此决定在简历上做一些"小动作"，使自己符合职位要求。这份不真实的简历虽然使他获得了一次面试的机会，却关闭了获得这个工作的大门。这个小故事告诉求职者：通过夸大其辞让简历更有分量是不会获得成功的。

2. 别出心裁做简历

为突出自己的简历，很多求职者绞尽脑汁为简历加上各种花样，而没有考虑招聘人员的需求。其实，在快速浏览简历的过程中，招聘人员关心的重点是求职者所列的事实，而不会过分注重那些有趣的修辞和夸张的文字图样或者洒上香水的纸张。因此，求职者只要简单和清晰地设计好自己的简历，能够突出求职优势就可以了，写简历的目的就是准确而令人信服地描述自己的技能。

3. 制作另类简历

李欢对自己的求职经历作了以下总结："我认为我没有太多的工作经验，所以就想用色彩丰富的纸张来吸引用人单位的注意，如蓝色的卡纸。这一点正是我没有获得面试机会的原因，直到有一位招聘人员告诉我。"李欢的经历告诉求职者，那些使用粉红、蓝或者绿色纸张写简历的人常常得不偿失。

4. 求职目标不明确

求职者需要在简历中写上自己特定的求职目标，如要找一份会计主管的工作，就应该在简历上注明。但是，求职者如果对同一领域内的其他职位也感兴趣的话，求职目标就可以写成"工作目标：会计主管/会计主管助理/财务副总经理"。当求职者要写几个求职目标的时候，要注意每个目标都必须处于同一个职务水平上的相关领域。过于宽泛的求职目标，如"想要在一个不断进步的组织中寻找一份富于挑战性的工作，允许创造力与自主性的自由发挥"，会让招聘人员摸不着头脑，从而无法妥善处理这份的简历。

5. 在简历中罗列工作经历

李莉写了一份长达七页的求职简历，其中包括以往所有的工作经历，而且还列上自己的兴趣与爱好，她丝毫未意识到自己的简历令人生厌。几个月过去了，她一直未接到招聘单位的面试通知。后来，经过别人的指点，她把简历缩减为两页纸，很快就找到了一份自己喜爱的工作。对于大学生求职者来说，如果没有全职工作经验，可以写兼职，也可以列出一些志愿者工作，特别是这些工作要与所应聘职位相关。对于有相关工作经历的求职者来说，要在简历中注明曾经担任过的职务与具体工作内容。

6. 在简历上胡乱列出证明人

在面试时，面试官向求职者要证明人的联系方式，这表明求职者极有可能会得到这份工作。因此，求职者应在简历中如实填写证明人信息，每位证明人的信息应该包括姓名、工作职务、与求职者的关系（如前任上司、同事、就读学校的老师等）、通信地址（含邮政编码）、电话号码（含区号）及电子邮件地址。

要提前通知证明人会有人与他们联系，有时一个工作机会的失去，完全是因为证明人在突然接到电话时毫无准备，导致用人单位对简历的真实性产生怀疑。

7. 盲目投寄简历

张霞与张丽是一对双胞胎姐妹，她们在求职时各自使用不同的方法投寄简历。张霞盲目地投出700多份简历，而张丽则锁定那些与她的专业相符合的公司。最后，张丽3个月就找到了工作，而张霞在6个月后才找到适合自己的工作。

求职者在投寄简历前需要花一定的时间进行调查，锁定适合自己的公司与职位。如果盲目地投寄简历，尽管在开始时看起来很轻松，但是从长期来看，求职者可能会接到面试通知，但面试的结果很可能是求职者对应聘公司根本不感兴趣或应聘公司并不需要这种类型的求职者。所以，盲目投寄简历只会浪费时间与金钱。

（六）简历的模板

个人概况：

姓名：×××　　　　　　　　　　　性别：男

生日：20××.1.1　　　　　　　　身高：172 cm

籍贯：浙江绍兴　　　　　　　　　政治面貌：共青团员

学历：法学学士　　　　　　　　　毕业院校：××大学

联系电话：139×××××××（手机）　×××—×××××××（固定电话）

E-mail：cuplluxiaokunpeng@163.com

地址：××市××区××大学××学院×级×班

邮编：200000

个人简介：

专业水平：大学期间除学习法律主干专业课程外，还选修了法律实务和案例研习课程，参加了劳动法律诊所，为当事人提供法律咨询服务，提高了自己理论联系实际的水平。

英语水平：通过国家英语四、六级考试，有良好的听说读写能力。

计算机水平：能够熟练操作办公软件。

社会实践：

2018年8至9月在汉唐文化公司实习，参与图书编辑工作。

2021年9月至2022年1月参加学校的劳动法律诊所，并担任诊所小组组长。

自我评价：

热心公益活动。多次作为志愿者前往北京市太阳村特殊儿童救助研究中心。

热爱体育活动。曾担任班级体育委员，组织体育比赛，积极踊跃参加班级与校级田径、篮球、足球等各类体育活动。

喜好读书。参加法学会的读书会，与同学交流读书的心得体会。

▶ 大学生就业与创新创业

个人性格：诚信、勤劳、热情、善于思考，有很好的团队精神。

所获奖励：

2018年10月在新生田径运动会中长跑男子组取得优异成绩。

2018年12月获得××学院2018年度一等奖学金。

2018年12月以《×××》一文（合作）获得××学院"探索杯"学生课外学术作品奖。

2019至2020学年获校级二等奖学金。

（七）应届毕业生简历撰写的关键点

每一个大学生毕业时都要面临求职和择业，也就要书写个人简历。应届毕业生简历撰写关键点如下：

（1）没有工作经历怎么办？列出求职者在校期间的社会活动及结果，学校组织的社会实践是重点，毕业实习、课程实习和劳动技能课也是重点。

（2）目标词很重要。拙劣的目标词：求在一家发展中的公司任职；求一个有助于对自己事业发展和发挥才能的职位；确保在一家成长中的公司中逐步提拔的职位，这份工作可以使自己的销售和其他各方面的办公技能得以发挥，最大限度地使招聘单位受益。以上目标词的通病是持一种"你可以为我做什么"的态度。公司给求职者一份工作，不是因为求职者可以接受挑战，也不是为了给求职者事业的发展提供机会，更不是给求职者提供保障、升职和加薪，而招聘者关心的是求职者能为他们做什么。这些目标词都没有表达出实质性的东西，没有一个目标词会向招聘者说明求职者了解自己以及想具体做什么？也没有一个能向招聘者表明自己将能取得成绩。比较好的目标词：求在保健和环境方面的管理职位或者是在项目管理、解决问题、科研和领导方面所需的技能；求能用得上营养学、备餐和饮食改良的知识以及具备培训他人、研究数据和设计以及提出教育方案的技能的职位。

（3）多用主动词，少用被动词。这样可以使求职者的简历显得简洁、清晰且干净利落，易于理解。

（4）少用修饰状语（英语中少用冠词）。如："为这个重新设计的方案策划和实施一些战略"，写成"为重新设计的方案策划和实施战略"更好。

（5）语句一定要简洁。

（6）内容要具体化、个性化。

五、证件与证书

证件与证书是大学生求职应聘的必备材料。

（一）证件与证书的类型

证件通常指身份证、学生证、工作证等。证书一般指学历证书（毕业证）、学位证书、职业资格证书、专业技术职务资格证书、荣誉证书等。

（二）学历证书与职业资格证书

学历证书是指在学校学习了规定的课程后，通过考试合格，由学校颁发的证书。如通过小学、初中、高中的学习所获得的小学、初中、高中毕业证书均是学历证书，在大学毕业时获得的就是受高等教育的学历证书。

职业资格证书表明持证者接受该职业所需要的职业知识与技能的教育，并具备了这方面的能力，如电工证书、特种作业证、驾驶证、律师资格证书、教师资格证等都是职业资格证书。在求职应聘的道路上，多一种职业资格证书，就可能多一条就业门路。

六、就业推荐表

毕业生就业推荐表是由学校毕业生就业主管部门出具的、具有代表校方向用人单位推荐毕业生的作用的一种推荐表。它是用人单位在供需见面、双向选择过程中，了解毕业生在校期间德、智、体等方面综合情况的唯一书面材料，其可信度高。它通常由以下三个部分构成：毕业生本人的情况介绍（附学校教务部门提供的在校学习成绩）、毕业生所在院系的推荐意见、毕业生所在学校就业主管部门的推荐意见。

毕业生就业推荐表一般由学校统一编号，每一位毕业生只有一份原件，所以它具有唯一性。通常，对毕业生来讲，只能用原件和一个单位来洽谈并签订协议。为避免重复签约现象发生，毕业生要注意用人单位一般坚持只有原件才能签约的原则，所以使用就业推荐表要慎重，要考虑成熟后再用。

毕业生推荐表的栏目因各个学校侧重不同而有所区别，随着毕业生就业工作改革的深入及"双向选择"的日趋成熟，每年毕业生推荐表中的栏目也有所改进，但一般包括个人基本资料、学历、获奖情况、担任社会工作、个人兴趣特长及自我评价等。毕业生完成上述材料后，要请班主任对自己做出全面鉴定，然后再到院系和就业管理部门进行审核盖章。

任务二　求　职　礼　仪

【任务目标】

（1）熟悉求职中着装礼仪要求与注意事项。

（2）熟悉面试的举止礼仪要求与注意事项。

（3）掌握基本的求职礼仪，提高自己的综合素养。

【任务描述】

根据礼仪开展的规律和其本身的作用、特质，可将礼仪定义为：人类在社会交往活动中约定俗成形成的表示尊敬的行为标准与准则，大学生求职礼仪具体表现为着装、礼貌、礼节、仪表、仪式、礼品器物等。

【案例导入】

某公司经理对他为什么要录用一个没有任何人推荐的小伙子时如是说："他带来了许

多介绍信。他神态清爽，服饰整洁；在门口蹭掉了脚下带的土，进门后随手轻轻地关上了门；当他看见残疾人时主动让座；进了办公室，其他的人都从我故意放在地板上的那本书上迈过去，而他却很自然地俯身捡起并放在桌上；他回答问题简洁明了，干脆果断，这些难道不是最好的介绍信吗？"

【任务知识】

第一印象十分重要，第一印象往往从谈话、举止、着装、个人的个性与修养中得来。良好的礼仪和外在形象能展示应聘者美好的外表和内在，使面试官产生好感，形成良好的第一印象。

良好的第一印象是求职成功的基础。托利多大学心理学教授的研究显示：首次见面最初的30秒就决定了他人对自己的印象。面试者的礼仪、形象、言谈举止都反映着他的内在修养。现代企业的招聘活动中，求职者任何细小的失误都可能导致失败。对于求职者而言，内在修养是日积月累的，无法临时改变，但是对于可控因素，诸如面试中的礼仪细节往往左右着面试官对面试者的第一印象，因此求职者务必予以足够的重视。

一、着装礼仪

面试和以往学校里的考试有所不同，所以在穿着要求上更加正规一点，因为当面接触中，着装影响着招聘方对应聘者的直观印象。现在很多毕业生都会选择职业装，使个人形象更加庄重，但应当注意招聘单位和岗位的特点，适合的服装、清爽整洁的形象，会给用人单位留下深刻的印象。

（一）女士服饰与仪表

一个人的仪容是其心理素质和修养的外在体现，它能反映出一个人的性格、气质、学识修养和处世态度。尤其是女性面试者，如果能够将自己的内在美表现得淋漓尽致，大大增强自己的求职竞争能力，为下一步交谈打下基础。

女性求职者在应聘时需要注意哪些仪容要求呢？首先，从衣着打扮来看，既要体现时代特点，又要符合女性求职者的身份，做到整洁大方，同时不失女性特有的柔美，这样不仅会给他人带来美的享受，还能使他人感受到自己的精神状态、自己的干练和活力。一个衣着邋遢的女性去求职，纵然才华横溢，也难以赢得主考官青睐。其次，从行为举止来看，应尽量端庄、自然。尽量避免动作拙劣、表情呆板或大大咧咧、矫揉造作。因此，在面试时，一言一行、一举一动都应展示得自然、得体，也就是说，要坐有坐相，站有站相，走有走相，让面试官有赏心悦目之感。最后，从精神状态来看，要面带微笑，精力充沛，显示出女性特有的气质。在面试过程中，则要注意用敏捷的思维、机智的语言来活跃双方交谈的气氛，切勿表现得萎靡不振、无精打采，甚至打哈欠，这些都会使面试官感到失望和不满。

1. 服装

通常以西装、套裙为宜，但并非绝对。应视招聘单位性质和组织文化而定，服装颜色以淡雅或同色系的搭配为宜。裙子长度应在膝盖左右或以下，穿着关键是大方得体、优雅自信、体现职业女性的气息，切忌穿过紧、过透和过露的衣服。

2. 鞋子

中跟鞋使你步履从容，带给你一分职业女性的气质，很适合在面试时穿着。切记不要穿长而尖的高跟鞋。夏天穿凉鞋或鱼嘴鞋时，要注意脚指甲的清洁和卫生，不宜涂染有色指甲油。总之，鞋子的选择应与整体着装相协调，在颜色和款式上与服装相配。

3. 袜子

女性求职者如果选择穿裙装面试，则一定要穿好丝袜，不要光腿参加面试，这样会显得不够庄重。丝袜的颜色以透明近似肤色最好，同时丝袜不能有脱丝、破损的情况。因此，为保险起见，面试前最好在包里放一双丝袜备用，这样脱丝时能及时更换。总之，求职者在面试前一定要选好服装，这样才能以美观、大方的形象出现在面试官眼前。

4. 公文包或手提包

多数面试场合，公文包比手提包更权威，但不要塞得太满。皮包的选择不要过于精美或珠光宝气，但也不要太破旧或有污渍。包可以大方地背在肩上，如果个子比较矮小，包则不宜过大，否则会极不协调。

5. 配饰

面试中适当地搭配一些饰品，无疑会使应聘者的形象锦上添花，但饰品搭配应该讲求少而精，恰到好处地体现自己的气质和神韵。耳环小巧不要过长，避免发出声响，否则容易影响考官的注意力，有时也会留下不好的印象。所以，求职者们千万不要因为配饰细小而不重视它，往往就是这小小的配饰更能反映出一个人的品位，成为面试官暗中仔细观察留意的细节。因此，只有注意配饰的得体和搭配，才能使求职者形象更加完美。

6. 发型

不管是长发或短发，一定要以干净、整齐、清爽为宜。造型可以根据穿着、职业来搭配，增添青春的活力，但不要太过于前卫。

7. 化妆

素、淡为原则，越淡雅自然、不露痕迹越好，不可浓妆艳抹、过分夸张，把大学生清纯的形象掩盖掉。

8. 手和指甲

手要干净，不要留长指甲和涂艳丽的指甲油。

(二) 男士服饰与仪表

俗话说"人靠衣装马靠鞍"，也有人说"服饰左右着你的成就"。服饰能够反映出一个人的文化水平、修养和气质，它是一种重要的体态语言。在应聘面试活动中，恰当的穿着本身就是一种很好的礼仪，雅致和整洁的服饰具有一种无形的魅力，它能让求职者在面试官的"第一印象"中留下深刻的记忆。但很多求职者根本没有考虑过面试时应该穿什么样的衣服，事实上，服饰有时候起着比履历书中所载的经历和资格证书等更为重要的作用。许多用人单位的人事负责人都认为,求职者的精神面貌与衣着打扮能够给他们留下"第一印象",而这难能可贵的"第一印象"通常决定着面试的成败。一个仪表优雅的人,虽然并不一定能找到工作,但如果衣着不整、举止不雅,必然影响应聘择业。可见,求职者的服饰对求职成功与否有重大的影响。因此,注重自己的衣着仪表,是求职者不容忽视的问题。现实中,不讲究仪容美观的男性求职者也大有人在,他们认为用人单位更重视的是求职者的内在素质,而非光鲜亮丽的外表,可事实上仪容美是内在美、自然美、修饰美的统一。仪容的修饰美是最可以直接实现的,所以也是仪容礼仪关注的重点,在面试官看来,仪容美能够体现求职者良好的精神面貌和对工作的乐观、积极的态度。因此,即使男性求职者平日不修边幅,在面试时也一定要注意自己的仪容美,将男性的阳刚美体现出来,才能赢得面试官的好感,促使面试成功。

1. 服装

男性求职者的服饰应力求带给面试官"舒服、干净、儒雅、大方"的感受,通常以黑、藏青等深色西装为佳,浅色不易让人产生信赖感(当然,具体应该以个人脸色为主)。裤长以盖住鞋面为宜。白色及蓝色的衬衫是职场男性的主流色彩。另外,无论是哪个名牌的运动裤、牛仔裤,都不是正装,均不适宜在面试的时候穿着。

2. 鞋袜

深色皮鞋为主,必须整洁,袜子颜色也要讲究,西服革履时袜子必须是深灰色、蓝色、黑色等,这样在任何场合都不失礼。

3. 发型

清爽为宜,不要烫发、染发或者做太多花哨的样式。如果面试前才赶着剪发,注意不要太短,避免不够自然。

4. 胡子与指甲

胡子要修剪整洁,指甲不宜长,应让人感觉干练、稳重。

5. 公文包

公文包黑色为宜,大小至少要能放下 A4 纸。

(三)个人卫生

面试时,应聘者和考官距离较近,无论男女都要做到身体清洁、无异味。另外,嘴巴牙齿要清洁、无食品残留,保持清新口气,不要有头皮屑,可以先去洗手间照照镜子,用擦鞋布将鞋擦干净。

二、面试的举止礼仪

总体来说,面试时的举止是招聘者观察求职者个人素养的最关键环节。招聘者不仅会观察求职者的举止是否符合招聘单位的要求,也会观察求职者的举止是否自然。因此,以下举止建议大家及早练习。

(一)坐姿

大部分面试都是坐着进行的，所以保持落落大方的坐姿是非常值得注意的。要坐在椅子的前三分之一与三分之二之间，收腹挺胸，身体可少向前倾，绝对不能靠着椅背，表示尊重和谦虚。女士如果穿裙装，入座前应整理下裙边，两腿并拢或双腿同时向左或向右放。男士双脚分开比肩宽略窄，双手自然地放在大腿上，切忌跷起二郎腿、双腿伸直或大张或不停抖晃腿脚。

（二）站姿

面对考官，不论是男士还是女士都应采用标准的站姿。虽然在面试过程中站立的机会并不是很多，但是站姿是人体最基本的姿势，能反映求职者的外在形象和礼貌修养。标准的礼仪站姿：双腿并拢、两手自然下垂，切忌双腿交叉或抖腿、扭身。

（三）笑容

真诚的微笑是人际交往的通行证。在无法回答考官问题时，一个发自内心的真诚微笑可以化解尴尬的气氛，缓解僵持的局面。

（四）眼神

面试时面部表情自然，不要过于严肃或畏缩；目光要自然注视对方，不要左顾右盼、眼神闪烁，也不要直勾勾地盯着考官看，这样都是很不礼貌的做法。如果不止一个考官，说话的时候要适当用目光扫视其他人，以表尊重。

（五）手势

面试过程中手势不要太多，太多的手势会分散别人的注意力。不要玩纸笔、乱摸头发、耳朵，这样会让人觉得你紧张，影响交谈效果。

（六）握手

随着面试机会的增多，握手成了不可避免的一个动作。握手时神情要专注，力度适中把握时间（两三下即可）。握手原则：上级对下级，下级先伸手；长辈对晚辈，晚辈先伸手；女性对男性，女性先伸手；主人对客人，主人先伸手。

三、其他细节

除上述介绍的礼仪要求外，应聘者还应注意的其他细节包括：

（1）当你还在等候面试时，千万不要因为太过好奇或兴奋而来回走动、东张西望，也不要在外面与他人高谈阔论或大声打电话，因为面试当天一定不止你一个应聘者，这样会影响他人准备和思考，也会显得自己不够稳重。所以应聘者要做的是：安安静静按顺序坐在椅子上等候平复焦虑或激动的心情，以最好的状态来应对考试。

（2）当通知自己进入面试室的时候，无论屋门是否关闭，都要用食指和中指的第二指节轻叩门板，得到对方允许后方可进入室内。也不要忘了转身将门关上，动作要轻，切忌用力把门扣上。

（3）如果考官没有让自己坐下，请千万不要自作主张，随意地就像在家里一样很自然地坐下。在考官请自己坐下时，要说"谢谢！"，然后大方地落座。

（4）面试过程中，要懂得控制自己的情绪。无论考官对你大加赞赏还是毫不在意，自己都要做到宠辱不惊，千万不能因兴奋而手舞足蹈，也不能因沮丧而当场给考官脸色看。

（5）面试结束时，起身向考官表示谢意，整理桌面上凌乱的物品，把椅子放好。出门前再次正式地对考官说声"谢谢！"，并说"再见！"。关门时切忌背对，动作一样要轻柔。

任务三　笔试及其应对技巧

【任务目标】

（1）了解笔试的类型及内容。

（2）了解笔试的作用。

（3）掌握在笔试时应作何准备、如何准备。

（4）掌握笔试的应对技巧。

【任务描述】

笔试可以反映出求职者的文笔和思维逻辑（对文本编辑的职业更有参考价值），而且用人单位也可以通过笔试的内容来了解求职者的诉求和想法，更好地筛选出符合要求的求职者。因此，求职者在笔试前要做好准备，掌握必要的应对技巧。

【案例导入】

刚毕业时，小李曾参加过法蒂玛（中国）企业集团公司的招聘笔试，后来虽没有进入该公司，但那次笔试却给小李留下了深刻的印象。

当时应聘的是储备主管，也许是有点名头吧，竟有两百多名应聘者，而小李就是其中的一员。应聘者来到了笔试地点，主考官抬腕看了看表，神情庄重地宣布："本次笔试限时五分钟，不许用计算器，不许交头接耳，请严格按要求作答。一般情况下，速度快者三分钟即可完成，我希望你们也能做到。"说完，将一份份试卷反扣着发到应聘者手上，随着一声"开始！"令下，大家都迅速地打开试卷。试题太多，绝大部分人一下子就慌了起来。试卷的第一题就是：请先仔细阅读完所有试题。但此时此刻，时间如此紧迫，任务如此之重，谁还有心思看完整张试卷呢？绝大多数人马上从第二题开始做起，一会儿在答题纸上画矩形；一会儿又算某某数乘以某某数再加上某某数等于多少；有人遵照试题的要求举手，有人按要求起身再坐下，有人跟主考官打手势……"好，时间到！"主考官话音刚落，底下马上怨声四起。"给的时间太短了！""出的题目太多了！""五分钟根本做不完！"……"那只能说明你们不够仔细，你们大多数人按要求做了吗？"主考官笑着答道，望着周围一双双疑惑的眼睛。小李一点也不疑惑，因为他早已看完了所有试题。最后一题是："如果你已看完所有试题，你只需将你的大名写在答题纸右上角即可。"

【任务知识】

笔试是一种用以考核应聘者特定的知识水平、专业技术、心理素质、思维灵活性及快速反应能力等素质的书面考试形式,因其具有适用面广、费用少、效率高等特点。其主要适用于应试人数较多、需要考核的知识面较广或需要重点考核文字能力的情况。笔试主要用于一些专业技术要求很强和对录用人员素质要求较高的国家机关、大型企事业单位。一些涉外部门、技术要求很高的专业公司以及国家机关招考公务员时多采用这种形式。

笔试是让应试者笔答事先拟好的试题,然后根据解答的正确程度评定应试者成绩的一种考试方法。它是求职者和公司之间进行双向交流的过程,在这一过程中如何恰当地展示自己,是决定应聘者能否最终得到青睐的关键所在。

一、笔试的类型

根据考核的方向和内容不同,笔试可以分为专业知识考试、心理测试、智力考核、技能测验和综合能力测试等类型。

(一)专业知识考试

这种考试主要是为了检验求职者专业知识水平和相关的实际操作能力。一个合格的大学毕业生经过学习,其成绩单已反映出毕业生的文化知识专业水平,所以一般都免于笔试。但也有一些用人单位,不仅要了解学生的知识能力,还要了解毕业生应用知识能力或侧重了解某些方面的知识能力,需要通过笔试的方式对求职的大学毕业生进行文化、专业知识和综合素质考核。这种考试方式已经被越来越多的热门就业单位所采用。比如,外贸、外资企业招聘雇员要考外语和计算机,公检法机关录用干部要考法律知识,科研机构招聘人员要考动手能力,国家机关招聘公务员要考行政管理方面的知识等。一般大型公司都会进行的笔试。经过笔试筛选可以淘汰大部分的候选者,缩小进入面试环节的人员范围。由此可见,笔试环节对于技术性职位求职者的重要性。这几年参加国家公务员考试的人数最多,它是录用非领导职务的一般公务员,实行面对社会的公开竞争性考试。

(二)心理测试

心理测试是用事先编制好的标准化量表或问卷要求被试者完成,根据完成的数量和质量来判定其心理水平或个性差异的方法。一些特殊的用人单位常常以此来测试求职者的态度、兴趣、动机、智力和个性等心理素质。

(三)智力考核

智力考核最初来源于20世纪初的智商测试,后被威廉·肖克利首先应用于自己位于硅谷的半导体实验室招聘雇员,乃至20世纪末被微软公司发扬光大。

这种考试主要测试应聘者的记忆力、分析观察能力、综合归纳能力、思维反应能力,以此来判断应聘者是否反应迅速、思维敏捷,了解其潜在的发展状况以及能否胜任某种工作。一般的题型有图形识别题、算术题等,这一测试方式经常被一些著名跨国公司所采用。他们对毕业生的所学专业一般没有特别要求,但对毕业生的综合素质要求较高。在他们看来,专业能力可以通过公司的培训获得,因此有没有专业训练背景无关紧要,但毕业生是否具有不断接收新知识的能力是至关重要的。智商测试并不神秘,就我们观察到的,

▶ 大学生就业与创新创业

一种是图形识别,比如一组有四种图形,让应试者指出其相似点和不同点,这类题目在一些面向中小学生的智力游戏书中是很常见的,一些面向大众的杂志偶尔也刊登这类游戏题目;另一种是算术题,主要测试毕业生对数字的敏感程度以及基本的计算能力,比如给定一组数据,让毕业生根据不同的要求求出平均值,其难度水平不会超过中学生的计算水平。这些题目看似简单,但要考出好的成绩也不容易。

例如:

(1) 数量关系类题目:$2002 \times 20032003 - 2003 \times 20022002$ 的值是( )

A. -60　　　　　　B. 0　　　　　　C. 60　　　　　　D. 80

解答:此题答案为 B。

(2) 逻辑推理类题目:最近调查显示,许多寻求医疗帮助的人处于很大的压力下,医学研究同时显示,压力能够恶劣影响一个人抵御感染的免疫系统,因此当一个人处于压力线的时候,他更可能得病。

以下选项最能支持上面的结论是( )

A. 在放假期间,大学医院所处理的疾病数目显著增多

B. 在考试期间,大学医院所处理的疾病数目显著减少

C. 许多企业报道在职员感到管理压力期间,缺勤显著地减少

D. 许多为职员提供健康保险的企业同时提供应付压力的研习班

解答:此题答案为 D。

(四) 技能测验

技能测验主要是为了检验应聘者的实际工作能力和动手能力,这种考试往往针对特定的工作岗位来设计。例如:考查操作和使用电脑的能力,招聘秘书通过写作题目来测试,以及财会、法律、驾驶方面的能力等。

(五) 综合能力测试

综合能力测试兼有智力测试的要求,但程序更高,如要求应试者在规定时间内对指定的数据和资料进行分析,得出结论同时找出存在的问题,并设计出解决问题的方案。这种测试在招聘高级管理人才中运用较多,目的在于考查大学毕业生的文字、口头表达能力以及分析、解决问题和逻辑思维的能力。例如,某外商要来本公司洽谈合作事宜,来电话告知日程安排,要求应试者用相应语种接听电话,并打印出电话记录、呈报有关领导。又如,应试者在规定的时间内对一组数据和一组资料进行分析,找出其合理的地方和存在的问题,并设计出解决问题的方案。这类测试都是对大学毕业生的阅读理解能力,发现、分析、解决问题的能力和知识面等素质的全方位测试。

(六) 命题写作测试

这种考试的目的在于考查文字表达能力和逻辑思维能力。例如,限时写出一份会议通知、一份请示报告和一份工作总结,或阅读数篇群众来信并结合秘书工作的特点写出一份情况汇报,打印上报,也可能提出一个论点请考生予以论证或批驳等。

二、笔试的作用及特点

（一）笔试的作用

笔试在单位招聘中的作用有：

（1）因为笔试的时候面试官与面试者没有直接的接触，而是通过有一定客观标准的可靠、可量化的方式来进行测量，避免了因为面试官的主观原因而出现的不客观的现象，所以笔试具有较强的客观性和可靠性。

（2）笔试可以有大批的考生同时进行，在同一个时间、同一个地点，这样既可以节省人力物力财力，也可以避免出现前后泄题的不公平情况，这对于那些报考人员很多的单位尤其有效。

（3）笔试的内容和形式多样，可以在一张试卷中综合考查考生的各种类型的知识，能全面地检查出考生的专业知识及基础知识是否扎实。

（4）笔试的材料是"有形资产"，可以让用人单位留存收档，这样既可以保留这些信息，也可以为下次的招聘工作提供最真实可靠的参考数据。

（二）笔试的特点

笔试有三个显著的特点：

（1）客观性。试题依据一定的内容和客观标准拟制，评卷依据客观尺度，人为干扰因素少，具有较强的区别功能。

（2）广博性。试卷题型可以多种多样，测试范围广泛，结果的可信度高。

（3）经济性。它可在同一时间、不同地点，同时考核大批的应试者，提高考试的效率。

三、笔试前的准备

根据用人单位的招聘要求，笔试前应该做好以下五个方面的准备。

（一）了解笔试内容，做到心中有数

笔试的内容一般分为三种：文化考试、专业知识考试和专业技术能力考试。文化考试是为了检验毕业生的实际文化程度。毕业生虽然有学校出具的学习成绩，但用人单位为了直接掌握毕业生的文化水平，往往采取笔试的方法进行。题目类型以活题居多。例如，对文科学生要求运用某一原理或某一历史知识分析某一问题；对理工科学生要求运用某一专业知识解决某一实际问题等。

（二）了解笔试重点，认真进行复习

复习已学过的知识是笔试准备的重要方式。一般来说，笔试都有个大体的范围和重点，参加笔试之前，应尽量了解笔试的范围和重点，可围绕这个范围翻阅一些有关的图书资料，进行有针对性的复习准备。据了解，用人单位的笔试重点是常用的基础知识，所以不要把复习重点放在偏题和怪题上，要把基础知识掌握好、在实际运用上下功夫。有些课程内容，因学过时间已久可能淡忘，相信经过有针对性地复习能迅速恢复记忆。录用考试

与平常学业的考试有较大的区别,它题目较活,重点是考查应试者的反应是否迅速、思维是否敏捷。

(三)了解笔试目的,运用综合能力

对毕业生进行笔试,不仅是考查文化和专业知识,而且包括考核心理素质、办事效率、工作态度、修辞水平和思维方法等。其用意是一方面考查知识掌握程度,另一方面考查应试能力。良好的笔试成绩来自于平时的积累,在学校期间要刻苦学习,并注意从多方面了解社会信息,这样在考试的时候就能充满自信、得心应手。切不可依赖"临时抱佛脚",猜题押宝。这就要求毕业生将自己的认识水平、知识水平和能力水平通过笔试全面地展示出来。

(四)熟悉考场环境,做到有备无患

提前熟悉考场环境,有利于消除应试时的紧张心理,因为过度紧张会直接影响到个人水平的正常发挥。了解考场注意事项,尽量按要求做好。除准备好必备的证件外,考试必备的一些文具(钢笔和橡皮等)也要准备齐全。

(五)保持良好的心态

求职笔试前,一要适当减轻思想负担,二要保持充足的睡眠,三要适当参加一些文体活动,从而使高度紧张的大脑得到放松休息,以充沛的精力和良好的竞技状态去参加考试。但如果应试者不幸患了伤风感冒等疾病,最好在临近考试前不要服药,特别是一些有催眠作用的药物,以免考场上发困,影响正常发挥。

由于各位毕业生所学的学科和专业不同,在笔试的准备上侧重点有时也有所不同。比如文、史、哲等专业的学生,毕业后主要从事行政管理和秘书等方面的工作,文字能力的好坏至关重要。有的毕业生在学习期间已在报纸和杂志上发表过文章,但大多数毕业生没有这方面的现成材料,因此有的单位要进行笔试。对这类笔试,毕业生除了平时加强文字训练、提高写作能力外,笔试前最好看看应用文一类的书,对各类应用文体的格式心中有数。同时,应用文体的写作只要求格式规范、叙述清楚、语句通顺、用词准确和有观点有材料,并不要求有过多华丽的词藻。理工科毕业生有时也要碰到专业考试,如非计算机专业的毕业生应聘计算机方面的工作或者单位对于某种计算机语言有较高的要求时,会通过笔试考核毕业生应用特定语言编程的能力;另外一种常见的测试是英语水平的测试,这种测试一般说比较简单,因为大多数单位不可能出很难做的题目,多是英汉互译,这完全取决于平时的积累。

四、笔试的技巧

笔试形式与平时学校举行的各种考试很类似,良好的专业基础和心理素质能使应试者在笔试时胸有成竹、从容不迫。另外,诚实守信也是用人单位考察应聘者的重要方面。在笔试中,主要的应对技巧有以下五个方面。

(一)增强自信心

缺乏自信心会让求职者怯场。求职者应客观冷静地对自己进行正确的评估,克服自卑心理,增强自信心。此时,谁的心理素质好,谁就会胜利。从这个意义上来讲,考试考的就是应试者的综合素质。应聘笔试与高考不同,高考是"一锤定音",求职应聘考试则有多次机会。

(二) 科学答卷

应试者在拿到试卷后,首先应通览一遍试卷,了解题目的多少和难易程度,以便掌握答题进度,合理安排答题时间,然后按照先易后难的原则安排答题顺序。

难题及易错题的处理方法:不要被难题所困而耽误时间,最后要尽可能留出时间对易错的地方进行复查,注意不要漏题。

卷面效果:答题时行距和字迹不宜太小,卷面要力求字迹端正清晰,卷面要整洁。

全面复查:在答完试卷后,要进行一次全面复查,特别注意不要有漏题、跑题、纠正错别字、语句不通、词不达意等错误。

(三) 积极思考,回忆联想

一些试题的设计,从理论和实践两方面检查考生的基础知识和技能,并以综合运用为主,检验考生的实际水平和灵活性。因此,有的试题是具有一定难度的。考试时要积极思考,努力回忆学过的知识,并进行联想,将自己学过的有关知识相互联系起来比较分析,找出正确答案。

(四) 思路开阔,灵活应用

在求职者都在想方设法从各类求职指导书中寻找标准答案的今天,用人单位也在设法绕开这类"陷阱"。所以,用人单位都会出一些出其不意的问题,这类问题不太有可能事先准备好答案,需要求职者临时发挥,这样就有可能看出求职者的综合素质。因此,求职者在遇到这类问题时首先要"处变不惊",仔细思考。在回答这类问题时思路一定要开阔,不要局限于问题的表面,尤其是要联系工作的实际,不要空话连篇。这样,即使不能得到高分,也不会因笔试成绩不高而被淘汰。

(五) 遵守考纪

考生是否遵守考场纪律,能反映出求职者是否诚实守信的基本素质。在用人单位看来,诚实守信的重要性远远超过了专业知识和技能。毕业生一定要注意按要求的时间准时到场,不能迟到。如果确实有特殊原因不能参加考试,应当提前说明,并请求缓考。答题过程当中要注意字迹工整、卷面整洁,给阅卷者留下良好的第一印象。求职者笔试不同于其他专业考试,有时招聘单位并不特别在意应试者考分的稍许高低。认真的态度、细致的作风会大大增加被录用的可能性。考试过程当中,有不明白的问题可举手喊"报告"请监考人员帮助,绝对不能作弊或搞小动作,用人单位对这一点尤其看重。另外,考试前一定要关闭手机等通信工具。

任务四　面试及其应对技巧

【任务目标】

（1）了解面试的目的、类型及内容。

（2）掌握面试的基本种类。

（3）掌握在面试时应作何准备、如何准备。

（4）掌握面试的应对技巧。

（5）掌握面试中常提的问题。

（6）掌握目前面试过程中常见的面试类型。

【任务描述】

面试，是一种在特定场景下，经过精心设计，通过考官与应试者双方面对面地观察、交谈等双向沟通方式，科学测评应试者能力素质、个性品质等要素的人员甄选方式。有些素质特征不能够通过文字形式来表达，但却可以通过面试来考查，面试可以灵活地考查应试者的知识、能力、工作经验及其他素质特征，有效地避免"高分低能"现象。面试主要测评应试者的能力素质、个性品质等要素，可以考查到笔试等测评甄选手段难以考查到的内容。根据用人单位的特点和招聘职位的要求，面试的类型也不尽相同。面试前需要精心准备，掌握一定的应对技巧。

【案例导入】

国贸专业的王同学在进入大四后，明确了去江浙一带发展的目标，并锁定了自己一直中意的摩托车生产行业，还将大学期间经常浏览的摩托车相关网页翻看了一番，加深印象。在校内招聘会小试牛刀后，王同学信心满满地前往了浙江省某大型招聘会现场。虽然早早地找准了目标，但不同于以往的心急如焚地排起长队递简历，他极具耐心地在旁观望。临近中午，在应聘人数减少、招聘工作人员稍有闲暇时，王同学试探性地在展位前与工作人员聊起了该公司的产品、市场占有率等情况，而没表明自己作为应聘者的身份。在赢得初步的认可与信任后，才提及自己是外省的一位应届毕业生，希望能在该公司谋得一份与贸易相关的工作。可想而知，王同学的小心机为自己赢得了面试的机会，他现已在该公司工作三年。事后谈到此次面试经历，他也惊讶于自己第一次外省面试就能顺利过关。虽然事先做了与此行业相关的很多功课，但因为担心自己所在学校知名度不高，一开始就拿出简历肯定难以进入面试，才决定用了此方式。

【任务知识】

面试是在特定场景下，组织者经过精心设计，以交流和观察为主要手段，达到收集信息和评价应聘者是否具备职位资格的过程。对一个应聘者的基本情况，通过看简历就可以获得某种程度上的了解，但仅仅依靠简历并不能完全确定应聘者是否值得被该单位聘用。有些企业在招聘过程中，可以忽略笔试，但不省略面试，从中可以看出面试的重要性。

一、面试的目的

一般来说，用人单位通过面试可以获得关于求职者较多的直接信息，有时甚至会出现用人单位设计之外的情形。但总体来说，面试主要有以下几个目的：

（1）考核求职者的动机与工作期望。

（2）考核求职者的仪表、性格、知识、能力、经验等方面。

（3）考核笔试中难以获得的信息。

一般大的机构，会将面试的目标分成筛选和挑选两种。从面试目的来看，筛选是为了筛去多数的应聘者，留下最符合条件的求职者；挑选是在少数的合格者中确定最终人选。从面试方式看，筛选时先研究求职者的应聘资料，通过询问常规性问题，来考查求职者是否符合用人单位的最低限度规定；挑选则是通过多种方式，如单独谈话等来对求职者进行综合性的考查。

二、面试的类型

根据用人单位的特点和招聘职位的要求，面试的类型也不尽相同。

（一）问题式面试

由招聘者按照事先拟订的提纲对求职者进行发问，观察求职者的表现。考核其知识，判断其解决问题的能力。

（二）压力式面试

由招聘者有意识地对求职者施加压力，就某一问题或某一事件做一连串的发问，从而观察求职者在特殊压力下的反应、思维敏捷程度及应变能力。

（三）自由（随意）式面试

招聘者与求职者漫无边际、无拘无束地进行交谈，气氛轻松活跃，目的在于观察应试者谈吐、举止、知识、能力、气质和风度，对其做全方位的综合素质考察。

（四）情景（虚拟）式面试

由招聘者设定一个情景，提出一个问题或一项计划，请求职者进入角色模拟完成，从而考核其分析问题、解决问题的能力。

（五）综合式面试

招聘者通过多种方式考察求职者的综合能力和素质，如用外语交谈、即时作文、操作计算机等各方面的能力。安排应聘者在单位具体的岗位上实习一段时间，达到对应聘者综合能力和素质的考察，也是一些单位面试的方式。

三、面试的基本种类

尽管面试的形式多种多样，但仔细分析，还是有一定规律的。

（一）按其特点分类

▶ 大学生就业与创新创业

1. 集体面试

集体面试即很多求职者在一起的面试。就招聘者来讲，这样可以在专业、地域及其他各方面有较大的选择余地，招聘者也可以借此观察求职者之间产生的效应。

2. 个体面试

个体面试即用人单位对求职者单独进行的面试。

3. 随机面试

随机面试即采用非正规的、随意性的面试方式，考察求职者的即时反应和职业素养。一般用人单位采取这种面试时，期盼可以考核出求职者的真实情况。

（二）目前面试过程中常见的面试类型

1. 结构化面试

国贸专业的马同学是位性格外向的女生，专业成绩排名在年级前十。可处在择业的关口，她需要进一步思考个人的职业定位。父母具备一定的社会资源，希望她能够进入银行工作。收入较高、工作环境较为体面是父母意愿的重要因素。而马同学虽然专业成绩不错，但并不愿意从事与专业相关的工作，而是希望能够从事教学工作，最好是教英语。在此之前，她已经通过考试拿到了教师资格证，英语六级的成绩也相当优异。明确了目标后，她锁定了某大型英语培训机构，并将服务对象定位于学前英语教育。在顺利地拿到该岗位的入职通知后，马同学认真地回想了自己投递简历、参加面试的全过程。她认为，自己的英语成绩只是助其成功的一方面，在面试现场，她在言谈中表现出来的亲和力，以及在才艺环节她展示的舞蹈、绘画功底也给她加分不少，提高了入职匹配度，这应该是她能在同场竞技中脱颖而出的主要因素之一。

你了解结构化面试的特点、测评要素和程序吗？结构化面试也叫标准化面试，是一种常见的面试方法。在这类面试过程中，面试官会在细致全面的职位分析基础上，针对岗位要求的要素提出一系列预先设计好的问题，而求职者回答这些问题的过程，不仅能够反映出自身是否具备面试官所要求的素质，也能让面试官全面掌握求职者的举止仪表、言语表达、综合分析、应变能力等多方面的情况，并可方便面试官用统一的评分标准衡量求职者的综合能力。

1) 结构化面试的特点

（1）面试要素结构化。结构化面试的测评要素并不是随意确定的，而是在系统的工作分析基础上由专家研究确定的，并对各要素分配相应评分权重。同时，在每一道面试题目后，都会列明该题目的测评要素及答题要点，供面试官评分时参考。而求职者的面试成绩最终是由各科学方法统计出来的（即对每个要素去掉众多面试官评分中的最高分和最低分，然后得出算术平均分，再根据权重合成总分）。

（2）面试程序规范化。结构化面试会按照严格的程序进行，时间一般在30分钟，视面试题目的数量而定，同时也对每一道题目限制了一定的答题时间，具有规范化的特点。

（3）面试问题严谨化。结构化面试的问题设计比较严谨，一般围绕职位要求拟订，包括对职位要求的知识、技术和能力等的考察，面试题目对报考同一职位的所有求职者相同，而且面试问题的呈现顺序也是相同的，这就可以最大限度地保证面试过程的公正性和可信度，不足之处是面试官实施的灵活性不够，无法对求职者进行有针对性的提问。

（4）面试人员固定化。结构化面试的面试官一般不能随意决定，而是具有一定的固定性，由求职者所应聘职位的相关领导等担任。面试官的人数为5~9名，按专业、职务、年龄及性别以一定比例科学化配置，其中设主面试官一名，具体负责向求职者提问并总体把握面试的进程。这就避免了由一位面试官来决定求职者命运的情形，有助于减少主观评分误差。

2）结构化面试的测评要素

结构性面试的测评要素一般可根据面试职位的具体要求等分为几类。

（1）对求职者综合能力的考核。这方面的测评要素主要针对求职者的分析综合能力、抽象概括能力、判断推理能力、表达能力等。

（2）对求职者专业能力的考核。这方面的测评要素主要考察求职者的计划决策能力、组织协调能力、人际沟通能力、创新应变能力以及其他选拔职位所需要的专业能力等。

（3）对求职者心理素质的考核。除上述两方面的测评要素外，面试官还会在结构化面试中重点观察求职者的情绪稳定性、气质性格、意志品质等个性特征。

3）结构化面试的程序

一般来说，结构化面试的程序可以分为以下几个阶段：

（1）面试开始的程序。在结构化面试开始前，考务人员会对进入面试的求职者讲解面试的整体计划安排、注意事项、考场纪律等，并会以抽签的方式确定求职者的面试顺序，并依次登记考号、姓名。接着，考务人员将依次带领求职者进入考场，并通知下一名求职者准备。

（2）面试过程中的程序。面试过程中会采取面试官与求职者一问一答的形式进行，每次面试1人。首先主面试官会向求职者宣读面试指导语，以消除求职者的紧张情绪，调节面试气氛。然后主面试官将依据面试题目向求职者提问，其他面试官会进行适度的追问、插问，并在评分表上按不同的要素打分。

（3）面试结束的程序。面试结束后，主面试官会宣布让求职者退席，然后由考务人员收集每位面试官手中的面试评分表交给计分员，计分员在监督员的监督下统计面试得分，并填入求职者结构化面试成绩汇总表。求职者可以到休息室等候公布成绩，但有时由于求职者和面试考场较多，面试成绩无法当场汇总公布，可能要在面试结束一两天后才能知道结果。

4）结构化面试的常见题型

结构化面试中常见的题型有背景性问题、情景性问题、智能性问题、思辨性问题、压力性问题、哲理性问题等。在近年来还出现了一些企业面试中较多使用的考察创新能力和发散思维的特定题型。为此，求职者在做面试准备时，不仅需要熟悉面试的程序等，还要能够判断出面试官所提问题的题型,了解该种题型所要测评的能力要素,悟出答好该类问题的最佳思路,找到大致适合个人思维习惯和语言风格的答题技巧,以做到在结构化面试中以不变应万变,取得优异成绩。

2. 无领导小组面试

无领导小组面试实质上就是一种采用情景模拟的方式对求职者进行集体面试的考察方式。在这类面试中,一定数目的求职者被划分为一个小组,在规定的一段时间内围绕一个主题进行讨论。讨论过程中不指定一个领导者,也不指定求职者的座次,整个讨论完全由求职者自行协调安排。通过这种方式,面试官可以从旁观察求职者在给定情景下应对危机、处理紧急事件的能力,可掌握求职者的组织协调能力、口头表达能力、辩论说理能力等情况,从而能够更准确地判断该求职者是否符合岗位需要。这种面试形式由于能够测试出求职者在笔试和单一面试中无法展现的能力和素质,并可节省面试时间,因而得到了越来越多的单位的认可。对于求职者来说,在无领导小组面试中为了取得面试官的注意,就要积极参与有效发言,并能提出自己的一些见解和方案,同时还要做到尊重他人、礼貌周到,才能给面试官留下一个比较完美的印象,从而在竞争者中脱颖而出。

1) 放下心理包袱

有不少求职者对无领导小组面试缺乏了解,面对这种开放式的面试一下子慌了手脚,在面试讨论过程中因为紧张而一言不发或语无伦次,没有发挥出自己应有的水平,错失了展现才华的良机。因此,面对无领导小组面试,求职者一定要首先放下心理包袱,认识到这种面试形式并不可怕,对于每个求职者都是一次公平竞争的机会,从而对自己充满信心、敢于开口,并做到有条有理地阐述自己的观点,这样就会给面试官留下很深的印象。

2) 不要急于抢先

在无领导小组面试中,许多求职者为了引起考官的注意,喜欢抢先亮出自己的观点,并试图引导和左右其他求职者的思想和见解,更有甚者还会锋芒毕露地对每个发言者的言论逐一点评,结果引发了众怒,使自己成为在面试中始终被针对的对象,这样做对自己面试没有任何好处。因此求职者不要太急于抢先,可以适当保持沉默,仔细倾听其他人的意见,同时修正和完善自己的论点,充分吸收别人的优点,在讨论结束之前,求职者再将各成员交谈的要点做非常中肯的点评,指出优点缺点,并适时拿出自己令人信服的观点,这样便可自然而然地成为小组的领导者,为自己的成功录取增加了筹码。当然,这对求职者本身的要求就更高了。所以,每个求职者都应在参加无领导小组面试之前多做训练,平时多积累这种经验,提高自己这方面的能力。

3) 不要把辩驳当作攻击的武器

在小组讨论中,求职者如果需要表达与别人不同的意见或反驳别人先前的言论时,一定要心平气和,用鲜明的论点和严密的论证说服别人,切莫把辩驳当成攻击别人的武器,对别人横加指责、恶语相向,这样只会引起其他求职者和面试官的反感,最终导致自己提早出局。因为没有一个公司会聘用一个不懂得尊重他人、不重视合作、没有团队意识的人。

4）看好说服的时机

求职者试图说服其他求职者时要看好时机，如果发现对方情绪比较激动，就不要试图去改变他的观点。因为在情绪激动时，对方的情感多于理智，敌对心理会让对方更加抗拒。所以求职者可以待对方情绪较放松时，再找到与对方言语里和自己相同的观点，引申出自己的观点，让对方在一定程度上获得被理解和认可的感觉，这时再提出自己的观点和很充分的理由就容易被对方接受了。求职者在小组讨论中如果能够掌握这种说服办法，在面试官心目中也能赢得不少加分。

5）表现出一定的主见

求职者应该有自己的观点和主见，即使与别人意见相一致时，也可以阐述自己的论据，补充别人发言的不足之处，而不是简单地附和："某某已经说过了，我与他的看法基本一致。"这样会使面试官感到求职者没主见、没个性，缺乏独立精神，甚至还会怀疑求职者其实根本就没有自己的观点，有欺骗的可能，因此一定要注意避免。

6）不要搞"一言堂"

求职者不要搞"一言堂"，只顾着自己滔滔不绝地发表长篇大论，垄断小组发言权，这只会让自己成为众矢之的。另外，如果当求职者选择的话题过于专业，或者自己发起的话题众人不感兴趣，或者对自己的个人私事介绍得过多了的时候，可能会导致其他求职者和面试官感到疲惫，有时候他们的脸上已经露出了厌倦之意，这时候求职者自己就应当立即止住，不能我行我素。当有人突然出来反驳自己的时候，也不要恼羞成怒，而是应心平气和地与之讨论。但如果发现对方有意寻衅滋事时，则可对之不予理睬。

7）表现自己的气度和礼仪

为了表现自己的气度和礼仪，在谈话时求职者的目光应保持平视，仰视显得谦卑，俯视显得傲慢，均应当避免。谈话中应用眼睛轻松柔和地注视对方，但不要眼睛瞪得老大或直愣愣地盯着对方。当谈话者超过三人时，求职者应不时地同其他所有人交谈几句，不要冷落了某些较内向、发言不多的求职者，也不要只顾着和关系不错的求职者窃窃私语，这会造成同其他求职者的隔阂，也会让面试官认为你不懂得团结他人。此外，求职者要注意避免一些不够尊重别人的举动出现，例如揉眼睛、伸懒腰、挖耳朵、掏鼻孔、摆弄手指、活动手腕、用手指向他人的鼻尖、双手插在衣袋里、看手表、玩弄纽扣、抱着膝盖摇晃等。

8）在面试结束时适当表现自己

在面试过程中，求职者可以准备纸笔，记录下讨论中提到的诸多要点，并在面试临近结束时迅速整理成文，将其上交面试官。这一点虽然被很多求职者忽视，但却有着非常重要的作用，因为它既能够展示求职者扎实的文字功底，又可给面试官留下办事得力、精明能干的好印象，求职者何乐而不为呢？

四、面试前的准备

当确认可以进入面试时,应该精心准备,以求达到自己的求职目的,需要准备的主要有以下几个方面。

(一) 充分了解招聘单位

对用人单位的性质、业务范围、发展历史、前景和文化等要有一个全面的了解,使自己的能力与用人单位工作要求相符合。

(二) 准备好自己的简历及其他资料

根据职位要求和特点,制作一份符合该单位定位的个人简历,带齐所有的求职材料(包括简历、求职信、证书等),还需要带上笔记本和笔,以便随时做好记录。

(三) 进行自我认知

准备真诚简洁的自我介绍,罗列自己所具备的相关技能以及一些能展现自己能力的学习、实践经历。大胆猜测面试时会遇到的问题,把答案演练一遍,另外还可以准备自己想要向单位提出的问题。

(四) 面试前的有效准备

面试前,首先要做到的就是守时。面试前应摸清单位的位置和到达线路。面试当天应确保提前15分钟到达面试地点,熟悉环境、稳定情绪。过早地进入面试地点,会让自己形成紧张的心理,增加暴露自己缺点的可能,并且在一定程度上会干扰对方的工作。其次进入单位前要将手机关掉或调成震动,避免面试时打断双方的谈话,并且给人一种应聘者毫不顾及旁人感受的印象。报到时要面带微笑,态度自然。向接待人清楚地说出自己名字、应聘职位、约见人、约见时间。如果接待人恰好正在与其他人交谈时,要耐心地等候。在休息室等候面试时,应注意观察该公司的工作气氛,寻找有关该用人单位的简介、资料、员工手册等,或找出重要产品、服务等信息,这将有助于打开面试时最初的谈话局面并巧妙地将自己与用人单位联系起来。

五、面试过程

(一) 进门

进门前手上可拿一份资料以解决手没处放的问题,同时女性在弯腰或展示资历时可用其挡住下垂的领口。在进面试室前应先敲门,只需敲两三下,动作要干脆,然后响亮地问声:"我可以进来吗?",得到肯定答复时再推门进去。如果是几个人一起进去,第一个开门的人应将门把住,让别人先进,见到考官后要面带微笑,与之握手并问好。

(二) 就座

切勿随便入座,更不能争先恐后地抢座,听见面试官说"请坐"之后,应先道谢,然后就座并将公文包放在大腿上。面试前的闲聊很重要:一来可以打破僵局,二来可以使双方建立某种亲近感。与室内的每个人进行目光交流,并保持微笑,目光停留时间在两秒以上，在目光停留期间切勿移动目光、上下打量。记清楚对面试官的介绍，注意一定要找准对应聘有决定权的人的姓名、职务和部门，这样在面试后写感谢信时才能目标明确。

（三）答题

1. 消除紧张

当感到紧张无法摆脱时，不妨坦诚相告知"坦率地讲，这是我第一次面试，所以感到有点紧张，可不可以让我冷静一下再回答这个问题"，当说出这句话的时候，自然而然也就消除了一些紧张感，也容易得到考官的宽慰。

2. 认真回答

听清楚考官的提问后，如果不是显而易见的问题，要短暂思考几秒钟后再作答，这样可以整理自己的思路，也避免让考官认为应聘者过于草率。

3. 注意与倾听

注意与倾听是交谈中的重要方面。应聘者的倾听与对面试官谈话的反应，不仅表示出对面试官的尊重与良好的谈话技巧，还可以表示自己对交谈很感兴趣，使面试官获得心理上的满足。

六、面试的基本内容

从理论上讲，面试可以测评应试者任何素质，但在人员甄选实践中，并不是以面试去测评一个人的所有素质，而是有选择地用面试去测评它最能测评的内容。面试测评的主要内容包括：

（1）仪表风度。比如，应试者的体型、外貌、气色、衣着举止、精神状态等。

（2）专业知识。了解求职者掌握专业知识的深度和广度，其专业知识更新是否符合所要录用职位的要求，作为对专业知识笔试补充，面试对专业知识的考察更具灵活性和深度，所提问题也更接近空缺岗位对专业知识的需求。

（3）工作实践经验。一般是招聘方在查阅求职者的个人简历后作相关的提问，查询求职者有关背景及过去工作情况，以证实其所具有的实践经验，通过工作经历与实践经验的了解可以考察求职者的责任感、主动性、思维力、口头表达能力及遇事的理智状况等。

（4）口头表达能力。一般观察求职者能否将要向对方表达的内容有条理地、完整地、准确地转达给对方；引例、用语是否确切；发音是否准确，语气是否柔和；说话时的姿势、表情如何。面试中求职者是否能够将自己的思想、观点、意见或建议顺畅地用语言表达出来。考察的具体内容包括：表达的逻辑性、准确性、感染力、音质、音色、音量、音调等。求职者在面试时应注意：谈话是否前后连贯；主题是否突出；思想是否清晰；说话是否有说服力。

（5）综合分析能力。面试中，对主考官所提出的问题，求职者是否能经过分析抓住本质，并且说理透彻、分析全面、条理清晰。

（6）思考判断能力。一般观察求职者能否准确、迅速地判断面临的状况，能否恰当地处理突发事件；能否迅速地回答对方的问题，且答案简练、贴切。

（7）反应能力与应变能力。主要看求职者对主考官所提的问题理解是否准确，回答的迅速性、准确性等；对于突发问题的反应是否机智敏捷、回答恰当；对于意外事情的处理是否妥当等。

（8）操作能力。主要考察求职者对于已认定的事情能否进行下去；工作节奏是否紧张有序；对于集团作业的适应性；是否具备单位领导能力。

（9）人际交往能力。主要观察求职者遇到难堪问题后的反应；能否让人亲近，对他人有无吸引力等。在面试中，通过询问求职者经常参与哪些社团活动、喜欢同哪种类型的人打交道、在各种社交场合所扮演的角色，可以了解其人际交往倾向和与人相处的技巧。

（10）自我控制能力与情绪稳定性。自我控制能力对于国家公务员及许多其他类型的工作人员（如企业的管理人员）显得尤为重要。一方面，在遇到上级批评指责、工作有压力或是个人利益受到冲击时，能够克制、容忍、理智地对待，不致因情绪波动而影响工作；另一方面，工作要有耐心和韧劲。

（11）工作态度。主要了解求职者对过去学习、工作的态度及其对应征职位的态度。主要考察求职者责任感是否强烈，能否令人信任地完成工作；考虑问题是否偏激；情绪是否稳定；对于要求较高深的业务能否适应。

（12）求职动机。了解求职者为何希望来招聘单位工作，对哪类工作最感兴趣，在工作中追求什么，判断招聘单位所能提供的职位或工作条件等能否满足其工作要求和期望。

（13）业余兴趣与爱好。求职者休闲时喜欢从事哪些运动，喜欢阅读哪些书籍，喜欢什么样的电视节目，有什么样的嗜好等。

（14）其他问题。面试时主考官还会向求职者介绍本单位及拟聘职位的情况与要求，讨论有关薪金、福利等问题，以及回答求职者可能问到的其他一些问题等。

七、面试结束后的礼节

面试结束时的礼节也是用人单位考察录用的重要砝码。面试结束后，并非只是回家等着用人单位的反馈，至少有六件事情必须要做：

（1）礼貌、及时地退场。首先不要在面试官结束谈话前表现出浮躁不安、急欲离去的样子，应该知道在什么时候告辞；其次告辞时应同接见者握手，面带笑容地感谢接见者花时间同自己面谈。

（2）自我评估面试结果。总结面试经历，回顾自己应对时的得失，对自己在面试时遇到的难题进行回顾。

（3）致信感谢。分析一下面试中的得与失，写封补充性质的信寄给面试官。一方面表示感谢，另一方面也可以加深面试官印象，增加求职成功可能性。内容简短而热情，可以巧妙地提醒面试官特别欣赏自己的方面，弥补面试过程中自己没有处理好的问题。

（4）平复心情、调整心态、静候通知。为防止用人单位临时需要补充资料，不要马上到外地游玩，以示尊重。不要过早打听面试结果，面试后一般要等3~5天或更长的时间，求职者在这段时间内一定要耐心等候消息，切不可到处打听，更不要托人试探，急于求成往往会适得其反。

（5）查询结果。如果在对方许诺时间内没收到答复，可打电话询问结果。例如：我是否可以向您提供更多有关我的信息；我认真考虑了一下您的项目，有了一些新想法，是否可以讨论等。

（6）积极寻找下一个招聘单位，做好再冲刺准备。总结经验，不要放弃任何机会。

八、面试中常提的问题

（一）先做自我介绍

在面试排行榜中，自我介绍通常是第一个问题，几乎所有用人单位的初次面试都会首先要求求职者做简单的自我介绍。因为这个问题一方面可以调节面试气氛，引导求职者进入面试状态，另一方面可以帮助面试官考察求职者的语言组织和表达等相关能力。一般说来，面试官希望通过这个问题得到关于求职者的工作经历、知识技能、教育经历等方面的概况，所以求职者在回答此问题时要有逻辑性，同时所提供的信息与应聘职位要有一定的关联度，切中要点。另外，介绍内容与个人简历应一致，条理清晰、层次分明。

求职者在做自我介绍时，除了简单介绍个人的情况外，还应着重突出与现在所应聘的职业有关的专业课程及成绩，点明与自己所要应聘的职位相关的实践活动及已取得的业绩，显示自己的优点。对于工作经验欠缺的应届毕业生来说，可以强调自己具备的持续学习能力，也可以一些自己参加的社会实践活动及从中得到的收获，而这些收获最好与应聘职位的要求相符合，最后还可表达自己对应聘职位的认识和了解，说明有信心和能力做好未来的工作。

在做自我介绍时，求职者应尽量口语化，避免使用书面语言。口语表述也要做到思路清晰、语言流畅。同时，自我介绍要简明扼要3~5分钟即可，不要把自己的所有经历都一次讲出来，有些内容等到面试官提出相关问题时再说也不迟。求职者在做自我介绍时，一定要扬长避短地介绍自己，把问题向自己的优势方向引导，这样会给面试官留下好的印象。不要急于证明自己会怎么样，而应该思考用人单位想要我怎么样。做好自我介绍，给自己一个好的开始，不仅能给面试官留下好印象，也能增强自己的面试信心。每位求职者在面试之前都应当反复地演练几遍自我介绍，最好是能背熟。一般情况下，求职者比较合理的自我介绍是从以下四个方面展开的：

（1）简明扼要地介绍个人情况。

（2）自己所学到的专业知识技能。

（3）所取得的业绩成就。

（4）胜任职位的关键能力。

▶ 大学生就业与创新创业

最不可取的就是：介绍自己时含糊不清，说了半天面试官都没听明白你说的是什么；完全重复简历上的内容；在整个过程中说话没有逻辑、层次混乱；所有的问题都说完了，还没有提到自己的工作能力如何。这样的自我介绍做完之后，给面试官提供的是一个混乱的信息，他无法清晰地掌握你的个人情况，不知道你是否能够胜任所申请的工作职位，这种情况下面试官决定录用你的可能性几乎为零。

（二）谈谈你的工作经历

当面试官让求职者做完自我介绍之后，就会针对某一话题进行进一步的交流。如果求职者曾经有过一段实习经历或工作经历，面试官一定会就此类问题展开讨论，并希望求职者对过去的工作经历进行描述，判断其能力、知识是否能胜任所应聘的工作岗位。对于求职者来说，无论是工作经历还是实习经历，都是自己拥有的宝贵财富，同时也是一种重要的任职资本，回答好工作经历也能给面试增加很多分数。一般情况下，在描述以往的工作经历时，应尽量表明以前工作中所取得的主要业绩、通过锻炼获得的关键能力，还有就是与所应聘职位有关联的信息，以及如何看待所应聘的职位。切记不要全盘否定以前的工作，对前任公司进行负面评价，不要掩饰职业空白期，不要说一些与所要应聘的职位无关的话。无论求职者是刚刚毕业还是有了一定的工作经验，在回答此问题时都要重点说明自己已经具备了应聘该职位的能力，同时对以往的经历要善于总结，并提出自己的见解。面试官不仅关心你做了什么具体工作，而且更关心你在工作经历中取得的成绩和获得的能力。回答这个问题时应从你现在应聘的工作职责相关联之处入手，按照所从事工作的时间顺序，或者专业技术工作的难易顺序，或者所负职责的繁简顺序来有条理地叙述。叙述时重点说经历，简洁客观地展示业绩，少用主观或笼统的评述语。口气应平稳，态度应不卑不亢。求职者可能在以前的工作中并没有取得什么了不起的成绩，但也不宜全盘否定以前的工作，更不宜对前任雇主做负面的评价。因为全盘否定以前的工作，是在抱怨对现实的不满，而对前任雇主做负面的评价则是在暗示面试官你的职业道德有缺陷。无论以前的工作或所在的企业有多么不好，那里都是你曾经工作过的地方。在那里你获得了人生中的宝贵财富，你应该珍惜和感激才对，而不应该对其做一些负面的评价。

（三）谈谈你的优缺点

世界上没有十全十美的人，每个人都有优缺点。但棘手的是，在面试的过程中，面试官要你谈一下个人的优缺点，这时怎么办？描述得不好，工作就没了。描述得太好，又有可能被认为是吹嘘。实际上，这个问题的背后还隐藏着一个问题，那就是"这些优点或缺点对工作业绩会产生怎样的影响"。作为一个求职者，应该珍惜每一个展现自我的机会，尽量避免回答一些与工作无关的优缺点，也不要在回答问题时耍小聪明。如有些人喜欢回答"我的性格外向，善于交际并且办事认真，但是缺点是有时太过认真"，这类所谓的"缺点"，实际是另一种说法的"优点"，就不必对面试官说。作为求职者，回答优点比较好说，但是要结合应聘职位的特点，如应聘销售职位应该说一些沟通能力强、亲和度高、善于自我激励等方面的话。求职者在陈述缺点时往往会比较困难，因为人们在一般情况下会规避它，但是这个世界上没有十全十美的人，不能说自己没缺点，也不能把那些明显的优点说成缺点，那会使你显得自负。但也不要说一些令人不快或是不利于工作的缺点。求职者在评价自己时，首先要充分肯定自己的优点，突出自己的竞争优势，给面试官一个坚定、自信的良好印象。表述自己的缺点时，应该说些与职位无关紧要的缺点，比如完美主义，在日常交际中可能会令人紧张，但在工作中却是一种负责任的表现。求职者表述自己的优点时，既不要过于夸大自己的优点，又无须说些与所应聘职位毫不相关的优点。既要注意把肯定和炫耀区别开来，又要使自己说的优点符合职业要求。优点是一个人闪光的一面，这个比较好说，但是缺点就不那么好办了。诚实地向面试官说出自己的缺点固然值得提倡，但那时也许你的某个缺点正成为用人单位拒收理由中的重要一条。一般情况下，如果面试官没有主动问你的缺点，那就不要提及。另外，在面试过程中切忌吹嘘自己。吹嘘自己并不是展示自己的优点，而是在暴露自己的缺点，这种吹嘘与个人的实际努力南辕北辙。

（四）在学校你最不喜欢的课程是什么

如果在面试中遇到这个问题，求职者不妨先揣摩一下面试官的喜好。面试官之所以询问与课程有关的问题，可能是因为面试官本人比较重视严谨的求学态度等品质，所以求职者切莫用一句简单的"我不喜欢数学，我对数学毫无兴趣"之类的答案来应对，这不仅代表求职者对这个学科不感兴趣，可能还代表将来也会对要完成的某些工作没有兴趣。其实关于这个问题，面试官更希望求职者说明自己是个热爱学习、求知的人，虽然因为个人兴趣不喜欢个别科目，但不会因此而逃避该科目，反而会花更多的时间去学习，这样的答案就能够使面试官基本感到满意了。

（五）你的学习成绩怎么样

求职者首先要意识到一点，用人单位并不一定非常注重求职者在校的学习成绩，面试官出这道题目真正想考察的可能是一些与学习成绩无关的素质，如求职者是否诚实等，所以求职者应当如实回答这个问题。如果在校成绩优秀，就可以用平和的口气向面试官做一番简单介绍，但千万不能以此为傲，不停地自我炫耀。如果求职者能够向面试官表明"成绩并不是最重要的，我还很重视思想道德、实践经验、团队精神、沟通能力方面的锻炼，力求做到全面发展"，就能够让面试官感到非常满意了。当然，如果求职者成绩不尽理想，也不要隐瞒、欺骗，可以向面试官说明自己功课落后的理由，并补充一点："以成绩衡量的话自己不能算个好学生，但在其他方面却非常优秀，如自己有很多实践方面的经验，人际交往能力、组织协调能力等都得到了同学和老师的认可。"如此一来，也可赢得面试官的好感。

（六）就你申请的这个职位，你认为你还欠缺什么

面试官询问这类问题同样不是想要了解求职者有什么欠缺，而是想再次确认求职者能否成为最适合企业发展的人选。所以求职者在回答时一定要避免说一些与职位要求有关的明显的"硬伤"，这必然会导致面试失败。求职者可以说一些如"经验不足，但这个问题应该可以在进入公司后以最快的速度解决,因为本人学习能力很强,会尽快弥补不足"之类的缺点,便可顺利过关。

(七) 你了解我们(用人单位)吗

1. 你是怎么知道我们招聘这个职位的

分析:如果你是从公司内部某人处打听回来的消息,记得提及他的名字。

2. 告诉我几件关于我们公司的事情

分析:你应该知道十件和公司有关的事情。他问你三件你回答四件,他问你四件你回答五件。

3. 我们和另一家公司都聘用你,你会怎样选择

分析:一般大家都会以公司名气和工资高低作为取舍依据,很少有人会把工作部门、职位、公司发展前景、个人在公司的发展如何、将来的顶头上司和团队成员是什么样的人这些因素进行综合分析比较做出结论。许多很优秀、竞争力很强的人同时拿到大公司与中小公司的聘书时,却选择了工资并不高的小企业,他们考虑到优秀人才在小公司出头的机会更多、更早。

4. 你对公司有什么问题要问

人事经理通常会给你一些时间来对公司提些问题,此时千万不要说"我没什么问题",那无异于向他表明你对他们公司没什么兴趣,问不问都意义不大,而且会给他留下迫不及待离开的印象。问题是一定要问,但工资问题最好谨慎,至少不宜当成重点问题来提出。

假如你在面试前作了很好的相关研究分析,不妨就公司发展战略问一个微观、具体的问题,但不能一无所知地问,而是要在了解的基础上进行深入探讨。这些问题包括:贵公司对这项职务的工作内容和期望目标是什么?有什么部分是我可以努力的地方?贵公司是否有正式或非正式教育培训?贵公司的升迁通道如何?在项目的执行分工上,是否有资深的人员能够带领新进者,并让新进者有发挥的机会?贵公司是否鼓励在职进修?对于在职进修的补助办法如何?能否为我介绍一下工作环境,或者是否有机会能参观一下贵公司?

也有人在结束前,谦虚地请教主考官:您认为我今天的表现如何?录取的概率有多大?这个问题也会让对方认为,你对这份工作抱有很大的决心,而你也可以从对方的回答中猜测出自己成功的概率有多大,并且作为下一次面试时表现的参考。

(八) 探讨你的能力

1. 你认为你适合干什么

分析:一般来说,一个人的职业生涯选择是从想干什么和能干什么这两个方面着手考虑的,这两点都得到满足才是最佳选择。但是,现实中不可能都得到最大化的满足。许多学生只从表面上了解工作性质,甚至对自身的了解也流于表面,认为善于交流的人就适合做营销,沉稳的人只适合搞研究。其实,善于交流的人如果不能踏实工作,而且过于自

傲，不善于察言观色，也做不好营销工作。那些被认为只配埋首研究的人由于爱动脑筋，反而更受客户的尊重。面试时，可以根据自己在这些方面的观察谈一些看法，但也要认识到自己涉世不深、阅历尚浅，对任何问题的看法都有待完善。

2. 最基础的工作你也会愿意干吗

分析：很多人会毫不犹豫地说愿意做最基础的工作，还画蛇添足地补充说自己级别低也干不了什么大活，这无疑暴露出即使给你这份工作，你也不会心甘情愿地贡献，只是在应付差事。与其这样，不如承认自己有弱项，如果不在压力的环境中得到锤炼，也就不可能提升。有些基本功不够扎实，没有通过单调、枯燥的工作得到磨炼的人，将来在挑战性很大的工作中，很难有毅力去征服困难。在某种程度上，早期的单调工作对长远的更大成功是一种难得的磨炼机会。

3. 缺乏经验，你怎么胜任这份工作

分析：这一问题，恐怕就是问到应届毕业生的心坎上了。的确，没有经验确实是一个客观存在的问题。此时该如何回答来扬长避短呢？首先，要承认这是你目前的一个局限，但这是一个客观暂时存在的因素。大学毕业生没有正式走进社会，无法积累丰富的工作经验。其次，要列举自己做这份工作的优势。一个是自己本身具有与之匹配的气质类型。比如，你应聘销售，你就要展示自己开朗外向、善于沟通、说服力强的个性；如果你应聘人力资源管理，你就可以强调自己很有亲和力。另一个是表明自己有过相关的实习经验或学生工作经验。比如，应聘经理助理，你就可以说明自己曾经担任学生会主席，有相当强的组织能力和号召力。最后，也是最重要的一点，你要学会利用"反向思维"。例如说：我们确实年轻，没有经验，但另一方面，也正是因为我们年轻，工作时才不会有那些老八股的经验束缚，工作时说不定更有创新、更有激情，会带来更高的工作成效。

回答样板："虽然我从来没有做过人力资源助理，但是我在学校当班长的时候，班上对内对外的很多事情都是由我来出面处理的。老师很欣赏我处理事情的能力，同学们也都很信任我，有什么事情都愿意向我诉说、寻求帮助。""虽然我从来没有做过销售，但是，我学的是计算机专业，对于产品的性能会比其他非专业人有更多的了解，这样更容易取得客户的信任。而且，我在学校组织过很多活动，我的沟通能力和外向型的性格可以帮助我更好地完成工作。"

4. 有想过创业吗

分析：这道题目主要是看你对自己的职业生涯有没有较为长远和清楚的规划。你可以按照实际情况来回答，但不管你的回答是"有"还是"没有"，一定要给别人留下这样的印象：你对自己的职业生涯有清楚的规划，你充满了工作的激情和活力，你是一个头脑清醒的人。

回答样板："在我看来，创业不过是为了最大限度地实现自己的人生价值。创业需要激情，但创业更需要包括管理、市场拓展等在内的综合能力。达到创业水平的过程，就是自我能力逐渐提高的过程。对我来说，不管未来会不会创业我都会以自我提高为基础，为公司创造更多的价值。"

5. 你对将来有什么打算

分析：这个问题是在考查你的工作动机，是在探究是否可以相信你把工作长久地干下去，而且干得努力。

回答对策：最好的对策就是诚实，这是一贯强调的。但并不是要我们把负面的信息也摆出来，我们应该准备坦率地、正面地回答人事经理关心的问题。

回答样板："我想过我要做什么，而且肯定我的技能正是做好这项工作所需要的。例如，我善于与人打交道，在我过去的工作中，我每周向1000多名不同的人提供服务。在我18个月的工作中，我曾为72000多名顾客提供服务，从未得到一次正式的投诉。事实上，他们常因我的周到服务表扬我。我认识到我喜欢与公众接触，想到我能得到这份工作感到非常愉快。我想在工作中更好地学习，并与之共同进步。由于我对公司的贡献和价值不断提高，我希望能考虑使我得到更有责任的职务。"

点评：人事经理通过这个问题，想了解你会不会长期工作下去并努力工作。

（九）讨论薪金福利

1. 你对工资有什么期望

分析：若没有把握，可以给出一个幅度，下限可以低些，上限不要太高，这样进可攻退可守。在工资问题上，最容易出问题的是有些人恨不得在面试第一轮就想先知道单位能支付多少工资及福利待遇如何，这可能是你被拒的致命误区。在这个问题上，不要以为工资谈判是面试中的重要部分。其实，招聘公司录取你的前提是对你各方面都满意，在此之前，无须过早谈论工资。

2. 你对加班有什么看法

分析：这个题目说同意加班有合理的地方，说不同意又会让用人单位觉得你不够勤奋。要回答，确实很矛盾。应当首先说明，高效工作是人才的一个必备素质，也是为企业提高效率的一个途径。因此，能在工作时间内完成的就不要拖到休息时间。但如果是工作需要，或者公司作了临时的安排，加班完成工作当然义不容辞。另外，最好还能说明自己可以加班的条件，如目前尚无家室，可以抽出较多的时间来工作。

回答样板："我对自己的办事效率还是非常有自信的，但如果因为工作需要而加班，那当然是义不容辞的，把工作做好是我一贯的准则。而且，我目前尚未成家，也可以抽出比较多的时间和精力。"

九、面试中的技巧

一般说来，面试是进入职位的最后一关，它的成败至关重要。面试前需要精心准备，面试中需要熟悉面试的各个环节及掌握一定的应对技巧。

（一）交谈技巧

一提到面试，不少应聘者多少会有些紧张，感慨各种求职秘籍和面试技巧在面试时并不是应试万能书,抱怨面试官们的挑剔,但是应聘单位则大呼面试后合适人员难求。下面总结了一些面试中的交谈技巧,供参考。

1. 答问技巧

(1) 自然、诚实;

(2) 简单精确,切忌答非所问;

(3) 把握重点、条理清楚;

(4) 冷静对待、宠辱不惊。

2. 谈话技巧

(1) 谈话应顺其自然。不要误解话题,更不要过于固执,不要插话,不要说奉承话,不要浪费口舌。

(2) 留意对方反应。交谈中把握谈话的气氛和时机,随时注意和观察对方的反应。

(3) 有良好的语言习惯。不仅是表达流利、用词得当,同样重要的还有说话方式,即发音清晰、语调得体、声音自然、音量适中、语速适宜。还要警惕容易破坏语言意境的现象,过分使用语气词、口头语,不仅有碍于听者的连贯理解,还容易引人生厌。

(二) 应对策略

掌握面试答题的思路是重要的,但再怎么重要的思路或者模式都只是回答好面试问题的基础。要真正回答好面试的问题,还必须随机应变、活答巧答,并注意策略的应用。

1. 积极主动

千万不可沉默不言,既不作答又不提问。这样不仅有损于自己在面试官心目中的形象,而且还会使面试官对应聘者失去信心。当对某个问题发表了见解之后,应聘者可以附带加上一句"我很想听听您对此有什么看法",这句话可以清晰地表达出应聘者对面试官的尊敬,很容易使其产生亲切感。事实上,一个好的提问,胜过简历中的任何对自身优点的介绍,能让面试官刮目相看。

2. 简洁明确

简洁并不等于简单。一般情况下,面试官不希望应聘者只用"是"或"不是"来回答问题。如面试官问及做过什么社会工作,应聘者不仅要举例,而且还要简单地介绍一下它的主要内容,以及自己选择它的原因。成功的应聘者对于每一个回答都会提供有力的支持。当然,如果是只问些诸如"你是哪所大学毕业的""学的是什么专业",此类的简单问题,则直接作答,不必啰唆。

3. 留有余地

面试当中,对那些需要从几个方面来加以阐述的问题,应聘者要注意运用灵活的语言表达技巧,留有回旋余地;否则,很容易将自己置于尴尬境地或陷入"圈套"中。比如,当考官问道:"关于这个问题,你认为应抓住几个要点?"时,最好这样开头:"我认为这个问题应抓住以下几个要点"。在此用"几个"而不用具体的数字"三个""四个"或"五个"来回答,给自己预留了灵活发挥的空间,可以边回答边思考边丰富。

4. 不失自信

无论在什么情况下，应聘者都不能在面试时失去对自己的信心。如果自己都不自信，别人如何信你？尤其在有压力的情形之下，或者是面试官故意设置"圈套"的时候。

5. 开拓思维

面试中，偶尔也会出现一些近乎怪异的非常规问题。这类题目一般都具有不确定性和随意性，这也使应聘者在回答时有了发挥想象的空间和进行创造性思维的领域，只要充分利用自己积累的知识，以非常规回答应对非常规问题，就能够争得主动。

6. 投其所好

面试考官也是普通人，也有其弱点。聪明的应聘者可以举出一两件事例来赞扬考官或招聘单位，在表现自己对单位的极大兴趣的同时，也能获得考官们的好感。

比如，考官问"依你现在的水平，恐怕能找到比我们公司更好的单位吧？"，如果应聘者的回答是肯定的，则过于心高气傲；如果回答是否定的，不是说明自己的能力有问题，就是自信心不足；如果回答"不清楚"，则有拒绝回答之嫌。有人是这么回答的："或许我能找到比贵公司更好一点的企业，但别的企业在对人才培养方面或许不如贵公司重视，机会或许也不如贵公司多，我觉得珍惜已有的是最为现实的"，既让考官满足了心理快感又领略到求职者的高明。

7. 有理有据

当有些应聘者大谈个人成就、特长、技能时，面试官往往会反问道："能举一两个例子吗？"，这些应聘者多数无言应对。而面试官恰恰认为：事实胜于雄辩。在面试中应聘者要想以沟通能力、解决问题的能力、团队合作能力、领导能力等取信于人，最好运用举例的方法。

【项目习题】

1. 如何搜集你所需要的求职信息？
2. 怎样去伪存真、整理筛选你所获取的求职信息呢？
3. 怎样利用网络搜集求职信息呢？
4. 毕业生获取就业信息的途径有哪些？
5. 如何利用多方面的求职途径来寻求适合自己的职业岗位？并结合自身特点谈谈你的感受。
6. 请结合自己的性格、兴趣、能力、职业价值观及求职目标将所获得的求职信息进行归类整理。
7. 在求职前，应准备哪些求职材料？
8. 请结合自己的性格、兴趣、能力、职业价值观及求职目标，制作一份个人简历，并撰写一封求职信。
9. 笔试和面试的类型都有哪些？
10. 求职中，常见的笔试类型有哪些？应对笔试有哪些技巧？

11. 谈谈面试中应聘者常出现的着装及礼仪问题。
12. 班级进行模拟面试中的礼仪及答题技巧。
13. 面试的类型主要有哪些？每种类型应如何准备？
14. 应对面试的策略和技巧有哪些？你了解面试有哪些注意事项？

项目四　毕业流程与就业程序

任务一　毕业流程

【任务目标】

(1) 熟知大学生毕业流程。

(2) 对毕业流程各环节的意义和作用引起重视。

【任务描述】

大学生毕业基本流程包括毕业与结业管理规定、学业证书管理规定、档案、毕业资格确认、离校手续办理等。

【案例导入】

毕业仍需"诚信"

宋某于 2010 年毕业，毕业时他去了省外就业，工作中受到领导和同事们一致认可，并在单位找了女朋友。2018 年在家人的催促下，宋某与女友准备结婚，两人和双方父母商量后，准备婚前先在工作的城市买房。看起来一切顺风顺水，但麻烦在买房时突然出现了，宋某被告知"诚信"有问题，无法开具到符合条件的个人征信报告，银行不能为其办理购房贷款，买房的计划受到阻碍，结婚的计划也跟着受到影响。宋某咨询得知，他在大学期间办理过国家助学贷款，但在毕业时没有办理还款确认手续，毕业后也没有主动还款。宋某以前没把这件事放在心上，觉得反正已经毕业，还不还款对自己没什么影响，现在遇到了麻烦，这才意识到诚信还款的重要性。

点评：

(1) 诚信绝不是可有可无的事。不少毕业生抱有这样一种不端正的态度，当时可能对自己没什么实际影响，但事实上，当某一天这种影响出现的时候，需要花更大的代价去补偿甚至有的时候无法补偿。像宋某一样的情况不在少数，他们最后都花了很多时间、精力去处理这类事情，为自己的疏忽大意或者不诚信买单。

(2) 了解并把握好毕业流程中的重要事项，可以避免给自己带来许多麻烦。类似的情况还有毕业后回母校查找组织关系、毕业证等丢失后回母校补办等。有的毕业生在毕业时"挂科"太多，拿不到毕业证，自己也不关心，觉得可有可无，多年以后发现，在找工作时没有毕业证将错过很多机会。其实，毕业生只需根据自身情况，在毕业时提前做好相应准备，例如及时转接组织关系、妥善保管重要证件、认真参加毕业补考等，就完全有可能为自己争取到最大利益。

【任务知识】

介绍毕业流程的目的是帮助毕业生理清头绪，使之心中有数、有的放矢，从而在毕业和就业过程中杜绝隐患，减少后顾之忧。同时，对未来就业过程中可能出现的一些问题提前谋划解决，减少初入职场的慌张，使毕业生就业顺利、事业腾飞。

一、毕业与结业管理规定

《普通高等学校学生管理规定》第三章第六节对高校毕业生毕业与结业做出明确规定。

第三十二条：学生在学校规定学习年限内，修完教育教学计划规定内容，成绩合格，达到学校毕业要求的，学校应当准予毕业，并在学生离校前发给毕业证书。

符合学位授予条件的，学位授予单位应当颁发学位证书。

学生提前完成教育教学计划规定内容，获得毕业所要求的学分，可以申请提前毕业。学生提前毕业的条件，由学校规定。

第三十三条：学生在学校规定学习年限内，修完教育教学计划规定内容，但未达到学校毕业要求的，学校可以准予结业，发给结业证书。

结业后是否可以补考、重修或者补作毕业设计、论文、答辩，以及是否颁发毕业证书、学位证书，由学校规定。合格后颁发的毕业证书、学位证书，毕业时间、获得学位时间按发证日期填写。

对退学学生，学校应当发给肄业证书或者写实性学习证明。

二、学业证书管理规定

《普通高等学校学生管理规定》第七节对高校毕业生学业证书管理做出明确规定。

第三十四条：学校应当严格按照招生时确定的办学类型和学习形式，以及学生招生录取时填报的个人信息，填写、颁发学历证书、学位证书及其他学业证书。

学生在校期间变更姓名、出生日期等证书需填写的个人信息的，应当有合理、充分的理由，并提供有法定效力的相应证明文件。学校进行审查，需要学生生源地省级教育行政部门及有关部门协助核查的，有关部门应当予以配合。

第三十五条：学校应当执行高等教育学籍学历电子注册管理制度，完善学籍学历信息管理办法，按相关规定及时完成学生学籍学历电子注册。

第三十六条：对完成本专业学业同时辅修其他专业并达到该专业辅修要求的学生，由学校发给辅修专业证书。

第三十七条：对违反国家招生规定取得入学资格或者学籍的，学校应当取消其学籍，不得发给学历证书、学位证书。已发的学历证书、学位证书，学校应当依法予以撤销。对以作弊、剽窃、抄袭等学术不端行为或者其他不正当手段获得学历证书、学位证书的，学校应当依法予以撤销。

被撤销的学历证书、学位证书已注册的，学校应当予以注销并报教育行政部门宣布无效。

第三十八条：学历证书和学位证书遗失或者损坏，经本人申请，学校核实后应当出具相应的证明书。证明书与原证书具有同等效力。

三、毕业资格确认

根据《普通高等学校学生管理规定》及各学校章程和相关管理制度，高校毕业生通常需要办理一系列毕业资格确认手续。毕业资格确认一般包含学历资格确认、学位资格确认、生源信息确认、电子注册图像采集、毕业生登记表鉴定五个方面的重要事项。其中，学历资格确认关系到毕业生能否取得学历证书；学位资格确认关系到毕业生能否取得学位证书；生源信息确认关系到毕业生就业报到证及档案去向是否正确；电子注册图像采集关系到毕业生学历、学位信息在线查询及诸多信息验证相关事项；毕业生登记表是毕业生档案中的重要材料，其鉴定评语等信息关系到就业时档案审查，从而对就业有重要影响。

对于毕业生而言，毕业资格确认环节并不复杂，但要高度重视。认真填写、核对、确认个人相关信息是否正确，因为这些信息与"三证"（毕业证、学位证、就业报到证）和档案材料直接相关。一旦错误，可能会影响后续的就业环节，会给自己带来不必要的麻烦。

毕业生需要注意：需要填写的信息认真填写，需要核对的信息仔细核对，需要争取的机会务必争取（如毕业补考等）。严格按照要求执行，不清楚的地方及时与相关部门联系咨询。

四、离校手续办理

每一名大学毕业生都需要在毕业前办理完整的离校手续，这是一种制度和要求，也是一种文明的仪式，以此来话别同学、告别母校，继而走入人生的下一个征程。

离校手续是由各高校自主规定的既有统一化又有个性化的一系列毕业流程的总称。其统一化体现在一些重要环节上，各高校一般都有规定，如毕业证/学位证/就业报到证的发放、户籍迁转、组织关系迁转、助学贷款还款确认等。个性化体现在不同学校有侧重性和选择性，各类毕业环节要求不一，如举行毕业典礼、学位授予仪式、毕业生座谈会、茶话会、就业奖励、学校各类退费、图书/校园卡/宿舍等手续交接、毕业体检、毕业合影、毕业演出等。

毕业生离校应当文明得体，用适当的方式，告别美好的校园时光，感谢老师们的悉心栽培，期许母校日后以己为荣，带着对母校及老师、同学们的美好回忆，激发自身的情感和能量，勇敢面对，努力成就未来的工作和生活。

任务二 就业程序

【任务目标】

（1）了解毕业生就业程序，预测和谋划解决就业过程中的相关问题。

（2）掌握毕业生就业形式与目标定位。

（3）熟知就业报到证的内容和作用。

（4）熟知毕业生档案与户口迁转相关政策。

（5）充分利用协议书、报到证、档案材料的作用。

【任务描述】

毕业生就业工作流程：首先，准备就业材料，寻找就业机会；其次，达成就业意向，签订《就业协议书》《劳动合同》；最后，领取就业《报到证》，办理档案、户口、团党关系的转迁，到用人单位或就业主管部门报到。

【案例导入】

小田是机械工程及自动化科学学院2021年的本科生。虽然她在机械学院，可是对金融学情有独钟，一心要考取经济管理学院的研究生，压根就没想要找工作，但是因为跨专业考试时，专业课上还是存在一点差距，最后考研以三分之差失败了。小田觉得自己考研的分数差距不大，想补补专业课，来年再考一次，于是她来到学校就业指导服务中心想把档案和户口在学校暂存一年，等明年考上了再转走，却被告知不能为其办理暂存手续。

相关政策解读：按照相关规定，学校为毕业生保存档案和户口是有条件的，即毕业生无法找到工作，而学校为其推荐工作没有成功的。对于学校的学生存在这种情况的可能性非常小，像小田这样更不符合政策的规定，所以学校无法为其办理存档手续。小田这种情况，可把户口和档案转往家庭所在地，等来年考取研究生后再从家庭所在地转出。

【任务知识】

毕业生大约在离校前后，陆续进入求职择业环节，这一环节中对于就业程序的了解和掌握会对就业起到事半功倍的作用。确定就业去向、了解单位状况、签订就业协议、办理报到手续、转递档案、迁移户口，某个程序出错都可能会带来不必要的麻烦。这些看似简单的程序，其实是毕业生顺利就业的保障，它们的作用不可忽视。

一、毕业生就业的主要程序

《普通高等学校毕业生就业工作暂行规定》第十二条明确指出：毕业生就业工作程序分为就业指导、收集发布信息、供需见面及双向选择、制订就业计划、进行毕业生资格审查、派遣、调整、接收等阶段。与此对应，从毕业生角度而言一个完整的就业程序从接受就业指导，准备找工作开始到毕业后去单位正式报到并完成档案、户口迁转等手续为止。具体而言，包括政策了解、信息收集、目标确定、材料准备、参加招聘、签订协议、去单位报到等步骤。

（一）收集就业信息，确定就业目标

求职的第一步就是要搜集信息。通过网络、报刊、导师、就业工作老师、已经毕业的师兄师姐以及亲朋好友等社会关系可以获得这些信息。还要了解国家、省市和本校的毕业生就业政策，以及就业相关的法律法规。

（二）整理求职材料，搜寻招聘信息

确定了择业目标就可以有针对性地撰写求职简历、求职信。把各种证明自己能力和获得成绩的证书进行分类整理。准备好就业推荐表、学业成绩单、就业协议书等材料。制作好的求职材料可以与同学、老师、家长进行交流，根据他们的建议修改完善。准备求职材料的同时，关注学校就业信息网、本地区高校毕业生就业网。参加学校举办的招聘会。利用各种社会关系搜集目标招聘信息。有合适的单位就及时投递求职材料，主动与用人单位联系，争取获得面试或笔试的机会。

（三）充分发挥优势，竞聘就业岗位

这是求职的核心阶段，毕业生要充分调动自身能力，展现自己的特长和优势，去参加用人单位设计的各种面试、综合知识测试、心理测试、技能测试等。毕业生要事先对用人单位的背景、内部运行机制、将来发展规划、企业文化、用人理念等有一个全方位的了解，做到知己知彼，方能从容应对。

（四）依次填写盖章，签订就业协议

通过用人单位的种种考核，被通知正式录用后，就可以把已经办理好的毕业生推荐表交给用人单位，签订毕业生就业协议书。

（五）领取就业报到证，转递户档关系

毕业生拿到签发的就业报到证后，要在规定时间内去用人单位报到。需要转户口的毕业生，要及时与学校户籍管理部门联系办理户口迁移证，然后凭户口迁移证、就业报到证、毕业证到用人单位所在地落户。

二、毕业生就业形式与目标定位

就业有很多方向，毕业生有很多选择，未来有很多可能性。说起就业选择与未来发展必定涉及就业形式的选择和就业目标的确立。

（一）毕业生就业形式

就业形式主要包括以下几种：

（1）企业就业。通常包括国有企业就业、民营企业就业、三资企业就业，是多数毕业生的选择。这种就业形式与经济增长高度相关，GDP增长会带动就业，经济下行则会减少岗位需求。相比而言，企业就业竞争较大，更需要自己的努力和把握机遇。除了当年的毕业生外，逐年累计的未就业毕业生以及"海归"人才也是其中的竞争者。

（2）机关、事业单位就业。相对来说，公务员考试、事业单位招考公平公正。毕业生凭借自己的实力笔试、面试竞争上岗,成为一名公务员或事业单位工作人员,成为不少大学毕业生的优先选择。稳定的工作、比较完善的福利保障等优势促使较多毕业生选择这种就业形式。

（3）继续深造。通常包括专升本、考研、出国等深造形式。对于打算在专业知识上获得拓展或者准备延缓就业的毕业生来说,继续深造是一个理想选择。提升学历层次和自身学识、见识、技能后,就业的起点相对更高、空间相对宽广,但并不等于没有就业压力。如果抱着"混学历"的想法,而不注重真才实学,那么未来就业仍可能比较艰难。

（4）自主创业。国家鼓励和引导毕业生自主创业,出台了许多相关优惠和扶持政策。对于有自主创业想法、具备自主创业能力的毕业生来说,是一个十分不错的选择,但并不意味着每个大学生都适合去创业,毕业生应该认清自己的发展定位。在创业之前做好规划,对自己的情商、能力、财力综合评价,对创业计划多加打磨,做好迎接创业失败、多次创业的心理准备。

（5）应征入伍。国家每年从大学生群体中招收有志于参军报国的热血青年服兵役。高校毕业生应征入伍,享有优先报名应征、优先体检政审、优先审批定兵、优先安排使用"四个优先"政策。家庭按规定享受军属待遇,还享受优先选拔使用、学费补偿和国家助学贷款代偿、退役后考学升学优惠、就业服务等政策。

（6）基层项目就业。中央各有关部门主要组织实施了四个引导高校毕业生到基层就业的专门项目：团中央、教育部等四部门从2003年起组织实施的"大学生志愿服务西部计划"；中组部、原人事部、教育部等八部门从2006年开始组织实施的"三支一扶"（支教、支农、支医和扶贫）计划；教育部等四部门从2006年开始组织实施的"农村义务教育阶段学校教师特设岗位计划"；中组部、教育部等四部门从2008年起组织实施的"选聘高校毕业生到村任职工作"。也就是人们常说的"西部计划""三支一扶""特岗教师""大学生村干部"等基层项目,一般设定1～3年左右的服务期,服务期满享受相关就业优惠政策。对于具备志愿精神、有志于从事基层工作的毕业生是一个不错的选择。

（二）毕业生就业目标

毕业生在就业时需要确定就业目标,目标不仅包括就业形式,还包括就业的地区、选择的行业、工作的环境、薪资待遇水平等。确立就业目标时,通常需要权衡利弊、全面考虑,也应征求父母、朋友的意见作为参考。

毕业生的就业目标,应当包括理想目标和现实目标两个层次。理想目标是职业规划中的职业发展目标,是自己追求的长远目标。现实目标则是当下求职择业时的具体选择方向,即求职目标,主要体现为选择什么样的就业单位。毕业生在求职过程中,确定一个单位作为自己的求职目标时,应当设法全面深入了解该单位,有针对性地参加笔试、面试等招聘活动。了解就业单位的方法和途径有很多,通过网络查询、实地查看、咨询在该单位工作的人员等皆可,可以从十个方面的内容入手：一是单位的简介和历史沿革情况；二是单位的主要产品和服务类型；三是单位的薪酬和福利水平；四是单位的组织架构层级；五是单位的经营理念、发展战略；六是单位的管理制度、内部文化；七是单位的招聘和人力资源状况；八是单位的优秀员工、榜样典型人物；九是单位开展的活动和图片资料；十是单位的信誉、口碑等社会评价信息。

三、就业报到证

派遣毕业生统一使用《全国普通高等学校毕业生就业报到证》由教育部统一印制。2022年5月13日，国务院办公厅公布《关于进一步做好高校毕业生等青年就业创业工作的通知》，从2023年起，不再发放《全国普通高等学校本专科毕业生就业报到证》和《全国毕业研究生就业报到证》，取消就业报到证补办、改派手续，不再将就业报到证作为办理高校毕业生招聘录用、落户、档案接收转递等手续的必需材料。

1. 报到证的重要性

报到证是毕业生转移人事档案关系和户口关系的凭证。报到证的用途主要包括：它是教育主管部门正式派遣毕业生的凭证；是毕业生到用人单位报到的凭证；是用人单位接收毕业生的重要证明；是任何一个合法的人才中心、档案管理机构接收毕业生档案的证明；是用人单位给毕业生落户、接管档案的重要凭证；是毕业生的干部身份证明。

毕业生就业报到证过去十分重要，目前重要性有所降低，部分地区不再把就业报到证作为办理户档关系、确认干部身份的唯一依据。例如，浙江省取消高校毕业生就业报到手续，毕业生就业报到证不再作为办理落户手续的必须材料。

从长远看，取消毕业生就业报到手续是一种趋势，但这种趋势需要改革时间，且还要结合各省、各地区的实际进行。在目前的情形下，就业报到证制度依然会继续实行，毕业生不能忽视它的作用。

2. 报到证签发类别

根据《教育部办公厅关于做好全国普通高等学校毕业生就业数据报送工作的通知》（教学厅函〔2014〕49号）规定，毕业生就业报到证有三种签发类别：

（1）去就业地报到。落实就业单位且就业单位或其上级主管部门接收毕业生户口和档案，需将户档迁往就业单位所在地，即落实就业单位且工作地与户口和档案一致。有以下几种情况：落实就业单位且户口和档案迁往单位；落实单位且户口和档案迁往单位所在地人才中心；在生源地落实单位且户口和档案迁往生源地。

（2）回生源地报到。将户口和档案迁回生源地。有以下几种情况：在非生源地落实就业单位，且就业单位或其上级主管部门不接收毕业生户档，需将户口和档案迁回生源地；未落实就业单位需将户口和档案迁回生源地。

（3）去代理/托管地报到。将户口和档案迁往代理/托管机构。有以下几种情况：未落实就业单位将户口和档案迁往户档代理/托管机构；落实就业单位将户口和档案迁往非就业地且非生源地的户档代理/托管机构。

3. 报到证与干部身份

干部身份源于计划经济体制下人事管理的一种制度安排。在有些情况下干部身份与毕业生的切身利益密切相关。比如，报考公务员、国有企业、事业单位等体制内单位的招聘、录取，以及职称的认定、评定、工龄的审核及提干等均与此有关。大学生是国家培养的专业人才，属于国家干部身份，报到证就是大学生干部身份的证明。

四、毕业生档案与户口迁转

档案与户口是毕业生绕不开的话题，一些毕业生就业时不需要户口、档案，因而忽略了它们的意义。"黑户""死档"这样的概念并非耸人听闻，毕业后对户口、档案关系置之不理，极有可能形成"黑户""死档"。在毕业几年甚至十几年后，当毕业生迫切需要时，才意识到它们的重要性。

（一）毕业生档案

1. 什么是档案？

档案实际是指人事档案，是适应我们国家人事管理的一项制度安排，是个人经历的记录，也是人事管理和服务的依据，它与转正定级、职称评定、办理各种人事手续、工龄计算、养老等都有关系。毕业生一定要重视，妥善地处理档案。

2. 人事档案保管

高校毕业生到具有档案管理权限的机关、事业单位、国有企业就业的，由单位直接接收、管理档案。到无档案管理权限的单位（私营企业、外资企业等）就业的，可由各地公共就业和人才服务机构负责提供档案管理等人事代理服务。高校毕业生离校时没有就业的，档案可由学校统一发回原户籍所在地公共就业和人才服务机构保管。档案不允许个人保存。

按照《关于进一步加强流动人员人事档案管理服务工作的通知》（人社部发〔2014〕90号）、《流动人员人事档案管理暂行规定》的相关规定，流动人员档案具体包括：非公有制企业和社会组织聘用人员的档案；辞职辞退、取消录（聘）用或被开除的机关事业单位工作人员档案；与企事业单位解除或终止劳动（聘用）关系人员的档案；未就业的高校毕业生及中专毕业生的档案；自费出国留学及其他因私出国（境）人员的档案；外国企业常驻代表机构的中方雇员的档案；自由职业或灵活就业人员的档案；其他实行社会管理人员的档案。

流动人员人事档案管理实行集中统一、归口管理的管理体制，主管部门为政府人力资源和社会保障部门，接受同级党委组织部门的监督和指导。流动人员人事档案具体由县级以上（含县级）公共就业和人才服务机构以及经人力资源和社会保障部门授权的单位管理，其他单位未经授权不得管理流动人员人事档案。严禁个人保管本人或他人的档案。跨地区流动人员的人事档案，可由其户籍所在地或现工作单位所在地的公共就业和人才服务机构管理。

2015年1月1日起，取消收取人事关系及档案保管费、查阅费、证明费、档案转递费等名目的费用。各级公共就业和人才服务机构应提供免费的流动人员人事档案基本公共服务。

3. 人事代理

公共就业和人才服务机构可在规定业务范围内接受用人单位和个人委托,从事下列人事代理服务:①流动人员人事档案管理;②因私出国政审;③在规定的范围内申报或组织评审专业技术职务任职资格;④转正定级和工龄核定;⑤大中专毕业生接收手续;⑥其他人事代理事项。

按照《人才市场管理规定》的有关规定:人事代理方式可由单位集体委托代理,也可由个人委托代理;可多项委托代理,也可单项委托代理;可单位全员委托代理,也可部分人员委托代理。单位办理委托人事代理,须向代理机构提交有效证件以及委托书,确定委托代理项目。经代理机构审定后,由代理机构与委托单位签订人事代理合同书,明确双方的权利和义务,确立人事代理关系。需办理人事代理服务的毕业生,可在就业时咨询单位所在地公共就业和人才服务机构办理。

(二)户口迁转

目前大学生在就业地落户基本遵循个人意愿。除个别城市外,落户均不受限制。户籍政策在各地略有差异,但总体上参照《国务院关于进一步推进户籍制度改革的意见》(国发〔2014〕25号)中规定的四项原则和五项政策。

1. 户籍制度改革四项原则

(1)坚持积极稳妥、规范有序的原则。立足基本国情,积极稳妥推进,优先解决存量,有序引导增量,合理引导落户城镇农业转移人口预期和选择。

(2)坚持以人为本,尊重群众意愿。尊重城乡居民自主落户意愿,依法保护农业转移人口和其他常住人口的合法权益,不强迫其办理落户。

(3)坚持因地制宜的原则。充分考虑当地经济社会发展水平、城市综合承载力和提供基本公共服务能力,实行差别化的落户政策。

(4)坚持统筹、支持、提供基本保障的原则。全面推进户籍制度改革和基本公共服务均等化,继续扩大教育、就业、医疗、养老、住房保障等城镇基本公共服务覆盖面。

2. 户籍制度改革五项政策

(1)全面放开建制镇和小城市落户限制。在县级市市区、县人民政府驻地镇和其他建制镇有合法稳定住所(含租赁)的人员,本人及其共同居住生活的配偶、未成年子女、父母等,可以在当地申请登记常住户口。

(2)有序放开中等城市落户限制。在城区人口50万至100万的城市合法稳定就业并有合法稳定住所(含租赁),同时按照国家规定参加城镇社会保险达到一定年限的人员,本人及其共同居住生活的配偶、未成年子女、父母等,可以在当地申请登记常住户口。城市综合承载能力压力小的地方,可以参照建制镇和小城市标准,全面放开落户限制;城市综合承载能力压力大的地方,可以对合法稳定就业的范围、年限和合法稳定住所(含租赁）的范围、条件等做出具体规定，但对合法稳定住所（含租赁）不得设置住房面积、金额等要求，对参加城镇社会保险年限的要求不得超过3年。

（3）合理确定大城市落户条件。在城区人口100万至300万的城市合法稳定就业达到一定年限并有合法稳定住所（含租赁），同时按照国家规定参加城镇社会保险达到一定年限的人员，本人及其共同居住生活的配偶、未成年子女、父母等，可以在当地申请登记常住户口。城区人口300万至500万的城市，要适度控制落户规模和节奏，可以对合法稳定就业的范围、年限和合法稳定住所（含租赁）的范围、条件等做出较严格的规定，也可结合本地实际，建立积分落户制度。大城市对参加城镇社会保险年限的要求不得超过5年。

（4）严格控制特大城市人口规模。改进城区人口500万以上的城市现行落户政策，建立完善积分落户制度。根据综合承载能力和经济社会发展需要，以具有合法稳定就业和合法稳定住所（含租赁）、参加城镇社会保险年限、连续居住年限等为主要指标，合理设置积分分值。按照总量控制、公开透明、有序办理、公平公正的原则，达到规定分值的流动人口本人及其共同居住生活的配偶、未成年子女、父母等，可以在当地申请登记常住户口。

（5）有效解决户口迁移中的重点问题。认真落实优先解决存量的要求，重点解决进城时间长、就业能力强、可以适应城镇产业转型升级和市场竞争环境的人员落户问题。不断提高高校毕业生、技术工人、职业院校毕业生、留学回国人员等常住人口的城镇落户率。

可见，高校毕业生就业时基本能实现户籍自由迁转，毕业生在就业时应充分利用好当地的户籍政策。

五、协议书、报到证、档案材料的有效利用

协议书、报到证、档案材料是应届毕业生初次就业时的重要材料。在毕业时应当充分利用它们的价值，使之更好地为自己的就业和未来发展服务。

（一）以应届生身份就业

不少地方对应届毕业生就业实行各类优惠政策，如优先提供公租房、享受购房补贴、发放就业补助等。

许多同学知道在毕业当年可以享受应届生待遇，但却不知道以应届生身份就业是怎么回事。从目前的就业情况来看，以应届生身份就业的情形仍然大有用处，其较多体现在报考公务员或事业单位方面。对于一些限定了只有应届生才能报考的单位，在毕业后两年内，仍可以应届毕业生身份报考。

具体做法是：先征求报考单位同意，再根据单位要求到学校毕业生就业工作部门开具相应证明。根据《普通高等学校毕业生就业工作暂行规定》及当前的实际做法，地方主管毕业生调配部门可以审批并办理改派手续。例如：安徽省教育厅规定，毕业生在毕业后两年内可以将报到证改派至新的单位。

此外，部分单位在界定应届生身份时，可能还需要毕业生提供档案存放证明、就业协

▶ 大学生就业与创新创业

议书。因此，未就业毕业生要了解报考单位要求、确定档案去向、妥善保管空白协议书，以备有需要时使用。若毕业生在毕业时就业协议书已使用，后又办理了离职手续，再以应届生身份就业时需要就业协议，可到学校毕业生就业工作部门咨询。

（二）办理落户或居住证

工作的地方可能就是未来家所在的地方。在毕业时把户口和档案转到工作单位所在地，既便于自己未来处理户口、档案方面的相关事宜，避免来回奔波，又可以更好地享受当地的各项社会政策。户口、档案可能关系到未来买房、结婚、子女上学、参加各类考试、更换新的单位等许多事情。并不是只有在机关事业单位和大型国有企业就业才能落户、调档。在任何单位就业，都存在调档、落户的可能。

目前大多数城市对于大学毕业生落户、调档没有太多限制，但需要毕业生在就业时办理完备的手续。一些毕业生因嫌麻烦而不去办理，其实可能在未来需要的时候再办会更加麻烦。毕业生初次就业时，若用人单位本身不接收户口和档案，毕业生可咨询用人单位所在地人力资源和社会保障局或相关机构如何将户口档案迁转至当地。一般情况下，只需要将毕业生所签订的就业协议书拿到当地人力资源和社会保障部门审核备案，或出具接收函，再交回学校毕业生就业工作部门作为派遣和转寄档案的依据即可。

少数城市对落户限制严格，如北京、上海、天津等。但可以先将档案转寄到工作所在地，以便为未来办理档案审查、办理落户积分、开具档案存放证明等事项时提供方便，具体流程可咨询当地人力资源和社会保障部门。

【项目习题】

1. 你认为"三证"（学历证、学位证、报到证）对就业会有什么影响？
2. 你知道几种档案转递方式？他们各有什么优势、劣势？
3. 你对现在的就业形势有何见解？可能会选择哪种就业形式？
4. 你的家乡是否属于基层就业学费补偿中规定的"艰苦边远地区"？

项目五　就业权益与保障

任务一　就业权益的主要内容

【任务目标】

(1) 了解大学生求职过程中享有的基本权益，树立合理的权益意识。

(2) 增强就业权益保护意识。

(3) 掌握毕业生就业的基本义务。

【任务描述】

毕业生在求职过程中享有的权益主要有获取就业信息权、接受就业指导权、被推荐权、自主选择权、公平录用权、违约求偿权等权益。同样，毕业生在就业过程中享有多项就业权利，但也应该履行就业义务。

【案例导入】

刘某是北京某大学应届毕业生，与某单位经过供需见面"双向选择"，双方都比较满意。准备签订就业协议书时，为了慎重起见，刘某多方征求亲朋好友意见，请他们出谋献策，并向已签约同学"取经"，得知很多用人单位除了签订就业协议，还要签劳动合同或其他形式的附加协议。因此，他特意做了这方面的准备：《中华人民共和国劳动法》(以下简称查阅《劳动法》)，了解劳动合同主要包括哪些内容；向就业指导中心老师咨询，了解用人单位的附加协议主要包括哪些条款等。但正式签约这天，该单位只要求签就业协议书，说劳动合同要等正式报到时再签订。刘某担心，先签协议，后签合同，前后内容有可能不一致，到时如果因为自己不满意而不签合同，岂不要承担违约责任，而且到时万一没谈成，再另找单位，时间和机会都耽误了。于是刘某很坦诚地向该单位负责录用毕业生的人事部门领导表达了自己因为不知合同具体内容而心存疑虑的想法，建议能否将劳动合同内容事先告知自己，或者能否与就业协议书同时签订。该领导觉得刘某的要求合情合理，而且对刘某考虑问题周到的精神表示赞赏，很快便提供了一份正式的劳动合同文本。刘某仔细阅读后，认为这是一份比较规范的劳动合同，基本上是按《劳动法》所规定的必备条款制定的，但他还是觉得合同里的有些内容自己还不能完全理解和接受，有些不够明确，甚至有个别条款与协议书上的内容不一致，带着这些问题刘某与该单位经过协商最终达成一致，并同时签订了就业协议和劳动合同。事后，刘某感到非常踏实、非常欣慰，他的认真细致，避免了一场很有可能发生的不愉快。

▶ 大学生就业与创新创业

【任务知识】

一、毕业生求职权益

《劳动法》规定，劳动者享有平等就业和选择职业的权利、取得劳动报酬的权利、休息休假的权利、获得劳动安全卫生保护的权利、接受职业技能培训的权利、享受社会保险和福利的权利、提请劳动争议处理的权利。对于大学毕业生而言，作为就业的一个重要主体，其就业权益具有自己的特点。但目前，我国法律对大学生在求职过程中的权益及其保护缺乏具体的规定，相关研究也比较少，根据目前大学生就业政策和有关法律法规的规定，毕业生在求职过程中享有的权益主要有获取就业信息权、接受就业指导权、被推荐权、自主选择权、公平录用权、违约求偿权等权益。

（一）获取就业信息权

毕业生有权了解获取就业信息，任何单位或个人不得隐瞒或欺骗。其中包括就业工作的程序、时间安排、政府及学校的政策、用人单位的各种需求信息，还有学生自己的各种资料、档案等。它要求信息公开，即所有用人信息向全体毕业生公开；信息及时，毕业生获取的信息必须是及时有效的；信息全面，毕业生有权获得准确、全面的就业信息。毕业生有权知道就业管理机构的工作原则、纪律、过程等。就业管理工作的透明化有助于杜绝工作人员的不合法甚至违法行为，防止暗箱操作，提高工作效率。毕业生也能够根据这些程序调整自己的择业方法、明确自己的进度，这对市场的规范化也有巨大的帮助。毕业生有权全面、真实地了解用人单位使用意图、工作环境、劳动报酬和使用发展前景等各方面的情况，而用人单位则有义务向毕业生和培养单位如实介绍本单位的情况，并提供有关资料。《中华人民共和国劳动合同法》（以下简称《劳动合同法》）第八条规定：用人单位招用劳动者时，应当如实告知劳动者工作内容、工作条件、工作地点、职业危害、安全生产状况、劳动报酬，以及劳动者要求了解的其他情况。因此，毕业生在与用人单位签订就业协议以及劳动合同时，可以向用人单位询问与自己权益相关的问题。例如：具体工作内容、具体工作条件、具体工作地点、公司和个人的安全生产状况、个人劳动报酬、社会保险以及毕业生希望了解的其他与订立和履行劳动合同（就业协议）直接相关的情况，如工作时间、休息休假制度、福利等。

及时获取就业信息是毕业生求职择业成功的前提。只有在充分获取信息的基础上，才能结合自身情况选择适合自己的单位及岗位。毕业生享有的获取就业信息权包括三方面内容。

1. 信息公开

信息公开即所有用人信息向全体毕业生公开。

2. 信息及时

信息及时也就是毕业生获取的信息必须及时、有效，不能将过时的无利用价值的信息传递给毕业生。

3. 信息全面

信息全面是指毕业生有权获得准确、全面的就业信息，以便对用人单位有全面的了解，从而做出符合自身要求的选择，而不是盲目的。

（二）接受就业指导权

《中华人民共和国高等教育法》明文规定：高等学校应当为毕业生、结业生提供就业指导和服务。由此可见，接受就业指导权是毕业生的一项重要权益。为此，各高校都按照国家的有关规定成立专门就业指导机构，配备专门人员对毕业生进行指导，包括向毕业生宣传国家关于毕业生就业的有关政策方针，对毕业生进行择业技巧的指导，引导毕业生根据国家、社会的需要，结合个人实际进行择业，使毕业生通过接受就业指导准确定位、合理择业。《就业服务与就业管理规定》中有多款条文对公共就业服务机构的就业指导内容做了规定。毕业生应充分利用该权利通过学校就业指导中心、公共就业服务机构获得就业指导，帮助自己早日找到适合的职位。

（三）被推荐权

高等学校在就业工作中的一个重要职责就是向用人单位推荐毕业生。历年工作经验证明，学校的推荐往往在较大程度上影响到用人单位对毕业生的取舍。

毕业生享有的被推荐权包含以下几方面内容。

1. 如实推荐

高校在对毕业生进行推荐时，应实事求是，根据毕业生本人的实际情况向用人单位进行介绍、推荐，不能故意贬低或随意捧高对毕业生在校表现的评价。

2. 公正推荐

学校对毕业生进行推荐应做到公平、公正，应给每一位毕业生就业推荐的机会，不能厚此薄彼。公正推荐是学校的基本责任，也是毕业生享有的最基本的权益。

3. 择优推荐

学校根据毕业生的在校表现，在公正、公开的基础上择优推荐，用人单位在录用毕业生时应坚持择优标准。真正优生优推、学以致用、人尽其才，才能调动广大毕业生和在校生学习的积极性。毕业生在就业过程中只能凭自身综合素质的提高来取胜。

毕业生与用人单位达成就业意向后，需要通过签订就业协议或劳动合同，将建立的劳动关系或双方达成的有关约定以书面的形式落实下来，对双方的责、权、利进行明确说明。这既是一种必要的过程，也是毕业生就业的一种权益。不签订就业协议和劳动合同或是约定内容和条款过于笼统甚至违法、违规，都是对毕业生就业权益的侵犯。《中华人民共和国合同法》（以下简称《合同法》）规定：合同当事人的法律地位平等，一方不得将自己的意志强加给另一方。此外，《劳动法》规定：订立和变更劳动合同，应当遵循平等自愿、协商一致的原则，不得违反法律、行政法规的规定。

（四）自主选择权

根据国家有关规定，高校毕业生在国家就业方针、政策指导下具有自主选择用人单位的权利。只要符合国家的就业方针政策，毕业生可以自主选择用人单位，学校、其他单位和个人均不得干涉。任何将个人意志强加给毕业生、强令毕业生到某单位的行为是侵犯毕业生选择权的行为。毕业生可结合自身情况自主与用人单位协商，要求学校予以推荐，直至签订就业协议。

（五）公平录用权

用人单位录用毕业生的过程中，也应公平、公正、一视同仁。当前，毕业生的公平录用权受到一定程度的冲击，这是最为毕业生所担忧的，由于各项配套措施滞后，完全开放公平的就业市场尚未真正形成，因此用人单位录用毕业生时不同程度地存在不公平、不公正的现象，如女生难就业仍然是困扰女毕业生就业的一大问题。公平录用权是毕业生最为迫切需要得到维护的权益。

毕业生享有被学校公正、平等推荐的权利。学校向用人单位推荐毕业生时，应根据毕业生的实际情况如实向用人单位推荐，不能故意贬低或随意拔高毕业生在校的实际表现；学校对毕业生进行推荐时应做到公平、公正，给每一位毕业生推荐的机会要平等，不能厚此薄彼。学校在公平、公正的基础上，根据毕业生的在校表现实行择优推荐，用人单位在对毕业生进行录用时也坚持择优标准，真正体现优生优先、学以致用、尊重知识、尊重人才。毕业生享有受用人单位公平录用的权利。用人单位在录用毕业生时，应公开、公正、公平，不得歧视女性，不得歧视少数民族，都应一视同仁。除国家规定的不适合女性的工种或者岗位外，不得以性别为由拒绝录用女性或者提高对女性的录用标准。在工资方面应贯彻同工同酬的原则。毕业生享有公平竞争的权利。公平的竞争是市场体制存在和运行的必要条件。毕业生作为就业主体，具有公平参与竞争的权利。这里的公平是指竞争机会平等、竞争起点平等。竞争主体自觉遵守毕业生就业的法律、法规和政策，制裁非法竞争和不正当竞争，规范竞争主体的行为。公平是毕业生在择业过程中唯一的前提，公平竞争是"自主择业"。

《中华人民共和国宪法》中有平等原则，第三十三条规定：中华人民共和国公民在法律面前一律平等。

《就业促进法》中第三条规定：劳动者依法享有平等就业和自主择业的权利。劳动者就业，不因民族、种族、性别、宗教信仰等不同而受歧视。第二十五条规定：各级人民政府创造公平就业的环境，消除就业歧视，制定政策并采取措施对就业困难人员给予扶持和援助。第二十六条规定：用人单位招用人员、职业中介机构从事职业中介活动，应当向劳动者提供平等的就业机会和公平的就业条件，不得实施就业歧视。第二十七条规定：国家保障妇女享有与男子平等的劳动权利。用人单位招用人员，除国家规定的不适合妇女的工种或者岗位外，不得以性别为由拒绝录用妇女或者提高对妇女的录用标准。用人单位录用女职工，不得在劳动合同中规定限制女职工结婚、生育的内容。第二十八条规定：各民族劳动者享有平等的劳动权利。用人单位招用人员，应当依法对少数民族劳动者给予适当照顾。第二十九条规定：国家保障残疾人的劳动权利。各级人民政府应当对残疾人就业统筹规划,为残疾人创造就业条件。用人单位招用人员,不得歧视残疾人。第三十条规定:用人单位招用人员,不得以是传染病病原携带者为由拒绝录用。但是,经医学鉴定传染病病原携带者在治愈前或者排除传染嫌疑前,不得从事法律、行政法规和国务院卫生行政部门规定禁止从事的易使传染病扩散的工作。第三十一条规定:农村劳动者进城就业享有与城镇劳动者平等的劳动权利,不得对农村劳动者进城就业设置歧视性限制。

《中华人民共和国民法通则》中第三条规定:当事人在民事活动中的地位平等。第四条规定:民事活动应当遵循自愿、公平、等价有偿、诚实信用的原则。这就是说,在就业市场上,高校毕业生与用人单位在法律地位上是平等的。毕业生在与用人单位签订就业协议和劳动合同时,要以平等的身份与之协商,并最终达成双赢的协议和合同。

(六)违约求偿权

毕业生、用人单位、学校三方签订就业协议后,任何一方不得擅自毁约。如用人单位无故要求解约,毕业生有权依照《合同法》要求对方履行就业协议,或者支付违约金的权利。因为就业协议虽不具有劳动合同的性质,但是其却是毕业生与用人单位签订劳动合同、建立劳动关系的前提,这是由毕业生就业的特殊性所决定的。

(七)特殊政策

毕业生在就业过程中享受所在城市的一些特殊政策,如落户政策、人才补助等,在住房限购的大环境下,许多城市为吸引人才,推出了一系列针对毕业生的落户政策、人才补贴和购房资格等优惠政策。同学们可以通过报纸、电视、网络等渠道获取自己感兴趣的城市进行了解。

二、毕业生在试用期的基本权益

试用期,即劳动关系的试验阶段。试用期是用人单位和劳动者为了相互了解而约定的考察期,是特殊的劳动合同履行期。在这段时间内,用人单位考察员工的工作能力,员工也考察用人单位的情况,是双方互相试用的过程。试用期劳动者的权益同样受法律保护,劳动者在试用期间享有的主要权利有以下几种。

(一)要求用人单位履行就业协议接收毕业生的权利

就业协议书是明确毕业生、用人单位和学校在毕业生就业工作中权利和义务的书面表现形式,是编制毕业生就业计划和对将来可能发生的违约情况进行是非判断的依据,具有法律效力。就业协议书一经签订就应严格履行,不得无故更改。用人单位必须依照协议书接收毕业生,并为其妥善安排工作岗位,保证毕业生顺利就业。

(二)签订正式的劳动合同的权利

有的用人单位认为只要不与劳动者签订劳动合同,就可以不受法律的约束,在辞退劳动者时较为便利,并且不必给予经济补偿,于是频繁地辞退试用员工就成为他们的一种用工手段。

为了达到这些目的,他们往往以试用为名,不与劳动者签订劳动合同,或者只签订一份所谓的试用期合同，许诺等试用合格后再签订正式劳动合同。对此，劳动者应该学会依法维护自己的合法权益。根据《劳动法》规定："劳动合同是劳动者与用人单位确定劳动关系、明确双方权利和义务的协议。建立劳动关系应当订立劳动合同。"用人单位聘用劳动者后不签订劳动合同是违反法律的，即使没有签订劳动合同，只要形成事实上的劳动关系，就要受到《劳动法》等一系列法律法规的约束。如"中国境内的企业、个体经济组织与劳动者之间，只要形成劳动关系，即劳动者事实上已成为企业、个体经济组织的成员，并且为其提供有偿劳动，适用劳动法。""用人单位故意拖延不签订劳动合同，对劳动者造成损害的，应当赔偿劳动者损失。"

（三）获得劳动报酬的权利

在试用期间，毕业生的工作熟练程度、技能水平与其他人相比可能有差距，这些差距直接表现为收入的差距。但只要劳动者在法定工作时间内提供了正常劳动，用人单位就应当支付其工资。

（四）享有社会保险的权利

毕业生在试用期间，与其他劳动合同制职工一样，用人单位应当依法为其办理社会保险手续，为其缴纳社会保险费。社会保险，常说的就是五险一金，即包括养老保险、医疗保险、失业保险、工伤保险、生育保险和住房公积金。

（五）享有劳动保护的权利

用人单位应当为毕业生提供必要的劳动防护用品和劳动保护设施，防止事故，减少危害。

（六）解除劳动合同的权利

在试用期间，毕业生可以随时通知用人单位解除劳动合同，不需要任何附加条件。用人单位不得要求劳动者支付职业技能培训费用，还应按毕业生的实际工作天数支付工资。

合同签订后，用人单位不能随意解除。《劳动法》规定："在试用期内，用人单位必须有证据证明劳动者不符合录用条件时，才能辞退。而员工只要通知单位就可以解除劳动合同，无须提供任何理由。"

三、就业权益保护

高校毕业生就业权益保护是个系统工程，是国家与社会、学校、毕业生各负其责、相互配合的和谐就业体系。除了国家加快就业制度改革，创造良好就业环境，不断完善大学毕业生就业市场和大学毕业生就业权益保护的法律体系，高校加强就业指导工作以外，最重要的还是毕业生真正做到就业权益的保护，增强以下五个意识。

（一）法律意识

市场化的就业体制，要求毕业生就业依靠市场这个无形的手，来实现人才资源的合理配置。市场经济是法治经济，毕业生就业也必须走法治化之路。因此，毕业生必须了解与就业相关的法律法规、政策、制度，了解劳动用工的相关规定，并且在学习这些法律、政策、规定的过程中，逐步培养成一种用法律进行思维的意识，即法律意识，进而能在这种意识的指导下，真正做到懂得法律、遵守法律、使用法律。

法律意识要求毕业生在求职过程中，运用法律思维来思考遇到的一些问题，大体知道法律的规定是怎样的，了解哪些情况是违法的，哪些情况又是政策允许的。只有有了这种意识，才能认识到行为的性质以及法律后果，才能有进行自我保护的前提。

（二）契约意识

从某种意义上说，市场经济就是契约经济，市民社会就是契约社会，契约意识要求当事人尊重平等、信守契约。由于我国就业体制的特殊性，就业协议在明确单位和毕业生权利义务等方面扮演着重要角色，因此契约意识的作用在毕业生就业过程中显得更加突出。契约意识在就业过程中主要体现在两个方面：一是要求毕业生充分重视和深刻理解就业协议的重要性，要有通过就业协议保护自己合法权益的意识；二是就业协议一旦签订，便具有法律效力，必须具有严格遵守、履行就业协议内容的意识。

因此，谨慎签约、积极履约有利于毕业生通过协议书内容的约定保护自己的合法权益。协议一旦订立，双方都必须遵守，任何一方不得无故毁约、违约等，否则将受到经济和法律的制裁。

（三）维权意识

毕业生在法律意识和契约意识的指引下，认识到自己的合法就业权益受到了侵害，是积极运用法律手段或者其他方法来进行救济以维护自己的合法权益呢，还是息事宁人、装作什么事都没发生过？不同的处理方法就体现了维权意识的不同。具有强烈的维权意识，在碰到问题时能够拿起法律的武器积极主张权利，是毕业生走出权益自我保护的实质性的一步。毕业生只有养成了积极主张权利的维权意识，不畏法、不畏仲裁诉讼，才能够平等地与用人单位对话，据理力争，切实保障自己的合法权益。当然，维权意识要求毕业生应当知道可以采用下列途径维护自己的就业权利：学校出面调解；向劳动监察部门申诉、举报；向劳动仲裁机构申请仲裁；向人民法院提起诉讼等。

（四）证据意识

法律是用证据说话的，毕业生在就业过程中应"多留一个心眼"，牢固树立证据意识。证据意识的培养主要体现在三个方面：一是收集证据的意识，要求毕业生在就业时要有意识地要求对方出示或者提供相关资料，来佐证一定的事实，如要求公司出示营业执照、要求对方出示表明身份的证件等；二是保存证据的意识，要求毕业生注意保存现有的证据，以便将来在仲裁或诉讼时支持自己的观点，如要注意保存单位在招聘时的海报，与单位往来的传真、邮件等；三是运用证据的意识，毕业生要有用证据证明案件事实的意识，知道什么样的事实需要什么样的证据证明，知道一定事实的举证责任是在对方还是己方等。

毕业生在就业过程中经常会碰到单位要求交押金的情况。签订劳动合同时要求劳动者提供押金的做法是法律明确禁止的，但是签订就业协议时单位是否可以收取押金法律没有明确规定。一般认为可以参照劳动合同的做法，签订就业协议收取押金不合理。但是现在的就业市场中，由于某些潜规则的存在，确实在很多场合存在着毕业生不交押金就无法签订协议、无法得到工作的尴尬。在这种情况下，如果毕业生确实很想去这个单位工作的话，可以先交押金，但是一定要让单位出具表明"押金"字样的收据并且注意保存，以便日后作为证据使用。

（五）诚信意识

毕业生在求职就业过程当中应该树立诚信意识。一是毕业生自身要诚信，在求职过程中，毕业生必须如实向用人单位介绍自己的情况。毕业生在应聘时如果故意隐瞒自身情况、欺骗单位，可能导致就业协议无效，并承担缔约过失责任；二是毕业生要判断用人单位是否诚信，比如用人单位介绍的情况是不是属实，招聘的真实目的是什么等。然而，应届毕业生对用人单位进行判断有些困难，这个时候可以通过不同的方式和渠道全面了解用人单位的情况，但很可惜大多数毕业生在这方面做得还不够。在严峻的就业形势下，毕业生不敢向用人单位问太多的问题、提更多的要求，许多初涉职场的毕业生甚至认为单位说的都是对的，一切都按照单位要求去做，不知不觉中自己的权益已经遭受侵犯。因此，必须强化毕业生的诚信意识，特别是锻炼其中的第二种能力，以保护自己的合法权益。

四、毕业生就业的基本义务

权利和义务总是相对的，毕业生在享有多项就业权利的同时，也应该履行一定的就业义务。

（一）提供个人真实信息的义务

《劳动合同法》第八条规定："用人单位有权了解劳动者与劳动合同直接相关的基本情况，劳动者应当如实说明。"在双向选择的过程中，毕业生有义务向用人单位提供本人的基本信息，不得提供虚假的信息隐瞒、欺骗用人单位。

（二）向学校报告就业情况的义务

每年6月份，上级就业主管部门会签发毕业生的"报到证"。如果毕业生没有及时向学校上报就业情况，可能使自己的报到地点出现错误，会给自己增添许多麻烦。

（三）严格履行就业协议的义务

毕业生签订就业协议书后如果出现毁约，会损害自己的诚信，影响用人单位的招聘工作，也占用了其他毕业生的就业机会。因此，毕业生应该慎重签约，严格履约。

（四）遵守劳动纪律、保守商业机密的义务

有些单位，在录用毕业生之前，为了进一步了解毕业生的情况，会安排毕业生去单位实习。在实习期间，毕业生应该严格遵守用人单位的规章制度，特别涉及商业机密的要严加保守，防止侵权行为的发生。

（五）根据需要为国家服务的义务

在一定范围内，毕业生有自主择业的权利，但也有服从国家需要的义务。毕业生应从

大局出发，认真执行国家方针、政策，并根据需要为国家服务，尤其是当国家重点建设项目或某些行业、地区急需人才时，毕业生有义务服从国家的需要，为国家重点建设工程或项目做出贡献。

任务二　求职陷阱应对策略

【任务目标】
（1）了解常见的求职陷阱。
（2）了解大学生就业"陷阱"的表现特征。
（3）增强对择业"陷阱"的自我防范意识。

【任务描述】
求职陷阱一般是指犯罪分子利用人们求职心切而采用的手段，用于骗取求职人员的财物、个人信息或者低廉甚至免费的人工。根据最新调查，有五成求职者在求职包括兼职过程中遭遇过陷阱。收取各种名目的费用是求职陷阱中的惯用伎俩，比如说风险押金、培训费、服装费、建档费等各种名目的费用。2019年11月6日，教育部、人力资源和社会保障部联合发布求职陷阱提示，严打招聘欺诈。

【案例导入】
应届毕业生小张应聘到杭州开发区一家公司工作，并且与该公司签订了一年的劳动合同，合同约定试用期6个月，实习工资每月2000元。当试用期到期前10天时，公司人事部通知小张，公司还要对小张进行考察，如果小张同意，公司将再与小张续签3个月的试用期。小张为了今后留在公司里工作，于是同意再签3个月的试用期。当合同再次到期前，公司人事部通知小张在试用期未达到录用条件，不予录用。毕业生要了解自己的基本就业权利，这样才能维护自己的正当权益。

【任务知识】
随着我国高等教育大众化进程加快，高校毕业生人数增幅很大，使高校毕业生在就业方面面临诸多的困难，高校扩招以来党和政府都非常关注大学生就业的问题。目前我国人力资源市场建设相对滞后，大学毕业生的就业机制不够健全，就业市场中出现了各种不依法用人、违法招聘等为大学生就业设置各种陷阱的现象。择业"陷阱"是指为求职择业者提供就业为诱饵，或无偿占有求职者的劳动，或骗取择业者的财物，或择业者从事的工作内容并不是双方在协议或原先口头承诺的内容要件，或使择业者的人身、财产受到损害，利益受到侵害的骗术或非法行为。尽管择业"陷阱"形形色色，形态各异，但其目的都是一样的，对大学毕业生的危害都是巨大的。大学毕业生要防范各种择业"陷阱"，首先要了解和认识形形色色的择业"陷阱"，识别和预防择业"陷阱"是至关重要的，这也是我们职业能力中一种非常重要而实用的能力。

▶ 大学生就业与创新创业

一、常见的求职"陷阱"

（一）粉饰招聘岗位陷阱

招聘单位在招聘广告中夸大职位，比如把"业务员"写成"市场总监"，把"保险代理员"写成"保险事业部经理"，求职者到了实际岗位才知道与招聘描述不一。有的单位以"到基层先锻炼锻炼"为幌子，让求职者继续工作下去。粉饰招聘岗位使得求职者就职后往往大失所望，心理落差很大。个别求职者由于种种原因，可能选择了安于现状，继续这份工作，从而对自己的职业生涯产生很大的负面影响。

小张看到一条"诚聘有事业心人士担任市场经理"的招聘广告，考虑再三，准备充分后前往应聘。工作后才知道，自己的工作是推销公司的产品，"市场经理"就是一个好听的头衔而已。

大学生求职的时候应该搞清楚职位的工作职责和工作内容，向单位询问细节并仔细分析。一些用人单位提供的虚而不实的职位，常常冠以好听的头衔，但是却强调无须经验，这其中肯定有问题。一些用人单位为了招聘业务员，就在招聘广告中列出很多职位，其实都是做业务员，很多甚至还没有底薪。

（二）智力陷阱

有些公司由于自身缺乏足够和新鲜的创意，如果另行聘请高水平的工作人员又需要付出较大的代价，便想要通过招聘的方式来获取优秀的创意或文案。这些公司往往在面试时或在实习的过程中让学生做相关的事情，在获取应聘者的创意或方案后却不录用任何人。

小白是北京某重点大学的一名计算机专业应届本科毕业生，编程能力很强。在学校举办的一次大型双选会上以优异的专业成绩和实习单位较高的评价，被一家小有名气的IT企业相中，并很快签订用人合同，双方商定试用期为3个月，试用期间月薪为2500元。当其他同学还在为找工作东奔西走的时候，满心欢喜的她已经开始上班了。可是天有不测风云，谁曾想刚结束春节休假上班的小白一到公司，便接到人事部门一纸解约通知，称通过试用发现小白不适合在本公司工作，决定解除双方的试用合同。公司的决定让她感到非常突然，就在春节前，她通宵达旦、加班加点设计出来的一个财会软件还受到部门经理的夸奖，怎么突然就变卦了呢？她感到十分不解。后来，一位共过事的公司员工向她道明了事情的真相："公司根本没想要你这个人，只是需要你设计的软件，公司只是想无偿占有你开发的软件而已。"小白才幡然醒悟，原来自己天真地掉进了用人单位设下的智力陷阱中。毕业生在提交自己的智力成果时要尽可能附上自己的版权声明，并要求招聘单位签收。

（三）收费及抵押陷阱

招聘中以不同名目收取"苛捐杂税"是最常见的招聘陷阱之一，这个招数对于很多应聘者来说都是"温柔的陷阱"。这类诈骗的面试过程往往特别简单，对你的学历、工作经验等各方面的条件几乎都没有要求，不关注你在校的表现和能力，只是派人和你进行简单交流并鼓励你在将来的工作中要努力,然后就告知求职者被公司录用了,对公司的一些情况要么避而不谈、要么胡编乱造,同时还会对你以后的工作许以高薪、工作环境非常轻松等诺言。这类型公司往往以已经招聘录用,需要收取押金、保证金的借口,或者以入职培训的名义,骗取求职者的费用。虽然国家有关部门早就明文规定任何企业在招聘员工时,都不得以任何理由、任何形式收取求职者的押金,或者以身份证、毕业证等作抵押。但有的招聘单位要求求职者提供自己的身份证件,理由是便于管理。有的求职者的身份信息被另作他用,当然如果出了事,很多责任得由他承担。因此,求职者对自己的个人隐私权要爱惜和保护。

小王和小赵是即将面临毕业的大学生,通过报纸上的广告信息,两人相约来到一家房地产广告公司应聘市场部的助理。面试、笔试各个环节进行得都非常顺利,最后面试负责人通知他们被录用了,试用期的主要工作是联系相关写字楼的承租客户,同时,试用期小王和小赵每人必须缴纳3000元的押金。收取押金的目的是保证公司利益不受损失,试用期结束后公司将退还押金。

国家法律规定招聘单位不能向应聘者收取押金以及扣押个人身份证件。所以,那些任职初期就让缴纳各种押金的行为是不合法的,求职者遇到要求交钱和扣押证件的时候一定要提高警惕,不能向任何自己不了解的单位透露个人信息。

(四) 试用期陷阱

试用期是用人单位对新录用的劳动者是否合格进行考核,劳动者对用人单位是否适合自己进行详细了解的期限。劳动合同试用期作为劳动合同中的一个特殊阶段,对于帮助用人单位以最低的成本风险争取优秀人才加入,促进劳动者的风险意识和竞争意识,都有极其重要的意义。然而,在实际就业市场上,试用期被用人单位滥用:一是没有试用期可能暗藏玄机。试用期是劳动合同的约定条款,对双方都有约束力,试用期长短或有无由双方依法在劳动合同中约定。某些用人单位规定大学生报到就签订劳动合同,马上上岗工作。可当大学生感到单位各方面情况不好想要另谋高就时,才发现自己在"无意"间放弃了试用期这一自己本该拥有的权利。在这种情况下,如果要单方面解除合同,无疑要付出惨重的代价。二是试用期或见习期过长。大学生就业中,违规违法现象主要表现为见习期与试用期的总期限超过一年。有些单位以见习期的名义不签合同,且借故延长见习期。一般来说,单位用人有试用期是正常的,试用期的薪水一般都不高,等到转正后薪水会有较大幅度的提高。很多公司为了使用廉价劳动力,抓住毕业生急于找工作的心理,堂而皇之地打出试用期的牌子,看起来非常规范,待试用期一过,就以种种理由解聘求职者。这样的公司会不断地炒人,毕业生永远不会成为他们的正式员工。

(五) 协议陷阱

就业协议除具有确立毕业生和用人单位之间的劳动关系、规范二者相关权利和义务、追究违约方违约责任的作用外,还是学校对毕业生就业的一种管理手段,是学校上报就业计划、用人单位申报进人指标、毕业生办理落户手续的证明。就业协议对于学校管理毕业

▶ 大学生就业与创新创业

生就业工作，规范用人单位和毕业生在用人、择业过程中的行为，维护各方的合法权益发挥了一定的积极作用。但这一制度在现实的执行中却产生了许多问题，签订就业协议书本来是出于保护学生的目的，而且协议上也明确规定了学生就业后就执行劳动合同，已签订的就业协议不再生效。但实际上在签订就业协议后，不少单位在试用期间就不再签订劳动合同，所以常常会出现学生在试用期间要跳槽，按照劳动法不需要承担违约责任，而单位则以就业协议为依据向学生提出索赔要求的现象。按照有关规定，就业协议不能代替劳动合同或聘用合同，但实际上就业协议对毕业生和用人单位却又相当于劳动合同，它甚至可以对劳动合同的期限也进行约定。如果就业协议签订时的约定内容不能与随后签订的劳动合同或聘用合同内容吻合，就可能在毕业生和用人单位之间产生纠纷。就业协议内容不规范致使一些用人单位为了避免毕业生随意违约，在劳动合同中不约定试用期，旨在把学生当作廉价劳动力。在就业协议中违约金的数额没有明确，完全由单位与学生协商而定，而由于学生维权意识缺乏以及学生在求职过程中处于相对弱势地位，就使就业协议从某种程度上来说成为"霸王合同"。

当前的就业形势使相当部分大学毕业生在就业市场上处于弱势地位，不少学生在就业时出于种种顾虑，对可能会使自己权益受损的条款不敢提出异议，对单位在试用期不签订合同的做法也不会去追究，甚至被迫接受单位提出的一些不平等条款。甚至在签订就业协议的时候，单位要求附加补充协议，上面规定了学生所有的违约责任，而对单位如违约将承担什么责任则几乎只字不提。有些单位利用学生求职心切的心理对学生要求过多，极力催促大学生在内容与口头约定不一致的合同上签字，造成学生在日后利益受损。

小赵是应届毕业生，2021年12月与一家用人单位签订了《高校毕业生就业协议书》。签协议书前双方商定：如果小赵违约，将向用人单位缴纳3000元违约金，却没有约定如果用人单位违约的处理办法。双方签约后，小赵就一直没有找其他工作。直到2022年5月时，小赵得到签约单位通知，说由于该单位经营策略上的变化，原本计划招收的20名应届毕业生现缩招为6名，该单位打算解除与小赵的就业协议。签订协议或劳动合同前一定要认真研究条款的内容，要明白自己和单位的地位是平等的。

（六）传销陷阱

所谓传销，本是指生产企业不通过店铺销售，而由传销员将本企业产品直接销售给消费者的经营方式。该经营方式受到国家的明令禁止。现在的传销已大多演变为非法组织以欺骗乃至胁迫的手段，靠强收"入门费"敛财。虽然国家加大了对传销的打击力度，传销在一定范围、一定程度上得到了较为有效的控制，但是有的传销人员并未死心，他们转为"地下"活动。当前日益严峻的就业现实使毕业生降低了审核标准和防范意识，对于传销组织来说，由于大学生拥有的潜在社会资源很丰富，他们缺乏社会经验，因而深得"青睐"。加上就业困难形势下部分毕业生非理性的就业观的存在，更给了传销组织较大的空间。传销组织一般以招工为由，利用学生社会接触面不广、对生活的期望值过高的弱点，掩盖非法传销的事实，以"好工作、高收入"来诱惑学生。受骗人或听信于传销头目欺骗父母,或经传销组织"洗脑"骗拉熟人,甚至成为传销骨干坑害他人。且传销组织采取扣押身份证、现金、通信工具、限制人身自由等手段,导致一些学生或主动或被动地迷失于传销中难以自拔。

南京破获的一起传销大案中,传销头目之一竟是"放弃本硕连读也要做传销"的高校学生,而834名受害者中,几乎清一色是在校大学生,涉及33所高校。菏泽警方查获的一起传销案件,117名成员中也有三成是被从外地骗来的大学生。传销好像离我们很远,但其实就在我们身边。大家一定要提高警惕,出现情况要及时寻求帮助。

(七)网络陷阱

传统的集市型的人才交流市场通常受时间、地域等因素限制,不利于统一开放的人才大市场的形成。网上人才市场则突破了这些局限,通过网络实现了市场信息的共享,网络的便捷、快速、低成本、大信息量等特点使得越来越多的企业和求职者选择人才网站作为招聘和求职的中介。网上求职不受时间、地域、空间的限制,避免了人群大范围集中和对场地依赖的局限,同时又有丰富的信息,所以很多即将毕业的大学生都把网上招聘作为求职的一个主要"路径"。求职者网上求职方便快捷、信息共享的优越性,确实是电视、报纸、杂志等传统广告载体与现场招聘会所难以企及的,但凡事有利必有弊,网络求职也有其难以克服的障碍。如果轻易相信网上的招聘信息,可能会遇到比传统招聘形式更多的麻烦、更大的问题。网络求职涉及隐私权问题,个人在网络上输入的信息,有可能被他人窃取、利用,造成名誉上、经济上的损失。另外,与其他广告载体相比较,网络招聘广告的真实性也值得推敲。

郑州某大学应届毕业生袁某按照同学的推荐到网上寻求职业时,看中了一家远在深圳的公司。按照该公司提供的电子邮箱,袁某将简历发送过去。很快,该公司回了一封热情洋溢的信,称袁某才思敏捷,深深打动了该公司人力资源部领导,决定破格聘用,但由于袁某所学专业与该公司不吻合,需要进行培训,由于郑州和深圳之间路途遥远,该公司非常"体谅",提出袁某可以先在家学习有关教材,再来深圳参加培训。按照该公司规定,袁某汇去了教材、档案和服装等各类费用共400元。就在袁某等待前往深圳发展时,却发现该公司不再回复自己的任何邮件,此时袁某才意识到上当了。

面对网络,大家一定要保持谨慎,应该到信誉度高的网站应聘,对收取相关报名费的网站要特别小心,对招聘单位最好有个实际的考察。不要公布自己的个人信息,一般留邮箱进行联系即可。毕业生应该正确认识网络求职的优劣,充分发挥其积极的作用,为自己择业助力。

二、大学生就业"陷阱"的表现特征

大学生就业陷阱是指招聘单位利用大学生的弱势地位,以提供就业机会为诱因,采用违法等手段,与大学生达成权利与义务不对等的各类就业意向(协议),侵害大学生合法权益的现象。当前大学生就业陷阱主要表现出四个典型的特征。

▶ 大学生就业与创新创业

（一）欺骗性

其主要表现为招聘单位以虚假宣传、不实承诺取得大学生的信任和期望，在协议中提出苛刻的条件，隐藏各种不法目的。

（二）诱惑性

其主要表现为招聘单位着力包装，夸大事实，并以单位各种招牌、荣誉、待遇和发展前景诱惑大学生。

（三）隐蔽性

其主要表现为招聘单位都有十分华丽的诱人说辞，让应聘者听起来合情合理，其实处处是陷阱。

（四）违法性

就业中的各种违法行为目的各有不同。有些为留住人才而扣留大学生的户口、证件等使大学生欲走难行。有些软硬兼施，用非法手段迫使应聘者工作。还有的使大学生掉进自己挖下的高薪陷阱、中介陷阱、培训陷阱和传销陷阱等，还有些用人单位给大学生设置了协议陷阱、合同陷阱或试用期陷阱。

三、择业"陷阱"的自我防范意识

缺乏社会经验的大学生，在求职中容易误入各式各样的招聘"陷阱"。要消除择业"陷阱"，需要进一步规范人才市场的秩序，完善相关的法律法规，加大监督力度。但对毕业生而言，如果预先有了防范意识，可避免落入任何诱人的陷阱。为此，毕业生可从以下七个方面入手，增强自己对择业"陷阱"的防范能力。

（一）防范意识的培养

毕业生对择业"陷阱"的防范意识，是自我保护能力的重要组成部分。培养和增强毕业生对择业"陷阱"的防范意识，是通过毕业生自我教育、自我完善来实现的。

（二）加强相关的法律法规的学习

毕业生应该主动学习与求职择业密切相关的法律法规、文件，如《就业促进法》《劳动合同法》等，从而提高自己的求职素质和独立思考、明辨择业"陷阱"的能力。

（三）树立正确的择业观和择业心态

毕业生必须转变就业观念，理性地认识就业形势，先就业求生存，后择业谋发展。毕业生应该转变求职理念，降低就业期望，客观评价自己，从低层、基础做起，着眼于非政府部门、劳动密集型企业、中小型企业就业或自主创业。

（四）对就业信息的防范

一般情况下，从学校就业指导部门、高校或当地毕业生就业主管部门组织的毕业生供需见面会和人才招聘会、正规权威的人才招聘类专业网站、值得信赖的社会关系、有权威的报纸等途径获取的就业信息比较真实可信。自己重点关注的就业信息，即使其来源可靠，毕业生也要对信息的内容做进一步的核实。毕业生在投递简历前应充分了解用人单位的情况，最好自己到用人单位去实地考察。

（五）对中介机构的防范

中介机构为用人单位和毕业生双方沟通联系并进行择业指导，由双方订立劳动合同实现就业。这种方式近年来也成了部分大学生的就业渠道。但大学生在选择中介机构时，一定要认定其合法性。一般来说，一个合法的中介组织必须五证俱全，即营业执照、税务登记证、企业资质证、执业许可证和法律、法规规定的其他必须公开的证照。同时还应当公布服务内容、服务规范、收费项目及标准、监督及投诉机构的电话和地址等事项。大学生在选择中介机构时，切记要对其合法性进行鉴别，以免上当受骗。

（六）网上求职选择正规网站

随着信息时代的发展，人才网络系统已初具规模，一般来说，合法的网站都有工商部门下发的经营许可证和通信管理局下发的 ICP 证。因此应聘者在投递个人简历时，可以先看看该网站是否两证齐全，以防误落不法网站。要强化自己的保密意识，时刻提高警惕，在填写个人简历时尽量不要填写家庭详细地址及家庭固定电话号码，以免受不正当的干扰。

（七）对面试的防范

大多数用人单位都会提出面试的要求。择业"陷阱"的设置者，也大多以面试形式对求职者实施欺骗。因此，面试也是毕业生需要特别注意的环节。正式面试之前要通过多方途径对招聘单位的资料进行确认，如通过上网查询，拨打当地 114 电话核实对方公司的联系电话与地址，到注册登记、税务登记、人事、劳动等主管部门了解该企业性质情况，必要时到公司所在地明察暗访，了解公司背景资料、职责范围或行业，落实单位资信情况和信誉等。正常的面试，用人单位一般会安排在正常工作时间，地点就在自己单位。面试的时间、地点一经确定，没有特殊的原因一般不会无故改变。女生一定要避免到僻静或私人场所去面试，不要随便喝别人提供的饮料。女生在前往面试或找工作地点前后要注意及时跟家人或师友报告自己的行踪。到外地参加面试时，无论任何理由都不能留下重要的证件。

小张收到某公司的一条短信，请其尽快到公司来面试，但小张没有投过简历到这个公司，就打电话去询问。对方答复说在某人才网上看到的。小张按时赴约，但找不到地方，就再次联系公司。很快一个骑摩托的人过来接他。刚坐上车，骑摩托的人就让小张通知公司说很快就到了，在电话中公司对他说让骑摩托的人接下电话，另有事安排。小张刚把电话递给骑摩托的人，一份文件就从车上落了下来。出于礼貌，小张下车帮忙捡文件，等捡起文件，摩托车已经不见了，小张随手放在车后的手机和包也跟着不见了。

小韩在招聘会上向一家科技公司投递了简历，经过简单的现场面试后通知她下午去公司面试。下午接待她的还是上午的招聘人员，把她领进办公室后当面给"经理"打电话，然后对她说"经理"要等会才来，让她先等一会。过了约五分钟，"经理"还没过来，招聘人员就欲再次打电话给"经理"，不巧手机没电了，便要求借小韩的手机一用，小韩也没多想就直接给了他,招聘人员称在室内电话听不清楚就出去了,结果一去不复返。

（八）对签约的防范

签订劳动合同是一种法律行为,毕业生应该正确认识和严肃对待,慎重签订。毕业生要对准备签订的协议仔细研究,协议必须公平、公正,明确双方的权利与义务。协议应对服务期、工作岗位和工作内容、劳动保护和工作条件、工资报酬和福利待遇、劳动纪律、协议终止的条件、违反协议的责任等做明确规定。签订劳动合同时,要注意保护自己的权益,认真检查合约内容、附带条款。在签合约时仔细阅读所有条款,如有不清楚或对自己不利的地方,不要立即签约,最好带走仔细研究。需要提醒毕业生的是,一定要签订合法、有效的书面协议。特别是涉及工作内容、工资报酬、福利待遇、违约责任等敏感内容的,毕业生要尽可能地与用人单位达成书面协议。

（九）发觉被骗,及时报案

毕业生一旦发觉自己上当受骗,要及时向招聘单位所在地的人事局、劳动局监察大队或公安局报案,寻求法律保护。总之,只要毕业生培养防范意识、掌握防范对策,就能够识破择业"陷阱",达到顺利就业的目的。

任务三 就业协议与劳动合同

【任务目标】

(1) 熟知就业协议的含义、内容及作用。

(2) 熟知就业协议的签订、解约及违约金赔偿等内容。

(3) 熟知劳动合同的签订。

(4) 了解就业协议与劳动合同的关系。

【任务描述】

就业协议与劳动合同是用人单位录用毕业生时所订立的书面协议,但两者分处两个相互联系的不同阶段。毕业生就业协议是毕业生在校时,由学校参与见证的,与用人单位协商签订的,是编制毕业生就业计划方案和毕业生派遣的依据。劳动合同是毕业生与用人单位明确劳动关系中权利义务关系的协议,学校不是劳动合同的主体,也不是劳动合同的见证方。劳动合同是上岗毕业生从事何种岗位、享受何种待遇等权利和义务的依据。一般来说,就业协议签订在前,劳动合同订立在后,如果毕业生与用人单位就工资待遇、住房等有事先约定,也可在就业协议备注条款中予以注明,日后订立劳动合同对此内容应予认可。

【案例导入】

2021年6月,即将大学毕业的赵丽与学校及甲公司签订了一份《毕业生就业协议书》,协议约定:赵丽毕业后必须在甲公司服务5年,否则要赔偿公司1万元。2021年8月,赵丽到公司工作后又与该公司签订了3年期限的劳动合同,约定试用期为4个月,在试用期内可以提前书面通知甲公司解除本合同并在工作交接完毕后离开公司；3个月后，赵丽认为自己不适应这份工作，按劳动合同要求向公司提出书面辞职，而甲公司以未缴纳违约金为由不予办理解除劳动合同的有关手续。赵丽向北京市劳动争议仲裁委员会申请仲裁，要求解除与被告签订的劳动合同被驳回，赵丽遂向法院提起诉讼。

法院经审理认为，《劳动法》第十六条规定：劳动合同是劳动者与用人单位确立劳动关系、明确双方权利和义务的协议。建立劳动关系应当订立劳动合同。根据上述规定，毕业生与用人单位在签订就业协议时，双方尚未形成劳动关系，所签订的就业协议，不是劳动合同。就业协议的功能在于确保协议一方当事人按照协议到约定地点工作，工作后应该签订劳动合同。就业协议条款没有得到劳动合同的确认，与劳动合同相冲突时，应以劳动合同为准。劳动合同中已对试用期内双方的权利义务做出了明确的约定，该试用期条款合法有效。赵丽的诉讼请求，应予以支持。甲公司应该为赵丽办理解除劳动合同的各项手续，赵丽不必交付违约金。

【任务知识】

一、就业协议

（一）就业协议的含义、内容及作用

1. 就业协议的含义

就业协议是《全国普通高等学校毕业生就业协议书》的简称，它是普通高等学校毕业生和用人单位在正式确立劳动人事关系前，经双向选择，在规定期限内确立就业关系、以明确双方权利和义务而达成的书面协议，是用人单位确认毕业生相关信息真实可靠以及接收毕业生的重要凭据，也是高校进行毕业生就业管理、编制就业方案以及毕业生办理就业落户手续等有关事项的重要依据。其主要作用是在正式合同签订前保护学生的就业权利，防止用人单位违约，另外也对学生进行了约束，避免随意违约。

2. 就业协议的内容

1）毕业生基本情况及意见

其包括：姓名、性别、年龄、民族、政治面貌、培养方式、健康情况、专业、学制、学历、家庭住址、应聘意见等。即毕业生应按国家规定就业，向用人单位如实介绍自己在德、智、体方面的实际表现和情况，不得弄虚作假。在签订就业协议书前，毕业生还应了解用人单位的使用意图和拟提供的工作岗位，并结合自己所学的专业和实际情况综合考虑该岗位是否适合自己，表明自己的就业意见。在规定的时间内到用人单位报到，如遇特殊情况不能按时报到，需征得用人单位同意。

2）用人单位情况及意见

其包括：单位名称、单位隶属、联系人、联系电话、邮政编码、通信地址、所有制性质、单位性质、单位地址、档案转寄详细地址、用人单位意见、用人单位上级主管部门意见等。即用人单位要如实介绍本单位的情况，明确对毕业生的要求及使用意图，做好各项

接收工作。本条款是对用人单位提出的要求。毕业生持《报到证》到用人单位报到时，用人单位要做好毕业生接收工作。接收工作内容包括为毕业生办理人事关系、户口关系、档案关系。

3）学校意见

其包括：学校联系人、联系电话、邮政编码、学校通信地址、院系意见、学校毕业生就业部门意见等。学校意见主要包含两层意思：一是要求学校作为签约的一方要实事求是地向用人单位介绍毕业生的情况，做好推荐工作；二是学校的管理职能，学校要对毕业生与用人单位签订的就业协议书进行审核。

各方应严格履行协议，任何一方违反协议，都应承担违约责任。如有其他约定，应在备注栏中明确，并视为协议的一部分。

3. 就业协议的作用

就业协议是学校制订就业方案并派遣毕业生、用人单位申请用人指标的主要依据。毕业生通过双向选择落实了用人单位，就必须签订就业协议，经毕业生、用人单位和学校分别签字、盖章后，对签约的三方都有约束力。就业协议的作用主要有以下三个方面：一是作为毕业生落实用人单位、用人单位同意接收毕业生的主要依据，也是毕业生就业主管部门编制毕业生就业计划、学校制订毕业生就业方案的重要依据之一；二是作为转递毕业生档案和户口关系、办理报到落户手续的依据，学校凭毕业生已签订的就业协议派遣毕业生的档案、户口等关系；三是毕业生落实用人单位后，与用人单位订立就业协议，可以杜绝用人单位和毕业生在双向选择过程中的随意性，以保护双方的权益，避免给毕业生就业计划的制订带来混乱。

（二）就业协议的签订、解约及违约金赔偿

1. 就业协议的签订程序

毕业生与用人单位达成一致后，签约程序如下：

（1）毕业生认真如实地填写基本情况及应聘意见，并签名。

（2）用人单位、主管部门及人事调配部门签订意见。

（3）用人单位一定要将档案详细转送地址填好。

（4）各院系签意见并盖章。

（5）学校就业指导中心签署意见并盖章。

现实中，由于用人单位的要求或者毕业生自己图方便，往往要求学校先对就业协议签章。这样可能使用人单位在毕业生不知情的情况下，另外增加有损于毕业生权益的条款和内容。按程序最后才到学校签章，其意义就在于由学校最后把关，不仅有利于维护毕业生的合法利益，避免去了用人单位却无法报到等情况，还能确认签约手续是否完备，以免由于手续不齐等原因，影响毕业生正常入职。

2. 就业协议的解约程序

就业协议发生法律效力后，任何一方不得擅自毁约。如果毕业生确实要违约，须与原签约单位履行解约手续,并赔偿由此给用人单位造成的损失。毕业生与原签约单位协商一致以后,必须与原单位解除就业协议,并及时持证明回学校办理相关手续。其具体程序如下:

(1)原签约单位开解约证明,盖公章。
(2)本人申请阐明理由,学院主管领导签署意见并盖章。
(3)凭解约证明、书面申请、原就业协议换取新的就业协议。

3. 就业协议的违约金赔偿规定

《劳动法》没有规定违约金和赔偿金的最高限额与具体数额。约定违约金的基本原则是违约金的数额应考虑双方当事人的承受能力,约定违约金时双方要对等。毕业生和用人单位可能就违约问题约定了很高的违约金,一般情况下,为保护劳动者的利益,过高的赔偿金法院一般不予支持,多数都是考虑劳动者的实际工资收入,以实际赔偿为原则,即违约金和单位实际损失相符。有些地方规定毕业生与用人单位签订协议后,如出现违约情况,违约金被限定为不超过毕业生就业后月收入。所以,如果规定了过高的违约金,毕业生应该积极维权。

(三)有关就业协议需注意的问题

1. 妥善保管协议书

每位毕业生只有一套就业协议书,每套一式三份,就业协议书不可以复印、复制和翻制。按正常应届生接收办法,在没有该协议书的情况下,毕业生无法与用人单位签订协议,并可能会使毕业生失去部分就业机会。因此,就业协议书如果出现破损等情况,可持原件到学校学生就业部门更换,不得转借、涂改,否则视为无效。

2. 慎重签订协议书

毕业生在协议书上签字,用人单位在协议上签字盖章后,该协议即开始生效,毕业生不得单方面终止协议。因此,在签订合同或解除协议之前,该协议都具有效力。如在签订之后又有其他就业选择,必须与原单位办理书面解约手续,经用人单位上级人事主管部门备案后,办理改派或其他手续,但毕业生可能要承担相关违约责任。

3. 注重协议书备注栏的使用

就业协议书都有备注栏,毕业生、用人单位、学校三方如有其他约定可在该栏注明,这些备注内容视为协议书的一部分。因此,毕业生与用人单位为便于日后双方明确责任,减少纠纷,可以将如违约或违约金等事宜补充在备注栏内。

二、劳动合同

(一)劳动合同的概念

合同又称契约,是指双方当事人之间为实现一定的目的,根据法律规定,变更或解除权利义务关系的协议。根据《劳动法》第十六条的规定:劳动合同是指劳动者与用人单位确立劳动关系、明确双方权利和义务的协议。劳动合同的签订,在法律上确立了劳动者与

▶ 大学生就业与创新创业

用人单位之间的劳动关系，双方的有关权利、义务通过书面合同的形式确立下来，并使之特定化、具体化。劳动者依据劳动合同在用人单位内担任一定的职务或工种的工作，遵守劳动法律法规和用人单位的规章制度，并完成劳动合同约定的生产（工作）任务；用人单位则依据劳动合同的约定，安排被录用的劳动者工作，并按照劳动者的劳动数量和质量支付劳动报酬。劳动合同是确立劳动关系的法律凭证和法律形式。它的法律特征可以从以下几方面来考虑。

1. 劳动合同的主体

劳动合同的主体是特定的。劳动合同一方当事人是企业、个体经济组织、国家机关、事业组织或社会团体等用人单位，另一方是劳动者本人。也就是说，劳动关系是在拥有生产条件的用人单位与具有劳动权利能力、劳动行为能力的劳动者之间形成的。

2. 劳动合同当事人的法律地位

劳动合同当事人法律地位是平等的。劳动合同是双方当事人在平等自愿、协商一致的基础上达成的协议，是双方意志一致的产物。劳动合同的订立，真正实现了企业的用工自主权和劳动者的择业自主权。

3. 劳动合同的目的

劳动合同的目的在于劳动过程的实现，而不仅仅是劳动成果的给付。劳动过程十分复杂，其成果也多种多样。有的劳动成果在当时就可以衡量，有的则要过一段时间才能衡量，有的劳动有独立的成果，有的劳动物化在集体劳动成果中。无论劳动成果属于哪一种，只要劳动者按时按量完成了劳动合同规定的工作量，企业就应当按照劳动合同的约定支付劳动报酬。总之，劳动合同的目的主要是使劳动者与用人单位构成具体的劳动关系。

（二）劳动合同的订立、变更、解除及终止

1. 劳动合同的订立

大学毕业生根据就业协议正式到单位报到上班时，双方即建立劳动关系，双方的权利义务应当严格按照《劳动合同法》的相关规定来执行，最重要的程序就是双方要签订劳动合同。订立书面合同的时间与建立劳动关系的时间并不完全同步。用人单位与劳动者必须签订书面的劳动合同，为了达到这个立法的目的，《劳动合同法》进行了明确的约束：第一，用人单位必须从用工之日起一个月之内与劳动者签订劳动合同，合同的形式必须是书面的；第二，一个月之后仍然没有签订，则应当向劳动者发放双倍的工资；第三，如果超过一年仍然没有签订书面的劳动合同，则法律直接视为双方之间存在无固定期限的劳动合同。

毕业生到单位报到后，应尽快与用人单位签订劳动合同，使双方的劳动关系能以法律的形式确认下来，使自己的合法权益能得到及时保护。签订劳动合同后，毕业生也要持有一份合同，将其作为享受权利、履行义务以及处理劳动争议的依据。《劳动合同法》第十七条规定了劳动合同的必备条款和约定条款。必备条款是法律规定的劳动合同必须具备的内容，在法律规定了必备条款的情况下，如果缺少此条款，劳动合同就不能成立。

必备条款：包括九项，即用人单位的名称、住所和法定代表人或者主要负责人，劳动者的姓名、住址和居民身份证或者其他有效身份证件号，劳动合同期限，工作内容和工作地点，工作时间和休息休假，劳动报酬，社会保险，劳动保护、劳动条件和职业危害防护，法律、法规规定应当纳入劳动合同的其他事项。约定条款可由用人单位和劳动者自愿选择是否约定，劳动合同缺乏约定条款不影响其效力，但当双方当事人决定选择约定事项时，有关约定事项也不得违反法律规定。

约定条款：包括试用期、培训、保守秘密、补充保险和福利待遇等其他事项。社会生活千变万化，劳动合同种类和当事人的情况也非常复杂，法律只能对劳动合同的条款进行概括，无法穷尽劳动合同的所有内容，当事人也可以根据需要在法律规定的约定条款之外作新的补充性约定。

劳动合同的期限是指合同的有效时间，它一般始于合同的生效之日，止于合同的终止之日。按劳动合同期限的长短，劳动合同分为固定期限合同、无固定期限合同和以完成一定工作任务为期限的劳动合同三种。其中，无固定期限劳动合同，是指用人单位与劳动者约定无确定终止时间的劳动合同。根据《劳动合同法》的规定，订立无固定期限劳动合同有两种情形：一是用人单位与劳动者协商一致，可以订立无固定期限劳动合同；二是在法律规定的情形出现时，劳动者提出或者同意续订劳动合同的，应当订立无固定期限劳动合同。其包括：劳动者在该用人单位连续工作满十年的；用人单位初次实行劳动合同制度或者国有企业改制重新订立劳动合同时，劳动者在该用人单位连续工作满十年且距法定退休年龄不足十年的；连续订立二次固定期限劳动合同，且劳动者没有该法第三十九条和第四十条第一项、第二项规定的情形，续订劳动合同的。用人单位自用工之日起满一年不与劳动者订立书面劳动合同的，视为用人单位与劳动者已订立无固定期限的劳动合同。

2. 劳动合同的变更

劳动合同的变更是指劳动合同的双方当事人对尚未履行或尚未完全履行的合同，依照法律规定的条件和程序，对原劳动合同进行修改和增删的法律行为。合同一旦签订，双方当事人应当严格履行，任何一方不得随意变更。但是，在不违反法律强制性规定的前提下，双方当事人可以依据各自的实际情况和需要，本着公平合理和对双方有利的原则，协商适当变更劳动合同的内容。《劳动合同法》第三十五条规定："用人单位与劳动者协商一致，可以变更劳动合同约定的内容。变更劳动合同，应当采用书面形式。变更后的劳动合同文本由用人单位和劳动者各执一份。"原则上，变更劳动合同需经双方当事人协商一致，但在下列两种法定情形下，用人单位可以单方面调整劳动者的工作岗位，无须经过劳动者同意：第一，劳动者不能胜任工作的要求；第二，劳动者患病或非因工负伤，医疗期满劳动者不能从事原来工作的。

3. 劳动合同的解除

劳动合同解除是指劳动合同当事人在劳动合同期限届满之前依法提前终止劳动合同的法律行为。劳动合同的解除分为协商解除、劳动者单方面解除、用人单位单方面解除三种。劳动合同解除之后，不再具有法律效力，劳动合同所规定的用人单位与劳动者的权利、义务不再对当事人有任何约束力。劳动者与用人单位往往因劳动关系是否可以解除、解除后如何对劳动者进行补偿等问题产生分歧，从而引发劳动合同解除纠纷。

4. 劳动合同的终止

劳动合同的终止是指符合法律规定或当事人约定的情形时，劳动合同的效力即行终止。我国《劳动法》规定："劳动合同期满或者当事人约定的劳动合同终止条件出现，劳动合同即行终止。"

《劳动合同法》第四十四条规定，劳动合同终止的情形有：第一，劳动合同期满的；第二，劳动者开始依法享受基本养老保险待遇的；第三，劳动者被人民法院宣告死亡或者宣告失踪的；第四，用人单位被依法宣告破产的；第五，用人单位被吊销营业执照、责令关闭、撤销或者用人单位决定提前解散的；第六，法律、行政法规规定的其他情形。

《劳动合同法》第四十六条规定，终止劳动合同，用人单位应当向劳动者支付经济补偿的情形有：第一，除用人单位维持或者提高劳动合同约定条件续订劳动合同，劳动者不同意续订的情形外，依照《劳动合同法》第四十四条第一项（劳动合同期满）规定终止固定期限劳动合同的；第二，用人单位被依法宣告破产，终止劳动合同的；第三，用人单位被吊销营业执照、责令关闭、撤销或者用人单位决定提前解散、终止合同的。

三、就业协议与劳动合同的关系

就业协议与劳动合同是用人单位录用毕业生时所订立的书面协议，但两者分处两个相互联系的不同阶段，其表现在以下方面：

（1）毕业生就业协议是毕业生在校时，由学校参与见证，与用人单位协商签订的协议，是编制毕业生就业计划方案和毕业生派遣的依据。劳动合同是毕业生与用人单位明确劳动关系中权利义务关系的协议，学校不是劳动合同的主体，也不是劳动合同的鉴证方，劳动合同是上岗毕业生从事何种岗位、享受何种待遇等权利和义务的依据。

（2）毕业生就业协议的内容主要是毕业生如实介绍自己情况，并表示愿意到用人单位就业、用人单位表示愿意接收毕业生，学校同意推荐毕业生并列入就业计划进行派遣。劳动合同的内容更为具体，涉及劳动报酬、劳动保护、工作内容、劳动纪律等方方面面，劳动权利和义务更为明确。

（3）一般来说，就业协议签订在前，劳动合同订立在后，如果毕业生与用人单位就工资待遇、住房等有事先的约定，也可在就业协议备注条款中予以注明，日后订立劳动合同时对此内容应予认可。

（4）就业协议是毕业生和用人单位关于将来就业意向的初步约定，对于双方的基本条件以及即将签订劳动合同的部分基本内容大体认可，并经用人单位的上级主管部门和高校就业部门同意和鉴证，一经毕业生、用人单位、高校、用人单位主管部门签字盖章，便具有一定的法律效力，它是编制毕业生就业计划和将来可能发生违约情况时的判断依据。

任务四　社　会　保　险

【任务目标】

（1）熟知社会保险的内容。

（2）熟知社会保险的权益。

【任务描述】

社会保险是指国家通过立法强制建立社会保险基金，对参加劳动关系的劳动者在丧失劳动能力或失业时给予必要的物质帮助的制度。目前社会保险主要包括基本养老保险、基本医疗保险、工伤保险和失业保险。

【案例导入】

2021年6月，刘某等四人应聘到某公司，公司在待遇方面提出如果职工坚持要求办理社会保险的话，从职工工资中每月扣除300元。刘某等人觉得还是多拿点工资好，至于办不办社会保险没关系。于是，双方签订了三年的劳动合同，在合同中规定每月工资8000元，对社会保险事宜公司不予负责。2021年12月，劳动保障部门在检查中发现该单位没有依法为签订劳动合同的职工办理社会保险，遂对其下达限期整改指令书，要求该公司为刘某等人办理参加社会保险手续。该公司则认为，公司不负责社会保险是经双方协商同意，在劳动合同中已明确约定的。后经劳动保障部门工作人员对其宣讲国家有关社会保险的法律法规和政策规定，双方依法修改了合同内容并为刘某等人办理了参加社会保险手续。

国家制定了一系列法律法规保障劳动者依法参加社会保险。《劳动法》明确规定："用人单位和劳动者必须依法参加社会保险，缴纳社会保险费。"《社会保险费征缴暂行条例》规定：缴费单位、缴费个人应当按时足额缴纳社会保险费。同时明确规定了缴费单位的义务，包括：缴费单位必须向当地社会保险经办机构办理社会保险登记，参加社会保险；按月向社会保险经办机构申报应缴纳的社会保险费数额并在规定的期限内缴纳，履行代扣代缴义务等。

本案例可以从以下三方面分析：

（1）根据国家法律法规的规定，社会保险是国家强制保险，为职工办理社会保险是用人单位法定义务，因此刘某所在单位有义务为其办理社会保险。

（2）本案中双方约定公司不负责为刘某等办理社会保险。双方虽然在自愿、协商一致的基础上签订了劳动合同，但是由于合同中有关社会保险的约定内容违反了国家现行法律、行政法规的规定，自愿签订并不能改变其违法性质，从而导致双方合同中约定的部分条款无效。因此，该条款是无效条款，对合同双方没有法律约束力。

（3）对这一违法行为应当依法予以纠正。

【任务知识】

一、社会保险的含义

求职者在选择就业单位时经常会问道：有无"五险"或"三险"。这里所讲的"五险"或"三险"即指社会保险。社会保险是由法律规定的专门机构负责实施、面向劳动者建立、通过向劳动者及其雇主筹措资金建立专项基金，以保证在劳动者失去劳动收入后获得一定程度的收入补偿的制度。

《劳动法》第七十三条规定：劳动者在下列情形下，依法享受社会保险待遇：退休；患病、负伤；因工伤残或者患职业病；失业；生育。因此，我国的社会保险，即"五险"指的是养老保险、医疗保险、失业保险、工伤保险和生育保险。其中养老保险、医疗保险和失业保险，这三种险是由用人单位和个人共同缴纳保费，这也是人们常说的"三险"。而工伤保险和生育保险完全是由用人单位承担的，个人不需要缴纳。"一金"指住房公积金。《国务院关于修改〈住房公积金管理条例〉的决定》中将住房公积金定义为国家机关、国有企业、城镇集体企业、外商投资企业、城镇私营企业及其他城镇企业、事业单位、民办非企业单位、社会团体及其在职职工缴存的长期住房储金。住房公积金由用人单位和个人共同缴纳。

二、社会保险的特征

社会保险有五大特征：

（1）社会保险的客观基础，是劳动领域中存在的风险，保险的标的是劳动者的人身。

（2）社会保险的主体是特定的，包括劳动者（含其亲属）与用人单位。

（3）社会保险属于强制性保险。

（4）社会保险的目的是维持劳动力的再生产。

（5）保险基金来源于用人单位和劳动者的缴费及财政的支持。保险对象范围限于职工，不包括其他社会成员。保险内容范围限于劳动风险中的各种风险，不包括此外的财产、经济等风险。

三、社会保险的内容

1. 养老保险

养老保险是我国社会保险体系中的重要组成部分，是社会保险五大保险种类中最重要的种类之一。所谓养老保险（或养老保险制度），是指国家和社会根据一定的法律法规，为解决劳动者在达到国家规定的解除劳动义务的劳动年龄界限，或因年老丧失劳动能力退出劳动岗位后的基本生活而建立的一种社会保险制度。这一概念主要包含三层含义：

（1）养老保险是在法定范围内的老年人完全或基本退出社会劳动生活后才自动发生作用的。这里所说的"完全"，是以劳动者与生产资料的脱离为特征的。所谓"基本"，指的是参加生产活动已不成为主要社会生活内容。需要强调说明的是，法定的年龄界限才是切实可行的衡量标准。

（2）养老保险的目的是保障老年人的基本生活需求，为其提供稳定可靠的生活来源。

（3）养老保险是以社会保险为手段来达到保障的目的。养老保险是世界各国较普遍实行的一种社会保障制度。

2. 医疗保险

医疗保险就是当人们生病或受到伤害后，由国家或社会给予的一种物质帮助，即提供医疗服务或经济补偿的一种社会保障制度。医疗保险具有社会保险的强制性、互济性、社会性等基本特征。因此，医疗保险制度通常由国家立法，强制实施，建立基金制度，费用由用人单位和个人共同缴纳，医疗保险费由医疗保险机构支付，以解决劳动者因患病或受伤害带来的医疗风险。

3. 失业保险

失业保险是指国家通过立法强制实行的，由社会集中建立基金，对因失业而暂时中断生活来源的劳动者提供物质帮助的制度。它是社会保障体系的重要组成部分，是社会保险的主要项目之一。失业保险有以下几个主要特点：

（1）普遍性。失业保险主要是为了保障有工资收入的劳动者失业后的基本生活而建立的，其覆盖范围包括劳动力队伍中的大部分成员。因此，在确定适用范围时，参保单位应不分部门和行业，不分所有制性质。其职工应不分用工形式，不分家居城镇、农村，一旦解除或终止劳动关系，只要本人符合条件，都有享受失业保险待遇的权利。我国失业保险适用范围呈逐步扩大的趋势，从国有企业的4种人到国有企业的7类9种人和企业化管理的事业单位职工，再到《失业保险条例》规定的城镇所有企业事业单位及其职工，充分体现了普遍性原则。

（2）强制性。它是通过国家制定法律法规来强制实施的。按照规定，在失业保险制度覆盖范围内的单位及其职工必须参加失业保险并履行缴费义务。根据有关规定，不履行缴费义务的单位和个人都应当承担相应的法律责任。

（3）互济性。失业保险基金主要来源于社会筹集，由单位、个人和国家三方共同负担，缴费比例、缴费方式相对稳定。筹集的失业保险费，不分来源渠道、不分缴费单位的性质全部并入失业保险基金，在统筹地区内统一调度使用，以发挥互济功能。

4. 工伤保险

工伤保险是我国社会保险体系中的重要组成部分，是指国家和社会为在生产、工作中遭受事故伤害和患职业性疾病的员工及亲属提供医疗救治、生活保障、经济补偿、医疗和职业康复等物质帮助的一种社会保障制度。

工伤，即职业伤害所造成的直接后果，伤害到了员工的生命健康，并由此造成员工及其家庭成员的精神痛苦和经济损失,也就是说,员工的生命健康权、生存权和劳动权力受到影响、损害甚至被剥夺了。员工在劳动过程中,用人单位除支付员工工资外,如果不幸发生了事故,造成员工伤残、死亡或患职业病,员工就自然具有享受工伤保险的权利。这种权利是由国家《宪法》和《劳动法》予以根本保障的。

5. 生育保险

生育保险是国家通过立法,对怀孕、分娩的女职工给予生活保障和物质帮助的一项社会政策。其宗旨在于通过向职业妇女提供生育津贴、医疗服务和产假,帮助她们恢复劳动能力,重返工作岗位。

生育保险提供的生活保障和物质帮助通常由现金补助和实物供给两部分组成。现金补助主要是指给予生育妇女发放的生育津贴,包括一次性现金补助或家庭津贴。实物供给主要是指提供必要的医疗保健、医疗服务及孕妇、婴儿需要的生活用品等,提供的范围、条件和标准主要根据国家的经济实力而确定。

生育保险是为了维护女职工的基本权益,减少和解决女职工在孕产期以及流产期间因生理特点造成的特殊困难,使她们在生育和流产期间得到必要的经济收入和医疗照顾,保障她们及时恢复健康,回到工作岗位。其主要作用有以下几个方面:

(1) 实行生育保险是对妇女生育价值的认可。妇女生育是社会发展的需要,她们为家庭传宗接代的同时,也为社会劳动力再生产付出了努力,应当得到社会的补偿。因此,对妇女生育权益的保护,被大多数国家接受和给予政策上支持。目前,世界上有135个国家和地区通过立法保护妇女生育的合法权益。

(2) 实行生育保险是对女职工基本生活的保障。女职工在生育期间离开工作岗位,不能正常工作。国家通过制定相关政策保障她们离开工作岗位期间享受有关待遇,其中包括生育津贴、医疗服务以及孕期不能坚持正常工作时给予的特殊保护政策。在生活保障和健康保障两方面为孕妇的顺利分娩创造了有利条件。

(3) 实行生育保险是提高人口素质的需要。妇女生育体力消耗大,需要充分休息和补充营养,保险为她们提供了基本工资,使她们的生活水平没有因为离开工作岗位而降低。同时,为她们提供医疗服务项目,包括产期检查、预产期保健指导等,为胎儿的正常生长进行监测。对于在妊娠期间患病或接触有毒有害物质的妇女做必要的检查,如发现畸形儿及早终止妊娠。对于在孕期出现异常现象的妇女,进行重点保护,达到保护胎儿正常生长、提高人口质量的作用。

任务五 违约责任与劳动争议

【任务目标】

(1) 了解就业协议书争议解决办法。

(2) 了解劳动合同争议解决办法。

项目五　就业权益与保障

【任务描述】

大学毕业生在就业过程中会涉及与就业相关的协议、合同。当出现就业协议违约和劳动合同争议时，当事人可同用人单位协商解决，或向当地的劳动争议仲裁委员会申请仲裁，或通过法律途径解决。

【案例导入】

张某于2006年入职某科技公司，2015年双方续签劳动合同，张某担任OLED技术科长一职。张某作为核心技术员工掌握某科技公司生产线的研发生产情况。他在职期间与某科技公司签订了《员工任职保密协议书》《竞业限制协议书》，根据约定，他从公司离职之日起两年内，负有竞业限制、汇报就业情况等义务，享有领取竞业限制补偿金的权利，若张某违反义务，则须向公司赔偿相当于已领取竞业限制补偿金五倍的违约金。

2019年1月，张某从某科技公司离职，其离职前一年实发工资总额达55万余元。自2019年2月起，某科技公司按照离职前确定的标准11648.02元/月向张某支付竞业限制补偿金。2019年4月，某科技公司通知张某报告就业情况，张某回复其没有就业。但是，自2019年3月起，张某出入与某科技公司存在同业竞争关系的A公司办公场所并在A公司拥有固定停车位。同时，A公司委托了其他公司为张某缴纳社保和个人所得税。在2019年3月至2020年7月期间，张某缴纳的个人所得税高达61万余元。

某科技公司认为张某严重违反竞业限制义务，遂主张其返还已支付的竞业限制补偿金26万余元，并支付违约金166万余元。

成都市高新区法院认为，张某汇报的就业情况与其社保及个人所得税缴纳情况明显不符，张某无法做出合理说明也未举证其竞业限制期间的具体工作情况，故法院认定张某在竞业限制期限内向与某科技公司存在竞争关系的A公司提供了劳动，严重违反了竞业限制义务。综合考虑张某任职情况、工资标准以及其违反竞业限制义务而获得的高额工资收入等情况，认为约定的竞业限制违约金数额并未明显过高，也未显失公平，故不予调低。成都高新区人民法院一审判决，张某应继续履行竞业限制义务，并向某科技公司退还已领取的竞业限制补偿金20余万元并支付违反竞业限制义务违约金124万余元。当事人不服提起上诉，成都市中级人民法院二审判决驳回上诉，维持原判。

科技型企业其主要竞争力来源于其技术水平，其核心技术人员因工作性质往往容易掌握企业的商业机密，为避免同业竞争者通过"挖人"的方式获得其商业机密，科技型企业常与离职员工签订较为严格的竞业限制协议。针对本案竞业限制协议约定的违约金是否过高的争议，法院综合考虑多种因素最终判决违约员工支付高额的违约金，体现了法律对恶意违反竞业限制义务行为的惩戒、震慑作用。通过本案，一方面可以提醒相关员工尤其是掌握了企业核心商业机密的员工，应当严格履行竞业限制协议，不应通过各种变通方式违反竞业限制义务；另一方面，提醒相关企业，不应通过恶意"挖人"方式获得不正当的竞争优势。

【任务知识】

在大学毕业生就业过程中会涉及与就业相关的协议、合同，即《就业协议书》和劳动合同。下面分别讲解《就业协议书》和劳动合同产生违约情况的责任划分及解决争议的办法。

一、《就业协议书》争议解决办法

目前，大学毕业生《就业协议书》争议时有发生。一般情况是大学毕业生最初草草与一家单位签订了《就业协议书》，但后来发现了更适合自己的岗位，想解除与原单位的就业协议，从而引起纠纷。

国家目前没有明确的解决《就业协议书》争议的法律规定。但在实践中解决《就业协议书》争议的主要方法有以下三种。

（一）大学毕业生与用人单位协商解决

这种办法适应于大学毕业生引起的《就业协议书》争议，大学毕业生可出面向用人单位赔礼道歉并说明情况，赢得用人单位的理解，必要时需支付违约金，经双方协商达成新的意向。

（二）学校或当地省级毕业生就业主管部门与用人单位协调解决

这种办法大多适用于因用人单位引起的《就业协议书》争议，由学校或当地就业主管部门介入，针对纠纷予以调解，使双方达成和解。

（三）通过法律途径解决

在协商调解不成的情况下，可向劳动争议仲裁委员会申请仲裁，也可向人民法院起诉，由人民法院依法裁决。

二、劳动合同争议解决办法

劳动合同争议指用人单位与劳动者之间由于劳动合同发生的争议，一般包括三类：因企业开除、除名、辞退职工和职工辞职、自动离职发生的争议；因执行国家有关工资、保险、福利、培训、劳动保护的规定发生的争议；因履行劳动合同发生的争议。

劳动合同争议发生后，当事人可向相关部门申请调解，调解不成的，当事人可向当地的劳动争议仲裁委员会申请仲裁。由此可见，劳动合同争议发生时，可根据不同情况采取不同的解决办法。劳动合同争议的解决办法主要有以下三种。

（一）协商和调解

劳动合同争议发生后，首先双方本着互谅互让的积极态度自行协商解决，也可以请第三方（即双方信任的个人或组织）帮助协商，达成和解协议。如果发生双方不愿协商、协商不成或达成和解协议后不履行的情况，可向本单位劳动争议调解委员会、地方劳动争议调解组织申请调解。

为确保调解协议的顺利履行，可以从调解协议生效之日起15日内，共同向劳动争议仲裁委员会提出审查确认，经审查确认后制作出具有法律效力的仲裁调解书。

使用协商和调解方式解决劳动合同争议，具有简单方便、灵活快捷等优势，能够及时有效地维护当事人的合法权益，这是解决劳动合同争议的最佳方式。

（二）仲裁

劳动争议发生后，当事的任何一方都可在争议发生之日起 60 日内向劳动争议仲裁委员会申请仲裁，并提出书面申请。劳动争议仲裁委员会应当自接到仲裁申请之日起 5 日内做出是否受理的决定。若劳动争议仲裁委员会决定受理，则应当自受理仲裁申请之日起 45 日内做出仲裁裁决。

劳动争议仲裁委员会可依法进行调解，经调解达成协议的，制作仲裁调解书。仲裁调解书具有法律效力，当事人必须自觉履行，如一方当事人不履行，另一方可向人民法院申请强制执行。

（三）诉讼

诉讼是解决劳动争议的最后一道程序。如当事人对劳动争议仲裁委员会做出的仲裁裁决不服，可自收到仲裁裁决书之日起 15 日内向人民法院提起诉讼。逾期不起诉的，仲裁裁决将产生法律效力。

人民法院审理劳动争议案件，具体有以下五个条件：

（1）起诉人必须是劳动争议的当事人。当事人因故不能亲自起诉时，可以直接委托代理人起诉，未经委托无权起诉。

（2）起诉事项必须是不服劳动争议仲裁委员会仲裁而向人民法院起诉，未经仲裁程序的劳动争议不得直接向人民法院起诉。

（3）必须有明确的被告、诉讼请求和事实根据。当事人不得将劳动争议仲裁委员会作为被告向人民法院起诉。

（4）起诉的时间必须是劳动争议调解仲裁法规定的时效内，即在当事人收到仲裁裁决书之日起 15 日内向人民法院提起诉讼。

（5）起诉必须向有管辖权的人民法院提出，一般应向劳动争议仲裁委员会所在地的人民法院起诉。

人民法院处理劳动争议案件和处理一般民事纠纷一样，主要程序有一审程序、二审程序、审判监督程序等。

任务六 就业法律保障

【任务目标】

（1）熟悉国家有关法律、法规。
（2）强化自己的维权意识。

【任务描述】

毕业生要熟悉和掌握国家有关法律、法规，强化自己的维权意识。能够积极运用《劳动法》《劳动合同法》《就业促进法》《劳动争议调解仲裁法》《普通高等学校毕业生就业工作暂行规定》等法律武器，维护自己的合法权益。

【案例导入】

2019年12月，某大学学生李某由于多门功课不及格，不能顺利拿到毕业证，于是通过非法渠道购买了伪造的某大学本科文凭，在通过一系列的笔试、面试后，被一公司录用。双方签订了3年的劳动合同，约定试用期为3个月。在合同履行3个月后，公司为李某调取档案办理医疗保险、失业保险、养老保险时，发现李某的证明系伪造，遂通知李某立即解除劳动合同，李某不服向当地劳动争议仲裁委员会提出申诉，要求确定劳动合同有效，并要求公司支付解除合同的经济补偿金。经劳动争议仲裁委员会裁定，利用假文凭求职签订劳动合同无效。

2018年5月10日，毕业生王明与某企业签订了为期2年的劳动合同。合同期间，企业为了上新项目派王明到香港培训半年，并且双方约定，培训期间劳动合同继续有效，培训时间计入劳动合同履行期间。2020年5月9日，合同期满，但企业不同意办理王明解除劳动关系的手续，要求王明必须续签劳动合同，否则公司要求王明赔偿为其支付的培训费6000元，为此双方发生纠纷。王明向当地劳动仲裁部门提出仲裁申请，经过调解，企业同意与王明解除劳动关系，并自动放弃收取培训费的要求。

【任务知识】

毕业生要熟悉和掌握国家有关法律、法规，强化自己的维权意识。一旦在求职应聘、签订就业协议和劳动合同的过程中发现有权益受到侵害时，能够积极运用法律武器维护自己的合法权益。

一、《劳动法》

《劳动法》于1994年7月5日经第八届全国人民代表大会常务委员会第八次会议通过，自1995年1月1日起施行，2009年8月27日第一次修正，2018年12月29日第二次修正。它根据《宪法》制定，目的是保护劳动者的合法权益，调整劳动关系，建立和维护适应社会主义市场经济的劳动制度，促进经济发展和社会进步。其适用的范围是：在中华人民共和国境内的个体经济组织和与之形成劳动关系的劳动者，国家机关、事业组织、社会团体和与之建立劳动合同关系的劳动者。其内容包括：劳动者的基本权利和义务、促进就业、劳动合同和集体合同、工作时间和休息休假、工资、劳动安全卫生、女职工和未成年职工特殊保护、职业培训、社会保险和福利、劳动争议、监督检查、法律责任。

毕业生应着重了解《劳动法》中关于劳动者应享有的各项权利：平等就业和选择职业的权利、取得劳动报酬的权利、休息休假的权利、获得劳动安全卫生保护的权利、接受职业技能培训的权利、享受社会保险和福利的权利、提请劳动争议处理的权利以及法律规定的其他权利。毕业生还应当明确："劳动者应当完成劳动任务，提高职业技能，执行劳动安全卫生规程，遵守劳动纪律和职业道德。""用人单位应当依法建立和完善规章制度，保障劳动者享有劳动权利和履行劳动义务。"

二、《就业促进法》

《就业促进法》于 2007 年 8 月 30 日经第十届全国人民代表大会常务委员会第二十九次会议通过，自 2008 年 1 月 1 日起施行，并于 2015 年 4 月 24 日进行修正。制定的目的是促进就业，促进经济发展与扩大就业相协调，促进社会和谐稳定。人们普遍关心的禁止就业歧视、扶助困难群体、规范就业服务和管理等就业问题在这部法律中都有体现。

《就业促进法》就毕业生在就业中常常遭遇就业不平等、就业歧视等问题提供了明确的法律依据。第二十五条规定："各级人民政府创造公平就业的环境，消除就业歧视，制定政策并采取措施对就业困难人员给予扶持与援助。"这一条对用人单位实施就业歧视的行为进行了明确否定。第二十六条规定："用人单位招用人员、职业中介机构从事职业中介活动，应当向劳动者提供平等的就业机会和公平的就业条件，不得实施就业歧视。"这一条规范了用人单位和职业中介机构的招聘和职业中介行为。

此外，对于保障妇女、少数民族、残疾人、传染病患者等劳动权利都做了明确规定。第二十七条规定："国家保障妇女享有与男子平等的劳动权利。用人单位招用人员，除国家规定的不适合妇女的工种或者岗位外，不得以性别为由拒绝录用妇女或者提高对妇女的录用标准。用人单位录用女职工，不得在劳动合同中规定限制女职工结婚、生育的内容。"第二十八条规定："各民族劳动者享有平等的劳动权利。用人单位招用人员，应当依法对少数民族劳动者给予适当照顾。"第二十九条规定："国家保障残疾人的劳动权利。各级人民政府应当对残疾人就业统筹规划，为残疾人创造就业条件。用人单位招用人员，不得歧视残疾人。"第三十条规定："用人单位招用人员，不得以是传染病病原携带者为由拒绝录用。"

目前，社会上就业歧视现象仍屡见不鲜，用人单位违反《就业促进法》实施就业歧视的，毕业生可以向人民法院提起诉讼，以维护自己平等就业的权利。

三、《劳动合同法》

大学生经过努力落实了工作或与用人单位确定了工作意向，并不意味着就此完成就业。对于刚入职场的大学生来说，就业之前还有一个关键环节，就是与用人单位签订劳动合同，它是劳动者合法权益得到有力保障的重要举措之一。

（一）劳动合同

《劳动法》第十六条规定：劳动合同是劳动者与用人单位确立劳动关系、明确双方权利和义务的协议。劳动合同按照标准可划分为不同的种类，以合同的目的为标准，划分为聘用合同、录用合同、借调合同、停薪留职合同；按照有效期限的不同，划分为有固定期限的合同、无固定期限的合同和以完成一定的工作为期限的劳动合同；按照劳动者人数不同，划分为个人劳动合同和集体劳动合同。

《劳动合同法》第十七条规定，劳动合同应当具备以下条款：

（1）用人单位的名称、住所和法定代表人或者主要负责人。

（2）劳动者的姓名、住址和居民身份证或者其他有效身份证件号码。

（3）劳动合同期限。

（4）工作内容和工作地点。

（5）工作时间和休息休假。

（6）劳动报酬。

（7）社会保险。

（8）劳动保护、劳动条件和职业危害防护。

（9）法律、法规规定应当纳入劳动合同的其他事项。

劳动合同除前款规定的必备条款外，用人单位与劳动者可以约定试用期、培训、保守秘密、补充保险和福利待遇等其他事项。

（二）无效劳动合同

1. 无效劳动合同的确认

无效劳动合同是指所订立的劳动合同不符合法定条件，或者不具备法律效力。《劳动合同法》第二十六条规定，下列劳动合同无效或者部分无效：

（1）以欺诈、胁迫的手段或者乘人之危，使对方在违背真实意思的情况下订立或者变更劳动合同的。

（2）用人单位免除自己的法定责任、排除劳动者权利的。

（3）违反法律、行政法规强制性规定的。

对劳动合同的无效或者部分无效有争议的，由劳动争议仲裁机构或人民法院确认。

2. 无效劳动合同的处理

劳动合同被确认无效后，按如下程序处理：

（1）根据劳动合同的无效程度，确定审理的程序和方式。对全部无效的劳动合同，在查明事实、分清责任的基础上，制定无效劳动合同确认书，终止仲裁审理程序；对于部分无效的劳动合同，无效部分以裁定方式处理，终止仲裁程序，有效部分按仲裁程序审理。

（2）根据无效劳动合同是否造成财产损失以及责任大小，分别对有关当事人进行处理。对未造成财产损失的无效劳动合同，如双方发生劳动争议，一般由劳动争议仲裁委员会主持调解解决。对造成财产损失后果的无效劳动合同，当事人因此产生争议的，应根据损失大小和责任轻重，对当事人分别采取返还财产、赔偿损失的责任方式处理。"返还财产"是指有过错一方当事人因订立无效劳动合同而获得的财产，应当返还给因此受损失的对方当事人。"赔偿损失"是指对于认定无效的劳动合同有过错一方当事人应当赔偿对方因此而受的损失。双方都有过错的，各自承担相应的责任。《劳动法》规定：由于用人单位的原因订立的无效劳动合同，对劳动者造成损害的，应当承担赔偿责任。对于双方当事人恶意串通订立无效劳动合同，损害国家利益和第三人利益的，要追缴双方已经取得的财产，将其收归国家所有或返还第三人。

（3）重新确立合法的劳动关系。劳动合同被确认无效后，合同尚未履行的，应当责成当事人不得履行。正在履行的，应当责成当事人立即停止履行。对于合法的劳动合同主体订立的无效劳动合同，可以由劳动争议仲裁机构主持双方当事人自愿协商，按照法律法规的要求，纠正无效的劳动合同，重新订立合法有效的劳动合同，使当事人之间的劳动关系合法化，受到法律的保护。

无效劳动合同自订立的时候起，就不具有法律效力；劳动合同如属部分无效，又不影响其余部分的效力，则其余部分仍然有效，但对无效部分必须加以修改。

（三）劳动合同的订立、变更、解除和终止

我国《劳动法》规定，劳动合同应当以书面形式订立，即应采用书面协议。劳动合同的书面形式有主件、附件之分，劳动合同的主件即为劳动合同书；附件一般指劳动合同的补充协议，如岗位协议书、专项劳动协议、用人单位依法制定的内部劳动规则等。

1. 劳动合同订立的原则

劳动合同的订立是指作为劳动合同主体双方的劳动者和用人单位就各自的权利义务进行协商谈判，使双方的意志协调一致从而签订对双方具有约束力的劳动合同的法律行为。在将劳动合同纳入劳动法律调整范围内后，劳动合同的订立不再是双方当事人自己的事情了，而是要在不同程度上服从国家的强制干预，受到法律的规范和调整，劳动者和用人单位都必须按照有关的法律规定，保证劳动关系依法确立。《劳动合同法》第二条规定："订立劳动合同，应当遵循合法、公平、平等自愿、协商一致、诚实信用的原则。依法订立的劳动合同具有约束力，用人单位与劳动者应当履行劳动合同约定的义务。"

（1）合法性原则。劳动合同的订立必须遵守国家的宪法和法律法规，不得违反法律、行政法规的规定。依法签订劳动合同是其产生法律约束力的前提，合法的劳动合同才能有效保障求职者的权益。为此，求职者一定要先确认自己签订的劳动合同是否具备产生法律约束力的条件，包括用人单位这一劳动合同主体须符合法定条件，用人单位应当依法成立，能够依法支付工资、缴纳社会保险费、提供劳动保护条件，并能够承担相应的民事责任。

（2）平等自愿、协商一致的原则。平等是指订立劳动合同过程中，双方当事人的法律地位平等。毕业生和用人单位在自愿的基础上订立劳动合同，任何一方不得将自己的意志强加于对方，也不允许第三者非法干预。

2. 劳动合同签订过程中的注意事项

1）及时与用人单位签订劳动合同

就业协议是毕业生与用人单位确立的就业关系的法律依据。毕业生报到后，用人单位应当与毕业生签订正式的劳动合同。在双方签订了劳动合同后，双方的具体劳动关系应当以劳动合同为准。

如果不签订劳动合同，用人单位则可能以就业协议作为双方处理劳动关系的依据，主动权更多地掌握在用人单位手里，因为就业协议很简单，一般不会包括工作（劳动合同）

期限、工作岗位和工作内容、劳动保护和工作条件、工资报酬和福利待遇、就业协议终止的条件、违反就业协议的责任等条款。

2）明确劳动合同的必备条款

个别用人单位可能会钻劳动合同的空子，有意在工作内容、劳动报酬、劳动保护和劳动条件等劳动合同的必备条款方面侵害劳动者的合法权益。劳动关系应以书面文书为基础，口头的承诺难以作为证据。

3）毕业生有"知情权"，应了解用人单位相关的规章制度

在签订劳动合同时，不少单位可能会给毕业生一本员工工作手册或规章制度等材料，此举意味着单位已告知你单位的相关规章制度。因此，当合同中有涉及单位规章制度的条款时，毕业生应当先了解这些规章制度，确定能接受后再签字。

4）签订劳动合同，贵在协商，重在约定

劳动关系属于民事关系，所以它也适用"有约定从约定，没有约定从法定"的法律原则。法律法规和政策不可能对所有问题都作规定，鼓励"约定"是劳动关系中重要的指导原则之一，所以"约定"在劳动关系中有着非常重要的作用。由于一般的合同往往不可能包含所有约定条款，所以可根据自己劳动合同的重点确定约定条款的内容。从劳动争议案例来看，在约定条款中比较容易引起矛盾的往往是在服务期、就业限制、商业秘密、经济赔偿等事项方面，这也是劳动者或用人单位都要重视的约定内容。

5）双方可以约定试用期，但不能无视法律的规定

《劳动法》对试用期的期限有明确规定："劳动合同期限6个月以下的，试用期不得超过15日（一般不设试用期）；劳动合同期限在6个月以上1年以下的，试用期不得超过30日；劳动合同期限在1年以上2年以下的，试用期不得超过60日；劳动合同期限2年以上的，试用期不得超过6个月，试用期包含在劳动合同期限内。"根据这个规定，劳动和社会保障部门做出进一步规定：凡是合同中有关试用期的约定超过上述规定的，其超过部分视为正式合同。也就是说，如果你的合同期为5年，而合同规定试用期为9个月，超过规定3个月，当你被试用了6个月后，就自动成为正式职工了。

6）明确违约金的设立依据

《劳动法》规定，劳动合同对劳动者的违约行为设定违约金的，仅限于下列情形：

（1）违反服务期约定。《劳动法》中规定：劳动合同当事人可以对由用人单位出资招用、培训或者提供其他特殊待遇的劳动者的服务期做出约定。

（2）违反保守商业秘密约定。《劳动法》中有两种规定：在劳动合同中约定保密条款或者单独签订保密协议；对负有保守用人单位商业秘密义务的劳动者，劳动合同或者保密协议中约定竞业限制条款。在劳动合同中要设违约金条款，首先合同中要有服务期内容，或者合同中要有保密约定。没有这其中任何一个作前提，那就不允许设违约金条款。违约金的金额不应高于毕业生的年薪。

3. 劳动合同的变更

劳动合同的变更是指双方当事人对尚未履行或尚未完全履行的合同，依照法律规定的条件和程序，对原劳动合同进行修改或增删的法律行为。劳动合同变更应遵循平等自愿、协商一致的原则，不得违反法律、行政法规的规定。任何一方不得擅自变更劳动合同，否则要承担相应的法律责任。

劳动合同的变更一般是协议变更，双方当事人就变更的内容及条件进行协商，达成一致意见，应签订书面协议。《劳动法》规定，提出变更劳动合同的一方，给对方造成经济损失的，应当承担赔偿责任。

4. 劳动合同的解除

劳动合同的解除是指劳动合同当事人在劳动合同期限届满之前依法提前终止劳动合同关系的法律行为。劳动合同的解除可分为协商解除、用人单位单方面解除、劳动者单方面解除以及自行解除等。

5. 劳动合同的终止

劳动合同的终止是指符合法律规定或当事人约定的情形时，劳动合同的效力即行终止。《劳动法》规定："劳动合同期满或者当事人约定的劳动合同终止条件出现，劳动合同即行终止。"

【项目习题】

1. 求职择业前需要做哪些必要的准备？
2. 在求职过程中，如何正确运用法律武器维护自己的合法权益？
3. 毕业生在求职过程中如何防范就业陷阱？
4. 我国大学毕业生有哪些就业权益？
5. 大学毕业生应如何保护自己的就业权益？
6. 大学生就业的法律保障有哪些？
7. 请走访学校保卫处、就业主管部门，了解本校学生的就业权益保护情况。

项目六 创 新 与 创 业

任务一 创　　新

【任务目标】

(1) 掌握创新的概念、内涵。

(2) 了解创新概念的产生和发展、创新领域。

(3) 掌握创新的方法、过程。

(4) 了解创新的原则、原理和阶段。

【任务描述】

创新是指人类为了满足自身需要，不断拓展对客观世界及其自身的认知与行为的过程和结果的活动。具体讲，创新是指人为了一定的目的，遵循事物发展的规律，对事物的整体或其中的某些部分进行变革，从而使其得以更新与发展的活动。创新涵盖众多领域，包括政治、军事、经济、社会、文化、科技等各个领域的创新。创新方法包含试错法、六顶思考帽法、大脑风暴法、六西格玛等。

【案例导入】

英国物理学家、数学家、天文学家、自然哲学家牛顿少年时期就有很强的好奇心，他常常在夜晚仰望天上的星星和月亮。星星和月亮为什么挂在天上？星星和月亮都在天空运转着，它们为什么不相撞呢？这些疑问激发着他的探索欲望。后来，他经过专心研究，终于发现了万有引力定律。

意大利物理学家、天文学家伽利略则始于对亚里士多德"物体依本身的轻重而下落有快有慢"的结论的怀疑，他凭自信的直觉和多次实验，证明了物体下落的速度与物体的重量无关，进而动摇了亚里士多德长期在物理学中的统治地位，引起了极大的震动。他终于发现了自由落体规律。

中国数学家、语言学家周海中教授在探究梅森素数分布时就遇到不少困难，有过多次失败，但他并不气馁。由于追求创新的欲望和坚持不懈的努力，他终于找到了这一难题的突破口。1992年他给出了描述梅森素数分布性质的精确表达式。目前这项重要成果被国际上命名为"周氏猜测"。

【任务知识】

一、创新的概念与发展

(一) 创新的概念

创新是指以现有的思维模式提出有别于常规或常人思路的见解为导向,利用现有的知识和物质,在特定的环境中,本着理想化需要或为满足社会需求,而改进或创造新的事物,包括但不限于各种产品、方法、元素、路径、环境等等,并能获得一定有益效果的行为。

在西方,英语中 Innovation(创新)这个词起源于拉丁语。它原意有三层含义:第一,更新,就是对原有的东西就行替换;第二,创造新的东西,就是创造出原来没有的东西;第三,改变,就是对原有的东西进行发展和改造。

创新概念的起源可追溯到 1912 年,美籍经济学家约瑟夫·熊彼特(1883—1950)的《经济发展概论》。他在《经济发展理论》中首次提出"创新理论"(Innovation Theory)。创新者将资源以不同的方式进行组合,创造出新的价值。这种"新组合"往往是"不连续的",也就是说现行组织可能产生创新,然而大部分创新产生在现行组织之外。因此,他提出了"创造性破坏"的概念。熊彼特界定了创新的五种形式:开发新产品;引进新技术;开辟新市场;发掘新的原材料来源;实现新的组织形式和管理模式。

彼得·德鲁克(1909—2005)提出,创新是组织的一项基本功能,是管理者的一项重要职责。在此之前,"管理"被人们普遍认为就是将现有的业务梳理得井井有条,不断改进质量、流程降低成本、提高效率等。然而,德鲁克则将创新引入管理,明确提出是每一位管理者和知识工作者的日常工作和基本责任。

(二) 创新概念的发展

20 世纪 60 年代,随着新技术革命的迅猛发展,美国经济学家华尔特·罗斯托提出了"起飞"六阶段理论,对"创新"的概念发展为"技术创新",把"技术创新"提高到"创新"的主导地位。

1962 年,由伊诺思在其《石油加工业中的发明与创新》一文中首次直接明确地对技术创新进行了定义,"技术创新是几种行为综合的结果,这些行为包括发明的选择、资本投入保证、组织建立、制定计划、招用工人和开辟市场等"。伊诺思的定义是从行为集合的角度来下定义的。而首次从创新时序过程角度来定义技术创新的林恩认为:技术创新是始于对技术的商业潜力的认识而终于将其完全转化为商业化产品的整个行为过程。

美国国家科学基金会,也从 20 世纪 60 年代开始兴起并组织对技术的变革和技术创新的研究,迈尔斯和马奎斯作为主要的倡议者和参与者,在其 1969 年的研究报告《成功的工业创新》中将创新定义为技术变革的集合。认为技术创新是一个复杂的活动过程,从新思想、新概念开始通过不断地解决各种问题,最终使一个有经济价值和社会价值的新项目得到实际的成功应用。到 70 年代下半期,他们对技术创新的界定大大扩宽了,在 NSF 报告《1976 年:科学指示器》中,将创新定义为"技术创新是将新的或改进的产品、过程或服务引入市场。"而明确地将模仿和不需要引入新技术知识的改进作为最终层次上的两类创新而划入技术创新定义范围中。

20世纪七八十年代开始，有关创新的研究进一步深入，开始形成系统的理论。厄特巴克在70年的创新研究中独树一帜，他在1974年发表的《产业创新与技术扩散》中认为"与发明或技术样品相区别，创新就是技术的实际采用或首次应用"。缪尔赛在80年代中期对技术创新概念作了系统的整理分析，在整理分析的基础上，他认为："技术创新是以其构思新颖性和成功实现为特征的有意义的非连续性事件"。

著名学者弗里曼把创新对象基本上限定为规范化的重要创新，他从经济学的角度考虑创新。他认为技术创新在经济学上的意义只是包括新产品、新过程、新系统和新装备等形式在内的技术向商业化实现的首次转化。他在1973年发表的《工业创新中的成功与失败研究》中认为，"技术创新是一技术的、工艺的和商业化的全过程，其导致新产品的市场实现和新技术工艺与装备的商业化应用"。其后，他在1982年的《工业创新经济学》修订本中明确指出技术创新就是指新产品、新过程、新系统和新服务的首次商业性转化。

中国80年代以来开展了技术创新方面的研究，傅家骥先生对技术创新的定义是：企业家抓住市场的潜在盈利机会，以获取商业利益为目标，重新组织生产条件和要素，建立起效能更强、效率更高和费用更低的生产经营方法，从而推出新的产品、新的生产（工艺）方法、开辟新的市场，获得新的原材料或半成品供给来源或建立企业新的组织，它包括科技、组织、商业和金融等一系列活动的综合过程，此定义是从企业的角度给出的。彭玉冰、白国红也从企业的角度为技术创新下了定义："企业技术创新是企业家对生产要素、生产条件、生产组织进行重新组合，以建立效能更好、效率更高的新生产体系，获得更大利润的过程。"

中国学者陈伟博士构筑了创新管理学科架构体系。1994年，陈伟提出创新的第三种不确定性、创新追赶陷阱模型、以工艺变化为中心的产业创新模型等。1996年，在科学出版社出版中国第一部《创新管理》专著，成为该领域奠基之作，该专著的思路架构领先于欧美同类学者。

进入21世纪，信息技术推动下知识社会的形成及其对技术创新的影响进一步被认识，科学界进一步反思对创新的认识：技术创新是一个科技、经济一体化过程，是技术进步与应用创新"双螺旋结构"（创新双螺旋）共同作用催生的产物，而且知识社会条件下以需求为导向、以人为本的创新2.0模式进一步得到关注。《复杂性科学视野下的科技创新》在对科技创新复杂性分析基础上，指出了技术创新是各创新主体、创新要素交互复杂作用下的一种复杂涌现现象，是技术进步与应用创新的"双螺旋结构"共同演进的产物；信息通信技术的融合与发展推动了社会形态的变革，催生了知识社会，使得传统的实验室边界逐步"融化"，进一步推动了科技创新模式的嬗变。要完善科技创新体系，急需构建以用户为中心、需求为驱动、以社会实践为舞台的共同创新、开放创新的应用创新平台，通过创新双螺旋结构的呼应与互动形成有利于创新涌现的创新生态，打造以人为本的创新2.0

模式。《创新2.0：知识社会环境下的创新民主化》进一步对面向知识社会的下一代创新，即创新2.0模式进行了分析，将创新2.0总结为以用户创新、大众创新、开放创新、共同创新为特点的，强化用户参与、以人为本的创新民主化。

人类所做的一切事物都存在创新，创新遍布人类的方方面面，如观念、知识、技术的创新，政治、经济、商业、艺术的创新，工作、生活、学习、娱乐、衣、食、住、行、通信等领域的创造创新，而不仅仅是技术领域的事情，尽管技术创新对人类的生产生活有决定性意义。

二、创新的内涵

创新是为客户创造出"新"的价值。把未被满足的需求或潜在的需求转化为机会，并创造出新的客户满意。创新的目的不是利润最大化，而是创造客户。以牺牲客户价值为代价的"造"不是创新，其结果只能是给企业甚至整个行业造成灾难。因此，发明未必是创新，除非该发明能够被应用并创造出新的客户价值。创业也未必是创新，只有其新的事业创造出了"新的客户满意"，否则，新创企业很可能对现有的产业造成破坏。

创新活动赋予资源一种新的能力，使它能够创造出更多的客户价值。实际上，创新活动本身就创造了资源。因此，创新是一项有目的性的管理实践，遵循一系列经过验证的原则和条件。创新是一门学科，是可以传授和学习的。与在企业中一样，创新对非营利组织和公共机构同样重要。

在持续改进的过程中有时也能够产生创新的成果，然而，更多的创新产生于对客户需求更深刻地发掘和认识，从而创造出"全新的业务"和客户价值，即所谓"颠覆式创新"。创新是有风险的，然而"吃老本"或者"重复改进"比创造未来风险更大。创新的障碍并非企业的规模，生活中的很多创新源自大企业；创新真正的障碍是现有的"成功模式"造成的"行为惯性"和"思维定式"。

创新所释放出来的生产力及其创造出来的市场价值推动了产业和社会的不断进步，有效地避免了经济的衰退和社会动荡。创新不但是企业可持续发展的源动力，而且是推动社会进步、避免暴力革命对社会造成伤害的有效途径。

在高速变化的互联网时代，创新正在成为每个组织和个人必须具备的能力。

三、创新的领域

创新涵盖众多领域，包括政治、军事、经济、社会、文化、科技等各个领域的创新。因此，创新可以分为科技创新、文化创新、艺术创新、商业创新等。

创新突出体现在三大领域：学科领域，表现为知识创新；行业领域，表现为技术创新；职业领域，表现为制度创新。

（一）科技创新

科技创新是社会生产力发展的源泉。科技创新指科学技术领域的创新，涵盖两个方面，即自然科学知识的新发现和技术工艺的创新。在现代社会，大学、科学工程研究等研究机构是基础科学技术创新的基本主体，而企业是应用工程技术、工艺技术创新的基本主体。

（二）企业创新

企业创新是现代经济中创新的基本构成部分。企业往往由生产、采购、营销、服务、技术研发、财务、人力资源管理等职能部门组成，因而企业的创新涵盖这些职能部门，企业创新包括产品创新、生产工艺创新、市场营销创新、企业文化创新、企业管理创新等。何道谊在《技术创新、商业创新、企业创新与全方面创新》一文中将企业创新分为企业战略创新、模式创新、流程创新、标准创新、观念创新、风气创新、结构创新、制度创新等十个方面的创新。

（三）文艺创新

传统文艺非常讲究创新，评论家王进玉表示几乎每个重要的历史节点都有重要的文艺创造出现。譬如"造字六法"的产生，以及篆、隶、楷、行、草五种书体的演变；山水画中不同皴法的形成及不同流派的确立等，都是创新的具体体现。

四、创新的方法

创新方法一直为世界各国所重视，在美国被称为创造力工程，在日本被称为发明技法，在俄罗斯被称为创造力技术或专家技术。我国学者认为，创新方法是科学思维、科学方法和科学工具的总称。其中，科学思维是一切科学研究和技术发展的起点，始终贯穿于科学研究和技术发展的全过程，是科学技术取得突破性、革命性进展的先决条件。科学方法是人们进行创新活动的创新思维、创新规律和创新机理，是实现科学技术跨越式发展和提高自主创新能力的重要基础。科学工具是开展科学研究和实现创新的必要手段和媒介，是最重要的科技资源。由此可见，创新方法既包含实现技术创新的方法，也包含实现管理创新的方法。2007年6月，我国学者王大珩、刘东生、叶笃正三位资深院士提出了《关于加强我国创新方法工作的建议》，国家领导人对此作了重要批示。之后，科技部会同国家发展改革委、财政部、教育部和中国科协，联合启动了创新方法工作。

创新方法包含试错法、六顶思考帽法、大脑风暴法、六西格玛等、TRIZ法等。TRIZ是俄文 теории решения изобретательских задач、拉丁译文 Teoriya Resheniya Izobreatatelskikh Zadatch 的缩写，其英文全称是 Theory of the Solution of Inventive Problems，在我国被直译为"萃智"，意译为发明问题解决理论。该方法源于苏联，于1946年由著名的教育家、发明家根里奇·阿奇舒勒及其团队在分析专利的基础上总结而成并最先提出。因其在不同技术领域发挥的巨大作用，TRIZ法理论成为苏联的最高国家机密，被西方国家誉为"神奇的点金术"。苏联解体后，TRIZ理论传播至欧美国家及日本和韩国等地，并得到了进一步发展，逐渐成为各国实现创新的制胜法宝。

TRIZ法的理论之所以被世界各国所推崇，是因为其源于前人的实践，是从辩证唯物主义出发，应用进化论的观点，浓缩数百万份世界各国优秀专利后所揭示出的创新问题的内在规律，并由此形成了一套强有力的技术创新理论、方法和工具。TRIZ 法理论拥有四大分离方法、八大进化法则、40 个发明原理、76 个标准解和 101 个科学效应库等工具，拥有矛盾分析法、物场分析法、HOW TO 模型和功能分析法等分析模型。其中，TRIZ 法理论的思维方法和问题分析方法可以有效地打破思维惯性，使人们从传统的思维中解放出来，从更广阔的视角看待问题，快速发现问题的本质；"最终理想解"指明解决问题的目标所在，明确解决问题方向，从而有效避免盲目性；系统进化法则可以帮助人们认清技术系统的进化规律，并预测产品与服务的未来；分析模型可以帮助人们正确定义问题的矛盾，细致梳理产生矛盾的过程和原因，保证有效、彻底地解决问题。此外，TRIZ 法理论还可以与其他优秀的创新方法如六西格玛、头脑风暴法、模糊前端技术、质量功能展开等方法或理论结合使用。TRIZ 法理论自身也在进一步发展完善，主要应用于工程技术领域，但也在向社会科学领域发展和渗透。TRIZ 法理论所揭示的规律和提供的工具具有一定的普适性，从事任何行业的人在学习过 TRIZ 法理论后都会受益匪浅。

五、创新的过程

创新的过程包括以下五个方面。

（一）信息搜集与整理

创新的第一阶段就是进行信息的搜集与整理。管理者要从管理目标与需要出发，大量搜集与整理信息，分析组织内部存在的不协调，界定所要解决的问题与任务要求，同时明确客观环境与主观条件，在此基础上理清创新的大致方向。

（二）创新方案的制定

创新是有风险的。为了将这种风险降到最低，企业必须根据本企业内外的实际情况，结合公司的整体发展战略和业务特点，制定适合本企业的创新方案。

（三）实施创新

有了创新方案，不论这一方案是否绝对完善和十全十美，都要迅速付诸实施。如果想等到创新方案达到完美的时候再行动，那将是看到别人成功的时候了。

（四）不断完善

创新是有风险的，是可能失败的。为了尽可能避免创新失败，取得最终的成功，创新者在开始行动以后要不断研讨、集思广益，对原有方案进行补充、修改和完善。

（五）再创新

这一轮的创新成功，则为下一轮的创新提供了动力。创新不能停止，必须要在一个新的起点上实施再创新。即使这一轮创新失败，也要从失败中总结经验、吸取教训，为持续创新提供借鉴。

六、创新的原则

创新原则就是开展创新活动所依据的法则和判断创新构思所凭借的标准。

▶ 大学生就业与创新创业

(一) 遵守科学原理原则

创新必须遵循科学技术原理，不得有违科学发展规律。因为任何违背科学技术原理的创新都是不能获得成功的。比如，近百年来，许多才思卓越的人耗费心思，力图发明一种既不消耗任何能量、又可源源不断对外做功的"永动机"。但无论他们的构思如何巧妙，结果都逃不出失败的命运。其原因在于他们的创新违背了"能量守恒"的科学原理。为了使创新活动取得成功，在进行创新构思时，必须做到以下几点。

1. 对发明创造设想进行科学原理相容性检查

创新的设想在转化为成果之前，应该先进行科学原理相容性检查。如果关于某一创新问题的初步设想，与人们已经发现并获实践检查证明的科学原理不相容，则不会获得最后的创新成果。因此与科学原理是否相容，是检查创新设想有无生命力的根本条件。

2. 对发明创新设想进行技术方法可行性检查

任何事物都不能离开现有条件的制约。在设想变为成果时，还必须进行技术方法可行性检查。如果设想所需要的条件超过现有技术方法可行性范围，则目前该设想还只能是一种空想。

3. 对创新设想进行功能方案合理性检查

任何创新的新设想，在功能上都有所创新或有所增强。但一项设想的功能体系是否合理，关系到该设想是否具有推广应用的价值。因此，必须对其合理性进行检查。

(二) 市场评价原则

为什么有的新产品登上商店柜台却渐渐销声匿迹了呢？

创新设想要获得最后的成果，必须经受走向市场的严峻考验。爱迪生曾说："我不打算发明任何卖不出去的东西，因为不能卖出去的东西都没有达到成功的顶点。能销售出去就证明了它的实用性，而实用性就是成功。"

创新设想经受市场考验，实现商品化和市场化要按市场评价的原则来分析。其评价通常是从市场寿命观、市场定位观、市场特色观、市场容量观、市场价格观和市场风险观等方面入手，考察创新对象的商品化和市场化的发展前景，而最基本的要点则是考察该创新的使用价值是否大于它的销售价格，也就是要看它的性能、价格是否优良。但在现实中，要估计一种新产品的生产成本和销售价格不难，而要估计一种新发明的使用价值和潜在意义则很难。这需要在市场评价时把握住评价事物使用性能最基本的几个方面，即解决问题的迫切程度、功能结构的优化程度、使用操作的可靠程度、维修保养的方便程度、美化生活的美学程度，然后在此基础上做出结论。

(三) 相对较优原则

创新不可盲目追求最优、最佳、最美、最先进。

创新产物不可能十全十美。在创新过程中，利用创造原理和方法获得许多创新设想，它们各有千秋，这时需要人们按相对较优的原则，对设想进行判断选择。

1. 从创新技术先进性上进行比较

可从创新设想或成果的技术先进性上进行各自之间的分析比较,尤其是应将创新设想同解决同样问题的已有技术手段进行比较,看谁领先和超前。

2. 从创新经济合理性上进行比较选择

经济的合理性也是评价判断一项创新成果的重要因素。所以对各种设想的可能经济情况要进行比较,看谁合理和节省。

3. 从创新整体效果性上进行比较选择

技术和经济应该相互支持、相互促进,它们的协调统一构成事物的整体效果性。任何创新的设想和成果,其使用价值和创新水平主要是通过它的整体效果体现出来。因此,对它们的整体效果要进行比较,看谁全面和优秀。

创新只要效果好,机理越简单越好。

(四) 机理简单原则

在现有科学水平和技术条件下,如不限制实现创新方式和手段的复杂性,所付出的代价可能远远超出合理程度,使得创新的设想或结果毫无使用价值。在科技竞争日趋激烈的今天,结构复杂、功能冗余、使用烦琐已成为技术不成熟的标志,因此创新的过程中要始终贯彻机理简单原则。为使创新的设想或结果更符合机理简单的原则,可进行如下检查:①新事物所依据的原理是否重叠,超出应有范围;②新事物所拥有的结构是否复杂,超出应有程度;③新事物所具备的功能是否冗余,超出应有数量。

(五) 构思独特原则

我国古代军事家孙子在其名著《孙子兵法·势篇》中指出:"凡战者,以正合,以奇胜。故善出奇者,无穷如天地,不竭如江河。"所谓"出奇",就是"思维超常"和"构思独特",创新贵在独特,创新也需要独特。在创新活动中,关于创新对象的构思是否独特,可以从以下几个方面来考察:①创新构思的新颖性;②创新构思的开创性;③创新构思的特色性。

(六) 不轻易否定、不简单比较原则

不轻易否定、不简单比较原则是指在分析评判各种产品创新方案时应注意避免轻易否定的倾向。在飞机发明之前,科学界曾从"理论"上进行了否定的论证;过去也曾有权威人士断言,无线电波不可能沿着地球曲面传播,无法成为通信手段。显然,这些结论都是错误的,这些不恰当的否定之所以出现是由于人们运用了错误的"理论",而更多的不应该出现的错误否定,则是由于人们的臆断,给某项发明规定了若干用常规思维分析证明无法达到的技术细节的结果。

在避免轻易否定倾向的同时,还要注意不要随意在两个事物之间进行简单比较。不同的创新,包括非常相近的创新,原则上不能以简单的方式比较其优势。

不同创新不能简单比较的原则,带来了相关技术在市场上的优势互补,形成了共存共荣的局面。创新的广泛性和普遍性都源于创新具有的相融性。例如,市场上常见的钢笔、铅笔就互不排斥,即使都是铅笔,也有普通木质的铅笔和金属或塑料杆的自动铅笔之分,

它们之间也不存在排斥的问题。

总之,我们应在尽量避免盲目地、过高地估计自己的设想的同时,也要注意珍惜别人的创意和构想。简单的否定与批评是容易的,难得的却是闪烁着希望的创新构想。

七、创新的原理

(一) 综合原理

综合是在分析各个构成要素基本性质的基础上,综合其可取的部分,使综合后所形成的整体具有优化的特点和创新的特征。

(二) 组合原理

组合原理是将两种或两种以上的学说、技术、产品的一部分或全部进行适当叠加和组合,用以形成新学说、新技术、新产品的创新原理。组合既可以是自然组合,也可以是人工组合。在自然界和人类社会中,组合现象是非常普遍的。

爱因斯坦曾说:"组合作用似乎是创造性思维的本质特征。"组合创新的机会是无穷的。有人统计了20世纪以来的480项重大创造发明成果,经分析发现三四十年代是突破型成果为主而组合型成果为辅;五六十年代两者大致相当;从80年代起,则组合型成果占据主导地位。这说明组合原理已成为创新的主要方式之一。

(三) 分离原理

分离原理是把某一创新对象进行科学的分解和离散,使主要问题从复杂现象中暴露出来,从而理清创造者的思路,便于抓住主要矛盾。分离原理在发明创新过程中,提倡将事物打破并分解,鼓励人们在发明创造过程中冲破事物原有面貌的限制,将研究对象予以分离,创造出全新的概念和全新的产品。例如,隐形眼镜是眼镜架和镜片分离后的新产品。

(四) 还原原理

还原原理很重要也十分经典。它要求人们要善于透过现象看本质,在创新过程中,能回到设计对象的起点,抓住问题的原点,将最主要的功能抽取出来并集中精力研究其实现的手段和方法,以取得创新的最佳成果。任何发明和革新都有其创新的原点,创新的原点是唯一的,寻根溯源找到创新原点,再从创新原点出发去寻找各种解决问题的途径,用新的思想、新的技术、新的方法重新创造该事物,从本原上去解决问题,这就是还原原理的精髓所在。

(五) 移植原理

移植原理是把一个研究对象的概念、原理和方法运用于另一个研究对象并取得创新成果的创新原理。"他山之石,可以攻玉"就是该原理能动性的真实写照。移植原理的实质是借用已有的创新成果进行创新目标的再创造。

想想拉链还有什么用途?想起来就记在下面,以后想起来仍可写在这里,积累多了,就能创新。

创新活动中的移植依重点不同,可以是沿着不同物质层次的"纵向移植";也可以是在同一物质层次内不同形态间的"横向移植";还可以是把多种物质层次的概念、原理和方法综合引入同一创新领域中的"综合移植"。新的科学创造和新的技术发明层出不穷,其中有许多创新是运用移植原理取得的。

（六）换元原理

换元原理是指创造者在创新过程中采用替换或代换的思想或手法,使创新活动内容不展开、研究不断深入的原理。通常指在发明创新过程中,设计者可以有目的、有意义地去寻找替代物,如果能找到性能更好、价格更省的替代品,这本身就是一种创新。

（七）迂回原理

迂回原理很有实用性。创新在很多情况下,会遇到许多暂时无法解决的问题。迂回原理鼓励人们开动脑筋、另辟蹊径。不妨暂停在某个难点上的僵持状态,转而进入下步行动或进入另外的行动,带着创新活动中的这个未知数,继续探索创新问题,不要钻牛角尖、走死胡同。因为有时通过解决侧面问题或外围问题以及后继问题,可能会使原来的未知问题迎刃而解。

（八）逆反原理

逆反原理首先要求人们敢于并善于打破头脑中常规思维模式的束缚,对已有的理论方法、科学技术、产品实物持怀疑态度,从相反的思维方向去分析、思索、探求新的发明创造。实际上,任何事物都有着正反两个方面,这两个方面同时相互依存于一个共同体中。人们在认识事物的过程中,习惯于从显而易见的正面去考虑问题,因而阻塞了自己的思路。如果能有意识、有目的地与传统思维方法"背道而驰",往往能得到极好的创新成果。

（九）强化原理

强化就是对创新对象进行精炼、压缩或聚焦,以获得创新的成果。强化原理是指在创新活动中,通过各种强化手段,使创新提高质量、改善性能、延长寿命、增加用途,或是产品体积的缩小、重量的减轻、功能的强化。

（十）群体原理

大学生创新小组就是一种群体原理的运用。

科学的发展,使创新越来越需要发挥群体智慧,才能有所建树。早期的创新多是依靠个人的智慧和知识来完成的,但随着科学技术的进步,要想"单枪匹马独闯天下"去完成像人造卫星、宇宙飞船、空间试验室和海底实验室等大型高科技项目的开发设计工作,是不可能的。这就需要创造者们能够摆脱狭窄的专业知识范围的束缚,依靠群体智慧的力量,依靠科学技术的交叉渗透,使创新活动从个体劳动的圈子中解放出来,焕发出更大的活力。

在创新活动中,创新原理运用的是创造性思维,是分析问题和解决问题的出发点,也是人们使用何种创造方法、采用何种创造手段的凭据。因此,掌握创新原理,是人们能否取得创新成果的先决条件。但创新原理不是治百病的"万应灵丹",不能指望在浅涉创新原理之后,就能对创新方法了如指掌并使用自如,就能解决创新的任何问题。只有在深入学习并深刻理解创造原理的基础上，人们才有可能有效地掌握创新方法，也才有可能成功地开展创新活动。

八、创新的阶段

不少杰出的创新都留下了动人的传说：瓦特看到壶盖被蒸汽顶起而发明了蒸汽机，牛顿被下落的苹果砸了头而发现了万有引力，门捷列夫玩纸牌时想出了元素周期表。……如果创新如此简单，创造学就实在是不用学了。我们研究创新的过程，是把过程看得比结果更为重要。创新是由创新思维的过程所决定的，而结果仅是过程的成功产物。但是，在教育上的一个缺陷是注重创新成果的渲染而对创新的过程却讲得不多，甚至导致人们对创新的误解。

创新的"四阶段理论"是一种影响最大、传播最广，而且具有较大实用性的过程理论，由英国心理学家沃勒斯提出。该过程理论认为创新的发展分四个阶段：准备期、酝酿期、明朗期和验证期。

（一）准备期

准备期是准备和提出问题阶段。一切创新是从发现问题、提出问题开始的。问题的本质是现有状况与理想状况的差距。爱因斯坦认为："形成一个问题通常比解决一个问题更重要，因为解决问题也许仅是一个数学上的或实验上的技能而已，然而明确问题并非易事，需要有创新性的想象力。"他还认为对问题的感受性是人的重要的资质，准备还可分为下列三步，力求使问题概念化、形象化和具有可行性。

（1）知识和经验进行积累和整理。

（2）搜集必要的事实和资料。

（3）了解自己提出问题的社会价值，能满足社会的何种需要及价值前景。

（二）酝酿期

酝酿期也称沉思和多方思维发散阶段。在酝酿期要对收集的资料、信息进行加工处理，探索解决问题的关键，因此常常需要耗费很长时间、花费巨大精力，是大脑高强度活动时期。这一时期，要从各个方面，如前面讲到的纵横、正反等去进行思维发散，让各种设想在头脑中反复组合、交叉、撞击、渗透，按照新的方式进行加工。加工时应主动地使用创造方法进行不断选择，力求形成新的创意。著名科学家彭加勒认为："任何科学的创造都发端于选择。"这里的选择，就是充分地思索，让各方面的问题都充分地暴露出来，从而把思维过程中那些不必要的部分舍弃。

为使酝酿过程更加深刻和广泛，还应注意把思考的范围从熟悉的领域扩大到表面上看起来没有什么联系的其他专业领域，特别是常被自己忽视的领域。这样，既有利于冲破传统思维方式和"权威"的束缚，打破成见、独辟蹊径，又有利于获得多方面的信息，利用多学科知识"交叉"优势，在一个更高层次上把握创新活动的全局，寻找创新的突破口。有时也可把思考的问题暂时搁置一下，让习惯性思维被有意识地切断，以便产生新思维；

灵感思维的诱发规律告诉我们,大脑长时间兴奋后有意松弛,有利于灵感闪现。

酝酿期的思维强度大,困难重重,常常百思不得其解,屡试难以成功,"山重水复疑无路"却又欲罢不能。此时,良好的意志品质和进取性格就显得格外重要,因为这是酝酿期取得进展直至突破的心理保证。

创造性思维的酝酿期通常是漫长的、艰巨的,也很有可能归于失败。但唯有坚持下去,方法对头,才是充满希望的。

(三) 明朗期

明朗期即顿悟或突破期,寻找到了解决办法。

明朗期很短促、很突然,呈猛烈爆发状态。久盼的创造性突破在瞬间实现,人们通常所说的"脱颖而出""豁然开朗""众里寻它千百度,蓦然回首,那人却在灯火阑珊处"等都是描述这种状态的。如果说:"踏破铁鞋无觅处"描绘的是酝酿期的话,"得来全不费功夫"则是明朗期的形象刻画。在明朗期灵感思维往往起决定作用。

这一阶段的心理状态是高度兴奋甚至感到惊愕,像阿基米德那样,因在入浴时获得灵感而裸身狂奔,欣喜呼喊:"我发现了!我发现了!"虽不多见,但完全可以理解。

(四) 验证期

验证期是评价阶段,是完善和充分论证阶段。突然获得突破,飞跃出现在瞬间,结果难免稚嫩、粗糙甚至存在若干缺陷。验证期是把明朗期获得的结果加以整理、完善和论证,并且进一步得到充实。创新思维所取得的突破,假如不经过这个阶段,创新成果就不可能真正取得。论证,一是理论上验证,二是放到实践中检验。

验证期的心理状态较平静,但需耐心、周密、慎重,不急于求成和不急功近利是很关键的。

何道谊将人的创新活动分解为四个基本的思想行动历程:第一历程,"想新的"精神观念和思想意识,即追求更好,希望并相信能够创造出新的更好的;第二历程,"想新的"思考探索活动,即创造思考;第三历程,从思考到行动,按想到的新主意做实验,采取行动探索新的,直至创新成模;第四历程,尝试新的,对创新形成的模本进行试验性应用和改进,应用成功之后自然就是创新模本的重复推广。前两历程是一类,即想新的;后两历程是一类,即做新的。知行合一,第二历程和第三历程通常结合在一起,形成思考和实验探索的连接循环,同样思考和应用试验也结合在一起。

任务二 创 业

【任务目标】

(1) 掌握创业的内涵。

(2) 了解创业精神。

(3) 学习创业经验。

(4) 了解创业人群和创业领域。

【任务描述】

随着我国不断走向转型化进程及社会就业压力的不断加剧，创业逐渐成为在校大学生和毕业生的一种职业选择方式。他们对拥有的资源进行优化整合，从而创造出更大经济或社会价值。创业的功能是促进技术价值转化为经济价值；促进社会资源合理配置；帮助实现人生价值；推动发展社会进步。创业的三大要素就是创业机会、创业资源和创业文化。创业者要具有良好的创业动机，创业动机是鼓励和引导创业者为实现创业成功而行动的内在力量。创业者同时要具备崇高的创业精神，创业精神是指在创业者的主观世界中，那些具有开创性的思想、观念、个性、意志、作风和品质等。创业者可以选择适当的创业方法，借鉴别人的创业经验，以饱满的热情投入到创业中去。

【案例导入】

新杰从小就对一些新奇的小游戏十分感兴趣，特别是拓展思维的益智小游戏。进入中学后新杰第一次接触到了计算机，那时只要一上计算机课，他绝对是最先到教室、最后离开的。他打开计算机的第一件事情就是把计算机里面的小游戏打开，先玩一局。渐渐地，这些游戏被他全部攻破，没有吸引力了。这时新杰就想，可不可以自己来设计游戏呢？

进入大学后，新杰毫不犹豫地选择了计算机软件专业。通过几年的刻苦学习，新杰学会了编写程序，并且开始设计编写自己喜欢的游戏程序，这些游戏受到同学和老师的一致好评。他实现了一直以来的梦想，感到非常自豪。

为了让更多的人体验到益智游戏的乐趣，新杰想到了创业。于是，他在校外租了一套两室一厅的房子，花3万元置办了4台计算机，开始了自己的创业之路。不久后，他靠天使投资人出资的100万元，在北京中关村软件园正式注册了艾益智软件有限公司。

公司刚成立的时候，以开发益智小游戏为主。随着公司业务领域的不断扩大、员工数量的增加，新杰渐渐感到有些力不从心。为此，他特地招聘了一位管理学博士来帮他管理并规划公司，公司渐渐步入正轨⋯⋯

【任务知识】

创业是创业者及创业搭档对他们拥有的资源或通过努力对能够拥有的资源进行优化整合，从而创造出更大经济或社会价值的过程。创业是一种需要创业者及其创业搭档组织经营管理、运用服务、技术、器物作业的思考、推理和判断的行为。

根据杰夫里·提蒙斯所著的创业教育领域的经典教科书《创业创造》(New Venture Creation)的定义：创业是一种思考、品行素质、杰出才干的行为方式，需要在方法上全盘考虑并拥有和谐的领导能力。

创业是以点滴成就、点滴喜悦致力于理解创造新事物（新产品、新市场、新生产过程或原材料，组织现有技术的新方法）的机会，如何出现并被特定个体发现或创造，这些人如何运用各种方法去利用和开发它们，然后产生各种成果。创业包括领导者创业、企业家创业、大学生创业。

一、创业的功能

（一）促进技术价值转化为经济价值

创业思路和创业项目通常来源于在生活中的问题、创造发明、竞争、新知识新技术等。这些创业商机蕴含着一定的技术价值，并且拥有在一定的时间和空间条件下，存在于客观环境中而未被别人发现或未被满足的价值，具有潜在增长性、一定模糊性、较高回报性的特征；而经过创业的过程，开发其技术价值，投入生产运营，就能将社会的无形技术价值转化为实实在在的经济价值，创造新的社会财富，从而推动技术的改革创新和发展。

（二）促进社会资源合理配置

创业过程实质上就是把商业机会转化为商业价值的过程，期间伴随着创业活动就是整合和配置各种资源，而创办的企业要生存和发展，必须合理有效地整合自身能够利用到的各种资源，因此创业这种行为过程将激活社会资源的流动性，并使社会资源向经营良好、效率更高的企业流动，从而促进市场的良性发展与社会资源合理配置，产生更高的社会经济效益。

（三）帮助实现人生价值

创业行为本身就具有实现自身梦想和希望的过程。每一个创业者在创业初期，无一不是怀揣着创业的激情和巨大的勇气开始自己的创业人生的。面对瞬息万变的市场环境，创业者需要通过自己的聪明才智，发挥自身能力，既要讲究艺术，也要讲究科学。在实现创业的过程中，所有的付出和回报，会给创业者产生自我人生价值实现的愉悦感。

（四）推动发展社会进步

创业往往伴随着激活市场活力、引入新技术、创建好品牌等社会影响。创业成功的企业，能善于利用外部资源，合理管理团队建设和企业文化建设，使创业活动有序发展、持续进行，进而带动区域经济发展，创造更多的社会经济价值，在文化、经济、科技领域内为社会发展贡献一份自己的力量。

二、创业要素及类型

（一）创业的三要素

创业的三大要素就是创业机会、创业资源和创业文化。

1. 创业机会

创业机会是一切创业行为的出发点。创业机会必须包含商业价值，比一般的商业机会更具创新性或创造性。这种创新、创造行为，能为社会带来巨大的价值。同时，创新性强的创业机会能形成竞争优势，有利于创业活动的成功。

2. 创业资源

创业启动资金在创业初期对于应对创业风险具有决定性的作用，因此在创业初期，具有足够的启动资金是所有创业行为正常运行的保障。创业的核心专业技术能力是创业行为的核心竞争力。当今能够在大浪淘沙的经济浪潮中生存发展的企业，无论是大型企业还是中小型企业，无一不是具有自己独一无二的核心竞争技术能力，普通的商业模式已经无法适应如今瞬息万变的经济环境。人才是创业行为的"发动机"。创业行为从想法到执行，离不开由各种类型的人才组成的创业团队；创业团队人力资源的开发和管理行为是否合理，直接关系到人才的去留，进而影响到创业的成功与否。

3. 创业文化

它是创业团队的灵魂所在，是企业战胜外部环境挑战的法宝。因此，创业文化是企业文化的雏形，是创业团队在创业过程中不断反复总结创业经验、凝聚沉淀后升华的创业内部文化。创业的要素之一，就是要在创业过程中积淀内部文化，形成独具一格的创业文化。

（二）创业的类型

创办企业的形式各有不同，商业模式也各有千秋，从不同的角度可分为以下几种。

1. 按创业的目的分类

1) 机会型创业

机会型创业是创业者发现市场创业商机，为抓住市场机遇而进行创业活动的类型。它一般是开发市场潜在需求，为满足区域经济发展需求，以实现商业机会价值或创业者人生价值为目的，重开创而轻获利。

2) 谋生型创业

谋生型创业是创业者因客观环境因素影响，为谋生而选择尾随或模仿其他企业，出发点来源于创业者对自身经济现状的改变需求，重获利而轻创造。

2. 按创业者数量分类

1) 独资型创业

独资型创业是创业者独自出资、独自经营的创业类型。独资型创业是中小型企业的雏形，其资产以及生产资料归个人所有，创业者拥有所创办企业的最高管理权，劳动主体是雇佣的劳动者，追逐的是私人利润。独资型创业常见于服务、餐饮、商业买办等行业，这种企业对市场反应迅速，能及时拾遗补阙，具有填补市场、方便生活、加快流通的作用。

2) 合伙型创业

合伙型创业由两个及以上的创业者合力创办，其中包括家族式合伙型创业、普通个人式合伙型创业和法人合伙型创业三类。家族式合伙型创业是由父母、夫妻、兄弟等亲戚共同出资或出技术等方式合伙创业，具有强大的凝聚力，能够集中企业力量深度发展，但同时也具有很大的排外性，不利于企业人力资源开发；普通个人式合伙型创业指的是两个以上的自然人共同投资兴办并联合经营；法人合伙型创业指的是两个以上的企业法人、事业法人共同出资兴办并联合经营。

3. 按创业基础分类

1）依附型创业

依附型创业是创业者的行动依附于成熟企业的某一运营或者发展环节链。

2）模仿型创业

模仿型创业是创业者模仿成熟企业的商业模式、运营模式、销售模式等进行的创业行为。与依附型创业相比，模仿型创业所提供的产品或者服务质量更高、价格更低，不然该企业无法在市场上胜出。

3）开创型创业

开创型创业是指所提供的产品或者服务具备独一无二性，能够填补市场空白。

4. 按照创新内容分类

1）产品创新型创业

产品创新型创业是创业者针对专业技术能力、工艺方面的创新，从而对消费者群体的潜在需求进行市场开拓的创业行为。由于开发的是市场上所没有的产品或者服务，因此此类创业具有非常强大的竞争力。

2）组织管理创新型创业

组织管理创新型创业，是创业者所创办的企业在管理制度上，使用了有别于其他同类型企业内部组织管理的新型管理模式的创业。高效而创新的组织管理体系使企业内部管理上行下效，从而节约了内部管理成本，减低了企业管理耗能，使组织的管理得到良好的发展。

3）营销模式创新型创业

营销模式创新型创业是指企业在销售模式方面进行改革，使消费者得到更好的购买体验，提升企业的竞争力，从而赢得市场。

三、创业的动机

（一）创业动机的概念

创业动机是从心理学范畴来研究创业活动过程的概念。

创业动机指引起和维持创业者或者团队进行创业活动，并在创业过程中促进创业行为朝既定的目标实现的内部驱动力量。它是鼓励和引导创业者为实现创业事业而行动的内在力量。它能调节创业者在创业过程中的行为，是创业者个体综合自身、环境、价值实现、目标以及期望等因素而形成的内在原始驱动力。

（二）产生创业动机的驱动因素

1. 生存的压力

创业者创办企业的动机，很多是经济压力的因素。创业者创办企业的初衷是为了谋生，在生活中发现商机，把握它并开始走上创业的道路。满足生存需要的创业者，在创业行动中体现了坚韧、刻苦的创业品质，具有强大的创业内在动力。

2. 自我价值实现的需要

创业者在经过一段时间的学习和成长，积累了人脉和创业启动资金之后，出于锻炼和提升自身能力的追求，为了实现自身的个人价值，将自己所学的知识和积累的经验运用于商海中进行创业。这种实现人生价值、满足自我实现需要的创业者能力超卓，具有高效的行动能力。

3. 商业价值实现的欲望

当创业者在日常生产生活中遇到商机，基于投资回报的利益驱动，会进行创业行动，并收获满足感。这种对商业价值实现的欲望，会使创业者在创业活动中，运用自己的聪明才智将商业价值利益发挥到最大化，有利于集中社会财富力量、增加社会就业机会。

4. 社会价值实现的宏图

某些领域的高精尖人才进行创业活动的初衷是为了使所开创的科学技术、信息技术得以发展，并将所获得的大部分利益投入进一步的研究中，为人类社会创造了长远的科技价值并推动社会发展。具有这种创业动机的创业者拥有高尚的价值情操和信仰，能够舍弃自身利益，具有长远的社会发展眼光。

四、创业精神

（一）创业精神的内涵

创业精神是创业者在创业过程中，所体现出的富有开创性的思想、强大的信念和坚强的意志力等品质所综合体现的行为特征的总和，主要表现在良好的信誉和人品、吃苦耐劳、执着坚韧、团结合作等。

创业精神的形成和发展主要来自创业者，伴随企业在共同成长中，受到了文化环境、产业环境、制度环境、生存环境等因素的影响。创业精神对创业者的创业态度和行为方向及其强度有着决定性的作用。

（二）创业精神的表现

1. 良好的信誉和人品

面对残酷的市场竞争、瞬息万变的市场环境，在没有雄厚的创始资本的创业初期，除了拥有核心竞争的专业技术能力，创业者只有靠自己的人格魅力，才能吸引优秀人才的跟随、吸引风险投资家们的青睐；而良好的信誉、一诺千金的信用、优秀的创业品质，能为创业者提供无形的影响力和竞争力。成功的创业者，无一不是体现着其良好的信誉和人品。

2. 吃苦耐劳

吃苦耐劳是中华儿女的优秀传统美德。在创业艰难时期，创业者必须小心翼翼地维持所办企业的生存和发展，不怕吃苦和困难。

3. 执着坚韧

残酷的市场竞争压力、企业的生存压力、来自生活方方面面的压力均会使创业者面临巨大的挑战。优秀的创业者无论前方有多少险阻，都能坚持不懈，执着追求着自己的目标和信仰。

4. 团结合作

优秀的创业者必须是重视团队合作的人。群策群力才能各自拾遗补阙，而善于创建优秀团队文化的创业者必定是受员工爱戴的领导者，也是具有人才发展战略眼光的领袖。

五、创业的基本阶段

（1）初创阶段。该阶段以产品和技术来占领市场。

（2）公司化阶段。该阶段通过规范管理来增加企业效益，这是需要创业者的思维从想法提升到思考的高度。原先的搞关系转变成了一个个渠道的建设，公司的销售是依靠渠道来完成，创业搭档团队也初步形成。

（3）集团化阶段。这时依靠的是硬实力（产业化的核心竞争力），整个集团和子公司形成了系统平台，依靠的是一个个团队通过系统平台来完成管理，人治变成了公司治理，销售变成了营销，区域性渠道转变成一个个地区性的网络，建立了销售队伍，有一定的销售队伍管理能力。思维从平面到三维时，集团化就自动运转了。这时你就可以退休了，创业者及其创业搭档就有了现金流系统（赚钱机器），它是24小时为企业工作的，这就是许多创业者及其创业搭档梦想达到的理想状态。

（4）集团总部阶段。这是创业的最高境界，是一种无国界的经营，俗称跨国公司。集团总部的系统平台和各子集团的运营系统形成的是一种体系。集团总部依靠的是一种可跨越行业边界的无边界核心竞争力（软实力），子集团形成的是行业核心竞争力（硬实力），这样将使集团的各行各业取得它们在单兵作战的情况下所无法取得的业绩水平和速度。思维已从三维到多维，这才是企业发展所能追求和达到的最高境界。

六、创业方法

关于创业有一个小秘密：创业是件很痛苦的事儿，并且会让创业者不得安宁。越是伟大的创业想法越是会带来挥之不去的痛苦，让创业搭档（团队）彻夜难眠。只有在创业思路逐渐明朗成型后，痛苦可能才会稍微减轻一点。但是，创业者所要承受的困扰、付出的汗水甚至流下的泪水却不会就此结束。在痛苦的创业过程中，创业搭档（团队）应该了解以下几点内容，以期可以让创业之路轻松一些。

（1）目标明确。有明确的创业目标，奋发图强，努力实现自己的理想，不负青春，为社会和人民做出贡献。

（2）创造价值。初创公司所聘用的员工不仅要符合工作岗位的能力要求，还要能够为公司创造附加值。最关键的创业初期，有能力的创业者及其创业搭档一般是不会在用人方面考虑节约的。

（3）生活规划。创业者及其创业搭档应当将个人财务和公司财务划分开来管理。在开始创业前,要先保证你的个人生活不会出现问题,否则你很难取得成功。创业者及其创业搭档可以通过贷款解决公司运营资金的需求。创业是为了生活得更好,而生活不是为了更好地创业。

(4) 进退。创业者和他的创业搭档要设定好退出策略,可以选择转让、出售公司或者独立经营。创业者和他的创业搭档也一定要知道何时该进,何时该退。

七、投资创业注意事项

(一) 积极利用现有资源

不少在职人员都选择了与工作密切相关的领域创业,工作中积累的经验和资源是最大的创业财富,要善于利用这些资源。对能帮自己生存的项目,要优先进行考虑;不要在只能改善形象或者带来更大方便的项目上乱花费用。

切不可误用资源,在职老板不能将个人生意与单位生意混淆,更不能唯利是图,否则不仅要冒道德上的风险,而且很可能会受到法律的制裁。在自己的地盘,时间、金钱和才能任由自己使用。但是,如果乱搞一气,自己的生意就会逆转而下。

(二) 自己的业务渠道

有些上班族有投资资金或有一定的业务渠道,但苦于分身无术,因此会选择合作经营的创业方式。如果自己需要合伙人的钱来开办或维持企业,或者这个合伙人帮助自己设计了这个企业的构思,或者他有自己需要的技巧,或者自己需要他为自己鸣鼓吹号,那么就请他加入自己的公司。这虽能让兼职老板轻松上阵,但要慎重选择创业搭档,在请帮手和自己亲自处理上要有一个平衡点。首先要志同道合,其次要互相信任。不要聘用那些适合工作,却与自己合不来的人员,也不要聘用那些没有心理准备面对新办企业压力的人。

此外,和合作伙伴之间的责、权、利一定要分清楚,最好形成书面文字,有合作双方和见证人的签字,以免起纠纷时空口无凭。

(三) 细致准备必不可少

创业是一项庞大的工程,涉及融资、选项、选址、营销等诸多方面,因此在职人员创业前,一定要进行细致的准备。

通过各种渠道增强这方面的基础知识;根据自己的实际情况选择合适的创业项目,为创业开一个好头;撰写一份详细的商业策划书,包括市场机会评估、赢利模式分析、开业危机应对等,并摸清市场情况,知己知彼,打有准备之仗。

(四) 尽量用足相关政策

政府部门有很多鼓励创业的政策,是对大学生创业的鼓励和支持,创业时一定要注意"用足"这些政策,如免税优惠、在某地注册企业可享受比其他地区更优惠的税率等。这些政策可大大减少创业初期的成本,使创业风险大为降低。

(五) 决策问题

作为企业家,冒风险时要谨而慎之;如果出现失误,不要过于敏感,要接受失误,并从中吸取教训。

(六) 不要被胜利冲昏头脑

自己第一步的成功全靠自己的创意好、时机合适、运气不错和良好的业务关系。不过,这一切随时都可能离自己而去。因此,不要太过自信,投入过量的资金,使自己陷入泥沼之中。

八、创业经验

(一) 成功定律

成功定律主要研究企业的创业行为,研究企业管理层如何延续注入创业精神和创新活力,增强企业的战略管理柔性和竞争优势。

创业管理反映了创业视角的战略管理观点。Stevenson 和 Jarillo 于 1990 年提出创业学和战略管理的交叉,作者使用"创业管理"这个词以示二者的融合,他们提供了一个从创业视角概括战略管理和一般管理的研究框架,创业是战略管理的核心。如 W. B. Cartner (1985) 提出了个人、组织、创立过程和环境的创业管理模式;William (1997) 在 Cartner 概念框架的基础上,提出了由人、机会、环境、风险和报酬等要素构成的创业管理概念框架;Timmons (1999) 提出了机会、创业团队和资源的创业管理理论模型;Christian (2000) 提出了创业家与新事业之间的互动模型,强调创立新事业随时间而变化的创业流程管理和影响创业活动的外部环境网络是创业管理的核心。

基于创业管理研究领域专家、学者的研究成果,创业管理范式可以概括为:以环境的动态性与不确定性以及环境要素的复杂性与异质性为假设,以发现和识别机会为起点,以创新、超前行动、勇于承担风险和团队合作等为主要特征,以创造新事业的活动为研究对象,以研究不同层次事业的成功为主要内容,以心理学、经济学、管理学和社会学方法为工具研究创业活动内在规律的学说体系。

创业管理的核心问题是机会导向、动态性等。所谓机会导向,即指创业是在不局限于所拥有资源的前提下,识别机会、利用机会、开发机会并产生经济成果的行为,或者将好的创意迅速变成现实。而创业的动态性体现在两个方面:一方面即创业精神是连续的,创业行为会随着企业的成长而延续,并得以强化;另一方面即机会发现和利用是动态过程。

创业管理是一个系统的组合,并非某一因素起作用就能导致企业的成功。决定持续创业成功的系统必然包括创新活力、冒险精神、执行能力以及团队精神等。通过这样的系统来把握机会、环境、资源和团队。创业管理的根本特征在于创新,创新并不一定是发明创造,而更多是对已有技术和因素的重新组合;创业并不是无限制地冒险,而是理性地控制风险;创业管理若没有一套有效的成本控制措施以及强有力的执行方案,只能导致竞争力的缺失;创业管理更强调是团队中不同层级员工的创业,而不是单打独斗式的创业。

▶ 大学生就业与创新创业

(二) 失败原因

李开复曾说:我知道有些创业者还不太明白,我要告诉他们的是,如果创业者无法避免以下十种易犯的错误,那他们和投资人的对话肯定很难超过10分钟。

(1) 侥幸心态。创业者向投资人群发 E-Mail,并认为投资人看到邮件就会投资。其实没有这么简单,投资人每天要看数以百计的商业计划书,然后再筛选并做深入调查,不可能让你"侥幸"获胜。

(2) 拍脑子想点子。不要认为拍脑子想出的点子就会拿到投资,好点子不值钱。

(3) 想问题没有深度。创业者很浮躁,有个点子,马上就写商业计划书、找投资;但见了面,几个问题下来,创业者就被问倒了。

(4) 堆叠商业模式。有的创业者喜欢把一系列的"流行商业模式元素"做堆叠,但事实上这让投资人很倒胃口。

(5) 伪需求。创业者喜欢把周边人群的需求放大,如"我老婆有这个需求,我朋友有这个需求",但这些需求是伪需求,不是创业者从真正用户那里问来的。

(6) 过分偏执。极个别创业者为得到投资,以"我得了绝症,你不来看我,我就不活了"这样的偏执话语威胁。这样的情况,就算投资人来见你,但最终还是要看项目。

(7) 低估难度。创业难,难于上青天。即使你得到李开复的投资,进入创新工场孵化,要想成为腾讯、阿里巴巴这种企业的概率还不及千分之一。

(8) 故作神秘。创业者把"点子"当商业机密,与投资人谈条件:"先给钱再说点子"。要知道,创业者是靠执行获胜,不是靠秘密的点子。

(9) 不诚信。创业者"盗窃"他人项目的知识产权。

(10) 没重点。描述不清晰,讲话没重点。投资人希望创业者能用一句话概述"项目情况、用户、市场和团队特色",不要浪费彼此时间。

九、创业人群

创业的人群,即年轻者。

年轻的创业家在全球的影响力越来越大。根据硅谷著名天使投资人康韦(Ron Conway)对超过500家初创企业的调查发现,在市场价值超过5亿美元的初创企业中,有67%的创始人创办企业时年纪都低于30岁。

创业人群应有特质包括以下几个方面:

(1) 乐观性。习惯从正面角度看待人与事的倾向。

(2) 社交性。喜欢社交活动并积极与他人互动的倾向。

(3) 坚毅性。做事锲而不舍、坚持不懈的倾向。

(4) 活力。精力充沛,活动力旺盛的倾向。

(5) 领导性。喜欢担任领导者,愿意主动承担领导责任的倾向。

(6) 冒险性。愿意尝试风险并乐于体验不确定性的倾向。

（7）求变性。喜欢追求变化、尝试新奇事物的倾向。

（8）创造性。喜欢思索独特、创新想法的倾向。

（9）敏觉性。喜欢观察人际互动，随时注意别人反应的倾向。

十、创业领域

（一）高科技领域

身处科技前沿阵地的大学生，在这一领域创业有着近水楼台先得月的优势。但并非所有大学生都适合在高科技领域创业，一般来说，技术功底深厚、学科成绩优秀的大学生才有成功的把握。有意在这一领域创业的大学生，可积极参加各类创业大赛，获得脱颖而出的机会，同时吸引风险投资。

（二）智力服务领域

智力是大学生创业的资本，在智力服务领域创业，大学生游刃有余。例如，家教领域就非常适合大学生创业，一方面，这是大学生勤工俭学的传统渠道，积累了丰富的经验；另一方面，大学生能够充分利用高校教育资源，更容易赚到"第一桶金"。此类智力服务创业项目成本较低，一张桌子、一部电话就可开业。

（三）连锁加盟领域

统计数据显示，在相同的经营领域，个人创业的成功率低于20%，有的则高达80%。对创业资源十分有限的大学生来说，借助连锁加盟的品牌、技术、营销、设备优势，可以较少的投资、较低的门槛实现自主创业。但连锁加盟并非"零风险"，在市场鱼龙混杂的现状下，大学生涉世不深，在选择加盟项目时更应注意规避风险。一般来说，大学生创业者资金实力较弱，适合选择启动资金不多、人手配备要求不高的加盟项目，从小本经营开始为宜。此外，最好选择运营时间在5年以上、拥有10家以上加盟店的成熟品牌。

（四）开店

大学生开店，一方面可充分利用高校的学生顾客资源；另一方面，由于熟悉同龄人的消费习惯，因此入门较为容易。正由于走"学生路线"，因此要靠价廉物美来吸引顾客。此外，由于大学生资金有限，不可能选择热闹地段的店面，因此推广工作尤为重要，需要经常在校园里张贴广告或和社团联办活动，才能广为人知。

电子商务、互联网的发展日新月异，淘宝的出现的确改写了中国的商业格局，互联网消费成为人们当今生活的主流。

（五）技术创业

大学生毕业后，在学校学习的课程很难应用到实际工作中。毕业后学习一门技术，可以让大学生很快融入社会。有了一技之长，进可开店创业，退可打工积累资本。好酒不怕巷子深，所以有一技之长的大学生在开店创业的时候，可以避开热闹地段节省大量的门面租金，把更多的创业资金用到经营活动中去。

任务三　创　新　创　业

【任务目标】

(1) 掌握创新创业的内涵、特点。

(2) 了解大学生自主创业的意义。

(3) 了解大学生创业的优劣势。

(4) 了解大学生自主创业的优惠政策。

【任务描述】

从我国经济发展和教育改革与发展的现状来看,鼓励大学生进行创新创业、提高大学生核心竞争力,这是时代提出的要求,也是社会发展的必然趋势。目前各高校也大力扶持那些掌握创新知识的大学生进行创业,成为国家基础研究和高科技领域原始创新的主力军,为建设创新型国家提供支持和保障。

【案例导入】

王娟：从职业经理人到公益品牌创始人

2008年5月12日下午,时任某集团公司高管的王娟正在杭州办公室工作,突然她感到一阵眩晕,刚开始还以为自己身体出了问题,但很快发现是地震,和同事们一起疏散到楼下后,不久就接到了四川地震的短信。王娟说:"当时看到手机上的短信,还没有意识到此次地震的严重。"

看完央视对地震的报道之后,王娟直接冒雨开车去了附近的银行捐钱,因为这是第一次主动捐款,完全不知道该怎么捐、要捐给谁。最终在银行工作人员的指导下,选择了名单上排在第一位的中国红十字会。不久她又和集团内其他高管,每人拿出一个月的工资由集团统一捐给灾区。后来,集团又组织捐了一个月的工资。但这些钱捐到哪里?怎么使用的?王娟和同事们不知道,也没有再问询过,也没有收到任何回馈。这种不关心去向的捐赠行为恰恰成了日后王娟在从事公益中最担心的现象。

2009年,王娟受一位企业家朋友邀请,先后帮忙打理两个公益基金。王娟本以为凭借自己丰富的管理经验,帮忙做公益是做好事儿,可以很轻松,很快她就发现公益领域有大量知识需要学习,也有大量实际问题需要解决。两年后,企业家朋友决定不再延续两个公益项目,而这时王娟开始认真思考,只有打造出公益品牌,才能让公益项目避免对个人因素的依赖,走上专业可持续发展的道路。王娟决心全职投入公益,经过半年调研,她将项目聚焦在听障领域,并联合三十几位播音员、主持人在2012年3月2日共同发起了"爱的分贝"公益项目,并担任项目常务副理事长兼秘书长,从听障儿童及家庭面临的多重困境入手,从医疗救助延展至学前教育支持及机构赋能,建立起全场景、一站式的听力公益服务体系。2016年8月31日,北京爱的分贝公益基金会成立,王娟出任理事长。成为全职公益人之后，王娟面临了在商业领域里想象不到的困难，没有了央视主播的光鲜，也没有企业高管的优厚待遇，如同一场公益"创业"，缺钱、缺人、缺资源，一切都要从头做起。一次筹款活动中，爱的分贝一位资助儿童的母亲，受到了主办方不友好的对待，王娟心里非常难受，回程路上她望着窗外景色眼泪止不住地流，有那么一瞬间她开始怀疑自己的选择，自己的人生是否该在这样的场景中，车抵终点时，她默默擦干了眼泪，决心继续前行。

做了这么多年的公益，王娟表示最害怕的就是不关心捐赠去向的捐赠人。"我们希望捐赠人对我们的项目有了解，知道在哪里看项目反馈，毕竟我们是做公众筹款的。"王娟表示，去年爱的分贝项目筹款是2470万元，公众筹款占到了约70%，都是小额捐赠。

"公益让我变得成熟和丰富了。"王娟总结十年公益历程。从自发性的公益行为，到转型跨界深扎公益领域，她最满意的是：机构成长再困难，她也没有因为缺钱拒绝过一个符合资助条件的听障儿童，目前爱的分贝已经资助超过4000个家庭。作为"爱的分贝"的亲力打造者，她和机构理事们都将继续关注听障儿童的成长，"只要有一个孩子，因为我们的项目命运得到改变，这件事就值得继续做下去。"

【任务知识】

创新创业是指基于技术创新、产品创新、品牌创新、服务创新、商业模式创新、管理创新、组织创新、市场创新、渠道创新等方面的某一点或几点创新而进行的创业活动。创新是创新创业的特质，创业是创新创业的目标。

一、创新创业的内涵

创新创业是基于创新基础上的创业活动，既不同于单纯的创新，也不同于单纯的创业。创新强调的是开拓性与原创性，而创业强调的是通过实际行动获取利益的行为。

因此，在创新创业这一概念中，创新是创业的基础和前提，创业是创新的体现和延伸。

二、创新创业与传统创业的区别

创新创业与传统创业根本区别在于创业活动中是否有创新因素。这里的创新不仅指的是技术方面的创新，还包含管理创新、知识创新、流程创新、营销创新等方面。

总之，只要能够给资源带来新价值的活动就是创新。在某一方面或者某几个方面进行创新并进而创业的活动，就是创新创业。没有在任何方面进行创新的创业就属于传统创业。

三、创新创业的特点

（一）高风险

创新创业是建立在创新基础上的创业，但是创新受到人们现有认知、行为习惯等方面的影响，会面临被接受的阻碍，因而创新创业会面临比传统创业更高的风险。正如彼得·

德鲁克所言：真正重大的创新，每成功一个，就有 99 个失败，有 99 个闻所未闻。

（二）高回报

创新创业是通过对已有技术、产品和服务的更优化组合，对现有资源的更优化配置。能够给客户带来更大、更多的新价值，从而开创所在创业领域的"蓝海"，获取更多的竞争优势，也获取更大的回报。

（三）促进上升

创新创业是在创新基础上的创业活动，创新是创业的基础和前提，同时创业又是创新成果的载体和呈现，并在创业活动过程中不断优化资源配置、总结提炼，以实现创新的更新与升级。创新带动创业，创业促进创新。

四、大学生开展自主创业的意义

大学生自主创业是社会创业中非常重要的一部分。虽然在现实生活中，大学生创业还存在诸多不足，如创业实践少、自主创业科技含量和成功率较低、抗挫折能力不够以及创业所需的综合知识和能力素质比较欠缺等，但不能否认的是，自主创业不仅对大学生自身发展和成长具有重大意义，而且对社会发展和国家繁荣也具有重大的现实意义和深远的历史意义。

（一）自主创业有助于社会生产力的发展

创业者是现代生产力的催生者，创业活动是技术创新并实现产业化的主要形式。目前，我国的科技创新成果很多，但产业转化率和科技成果转化率均偏低。

（二）自主创业有助于实现经济高速增长

创业活动与社会经济之间是相辅相成的。一般而言，经济发达的地区也是创业活动活跃的地区，推动创业活动，也就推动了经济的发展。虽然目前我国创业大学生创立的大多数是一些中小企业，但这些中小企业也是一支不可低估的新兴力量。

目前，我国大学生创业所占 GDP 份额不高，但可以想象，不久的将来，随着越来越多的大学生加入自主创业的行列，我国自主创业的企业不管是数量还是质量都将有一个大的飞跃。

（三）自主创业有助于创造新的就业机会

大学生自主创业有利于缓解国家的就业压力，并为更多的毕业生提供新的就业岗位，能从根本上解决毕业生就业难的问题。一人创业成功，可以带动多人就业。同时，自主创业还增加了中小企业的数量，开创了新的产业领域，为经济发展注入了活力。

大学生创业就是利用自己的知识、才能和技术，以自筹资金、技术入股、寻求合作等方式创立新的就业岗位，为自己、为社会创造就业机会。

（四）自主创业有助于实现自我价值

创业是青年就业的有效方式，也是实现自我价值的有效途径。大学生通过自主创业，可以把兴趣与职业紧密结合，实现人生价值。创业者在创业中往往会面临许多困难与挫折，历经千辛万苦才能取得成功。因此，创业是一个锤炼意志的过程，是学习、提高、锻炼和自身发展的过程。创业成功，不仅个人可以获得利益，实现自我价值，而且还可以回报社会，为国家的繁荣做出贡献。

（五）自主创业是时代赋予大学生的历史使命

时代造就青年，时代呼唤青年。大学生自主创业有助于为国家造就一批年轻的企业管理人才，创业者将是我国未来经济发展的主力军，而大学生则是我国现在和未来创业的主体力量之一。

五、大学生创业的优劣势

大学生创业群体是一群具有鲜明特点的创业群体。他们普遍缺乏实践经验和创业资金，他们却拥有激情、梦想、知识和活力；他们情绪多变使得创业决策易受影响，却敢于竞争、不甘人后；他们坚持到底的毅力有限，但是直觉敏锐，对市场变化洞若观火……大学生创业者充满着无限的潜力。

（一）大学生创业的优势

1. 直觉敏锐

大学生运用各种新媒体接触网络信息的程度较深，接收信息的范围和能力在各类年龄人群中是最强的；富于奇思妙想的他们思维活跃、机巧灵敏，对市场信息的反馈触类旁通，能快速反应。这些特质能促进其所创办的企业在不断修整中适应市场的发展变化。

2. 追求创新

朝气蓬勃的大学生在创新意识方面的天赋是优秀的，他们不倾向跟随他人的脚步，不照搬千篇一律的商业模式，这种拼搏精神引导着他们发挥创新的优秀天赋，在市场中占得先机，不走寻常路，发展自己的企业。

3. 敢于竞争

优秀的大学生创业者视野广阔、思维活络，敢于直接面对各种各样的问题。他们敢于面对各种类型的困难和挑战的原因，并不是因为他们拥有丰富的人生经验和社会阅历足以解决这些问题和困难，而是他们敢于动手、尝试解决问题，加上不服输的果敢个性，让大学生创业者在市场竞争中能够坚守自己的事业，使之蓬勃发展。

4. 知识更新快

大学生创业者在初入社会前的社会经验是不够的，专业技术能力也是有缺陷的，但是他们有别于其他类型的创业者的最大特点就是学习速度快。他们接受新知识的能力极强，善于利用互联网学习新知识；加之互联网的发展、信息数据的大爆发，大学生创业者几乎能够在互联网上寻找到一切知识，将其吸收转化为创业的需要。这种能力，使大学生创业者始终拥有最新的市场和技术信息，为创业者保驾护航。

（二）大学生创业的劣势

1. 缺乏坚持到底的忍耐心，容易放弃

▶ 大学生就业与创新创业

  大学生在创业过程中，善于运用自己所学进行创业，但是缺乏长远经营的眼光，加上对创业项目的急功近利心态，导致大学生创业者很难度过艰难的创业初期；他们的父母期望他们找一份稳定的工作，会经常催促他们终止创业；同时期毕业且已经就业的同学的收入高于创业收入，这种对比会时刻动摇自己创业的坚定性。

  总而言之，创业过程中遇到的各项阻力以及周围环境的影响，都会让初入社会的大学生创业者产生焦虑，加上他们社会实践经验不足，很容易因为众多压力而放弃创业。

  2. 决策缺乏市场调查基础，决策过程易受情绪影响

  很多大学生创业者在大学时期，就终日忙于学生工作或者商业活动，因此理论知识学习较弱。创办公司后，决策都是根据自己有限的阅历、甚至是在想当然的情况下做出的，他们的决策缺乏对市场的基础了解和调查。

  大学生缺乏丰富的人生阅历，又长期处于学校、父母的保护中，他们初入社会，将面对各种困难，承担巨大的压力；他们的情绪控制能力较弱，在创办企业过程中，会因为情绪、情感问题而影响决策，极易导致创办企业处于风雨飘摇的境地。

  3. 目光局限，缺乏大局观念

  创业不是简单的商品买卖，也不是简单地提供有偿服务，它是中小型企业的雏形。虽然商业的本质是资金的流入和流出，但想要生存并长期发展下去，离不开大学生创业者的规划。而大学生创业者在创业思维方面的全局考虑尚有欠缺、经验方面普遍存在不足，在投入创业的过程中很容易着眼一处而忽略整体。

  另外，很多创业团队在内部合作创业或者和其他创业团队合作的过程中，只在乎己方收益，而忽略长远的战略合作精神，做出破坏团队的行为，导致创业团队在创业伊始刚有所起色就分崩离析。

  4. 资金周转能力差

  创业初期，大学生创业者在资金方面缺乏合理运作资金流的能力，对启动资金的使用没有合理规划，对回报率缺乏清晰的把握，造成创业初期企业长时间处于少收益或零收益状态。

六、大学生自主创业的优惠政策

  最近几年，越来越多的大学生毕业后选择创业。为支持大学生创业，国家每年都会出台许多相关的政策方针，涉及税收、创业培训、创业指导等诸多方面，大力推进创新创业，以创业带动就业。对打算创业的大学生来说，只有了解最新的创业政策和方针，才能走好创业的第一步。

  2021年9月22日，国务院办公厅印发了《关于进一步支持大学生创新创业的指导意见》（以下简称《意见》），这是史上第一次由国务院出台的专门针对支持大学生创新创业的政策文件。

  《意见》提出的降低大学生创新创业门槛、落实落细减税降费政策、促进大学生创新

创业成果转化、办好中国国际"互联网+"大学生创新创业大赛等一系列政策举措，聚焦大学生创新创业需求，将有力服务和引导更多大学生投身创新创业。

（一）《意见》针对大学生创业初期融资难提出的对策

大学生创业初期，资金是一大难题，虽然有一些好项目，但是因为资金断裂无法继续，也很容易失败。针对该问题，《意见》明确提出要加大对大学生创新创业的财税扶持和金融政策的支持力度，包括落实落细减税降费政策、做好纳税服务、强化精准支持；鼓励金融机构按照市场化、商业可持续原则对大学生创业项目提供金融服务，解决大学生创业融资难题；引导创新创业平台投资基金和社会资本参与大学生创业项目早期投资与投智等。在财税、金融等政策扶持下，大学生创新创业成果转化将有效落地。

（二）针对大学生创业失败的情况，《意见》提出的扶持政策

（1）落实大学生创业帮扶政策。按有关规定提供就业服务、就业援助和社会救助等。

（2）探索建立大学生创业风险救助机制。鼓励有条件的地方采取创业风险补贴、商业险保费补助等方式对大学生创业予以支持。

（3）明确"五险一金"缴纳。规定毕业后创业的大学生可按规定缴纳"五险一金"，减少大学生创业的后顾之忧。

【项目习题】

1. 什么是创业，创业和就业有什么异同？
2. 良好的创业精神表现在哪些方面？
3. 提升创新能力的方法有哪些？
4. 国家对大学生创业的扶持政策有哪些？

项目七　创业者与创业能力

任务一　创业者概述

【任务目标】

(1) 了解创业者的概念及特征。

(2) 熟悉创业者的素质要求。

(3) 了解创业者的创业动机。

【任务描述】

创业者是指利用或借用相应的平台或载体,将其发现的信息、资源、机会或掌握的技术,以一定的方式转化、创造成更多的财富、价值,并实现某种追求或目标的过程的人。创业搭档是创业者,而创业合伙人不一定是创业者。创业者自身应具备一个创业者应该具有的素质和条件。一定程度上说,创业者的自身素质条件决定了创业者的创业活动性质和经营范围,也决定了创业者最终能否获得成功。

【案例导入】

成功并不像你想象得那么难

1965年,一位韩国学生到剑桥大学主修心理学。在喝下午茶的时候,他常到学校的咖啡厅或茶座听一些成功人士聊天。这些成功人士包括诺贝尔奖获得者、某一领域的学术权威和一些创造了经济神话的人,这些人幽默风趣、举重若轻,把自己的成功都看得非常自然和顺理成章。时间长了,他发现在国内时他被一些成功人士欺骗了。那些人为了让正在创业的人知难而退,普遍把自己的创业艰辛夸大了,也就是说,他们在用自己的成功经历吓唬那些还没有取得成功的人。

作为心理学系的学生,他认为很有必要对韩国成功人士的心态加以研究。1970年他把《成功并不像你想象的那么难》作为毕业论文,提交给现代经济心理学的创始人威尔布雷登教授。布雷登教授读后大为惊喜,他认为这是一个新发现,这种现象虽然在东方甚至在世界各地普遍存在,但此前还没有一个人大胆地提出来并加以研究。惊喜之余,他写信给他的剑桥校友——当时正坐在韩国政坛第一把交椅上的朴正熙。他在信中说,我不敢说这部著作对你有多大的帮助,但我敢肯定它比你的任何一个政令都能产生震动。后来这本书果然伴随着韩国的经济起飞了,这本书鼓舞了许多人。因为它从一个新的角度告诉人们,成功与"劳其筋骨，饿其体肤""三更灯火五更鸡""头悬梁，锥刺骨"没有必然的联系。只有你对某一事业感兴趣，长久地坚持下去就会成功，因为上帝赋予你的时间和智慧足够你圆满做完一件事情。后来，这位青年终于获得了成功，他成了韩国泛亚汽车公司的总裁。

【任务知识】

一、创业者的概念

创业者这一词源于法语，表示某个新企业的风险承担者。因此，早期的创业者也被视为风险承担的承包商。

创业有广义和狭义之分，所以创业者也有广义和狭义之别。广义的创业者是指在各种不同领域和行业内创造性地工作并取得业绩的人。因此，广义的创业者不仅仅是企业家，也可能是工程师、医生、教师、公务员、环卫工以及在非营利组织工作的人员。狭义的创业者被定义为组织、管理一个生意或企业并承担其风险的人。狭义的创业者有两层基本含义：一是指企业家，即人们日常理解的在一个成熟的企业中负责经营和决策的领导者，准确地说是指那些具有诸如创新、承担风险、超前行动、积极参与竞争等创业特征的领导者；二是指企业创办人，即人们平时所说的即将创办新企业或者刚刚创办新企业的领导者。

本书所说的创业者，指的是狭义的创业者。在这里需要特别强调的是，企业创办人是创业者，企业家在本质上也是创业者。企业家通常是指那些在现有企业中具有创新精神和创业行为的领袖型人物。但在特定的研究环境下，创业者指新创企业或新业务的发动者。

二、创业者的特征

美国百森商学院的杰弗里·蒂蒙斯教授从态度和行为的角度，归纳出成功创业者的六大特质。

（一）责任承诺和决心

责任承诺和决心有助于创业者成功。只有坚定必胜的信念，才能战胜别人认为不可逾越的困难，最终取得创业成功。

（二）领导力

成功创业者是富有耐心的领导者，能够勾勒出组织远景，根据长远目标进行管理。他们无须行使正式权力，既能协调好企业内部员工的利益，又能处理好与顾客、供应商、债权人、合伙人等利益相关者的关系，共同分享财富和成功。

（三）机遇导向

关注企业发展的成功创业者，往往看重的是机遇而不是公司的资源、结构或战略。他们把机遇作为支点，通过对机遇的把握来规划企业的发展方向。在寻求机遇时目标明确，设定高且可企及的目标，从而集中精力瞄准机遇，并知道何时应该把握机会、何时应该拒绝机会，其目标导向还帮助他们分清轻重缓急以及评价他们的表现。成功创业者通常是细心和善于分析的人，他们认真计划将要做什么，然后按计划行事。

（四）容忍风险和不确定性

经济活动的本质在于以现有的资源，实现对未来的期望，这就意味着风险和不确定性。刚刚起步的创业者常常会遭遇诸多风险和不确定性成本，这种挫折和意外是不可避免的，然而，成功的创业者不是赌徒，不是"专注于风险"，而是"专注于机遇"。他们将资源从生产力和产出较低的领域转移到生产力和产出较高的领域。虽然这其中必然存在着失败的风险，但是即使他们只获得勉强的成功，其回报也足以抵消在这一过程中可能遇到的风险。事实上，当创业机遇已经存在的时候，再没有比放弃创业行动更有风险的事情了。

（五）容忍失败

创业者懂得从失败中吸取教训。俗话说，成功的背后包含着许多失败。要成为成功的创业者注定要经历许多挫折和失败，输不起的人往往就是赢不了的人。俗话说，错比空好。只为错过的遗憾，不为做过的后悔。害怕失败的人常常会失去在挫折和失望中获得试错性学习的机会。

（六）追求成功

成功的创业者更多的是准备和期望而不是碰运气。创业者属于自我驱动型的高成就需求者，他们有一股强大的欲望去竞争，不断超越自己设定的目标，去追求有挑战性的目标。他们倾向于承担适中的风险，善于研究各种变化的环境趋势，认真盘算成功的概率，然后才采取行动。因此，别人看来是高风险的投资决策，在他们眼里往往只有中、低风险。

三、创业者的素质

英国著名作家萧伯纳说："创业和罗曼史一样，傻瓜都可以试试，但要取得成功，则需要一定的才气。"可以说，并不是每个有创业激情的人都已成功创业，其根本原因在于创业者自身是否已经具备了一个创业者应该具有的素质和条件。一定程度上说，创业者的自身素质条件决定了创业者的创业活动性质和经营范围，也决定了创业者最终能否获得成功。

（一）创业者的身体素质

身体素质，顾名思义，就是一个人的身体体能和健康水平。俗话说"身体是革命的本钱"，做任何事情都需要有个好身体，创业尤其如此。因为创业所涉及的事务是非常复杂的，特别是在创业初期，要涉及大量的业务内容，在工作队伍还没有完全组建起来的时候，很多工作都必须创业者亲力亲为，这就需要创业者有良好的身体素质。如果没有一个好身体，很可能折腾几下就累倒、压垮了，创业也就无从谈起了。

（二）创业者的心理素质

创业心理是创业过程中对心理和行为起调节作用的个性主观反应。从心理学角度分析，可以将创业心理分解为认知性心理和非认知性心理。认知性创业心理包括感知、记忆、思维、想象等，它为创业活动提供智力支持；非认知性创业心理包括动机、情感、意志、性格等，它为创业活动提供精神动力。

创业者的心理素质对创业活动有非常重要的影响。从某种程度上来说，创业本质上是人们心理素质的较量，创业的成功在很大程度上取决于创业者的心理素质。创业心理最主要的内容，即创业者最重要的心理素质包括以下几方面。

1. 强烈的成就欲

成就欲即追求成功的欲望，是一种特殊类型的动机。成就欲强的人，把通过努力而取得成就看作人生最有意义的事情，他们为了取得成就而愿意付出更多努力，即使遇到再大的困难或遭遇巨大的挫折也在所不惜。

强烈的成就欲几乎是绝大多数创业者共同的特征。创业者往往内心中都有一种不甘平庸、不愿默默无闻和不满足于现状的心理，从而渴望通过努力创造一种不平凡的业绩。正是在这种心理的推动下，创业者们才走上了共同的创业之路。

2. 坚定的信念

信念是在对自己理想的坚信和对自己价值观认同的基础上，对美好未来持肯定态度的自我意识，是一种稳定的、强大的心理自我暗示。创业者对自己所进行的创业活动必定抱有坚定不移的观念和坚决执行的态度。只有坚定的信念才会产生坚决的行动，对创业全心投入，创业才有可能成功。否则，如果对自己的创业活动信念不坚定，就会半信半疑、犹豫不定，也不能全心投入，成功的概率自然就会缩小。

坚定的信念和一个人的自信心密不可分。自信就是自己相信自己，即一个人对自身的能力和价值的确信无疑和高度肯定。自信是一个人获得成功的必备心理条件。一个不相信、不肯定自身能力的创业者，不可能品尝到创业的硕果。

3. 顽强的意志

意志是人们自觉地确定目标，并根据目标支配和调节行动，克服多种障碍与困难，进而实现预定目标的心理过程。创业是一个漫长、曲折、艰辛的过程，要求创业者必须具备顽强的意志力，从而增强独立性、果断性、坚定性和自制力，坚定目标、克服困难、艰苦奋斗，最终确定创业成功。

顽强的创业意志也能帮助创业者削弱因创业不顺而带来的负面心理，增强创业者的心理承受能力，使其保持积极向上、乐观勇敢的心理状态。创业过程中，人们随时会碰到困难和挫折，甚至还会遭遇致命的打击。在这种时候，强大的心理承受能力和积极的心态能对创业者起到很好的保护作用，从而对创业的成败产生重大影响。

4. 适当的胆量

创业总是具有一定的风险。机遇和风险相伴而生，当一个创业机会出现时，风险肯定会随之而来。对于创业者来说，只有敢于冒险才能果断地抓住机会。冒险和创业者的胆量密切相关，只有具备足够的胆量，才有可能采取冒险行为。胆子太小，前怕狼后怕虎，不敢承担风险的人，很难成为一个成功的创业者。

但是，胆子如果"太大"，过于喜欢冒险也不好。因此，胆量也要"适当"，即在具备较强的风险意识和风险管理知识的前提下，在对风险进行科学预测和评估的基础上，进行适当的冒险。

5. 独特的性格

性格是一个人具有一定倾向性的心理特征的总和。性格会对一个人的行为产生一定影响。对于创业者来说，也存在适宜的性格和较不适宜的性格。一般而言，适合创业的人应当包括独立自主、乐观开朗、亲和力强、有责任感、勇敢勤奋、勇于创新、适应性强、诚实守信等性格特征。当然，由于性格具有可变性和不确定性，创业又是一个非常复杂的过程，性格和创业成功之间并不存在非常必然的关系。

（三）创业者的能力素质

1. 创新能力

创业和创新密不可分，可以说，创新贯穿于创业的全过程。无论是寻找创业机会、产生创业点子、撰写创业计划、组建创业团队，还是筹建企业、经营管理企业，都离不开创新。因此，创新能力是创业能力的重要组成部分。

所谓创新能力就是创业者运用知识和理论，构想创意，完成创新过程，实现创新价值的能力。通俗地说，创新能力就是能够想出他人没有想出的"新点子"，走出他们没有走过的"新路子"的能力。创新与创意能力是推动创业行为的内驱力，是产生创业行为的前提和基础。很难想象一个墨守成规、循规蹈矩的人能成为一个成功的创业者。

2. 组织管理能力

创业过程是一个将人、财、物、信息、时间等各种要素进行有效组织管理的过程。特别是在企业初创阶段，这些要素资源是非常有限的，如何将有限的资源使用好，让他们最大限度地发挥作用，显得尤为重要。而这就要求创业者必须具备较强的组织管理能力，要善于用人、善于理财、善于经营。

3. 沟通能力

企业不是一个封闭独立的组织，而是需要和社会各界交流信息、互通有无的团体。创业者在企业成长发展过程中，对外要和供应商、消费者、政府、媒体、同业竞争者处理好合作与竞争的关系，对内要和上级、下级和兄弟部门处理好分工与合作的关系。尤其是在企业遇到某些问题或者危机的时候，创业者的沟通协调能力、危机化解能力就显得至关重要。沟通协调能力强的创业者可以帮助企业解决问题、化解危机，获得新的发展机会；而缺乏协调与社交能力的创业者却会在问题面前无所作为、听之任之，企业甚至可能因为其不当言论或者不当的沟通协调行为而加重危机，甚至一蹶不振。正如李嘉诚在给创业者98条忠告中说："今日如果没有那么多人替我办事，我就算有三头六臂，也没有办法应付那么多的事情，所以成就事业最关键的是要有人能够帮助你，乐意跟你工作,这就是我的哲学。"

4. 学习能力

当今社会，从事任何事情都需要知识，创业也不例外。创业者要从事创业活动，除了必须具备一定的同创业内容有关的专业知识（如开办网络公司要懂得足够的网络知识，开办房地产公司要懂得足够的房地产知识等）外，还必须具备一定的同创业活动自身密切相关的一些知识，如创业法律知识、财务管理知识、企业管理知识等。要掌握这些知识，必须依靠学习。

更重要的是，在知识爆炸、竞争激烈的当今社会，创业需要面对一个多变的环境和激烈的竞争。创业者必须随时了解各方面的信息，把握社会和行业发展的动态，掌握企业发展所需的新知识，这就要求创业者必须具备强大的学习能力。一定程度上可以说，创业者的学习能力是影响企业发展的关键因素。

创业能力测试

测评说明：

1. 当你想要拥有一个自己的公司的时候，有必要先进行这个测试，它可以帮助你判断你自己是否适合创业？你具有多少创业者潜力？当然，这个测试结果也是仅供参考，因为决定一个人创业能否成功要受到好多因素的制约。

2. 请认真阅读题目，根据你的实际情况来选择最符合你的描述。

3. 在选择时，请根据你的第一印象来回答。不要做过多的考虑，并在符合你的情况的括号里画"√"。

创业能力测评表

（1）是否曾经为了某个理想而设下两年以上的长期计划，并且按计划进行直到完成？（　　）

（2）在学校和家庭生活中，你是否在没有师长和亲友的督促下，就自动完成分派的任务？（　　）

（3）你是否喜欢独自完成工作，并做得很好？（　　）

（4）当你与朋友在一起时，你的朋友是否常寻求你的指导和建议？你是否曾被推举为领导者？（　　）

（5）在你以往的经历里，有没有赚钱的经验？你喜欢储蓄吗？（　　）

（6）你是否能够专注地做自己感兴趣的事连续10小时以上？（　　）

（7）你是否习惯保存重要资料，并且井井有条地整理，以备需要时可以随意提取查阅？（　　）

（8）在平时生活中，你是否热衷于社会服务工作？你关心别人的需要吗？（　　）

（9）是否喜欢音乐、艺术、体育以及其他各种活动？（　　）

（10）在此之前，你是否带动其他人员，完成过一项由你领导的大型活动或任务？（　　）

（11）喜欢在竞争中生存吗？（　　）

(12) 当你在别人管理下工作时,发现其管理方法不当,你是否会想出适当的管理方式并建议改进?(　　)

(13) 当你需要别人的帮助时,是否能充满自信地提出要求,并且能说服别人来帮助你?(　　)

(14) 在你筹款或者义卖时,是不是充满自信而不害羞?(　　)

(15) 当你要完成一项重要工作时,是否总是给自己留出足够的时间仔细完成,而决不让时间虚度,在匆忙中草率完成?(　　)

(16) 你参加重要聚会时,你是否会准时赴约?(　　)

(17) 是否有能力安排一个恰当的环境,使你在工作中能不受干扰,有效地专心工作?(　　)

(18) 你交往的朋友中,是否有许多有成就、有智慧、有眼光、有远见、老成稳重型的人?(　　)

(19) 你在学习或团体中,被认为是受欢迎的人吗?(　　)

(20) 你自认是理财高手吗?(　　)

(21) 你是否可以为了赚钱而牺牲自己的娱乐?(　　)

(22) 你是否总是独自挑起责任的担子,彻底了解工作目标并认真地执行工作?(　　)

(23) 在工作中,你是否有足够的信心和耐力?(　　)

(24) 你能否在很短的时间内,结交许多新朋友?(　　)

4. 评分标准:

评分标准:答"是"得1分;答"否"不得分。统计所得分数。

5. 测评结果分析:

0~5分:目前不适合创业,应当训练自己为别人工作,并学习技术和专业。

6~10分:需要在别人指导下去创业,才会有成功的机会。

11~15分:适合自己创业,但必须在所有"否"的答案中,分析出自己的问题加以纠正改进。

16~20分:非常适合创业,足以使你从小事业开始,并从妥善处理中获得经验,成为成功的创业者。

21~24分:有无限潜能,只要把握时机和运气,可能将是未来的商业巨子。

四、创业动机

(一) 创业动机的含义

创业是通过寻求、评估和开发创业机会,向消费者提供产品或服务的过程,这一过程会受到人的动机影响。

创业动机是指引起和维持个体从事创业活动,并使活动朝向某些目标的内部动力。创业动机是鼓励和引导个体为实现创业成功而行动的内在力量。创业动机是一种内在驱动力,也是一种目标和愿景。创业动机驱动着创业者的行为,激励创业者不断发现问题、解决问题,从而实现自己的梦想。

创业者的需求层次及其影响因素的共同作用形成了创业者不同的创业动机,而不同的创业动机导致创业者行为过程与行为结果的差异。

(二) 创业动机的类型

1. 生存的需求

由于经济的原因,一部分家境贫困的学生为了顺利完成学业用课余时间打工来维持正常的学习和生活。在打工的过程中,一些具有创业素质的大学生发现商机并且去把握它,于是开始走上创业的道路。

2. 就业的需求

根据教育部、人力资源和社会保障部的最新统计数字显示,近年来我国大学毕业生就业形势严峻。在这种情况下,由于找不到一份自己满意的工作,一部分大学生开始创业。

3. 成长的需要

随着大学生年龄的增长,对于参与社会和自我成长的需要会逐渐强烈。一部分大学生为了增加自己的实践经验、丰富社会阅历、为今后的发展或实现某个目标做好准备,在条件成熟的情况下也会利用课余时间走上创业道路。这类创业者往往以锻炼为目的,承受失败的能力较强,但半途而废的比例较高。

4. 自我实现的需要

心理学研究表明:25~29岁是创造力最为活跃的时期,这个年龄段的青年正处于创造能力的觉醒时期,对创新充满了渴望和憧憬。另外,由于大学生往往更容易接触新的知识、科技发明和科研成果,或者他们中的一部分人本身就拥有具有自主知识产权的科技成果,为了实现科研成果的转化,实现财富创造和自我价值,这部分大学生也开始了自己的创业生涯。

(三) 创业动机的驱动因素

由于每个人的家庭背景、生活环境、教育经历不同,所处的社会文化、创业环境不同,其创业动机也不相同。影响创业动机的驱动因素主要包括:家庭背景、教育背景、社会文化、创业环境等。

1. 家庭背景

家庭、学校、社会是影响一个人行为的三个重要因素,其中家庭也是人的第一所学校,父母是孩子的第一任老师。家庭对人的价值观、人生观和世界观产生了重要影响,家庭背景对创业者的创业认识、创业动机、创业行为都影响深远,创业的启蒙教育在家庭中完成。

父母不仅对子女的生活习惯、性格培养产生影响,还影响子女的职业态度和职业选择。父母的职业、社会地位、社会影响对子女创业动机也会产生很大影响。研究表明,个人早期的观察和生活经历会影响其职业选择。

父母创立家族企业,子女耳濡目染,长期熏陶,也会继承衣钵,选择创业。同时,家族企业也会为子女创业提供丰富的创业经验、广泛的人际关系、充足的资金支持,为子女创造包容创业失败的环境和良好的创业教育,柳传志女儿柳青出任滴滴出行总裁、任正非女儿孟晚舟担任华为首席财务官、王健林儿子王思聪创办IG电子竞技俱乐部等,他们都是选择创业,其主要原因就是家庭的影响。此外,父辈创业成功,留下很大基业需要子女继续走创业之路,更好地继承家业。

2. 教育背景

教育对创业者的创业动机产生很大影响,尽管许多实证研究表明,学历高低与创业没有必然联系,不接受高等教育也一样能够成功。但是,我们必须看到,没有受高等教育而创业成功一方面是小概率事件,不具有普遍性,另一方面也没有否定高等教育对创业的积极影响。随着经济全球化的深化和科技迅猛发展,没有受过专业教育的创业者很难成功,而受过高等教育的创业者在高科技领域更能创业成功。

3. 社会文化

社会文化是与基层广大群众生产和生活实际紧密相连,由基层群众创造,具有地域、民族或群体特征,并对社会群体施加广泛影响的各种文化现象和文化活动的总称。不同的文化和民族的特殊性孕育不同的社会文化,社会文化看不见、摸不着,但影响人们的价值观念、思维方式、价值取向、行为方式,同时也潜在而持久地影响着创业者的创业心理和行为。

"士、农、工、商"的价值取向,传统的官本位思想,对我国大学生创业者影响很大,很多大学生毕业后优先选择考公务员、事业编制,而不是选择自主创业,甚至有的大学生创业已经比较成功,父母还要求他们考事业编制或教师岗。

4. 创业环境

引起动机的内在条件是需要,引起动机的外在条件是诱因。引起创业动机的外在条件就是创业环境,创业环境为创业动机的产生提供了外部诱因。健全政策法规,优化政策环境,完善创业载体,营造创业文化氛围,培育功能完善的创业生态体系,对于激发大学生创业动机非常有帮助。

我国的上海、深圳、北京等地创业环境不断优化,近几年涌现出众多的众创空间、创客咖啡、小微企业孵化器、风险投资机构,再加上配套的创新创业设施、优化的创新创业政策,创业环境不断得到优化,创业人数明显增加,这都说明了创业环境的重要性。

任务二 创新能力概述

【任务目标】

(1) 了解创新能力的概念。

(2) 了解创新能力的特点。

(3) 掌握创新能力的类型。

【任务描述】

在科学技术飞速发展的今天,创新意识和创新能力越来越成为一个国家国际竞争力和国际地位的最重要的决定因素。国内学者对创新能力的理解各不相同,他们对创新能力内涵的阐述基本上可以划分为三种观点:第一种观点认为创新能力是个体运用一切已知信息,包括已有的知识和经验等,产生某种独特、新颖、有社会或个人价值的产品的能力。它包括创新意识、创新思维和创新技能等三部分,核心是创新思维。第二种观点认为创新能力表现为两个相互关联的部分,一部分是对已有知识的获取、改组和运用;另一部分是对新思想、新技术、新产品的研究与发明。第三种观点从创新能力应具备的知识结构着手,认为创新能力应具备的知识结构包括基础知识、专业知识、工具性知识或方法论知识以及综合性知识四类。创新能力具有自主性、首创性、价值性、超越性、层次性的显著特点。创新能力通常包含发现问题的能力、流畅的思维能力、变通的能力、独立创新的能力、制订方案的能力和评价的能力等基本能力。

【案例导入】

张林芳:大学生自创中药奶茶开橘井奶茶店

奶茶遇到中药,会发生什么变化。在山西省中医学院,一位22岁的女大学生张林芳,学以致用,让二者相遇,呈现了一杯杯味道可口、健康养生的中药奶茶。她带领着同学们创业,在校园开了一家橘井奶茶店。

张林芳的橘井奶茶店开业后,正在上大三、中西医结合临床专业的张林芳穿着工作服,在操作间制作着奶茶;来这打工的十多位学生忙碌其间,为客人准备着甜点等。

清馨奶茶,有清热泻火、清心润肺功效;畅动奶茶,促进肠胃蠕动,有溶肠功效。瑰蜜如闺蜜,用玫瑰花和蜂蜜调制,适合爱美女士品尝,可以美容养颜。

据张林芳介绍,奶茶吸收了药方和中医药诊断专业知识,按照方剂比例调制而成,尽可能达到口感和食物调理共存。清馨奶茶运用荷叶、薄荷等四味有清热解毒泻火的中草药,并且得到了医学界专家的认可,这让她更加坚定了自己的选择。

团队从最早的3个人,后来进行校园招贤纳士,不少大学生们也报名加入进来,现在已经发展到30名。学生们在不影响上课的情况下,利用课余时间,锻炼自己。大一学生王丹就是其中一位,曾在 PIZZA 店打工的她,现在做奶茶的同时也在做 PIZZA。同学们互相学习对方所长,现在10多名学生跟着她学会了做 PIZZA。王丹说:"以前没课的时候,不知道做什么。现在挺开心,丰富大学生活的同时,也让自己重新认识到古老中医可以和生活完美融合"。

张林芳的中药奶茶获得首届晋商杯优秀奖,获得了一万元奖金,并获得家人、亲戚的支持,让她的梦想可以照进现实。在老校区卖普通奶茶,搬到新校区后,她想着将奶茶和专业结合起来。并在传统药方和中药诊断中汲取灵感。最终,有了她的中药奶茶。现在学校也给她莫大的帮助,店铺免费,让张林芳压力减轻了许多。

▶ 大学生就业与创新创业

橘井奶茶，正如店名。"橘井泉香"一词与"杏林春暖""悬壶济世"一样，在中医药学界脍炙人口，她希望用此名传递中医药学子情怀，同时，在品尝可口的奶茶时达到食物调理的目的。

【任务知识】

一、创新能力的概念

创新能力又称创新力、创新才能，是指运用知识和理论，在科学、艺术、技术和各种实践活动中，不断提供具有经济价值、社会价值、生态价值的新思想、新理论、新方法和新发明的能力。它是一种综合能力，是以广博的知识为基础的能力。

概括地说，创新能力就是指提出设想、解决问题的能力，是运用一切已知信息，对事物的现象和本质进行分析、综合、推理、想象，进而产生出某种新颖、独特、有社会或个人价值的新产品、新工艺、新成果的能力。创新能力主要包括创新精神和创新方法两个层面的含义。前者指创新能力中的非智力因素，由思想政治素质（世界观、人生观、价值观等）、道德素质（个人美德、社会美德、理想道德等）和个性心理因素（求知欲、创新意识、勇敢精神、顽强精神、科学态度等）构成的精神能力。后者则指创新能力中的智力因素，是由注意力、理解力、记忆力、观察力、想象力和思维能力等共同构成的认知能力，其中思维能力是智力的核心，包括逻辑思维能力、形象思维能力和创造（灵感、直觉和顿悟）思维能力。

创新能力主要体现在创新思维能力、创新学习能力和发明创造能力。创新思维能力就是创新思维不受常规思路的约束，寻求对问题全新的独特性的解决方法的思维过程。爱因斯坦说："人是靠大脑解决一切问题的。"说明了思维对解决问题的重要性。创新思维能力对个体的创新能力形成和发展具有十分重要的地位和作用，甚至直接决定着个体创新能力的大小和强弱。创新学习能力主要表现为个体自觉、能动、有目的、有创造性地从事各种学习活动。学习活动是创新能力形成和发展的基础，创新能力正是在创新思维的主导下，通过系统、有目的地学习各种与创新有关的知识、理论、方法，进行各种创新训练活动而不断形成和稳定的。发明创造能力是立足已有事物，对其进行重新组合，进而产生出新颖、独特、有价值的产品的能力，是一种产生新思路、新事物的综合能力。这是创新能力最直接的体现，是创新能力最直观的表现形式。

二、创新能力的特点

自主性、首创性、价值性、超越性、层次性是创新能力的显著特点。

（一）自主性

创新能力的自主性又称自主创新能力。所谓创新能力的自主性，指创新主体在既定的创新目标下，充分发挥自身的主观能动性，综合运用自身创新知识、创新能力，从事各种创新活动，努力实现创新目标的能动活动。

(二）首创性

提供新颖、独创的产品是创新能力外化的主要体现。无论什么形式的创新能力的成果，在本质上都必须具有新颖、独特的特点。是否能提供具有独创性的产品更成为检验是否属于创新劳动的一个重要标志。美国心理学家克雷奇就曾经说过："一个人对某一问题的解决是否属于创见性，不在于这一解决曾否有别人提出过，而关键在于这一问题及其解决对这个人来说是否新颖。"

（三）价值性

价值在经济学意义上，指物的有效性，即事物能满足主体某种需要的属性。首创性是创新能力外化的一个重要表现，但是否提供具有社会价值的创造性劳动产品也是检验、评价创新能力高低的一个重要依据。所谓创新能力的价值性，指创新成果必须能满足社会的需要，能推动社会的发展进步，才能称其为创新能力的产物。苏联心理学家波果斯洛夫斯基就指出："真正的创造，总给社会以有益的有意义的成果。"没有独创性，人云亦云，复制模仿，当然不是创新；但仅有首创性而没有社会意义，不能为人类社会和人类自身的进步与发展提供有益的产品和效益，同样不能称之为创新能力。

（四）超越性

创新能力的超越性是指创新主体通过一系列创新活动，不断突破原有思维定式，而产生新的飞跃的特性。任何创新都意味着旧事物的消失、重组和新事物的产生、发展，即新事物对旧事物的超越和取代。没有对原有事物的超越，任何创新都无法实现。在创新活动中起决定作用的创新能力因素，也必然因此产生超越的特性。

（五）层次性

创新能力作为主体能力的重要体现，受主体自身知识结构、能力结构、智能结构、个性品质的影响而表现出高低强弱，不同主体所具有的创新能力必然有所不同，表现出鲜明的层次性。创新能力并不是伟人所独有的，每一个社会成员都有创新能力，时时在以不同程度的创新能力影响着社会的发展。但不同年龄、不同文化程度、不同经验的人所表现出来的创新能力必然具有水平高低等方面的差异，这种差异构成了创新能力在程度、水平等方面的层次性。

三、创新能力的类型

创新能力作为一个系统、综合的概念，是指各种基本能力的组合方式，这种组合方式是随不同领域的创新活动而不同的。创新能力通常包含以下几种基本能力：发现问题的能力、流畅的思维能力、学习的能力、变通的能力、独立创新的能力、制订方案的能力等。

（一）发现问题的能力

发现问题的能力是一种发现那些让人难以觉察的、隐藏在习以为常现象背后问题的能力。其表现为：意识到存在于周围环境中的矛盾、冲突、需求；意识到某种现象的隐蔽未解之处；意识到寻常现象中的不寻常之处。

发现问题能力的前提是好奇心和怀疑。好奇心会促进人们对外界信息的敏感性，发现问题并追根溯源提出一连串问题。怀疑，就是对权威的理论、既有的学说和传统的观念等不是简单地接受与信奉，而是持怀疑和批判的态度。

（二）流畅的思维能力

流畅的思维能力是指就某一问题情境能顺利产生多种不同的反应，给出多种解决办法和方案的能力。常用"思潮如涌""下笔如行云流水""口若悬河滔滔不绝"等来形容思维流畅的人。思维流畅对创新有重要意义，因为只有形成大量设想，才会有更多机会产生有创新意义的想法。提出的设想越多，出现有创见性想法的机会也就越多。

思维流畅是以丰富的知识和较强的记忆力为基础的，并能够根据当前情况所得到的印象和所观察到的事物激活知识，调出大脑中储存的信息，并进行创造性思维，从而提出大量新观点。

（三）学习的能力

在当今竞争激烈的时代，一个人或一个组织的竞争力往往取决于学习能力，因此无论对于个人还是对于组织而言，其竞争优势就是有能力比其竞争对手学习得更多、更快。管理大师德鲁克说："真正持久的优势就是怎样去学习，就是怎样使得自己的企业能够学习得比对手更快。"学习能力可以分为个体学习能力和组织学习能力。个体学习能力是指个人获取、掌握知识、方法和经验的能力，包括阅读、写作、理解、表达、记忆、搜集资料、使用工具、对话和讨论等能力。学习能力还包括态度和习惯，比如"活到老学到老"的终身学习的态度和信念。组织学习能力是指，通过大量的个人学习特别是团队学习形成的一种能够认识环境、适应环境，进而能够能动地作用于环境的组织能力。具有学习能力的组织，可以称之为学习型组织。

（四）变通的能力

变通的能力，是指思维迅速地、轻易地从一类对象转变到另一类对象的能力。它能够从某种思想转换到另一种思想，或是多角度地思考问题，能用不同分类或不同方式研究问题。具有变通能力的人，一般都能根据客观情况的变化机智地解决问题，在思维中灵活应变，不囿于条条框框，敢于提出新观点。

凡是在创新上大有作为的人，大都思路开阔、妙思泉涌。因为创新需要找到不同的应用范畴或许多新的观念。越是能带来重大突破的创新，越是需要借助于其他领域的知识，吸取外来的思想。

创新需要多向思维，仅有流畅的能力是不够的，还需要变通能力。因为流畅性强调产生设想的数量，如果只是在同一类型上做出众多反应，那么就会形成思维定式。

（五）独立创新的能力

独立创新的能力是一种寻求不同寻常的思想和新奇的、独特的解决问题的能力。具有独创能力的人往往与他人不同，独具卓识，能提出新的创见、做出新的发现、实现新的突破，具有开拓性。独创能力是创新能力最本质、最重要的核心要素，它反映了一个人创新能力水平的高低。无论在技术产品开发上,还是在生产、管理和市场开拓上,甚至在日常学习和生活中,都需要运用独创能力。

一般人的创新能力,独创能力是最重要也是最难的。它主要体现在两个方面:一是打破常规,追求与众不同;二是求新求异的有机结合。打破常规就要求思维具有批判性,用挑剔的眼光来看问题,并总是能提出与众不同的、罕见的、非常规的想法。求新就是以新的角度看问题,以新的思路、新的方式提出新设想。求异就是要独特,提出的设想与常规的设想相比有很大不同,是一般人不易想到的。

(六) 制订方案的能力

创新的设想能否实现取决于方案的制订和实施。所谓制订方案的能力是指把一个创新的想法变成一个具体的实施方案。方案是为了解决特定问题、达到预期目标采用的方法和手段。制订方案时,首先要明确创新目标是什么,方案是围绕着实现创新目标而制订的;其次,分析实现这个创新设想存在哪些问题和困难,了解其有利因素和不利因素;再次,针对需要解决的问题,应选择采用创新方法(包括类比、想象、直觉、灵感等多种形式)和途径,并确定需要解决的重点和方向;最后,制订方案的实施步骤。

创新能力是由上述基本能力组成的一个有机整体,只有在这几个基本能力协调一致时,创新能力才能得到充分发挥。具有创新能力的人,不仅要具备这些能力,而且还要懂得思考什么时候、以何种方式来有效地使用这些能力。创新就是这些能力都达到均衡和运用的过程。

任务三 创新能力培养

【任务目标】

(1) 掌握培养创新能力的基础。

(2) 了解创新能力的影响因素。

(3) 了解创新能力培养的途径。

【任务描述】

培养大学生的创新能力,对我国应对知识经济的挑战,实施科教兴国战略,提高全民族的思想道德素质和教育科学文化素质,建设创新型国家都具有重要的现实意义。大学生作为我国未来建设创新型国家的重要力量,能否具有创新意识和创新能力,事关我国未来社会的兴旺发达,事关国家核心竞争力的保持。培养大学生的创新能力,首先要培养大学生的知识能力,创新能力培养的途径包括开发创新思维、锤炼创新意志、捕捉创新机遇。

【案例导入】

X 射线是怎么被发现的?

X 射线的发现是极为偶然的。1895 年 11 月 8 日傍晚,伦琴正在实验室内致力于研究

▶ 大学生就业与创新创业

阴极射线所引起的荧光现象。当他正端详着高真空放电管时，意外地发现放在距离放电管两米远的涂有铂氰化钡的屏也发出荧光，而当放电管停止放电时，荧光随即消失了。

这一现象引起了伦琴的强烈兴趣：屏上的荧光，分明是由放电管引起的，但是阴极射线只能穿透几厘米的空气，因此可以断定引起屏上荧光的肯定不是阴极射线。那么，这究竟是什么神秘物质呢？伦琴又反复做实验，或把屏移得更加远离放电管，或用黑纸把放电管包起来，屏上依然有荧光发生。百思不得其解而又兴奋异常的伦琴给这位神秘的不速之客起了个名字——X射线。

接着，伦琴又通过一系列实验证明，这种特殊的射线具有不同于阴极射线的新性质。如X射线不能被磁场所偏转，它不仅可以使密封的底片感光，还可以穿过薄金属片，甚至在照片上能显示出衣服内的钱币或手掌骨骼。

X射线的发现对人类的贡献是巨大的。许多科学家把X射线应用于医疗诊断和物质结构的研究，就是在医院看病时医生建议人们拍的X光片。但是，亲爱的读者，你知道吗，关于X射线，还有个有趣的小故事呢。

伦琴发现了X射线后，人们出于对他的敬仰，把X射线叫作伦琴射线。但是，伦琴夫人对于丈夫发现的这种神秘射线，却抱着既好奇又不相信的态度。伦琴为了说服她，跟她开了一个小小的玩笑：让她把手放在射线前拍了一张照片。然后，把冲洗出来的底片给她看。心理上毫无准备的伦琴夫人一旦看清丈夫手里的底片，吓得尖叫着连连倒退。看着爱妻受惊的样子，伦琴忍不住哈哈大笑起来。

伦琴夫人左手的X光照片，在全世界的科学家中引起了巨大轰动。一时间，全球掀起了研究X射线的浪潮。说起来你恐怕不会相信，那个时候，X光甚至是受许多显贵绅士青睐的娱乐工具呢。他们争相用X光看彼此的骨骼系统和内脏器官，乃至看一枚放在皮夹子里的小小硬币。不过，后来一旦知道X光对人体细胞有杀伤作用，就没人再热衷于玩这样的游戏了。自然，对于人们来说，X射线的伟大意义，也与这些达官贵人的游戏无关，我们铭记伦琴，是因为他为我们开创了一个人类探索物质世界的新纪元。

【任务知识】

一、培养创新能力的基础

培养大学生的创新能力，首先要培养大学生的知识能力，只有掌握丰富的知识，构建合理的知识结构，才能在创新活动中游刃有余。

（一）广学博览，扩大知识面

创新型人才，要想构建合理的知识结构，则需要先掌握丰富的知识与经验。知识是智力的基础，智力又是创新能力的基础，所以知识也必是创新能力的基础。知识包括自然科学知识和社会科学知识，是人们对客观事物现象和过程的反映，是人们运用自己的智力和能力认识客观外界的结果。知识固然不等于能力，但知识却是能力的基础。古罗马哲学家西塞罗有句名言："无知是智慧的黑夜，没有月亮、没有星星的黑夜。"人们没有某一方面的知识,也就很难具有某一方面的能力。

(二) 更新知识,优化知识结构

要成为创造型人才,需要不断学习,获取新的知识,优化知识结构。特别是当今时代,科学技术的发展一日千里,知识陈旧周期不断缩短。我们知道,19世纪人类科学知识的增长速度每50年才增加一倍;到20世纪中叶,则每10年就增加一倍;现在,几乎每3年就要翻一番。在世界范围的学科门类已达到2000多种,一个科学家即使24小时夜以继日地学习,一生也只能阅读有关他自己这个专业的世界上全部出版物的5%,人们形象地称其为"信息爆炸"。

1. 基础知识结构

基础知识包括自然科学知识、社会科学知识和人体科学知识。自然科学知识包括物理学、化学、数学、天文学、地质学、动物学、植物学等;社会科学知识包括哲学、逻辑学、政治学、经济学、历史、文学艺术等;人体科学知识包括生理学、心理学、思维科学等。其中心理学、思维科学、生理学、逻辑学、管理学都是我们应该予以重视的。

2. 专业知识结构

(1) 专业基础知识,是学科赖以存在和发展的基础知识,通常是基础知识与专业知识的融合。

(2) 专业知识,是一个人知识结构中的主要部分,其他部分都是辅助性的知识。能否在本专业中进行创造性的工作,集中表现于专业知识的深度和广度。

(3) 专业前沿知识,主要是指学科发展的新动向、新观点、新思潮、新突破。这部分知识往往不是很成熟,处于探索和研讨之中,而一旦发展成熟并得到广泛应用,就转化为专业知识或专业基础知识。

二、创新能力的影响因素

一个人创新能力的发挥会受到众多因素的影响,具体包括以下几个方面。

(一) 创新动机

动机是引起和维持人的行为,并将行为导向某一目标的愿望和意念,创新动机的强弱对人成就的高低影响很大。

(二) 创新的兴趣和好奇心

好奇心和兴趣是对创新能力影响的关键因素。好奇心与兴趣密切相连,人们在好奇心的驱使下会产生探究的愿望,通过探究导致创新的实现。兴趣是一个人对一定的事物所抱有的积极态度,是一个人对一定活动的积极情绪反应。兴趣是人们钻研、创新的最好内驱力,索然无味、强迫性地学习、研究是束缚人们的一种精神枷锁。对于真正喜欢某一活动的人来说,再苦的事也其乐无穷,它都会让人乐此不疲,因而产生出许多创新的思维亮点。

（三）独立自主性

有研究表明，很多具有较高创造力的个体都有独立自主性、较少社会交际等个性特征。因此，大学生既要注意培养自身的人际兼容性，也要努力给自己创造独处的空间，更多地锻炼自己独立解决问题的能力。

（四）勇敢坚韧的品格

创新的过程往往并非坦途，而是荆棘丛生。大学生要想今后有所成就，就必须培养坚韧不拔、勇往直前、无所畏惧、永不退缩的意志及毅力，必须明白失败是成功之母，成功是失败的产物。一个人的抱负水准越高，成就动机就越强，就越容易敏锐地感受到挫折，如果缺乏坚韧的品格，在挫折、困难面前退缩了，就很难取得突出成就。只有具备坚韧的品格，才会在确立了追求的目标后矢志不移地去奋斗博取，否则即使目标正确也依然会半途而废一事无成。

三、创新能力培养的途径

（一）开发创新思维

创新思维的养成需要日积月累地锻炼、培养与开发，大学生应从以下几个方面开发创新思维。

1. 善于独立思考

思考是由"思"和"考"两个字组成。"思"指的是反思、沉思、静思、慎思。"考"指的是考究、研究、学习、研习。孔子说过："学而不思则罔，思而不学则殆。"人在很多时候，虽是在学习却缺乏思考，或者总是思考却从不去学习。大学生应保持独立的心态，培养独立思考的习惯，创新的源泉才会源源不断。

2. 发展想象空间

创新过程必须依靠丰富的想象，能够在自己已有知识和经验的基础上，在头脑中构建自己从未经历过的事物的新形象。只有借助想象的力量，才会和思维碰撞爆发出灵感的火花。缺乏想象力的人，到头来只有在原地踏步，而能在眼前清楚描绘出未来的人，才有可能成功。虽然想到的未必都能做到，但做到的必须首先要想到。

3. 扩展思维视角

培养创新思维的最好方法是扩展思维视角：一是把复杂问题转化为简单问题；二是把不能办到的事情转化为可以办到的事情；三是把直接变为间接。要尽量多地增加头脑中的思维视角，能够从上下、前后、左右等不同角度探索纷繁复杂的事物。

4. 学会辩证思维

辩证思维能力是创新能力的基础。大学生可以运用矛盾分析方法，从联系和发展的观点来认识事物的本质和规律，坚持理论与实践统一。大学生培养辩证思维能力，就是要坚持从实践中来，到实践中去的原则。了解任何事物都是矛盾对立统一的道理，避免出现从单一角度看问题的思维倾向。

5. 锻炼动手能力

动手能力是培养创新思维的良好途径。可以通过自制玩具、航模等活动，锻炼自己的动手能力，开发创新思维。在优越的环境下容易滋生懒惰、依赖的思想，不求进取，满足现状，创新思维就难以得到开发。

大学生应该积极上进、乐于付出、不怕辛苦、勤于实践，促进创新思维的进一步形成和创新能力的提升。

（二）锤炼创新意志

意志是指人们自觉地确定目标，有意识地支配和调节自己的行动，克服种种困难以实现预定目标的心理过程。意志不是先天的，是在实践中、在奋斗中逐渐地培养和锻炼出来的。

大学生创新意志的培养可以从以下几方面入手。

1. 培养自觉性

自觉性是指大学生要明确行动的目的和意义，并能主动地支配和调节自己的行动，使之符合目标。意志的自觉性突出地表现在一个人的自制力上。自制力使人能自觉地管理自己，约束自己的行为不受外界无关事物的影响，为实现目标而努力坚持奋斗。在奋斗过程中，大学生总会遇到与目标不一致的诱惑，或有消极情绪的干扰，唯有具备自制力才能够控制自己的消极情绪，约束自己的言行，坚定不移地去实现自己的奋斗目标。

2. 培养果断性

果断性是指大学生在从事活动时，能够不失时机地做出决定并坚定地执行。意志的果断性需要大学生具有敏锐的洞察力和勇敢、机智的应变能力。缺乏对事物发展纵横变化的深刻认识和敏捷反应，就谈不上明辨。

3. 培养坚韧性

坚韧性是指一种不达目的誓不罢休的精神状态，它表现在人们为了实现一定的目的而去克服困难的过程与行动中。坚韧性一方面要求大学生要具有坚韧的品格，另一方面要有对目标的坚持。没有对目标的始终如一，毅力无从谈起；没有百折不挠的毅力，目标也根本无法实现。坚韧性能够促使我们长期地、持之以恒地保持充沛的精力，不屈不挠地向着既定的目标前进。

4. 培养耐挫性

挫折，是指个体从事有目的的活动时遇到障碍或干扰，致使动机不能实现而产生的心理上的紧张状态和情绪反应。每个人在自身的人生旅程中都会遇到大大小小的挫折，大学生在遇到挫折时，可以从以下四个方面调适：第一，冷静分析，从客观、主观、目标、环境、条件等方面找出受挫的原因，采取有效的补救措施；第二，辩证地看待挫折，经常保持自信和乐观的态度，要认识到正是挫折和教训才使我们变得聪明和成熟，正是失败本身才最终造就了成功；第三，可以向他人倾诉自己遭受挫折后心中的不快以及今后的打算，改变内心的压抑状态，以求身心的轻松，满怀希望面向未来；第四，学会自我宽慰，能容忍挫折，要心怀坦荡、情绪乐观、发奋图强、满怀信心去争取成功。

(三) 捕捉创新机遇

机遇是由于某个偶然的机会，出乎意料地遇到新的现象，并由此而导致的发现。一个人能否取得创新性的成就，在某种程度上取决于他是否善于把握机遇。

在创新中能否抓住机遇，关键在于思想的自由程度。那些审时度势、开拓进取、敢为人先的人们，就能得到机遇的垂青。而坐等机遇降临、迟疑观望、思想僵化的保守者，必然丧失机遇。总之，自由程度越高，迎接挑战的能力越强，抓住机遇的概率、成功率就越大；反之，则会与机遇无缘或失之交臂。

大学生应从以下几个方面学会捕捉机遇。

1. 积极参与创新实践

成功的创新者能够捕捉到较多的创新机遇，不仅与他们创新能力较强，善于捕捉到各种创新机会有关，而且也与他们较多参与创新实践，活动范围大，研究较深入、细致、丰富，从而能够遇到较多的创新机会有关。大学生应牢记，守株待兔是难以捕捉到机会的！

2. 细致观察与思考

大学生要学会仔细观察事物各方面的特征，以及其内在的各方面的联系。对习以为常的现象不要熟视无睹，应带着问题观察，在观察事物变化的基础上，就变化的原因要多问几个为什么，弄清是外因还是内因造成了事物的变化、之间有什么关系、机制如何等。

3. 敏锐判断意外

对意外事件大学生要有敏锐的判断力，不要让机遇所提供的线索从眼前溜掉。许多线索和素材乍一看微不足道，如果没有高度的警觉性，就会视而不见。

4. 不断累积经验

除渊博的知识外，创新活动有时还源于经验的积累。掌握大量的专业知识固然对探索问题有一定帮助，但了解广泛的知识，学习各学科领域的方法，对创新活动的意义也很重要。大学生要学会获得、借鉴前人的间接经验，这样能使我们迅速接近研究前沿、拓宽知识面，并更全面地理解事物变化的原因，能使我们站在巨人的肩上看得更远。

任务四　创新能力开发

【任务目标】

(1) 理解创新能力自我开发的步骤。

(2) 理解创新能力自我开发的内容。

【任务描述】

创新是人类特有的自然属性，人人皆有创新潜力，人的创新潜力是可以经过培训而被激发出来的，创新能力并不神秘！创新能力自我开发有方法可循，我们要做到创新，并没有想象得那么难。创新能力开发的内容包括预测决策能力的开发、应变能力的开发、处理信息能力的开发、控制协调能力的开发等。

【案例导入】

苏格拉底的苹果

苏格拉底发现他的学生缺乏主见，于是有了下面的故事：

一天，他从短袍中掏出一个苹果告诉弟子们：这是他刚从果园里摘下的一个苹果，味道很香，并让弟子们闻闻苹果的味道。几十个弟子闻过后都说闻到了苹果的香味。

只有最后回答的柏拉图说了一个与众不同的答案——什么味道也没有。而老师却说只有他答对了。其他弟子困惑了：那明明是一个熟透的苹果，怎么会没有香味？那么多人都闻到了，而柏拉图竟然没有闻到香味？

当弟子们奉命再仔细传看那个苹果时，个个傻眼了！怎么会是一个蜡做的苹果？

【任务知识】

一、创新能力的自我开发

（一）创新能力自我开发的方法

创新能力自我开发的方法很多，最有效的方法是认清"三个自我"，并按照"三个自我"研究的成果去实践，只要坚持并转化为自己内在的东西，就会极大地提升创新能力。"三个自我"就是自我研究、自我表象、自我暗示。

1. 自我研究

自我研究是指全部的思维都产生于自我概念。世界上的所有事物，包括概念都取决于自我认可、认知、赞同和吸纳以及抵制、反对、拒绝和取消。自我研究会确定你的方向和资源。自我研究是人一生中最关键、最核心的命题。

2. 自我表象

自我表象又称心理表象，是指一个人采取关于自己信念系统和它所产生的对等的思维形象。其全部的思维，都产生于自我概念，而反过来又形成所谓的自我心理表象。自我表象从某种意义上来说是对"理想自我"的思考，即我们希望成为什么样的人，具有什么样的品质和能力。

人人都有提升自我表象的能力，这种能力来自人的本性，但是由于很多人没有认识到这一点，因而创新能力就不可能发挥出来。

自我表象可以确立两条原理：一是每个人都生活在自我表象的设定范围之中；二是每个人都可能、都应该改变和提升自我表象。

3. 自我暗示

暗示是以两种不同方式"自我给予"。它可能是从有意识地自我流动到有潜意识的自我，这是学习过程的一部分；或从有潜意识地自我流动到有意识的自我，这代表以前所学导致的习惯性思维。

自我暗示对个人状态有深刻的影响，同时会影响个人行为和表现。自我暗示应实行简洁、积极、信念、理想和感情五原则。

总之，自我研究、自我表象、自我暗示是开发人的潜能的三把金钥匙，能产生巨大的能量，并能成为改变你的世界的公式。

（二）创新能力自我开发的步骤

1. 克服思维定式

思维定式是随着人的知识、经验的积累，形成的固定的思考问题、解决问题的方式，思维定式对解决一般问题、老问题是有效的。但对新的问题而言，往往就成了障碍。大学生要突破思维定式，应要有创新意识，能够大胆质疑、立体思维，消除束缚、突破条条框框等。

2. 贯穿创新精神

创新精神就是强烈进取的思维，人生定律就是不进则退。大学生应不断提高自身的首创精神、进取精神、探索精神、顽强精神、献身精神和求是精神。马克思说："在科学上没有平坦的大道，只有不畏劳苦沿着陡峭山路攀登的人，才有希望到达光辉的顶点。"

3. 培养创新品格

创新品格不是与生俱来的，而是通过后天的培养逐步塑造的。一般来说，创新品格通过动机、信念、质疑、勇敢、意志和情感表现出来。大学生可以通过培养自信心、树立事业心、培育兴趣点的方式来塑造创新品格。

4. 保持好奇心

好奇心是创新能力开发的一个重要因素。好奇心可以使人产生兴趣并驱动创新和创造，但是一般情况下人们的好奇心容易激发，却难以保持，所以培养兴趣的一个重要方面，就是经常保持已有的好奇心。大学生可以通过转变学习观念、有意识自己寻找答案、培养好问的习惯、多参加探索活动等方式激发并保持好奇心。

5. 磨炼意志品质

意志是人们在社会实践中坚持不懈、长期保持的一种毅力，是创新者勇往直前、顽强克服困难、险阻的心理品格。意志是创新者不可缺少的心理素质。大学生可以通过树立奋斗目标，积极参加创新实践活动；加强自律，参加磨炼意志的长跑、攀岩等体育活动，来培养自己的意志品质。

6. 培养质疑精神

疑问、矛盾和问题常常是开启思维的钥匙。创新的智慧源于问题的提出，也就是质疑。提出"为什么"，才能激发创新的欲望，培育出创新能力。成功的经验表明，通过质疑，才会培养具有独立思维的品格。大学生可以通过勤于思考、理智地控制自我、避免从众心理、保持追求创造的"饥饿感"等方式来培养自身的质疑精神。

二、创新能力开发的内容

(一) 预测决策能力的开发

预测决策能力,是当代大学生进行创新所必备能力中的核心。

1. 预测能力

预测能力是指对未来做出估计的能力。预测是创新决策的前提,要做出正确的创新决策,必须有科学的预测。预测技术是指对事物的发展方向、进程和可能导致的结果进行推断或测算的技术。预测技术是在调查研究事物历史和现状的基础上,通过各种主观和客观的途径及其相应的方法预测事物的未来,为最优决策提供科学依据。

超前和预见意识的本质就是创新。谁的超前意识强、科学的预见能力强,谁的创新性就强,就能在社会的激烈竞争中争取主动,获得成功。

2. 决策能力

决策是指为最优化达到目标,对若干个准备行动的方案进行的选择。就创新决策的重要程度而言,可划分为战略决策和战术决策。当代大学生要进行创新实践,尤其需要具有做出战略决策的胆识、气魄和能力。这种决策正确与否,直接影响着管理效益。

3. 开发创新决策能力的途径

(1) 开拓创新,慎重果断。只有具有开拓创新的意识,有改革现状的迫切性,才能敏锐地发现和提出问题,面对复杂情况,拟订各种方案,深思熟虑,谨慎选择。但在创新关头,要"当机立断"。在实施中,要坚定不移,不要轻易放弃原先的创新理念。

(2) 谦虚博学、实事求是、知识渊博并巧于运用,使自己在创新时足智多谋。

(3) 善于深入实际,吸取群众的智慧,支持群众的首创精神,广泛征求各种意见(包括听取反面意见),集思广益,发挥创新决策组织的作用。一旦发现失误,应敢于否定原先的决策,具有一定应变能力。

(4) 按科学程序进行创新。这是科学决策的重要保证。一般要经过调查研究、确定决策目标、制定方案、方案选优、方案实施、信息反馈、休整调整等阶段,防止个人独断专行。

(5) 注意采用先进的科学决策方法。科学决策常常采用定量分析与定性分析相结合的方法。常用的科学决策方法有:调查研究、咨询技术、预测技术、环境分析、系统分析、决策分析、可行性分析、可靠性分析、灵敏度分析、风险分析、心理分析、效用理论等。决策者在选择最优方案时,情况非常复杂,最后选定的方案不一定每一个指标都是最优的,这就要求决策者运用自己的知识、经验和智慧做出正确的决策。

(6) 追踪决策。若决策实施的结果表明原来决策将无法实现预定目标而需要对目标或决策方案进行重大修正时,可采用追踪决策。追踪决策实质上是对原来的问题重新进行一次决策。追踪决策要改变原有决策,易使人们产生感情冲动,失去公正、客观的评价。

(二) 应变能力的开发

在现代化大生产和科学技术进步的条件下,决策的综合性、复杂性和动态性更加明显,这些特征决定了当代大学生担任的管理工作基本都是创新性的活动,必须有创新能力。例如,在经营管理方面,要不断树立新的经营意识和经营观念,引进新的生产方式,开拓新的市场,控制新的原料来源,改进新的组织与管理。

当代大学生要在管理实践中不断创新、积极进取,应该注意开发创新应变能力,其具体的开发方法如下。

1. 培养敏锐的观察力

当代优秀大学生富于理想,兴趣广泛,能深刻了解社会现象和管理现状,能敏锐地发现问题,并预见不解决这些问题会对管理和创新带来的影响和后果,能掌握管理对象心理和要求,激励自己去思考、探索和解决问题的方法和途径。

2. 形成立体思维和辩证的能力

只有善于学习,知识丰富,思想流畅,才能开发潜在意识。培养丰富的想象力,遇到问题善于举一反三、触类旁通,出点子、想办法,能提出解决问题的最佳方案。

3. 学会独立思考、巧于变通

对自己充满信心,在各种议论面前能独立思考、决不盲从,并善于运用综合、移植、转化等创新技法排忧解难。

4. 要脚踏实地、敢作敢为

决不优柔寡断,思前虑后。面对复杂环境,能迅速提出意见,并把它变成计划、付诸行动,还要敢于负责,工作踏实,不达目的,决不罢休。中国人常讲一句话,"计划不如变化快",好的执行力还需好的应变力来配合。即在工作中不断地修正,以保证计划得以实现。应变力的属性和水的属性相似,遇弯则弯,遇直则直。

5. 随机应变,因势利导

随机应变的战略是必要的。组织内外形势和条件是变化的,要适应变化,就必须适时调整政策和战略,审时度势,随机应变。根据情况和形势的变化科学地调整己方策略的方法,其内容是:

(1) 注意发现问题所在。创新的内涵是指反映于创新概念中对象的本质属性的总和。创新内涵包括对事物的全面认识、对旧事物进行批判、创造新事物和开拓新领域等。从其扩展意义上看,创新内涵则包括了创新意识、创新精神、创新机遇、创新工程和创新模式等。

(2) 要因势利导。20世纪50年代中期,当艾森豪威尔当选为美国总统时,苏联人担心新总统会冻结他们在美国的美元存款,以强迫他们办一些事,于是他们急忙从美国银行取出这些存款。但他们又很想以美元保存这笔钱,最后,有人灵机一动,发现了一种以美元名义存在美国以外银行的存款,这就是欧洲美元。这一创举在随后的20年内,引发新型的跨国货币和资本市场,使得世界贸易市场迅猛发展。

(三) 处理信息能力的开发

信息,是现代管理中一种特殊的"无形资源",是管理活动不可缺少的要素,也是创新和发展的基础。处理信息能力是管理者进行创新活动(如管理控制、协调关系)的关键,也是进行创新决策的前提。一个管理者吸收、消化和处理信息的能力大小,将直接影响到创新工程的发展程度。

开发管理者处理信息的能力体现在以下几个方面。

1. 搜集信息

派谁搜集、搜集哪些信息和怎样搜集信息,必须有明确的安排。布置信息的收集工作,应有完整的计划,计划包括确定问题或目标、决定所需信息的种类、确定信息来源、选择搜集的手段和方式、明确信息方式与结论。

2. 分析信息

分析信息的首要环节是分类,把繁杂的信息加以科学分类,也是应具备的能力。信息的分析过程,往往是管理者做出创新决策的酝酿与准备过程。

3. 分配信息

信息经过分析和分类,必须及时、准确地分发给有关工作部门,否则就失去信息的效益,甚至造成失误。分配信息是处理信息能力的一个重要标志。

4. 检查监督

工作中将信息分发给有关部门后,必须检查各部门对信息的消化、运用情况。

5. 沟通

信息是决策的基础,而沟通则有利于信息流动和共享。沟通的主要因素包括信息发送者、信息传递渠道和信息接收者。

1) 沟通的作用

沟通是统一组织活动的手段。组织内部上、下级及成员之间的沟通是组织员工、联络成员以实现共同目标的必要手段。沟通是联结组织与外部环境的桥梁。

2) 有效沟通的基本要求

(1) 沟通双方所使用的符号应当是彼此熟悉的,这是有效沟通的前提。

(2) 沟通过程中不可唱独角戏,应注意协商、交流,以获得支持。

(3) 传递对接收者有所帮助或有意义的信息。

(4) 通过沟通,实现相互理解。

(四) 控制协调能力的开发

1. 开发控制能力

控制就是用组织要求对照员工的操作实际,据此做出相应的调控,以保证组织目标圆满实现的管理过程。从两个方面来说,控制是主体向对象有目的地施加的主动影响,控制的实质是使对象状态符合组织要求。

1) 控制的要素

► 大学生就业与创新创业

控制系统由三个要素组成：

（1）控制主体。他们由施行控制的管理人员组成，负责制订控制标准、决定控制目标、向受控者发出指令，在控制系统中处于主动地位，起主导和支配作用。

（2）控制客体。它是由人、财、物、时空、信息、组织等构成的，受控系统必须执行控制主体的指令，将一定的物质、能量和信息进行合理的配置，创造出合乎控制主体要求的业绩。控制客体在控制系统中处于被支配地位，并反作用于控制主体。

（3）监控系统。由专门负责监测员工操作实际的专业人员和机器、机构组成。其职责不仅要检查控制客体的作业结果和作业过程，而且将其监测结果反馈到控制主体，作为调整组织运行的依据，使整个组织行为不断趋近并达到预定目标。它在控制系统中处于辅助地位，是监测和调整控制主体与控制客体相互作用的中间环节。

2）控制的前提

（1）控制必须以计划为依据。计划越清晰、越完整，控制就越有效。

（2）控制以明确的组织结构为保障。控制是通过人起作用的，若组织责任不明确，我们就不知道确定偏离计划的责任由哪个部门、由什么人承担，也就不能采取相应的调控措施。

（3）控制必须客观。控制是以反馈信息为基础的，这里的信息主要是指管理人员对员工工作业绩的评价情况。

（4）控制应该灵活机动。组织内部环境是不断变化的，外界条件也在不断发展，组织为迎接这两方面的挑战，就有必要修订计划、完善控制标准、调整控制方式。因而控制系统应该具有足够的灵活性以适应变化着的内外条件。

（5）控制应该经济有效。要提高组织的效益，需有两个条件作保障，即决策正确、效率提高。

（6）控制必须及时。一般来说，发现工作失误是比较容易的，将控制标准与员工的工作实绩一比较，就可以及时发现问题。

（7）控制应放眼于全局。组织是由各相对独立的而且彼此关联的子系统构成的。

3）控制的类型

（1）事先控制。它是指为事先预计可能出现的问题而采取的预防性控制。例如，某企业的销售量预计将下降到比原计划更低，企业的主管人员就制定新的广告计划、推销计划，以改善预计的销售状况。事先控制位于运行过程的初始阶段，投入与运行过程的交接点是控制活动的关键点。

（2）现场控制。管理人员在工作现场指导、监督下属工作，以保证计划目标完成。现场控制是正在运行过程中的活动的控制。

（3）事后控制。根据已取得运行结果的信息，对下一步运行过程做出进一步纠正的控制。

4）控制方法应用步骤

（1）确定标准。标准是工作成果的规范，是对工作成果进行计量的关键点。

（2）衡量成效。衡量、对照及测定实际工作与标准的差异。

（3）采取措施，纠正偏差。

5）控制能力的开发

（1）紧紧抓住主要问题。管理者对影响全局的问题要严格控制，对一般问题则需进行弹性控制，不必样样都控制在自己手里。这叫作"抓大放小"的控制艺术。

例如，对企业经营管理时，管理者一般要严格加以控制的主要问题有：各种计划编制和实施，投入、产出的比例，产品质量、成本、人、财、物的平衡，资金收支平衡，供产销平衡等。

（2）加强基础工作，制定控制标准。一定要做到事先控制，在问题刚冒头时就加以控制。平时，要注意做好基础工作，对经常产生问题的环节，制定切实可行的控制标准，用绝对数、百分率等下达到有关执行部门，作为考核的标准。

（3）发挥各职能部门的控制体系作用。关键是提高各职能部门和管理者的责任心，通过他们去了解情况、发现和解决问题。同时，要重视计划、报表、专业会议的作用，从中了解、掌握情况，研究分析产生问题的原因，及时做出决策，采取措施，进行有效控制。

2. 开发协调能力

协调，就是处理各种关系，解决各方面的矛盾，实现理想配合。协调关系，就是处理企业内部和企业同外部的各种关系，共同和谐发展。

（1）抓住机会来协调。企业外部环境和内部环境条件都在动态之中，经常会出现"内外"的不平衡，也经常会有"良机"出现。管理者的任务就是善于捕捉这些良机，不断开发内部关系、开垦外部环境，建立新的"内外"平衡。

（2）对工作职责的协调。企业应当明确各职能部门、各管理人员分工和职责。当出现职能不明、互相扯皮时，管理者要果断裁定、不含糊。让每个人都了解自己的工作目标和担负的责任，协调地开展工作。

（3）对人力、财力、物力的协调。人力、财力、物力的来源和分配上出现问题，往往会影响纵向的贯通和横向的配合及平衡。管理者应当严格按计划办事，合理分配，积极平衡。

（4）要协调企业的物质文明建设与精神文明建设的关系、长远目标与近期任务的关系、发展速度与效益的关系。对涉及面广的重大问题，可指定专门部门或专业人员去协调。

（5）倡导相互支持。各部门领导之间在强调自己工作的地位和作用时，不能贬低其他部门的地位和作用。工作的配合与支持不能仅是单向的企求，而应成为双向的给予。

（6）促进合理竞争。要求部门之间形成一种正常的竞争关系，求同存异，互相支持，密切合作，最大限度地发挥积极性和创造性，努力实现组织系统的整体目标。

▶ 大学生就业与创新创业

【项目习题】

1. 对创业者的素质有什么样的要求?
2. 什么是创新能力? 有哪些特征?
3. 创新能力的构成有哪些?
4. 创新能力的影响因素有哪些?
5. 如何培养创新能力?
6. 如何进行创新能力自我开发?

项目八　创业团队与创业资源

任务一　创业团队组建

【任务目标】

(1) 了解创业团队的概念、类型。

(2) 了解创业团队组建的原则。

(3) 掌握创业团队的组建过程。

【任务描述】

创业团队是指在创业初期（包括企业成立前和成立早期），由一群才能互补、责任共担、愿为共同的创业目标而奋斗的人所组成的特殊群体。创业团队的组建受多种因素的影响，这些因素相互作用影响着组建过程，并进一步影响着团队建成后的运行效率。创业者的能力和思想意识从根本上决定了是否要组建团队以及何时、如何组建团队。组建创业团队是一个复杂的过程，不同类型的创业项目所需要的团队不一样，创建步骤也不完全相同。

【案例导入】

优势互补的小米公司创业团队

小米公司在创建之初所吸纳的创业团队成员都是来自各个专业领域的顶尖人才，在各自的领域具有极强的专业技能和丰富的知识储备。同时，创业团队成员在专业能力和技术上也形成了优势互补的格局，有的创业团队成员负责设计手机系统；有的创业团队成员负责开发手机软件；有的创业团队成员负责设计手机硬件，因此形成了分工清晰明确的团队架构。

【任务知识】

一、创业团队的概念

创业团队是高潜力企业的关键要素，是创业者创业成功的必要条件。大量创业案例证明，如果一个企业没有一支由两个以上关键贡献者组成的团队，是很难成长的。著名风险投资家约翰·多尔说："在当今世界，有的是技术、创业者、资金和风险资本，真正缺少的是优秀的管理团队。你所面临的最大挑战就是建立一支杰出的团队。"

所谓创业团队是指少数创业者为了实现创业目标而组成的共同体。

（1）创业团队是个共同体，这个共同体由技能互补、性格互补、能力互补的创业者组成，这些创业者相互熟悉、各有所长、相互补充、彼此信任、志同道合。这个共同体成员不能太多，太多会降低团队运营效率和决策效率，还容易产生小团体；共同体成员也不宜过少，过少则无法发挥优势互补的协同效益，团队应有的功能和优势也无法实现。

（2）创业团队有共同的创业梦想，有明确的创业目标，共享创业受益，共担创业风险，在创业目标的指引下，团队成员求同存异、凝心聚力、团结一致、相互协作、共同担当、一起奋斗。

（3）创业团队必须能遵守一定的规则和程序，根据规则明确各自承担的责任、行使的权利和履行的义务。

（4）创业团队必须有一个核心，不能有多个核心。这个核心就是要把握未来发展方向，做正确的事情，敢于最后做出决策，承担主要责任。

二、创业团队的类型

根据不同的划分标准，创业团队可以划分为不同类型。目前比较普遍的创业团队分类方法是根据团队成员之间地位的差距大小分为星状创业团队、网状创业团队和虚拟星状创业团队。

（一）星状创业团队

星状创业团队是由核心主导的创业团队，在创业团队中有一个核心人物充当领导角色。星状创业团队在形成之前，一般是核心人员有了好的创业想法，发现了市场机会，进行了深入思考和系统谋划，并根据自己的计划和想法选择相应的人员加入团队，所选择的人员也许是同学、同乡、朋友、亲人等比较熟悉的人员，也许是根据选择标准以任务为导向而公开招聘的不熟悉的人员，这些人员一般充当配角或支持者角色。

星状创业团队具有明显的优缺点：优点是团队稳定性好，组织结构严密，向心力和凝聚力强；决策程序相对简单，决策效率高。缺点是权力过于集中，增加决策风险；其他团队成员行使权力小，承担责任少，积极性、主动性较差；其他团队人员与核心主导成员发生矛盾冲突时，处于被动地位，如果冲突严重、矛盾难以调和时，其他团队成员一般会选择退出团队，给团队带来负面影响。

（二）网状创业团队

网状创业团队中没有明确的核心人物，团队成员在创业前一般有比较密切的关系，如亲戚、朋友、同乡、同学等。他们在交往过程中，共同认可某一创业想法和创意，达成共识，开始共同创业。创业团队组成时，大家根据自己特点自发进行角色定位，没有明确的核心人物。

网状创业团队的特点很明显：团队没有明确的核心人物，整体结构比较松散；团队实行集体决策，任何决策都经过大量沟通和讨论，决策效率比较低；团队成员在团队中地位相似，容易形成多头领导；团队成员发生冲突时，一般通过平等协商，但冲突升级容易导致团队解散。

（三）虚拟星状创业团队

虚拟星状团队是由网状团队演变而来，介于星状创业团队和网状创业团队之间。团队中有一个核心成员，但这个核心成员是团队成员协商而定的。因此，团队核心人员更多的是扮演团队代言人的角色，主要发挥沟通联络作用，而不是主导型人物，他在团队中不像星状团队那样有权威，其在团队中的行为必须充分考虑其他团队成员的意见。这个核心人员如果沟通协调能力强，就可以集中团队成员智慧，共同决策，提高团队的战斗力；如果核心人员沟通协调能力弱，就容易使团队涣散，效率低下，甚至导致团队成员冲突加剧。

以上三种创业团队不能说哪个创业团队类型好，或者哪个创业团队类型不好，没有最好的创业团队类型，只有最适合的创业团队类型。

三、创业团队组建的原则

（一）合伙人原则

一般企业都是招员工，而员工都是在做"工作"。但创业团队需要招的是"合伙人"，因为合伙人做的是事业，一个人只有把工作当作事业才有成功的可能，一个企业只有把员工当作"合伙人"才有机会迅速成长，所以创业团队要先解决价值分配障碍，然后去找自己的"合伙人"。

（二）激情原则

激情是衡量一个人是否能够成功的标准。创业团队一定要选择对项目有高度热情的人加入，并且要使所有人在企业创业初期就要有每天长时间工作的准备。任何人，不管其有无专业水平，如果对事业的信心不足都将无法适应创业的需求，而这种消极因素，对创业团队所有成员产生的负面影响可能是致命的。创业初期整个团队可能需要每天十六个小时在不停地工作，并要求在高负荷的压力下仍能保持创业的激情。

（三）团队原则

团队是企业凝聚力的基础，成败是整体而非个人，成员能够同甘共苦、经营成果能够公开且合理地分享，团队就会形成坚强的凝聚力与一体感。团队中没有个人英雄主义，每一位成员的价值表现为其对于团队整体价值的贡献。每一位成员都应将团队利益置于个人利益之上，个人利益是建立在团队利益基础上的，因此成员必须愿意牺牲短期利益来换取长期的成功果实，而不计较短期薪资、福利、津贴等，将利益分享放在成功后。这样的团队是不可能不成功的。

（四）互补原则

创业者寻找团队成员，首先要弥补当前资源能力上的不足，要针对创业目标与当前能力的差距，寻找所需要的配套成员。好的创业团队，成员间的能力通常都能形成良好的互补，而这种能力互补也会有助于强化团队成员间彼此的合作。

此外,调节、融合创业团队还要注意个人的性格与看问题的角度,团队里必须有总能提出建设性意见和不断地发现团队问题的成员,一个都喜欢说好话的组织绝对不可能成为一支优秀的团队。

四、创业团队的组建过程

组建创业团队是一个复杂的过程,不同类型的创业项目所需要的团队不一样,创建步骤也不完全相同,创业团队组建没有统一的程式化规程。尽管创业团队组建比较复杂且方式不一,但从高效创业团队组建的经验来看,组建创业团队过程虽不同,但都比较相似。

(一)明确创业团队目标

目标就是方向,目标就是动力。明确创业团队目标,为团队成员指明奋斗的方向,有利于调动团队成员的积极性、主动性和创造性,有利于激发团队个人潜能,让团队成员竭尽所能。

明确创业团队目标,能有效避免创业团队成员因忙于具体繁杂事务而迷失前进方向。创业过程非常艰辛,应对事务繁多,创业团队成员往往因为拘泥于事物细节而迷失奋斗方向,明确创业目标就是让创业团队不忘初心。

明确创业团队目标可以纠正创业过程中的错误,创业过程犯错误、走弯路在所难免,只要明确创业目标,即使犯错、走弯路都是暂时的。

明确创业团队目标时,要注意三个问题:

(1)个人目标和创业团队目标的一致性。把个人目标和创业团队目标有机结合起来,如果只强调团队成员目标,创业团队目标就无法实现;如果只强调创业团队目标,团队成员就会缺乏长期的积极性。最好做到团队目标和个人目标相统一,在团队目标实现的过程中,使个人目标得到实现,在个人目标实现的过程中,团队目标也能实现。团队建设的核心就是平衡个人、团队、家庭和社会之间的关系。

(2)创业团队目标与创业者资源的匹配性。创业团队目标太低,就没有挑战性,实现目标也不会给团队成员带来成就感;创业团队目标太高,脱离创业者的实际,就会挫伤团队成员的积极性。只有创业团队目标制定合理,才能起到真正达到激励的目的。

(3)目标实现的路径。目标确定了努力方向,还需要把目标进行分解,并制订周密的计划、路线图和时间表、实现目标的具体步骤和措施,使创业团队目标落到实处。

(二)招募创业团队人员

人是创业成功的核心因素,团队任务需要人来完成,团队目标需要人来实现,招募合适的人员是创业团队组建的关键一步,招募创业团队人员必须围绕创业团队目标和任务展开。一般通过亲朋好友推荐、招商洽谈会、项目路演、论坛研讨会、各种媒体等形式招募团队成员。

在招募创业团队成员时要非常慎重,稍有不慎就会给团队带来困难。团队成员一旦招募进来,辞退的成本就会非常大,即使辞退,也会产生负面影响。美国风险投资家阿瑟·

洛夫说:"如果你找对了人,他们自然会经常变革产品。几乎我所犯的每一个错误都是因为我用错了人,而不是思路错误。"所以,在招募团队成员时应该注意以下几个方面。

(1) 价值观相同,认同团队文化,认可团队经营方式。因为价值观和文化的不同是团队产生冲突的根本原因,没有价值观和文化认同,意味着志不同、道不合,道不同则不相为谋。所以,在招募团队成员时一定要考虑到价值观和文化认同问题。

(2) 团队成员互补性,团队成员要知识互补、性别互补、年龄互补、阅历互补、性格互补等。这种互补性既有助于强化团队成员之间彼此合作,又能保证整个团队的战斗力。

(3) 团队基本人才构成。一般而言,团队成员至少要由技术、管理、营销三个方面的人才组成。只有这三个方面的人才形成良好的沟通协作关系,创业团队才能实现稳定高效,否则创业团队的高效协作效应很难发挥。如果团队由纯粹的技术人员组成,就容易形成技术为王,强调产品的技术含量,忽视市场的需求,导致产品研发与市场脱节;如果团队全部由营销人员组成,创业团队提供的产品和服务就缺乏技术支持,也缺乏对技术的领悟力和敏感性;如果团队成员只由管理人员组成,团队就会缺乏足够的执行力。

(4) 团队规模要适度,一方面团队规模要精简,以便减少支出,减少协调沟通,消除交流障碍,提高反应速度,保证团队高效运营;另一方面团队规模不能太小,以免团队成员太少无法实现团队的功能和优势。

(三) 设计创业团队制度体系

没有规矩,就不成方圆,创业团队成员的行为必须有制度依据。根据经济人假设,人一般都趋利避害,在信息不对称条件下,容易产生败德行为。对团队成员行为的约束和激励不能建立在自我约束和自我内在激励的基础上,而是通过设计科学的制度来约束和激励团队成员。

在团队制度设计过程中要注意以下几个问题:

(1) 约束制度的设计。主要包括决策程序、工作纪律、组织条例、财务条例、保密条例、处罚条例等,通过设计约束制度,防止团队成员做出损害团队利益的行为,保证团队的稳定秩序和正常运行。

(2) 激励制度的设计。主要包括收益分配制度、奖励制度、考核制度、股权赠予等,通过完善的激励制度,激发团队成员潜力,充分调动成员的积极性、主动性,最大限度地发挥团队成员的作用。

(3) 例外制度的设计。创业团队的一个显著特点就是面临的内部环境和外部环境都有很大的不确定性。为了提高快速反应能力,需要制定例外制度,明确在紧急情况下,遇到新情况时应如何授权团队成员自行处理问题,通过例外制度设计来提高创业团队的随机应变能力。

(四) 打造团结高效的创业团队

团结就是力量,团结出战斗力,团结出成绩。团队团结,则团队兴;团队内斗,则团队亡。由于每个团队成员生活环境不同、思维方式不同、站位角度不同,难免出现不同意见，如果不同意见不能很好地统一，日积月累就会变成团队冲突。团队创业初期或许因为高度紧张、工作压力大、过多关注业务本身，团队矛盾不明显。团队一旦取得成绩，可能会因为利益分配等问题而产生矛盾，影响团队团结。

打造高效团结的创业团队需要从以下几个方面着手：

（1）树立团结的理念。从内斗、内耗的失败团队中吸取教训，引以为戒。团队成员要牢固树立"相互补台，好戏连台；相互拆台，一起垮台"的团结理念。

（2）团队成员形成利益共同体。丘吉尔曾经说过："我们没有永恒的朋友，也没有永恒的敌人，只有永恒的利益。"在团队成员中形成利益共同体，成员会为共同的利益而互谅互让。

（3）团队成员多沟通。很多矛盾都是由于沟通渠道不畅、沟通效果不好造成的。可以通过每周例会、非正式交谈等方式，团队成员充分表达自己的想法和意见，相互尊重，相互理解，避免矛盾，促进团队团结。

任务二 创业团队管理

【任务目标】

（1）了解创业团队的管理策略。

（2）了解创业团队风险及类型。

（3）掌握创业团队的风险防范。

【任务描述】

创业团队的管理有其特殊之处。首先，创业团队管理是缺乏组织规范条件下的团队管理。在创业初期，创业团队还没有建立起规范的决策流程、分工体系和组织规范，"人治"味道相当浓厚，处理决策分歧显得尤为困难。此时，团队成员之间的认同和信任尤其重要，但又很难在短期建立起来。因此，认同和信任关系取决于创业团队的初始结构。其次，创业团队管理是缺乏短期激励手段的团队管理。创业初期需要团队在时间、精力和资金等资源的高强度投入，但短期无法实现期待的激励和回报，不仅是因为没有资源，更主要的是对创业团队的回报以创业成功为前提。成功不可一蹴而就的时候，就需要找到能适应的合伙人。最后，创业团队管理是以协同学习为核心的团队管理。创业过程充满不确定性，需要不断试错和验证，并在此基础上创造并存储组织知识和记忆。核心创业者对于团队成员的选择，决定了创业团队管理的基础架构，这是实现有效的创业团队管理的重要前提。

【案例导入】

李嘉诚合作共赢之道

有一次，李嘉诚应邀到中山大学演讲，大学生们请教他有关经商的秘诀。

李嘉诚说,他经商其实并没有掌握什么秘诀,如果非说有什么秘诀的话,那就是"我与人合作,如果赚10%是正常的,赚11%也是应该的,那我只取9%,所以我的合作伙伴就越来越多,遍布全世界"。

与此相反,我们看到过许多曾经一起艰苦创业、"同患难"的伙伴,却在创业刚刚取得一点成绩时,做不到"共富贵"。创业者队伍中也有些"吃独食"的老板,而这样的老板最后必将导致合作伙伴的流失。

【任务知识】

一、创业团队的管理策略

创业团队管理的重点是在维持团队稳定的前提下发挥团队多样性优势。创业团队的组建是来自一股激情的支撑,但随着时间流逝、企业逐渐成长,权力分配、理念分歧、利益冲突等问题就会浮出水面,创业团队只有高度重视并妥善解决这些问题,才能确保团队的稳定。

(一)发挥多样性优势,设置好团队组织架构

互补型创业团队成员的多样性,往往会带来团队成员在个性、特长上很大的差异,也使得团队管理要承受巨大压力。如果团队成员间没有顺畅的沟通渠道,缺乏有效的沟通与协调,就会难以达成一致的目标,导致严重的后果。团队领袖在组织和管理团队时,应当努力掌握和提高沟通与协调能力、善于倾听不同意见、求同存异、减少分歧和矛盾。

对于遵循理性逻辑组建的创业团队,创业者可对分工协作和决策程序做出明文规定,明确责、权、利,落实责任,避免相互扯皮、推诿。管理的重点在于沟通和协调、培养信任感、整合成员特长,以利益为中心形成团队凝聚力,以信任为中心促进团队沟通等;对于遵循非理性逻辑组建的创业团队,分工要适当,因人授权、按权担责,避免过度集权、决策一致性倾向,管理的重点在于更多地整合外部资源。创业者应当注意吸纳并培养具有不同专长的核心员工,聘用外部专业顾问,增强团队的互补性等。

(二)打造团队精神

团队精神,一般是指经过精心培育而逐步形成,并为团队全体成员认同的思想境界、价值取向和主导意识。团队精神是企业的精神支柱,是凝聚团队成员无形的共同信念和精神力量,是创业成功的基石。为打造团队精神,创业团队需要做到以下三个方面:

(1)确立共同愿景和创业目标。团队愿景和创业目标的设立,要依靠大家共同规划和设计,切实可行,使之成为团队成员的共同信念和精神力量,使团队成员有强烈的归属感与一体感,自觉地把自己的前途与团队的命运联系在一起,这也是未来企业文化的核心内容。

(2)建立以人为本的管理机制。团队要建立科学的管理机制,坚持以人为本,充分尊重人、爱护人、关心人,借助激励机制的构建,让每个成员充分参与管理、共同决策,求同存异、荣辱与共,强化团队成员的责任感,激发员工的献身精神和忠诚度。

(3)建设学习型团队。学习型团队是为完成共同的创业目标,共享信息和其他资源,在学习中实践、在实践中不断学习的组织。学习和创新是团队精神培育与企业发展的不懈动力。市场环境瞬息万变,创业过程中面临太多的变数和风险,危机和忧患意识促使团队成员必须不断学习和思考,并分享新知识、新技术、新思想,以加快知识更新,研究和解决新问题、新情况,从而适应变化,规避潜在的风险,达到企业生存和长期发展的目的。

(三)优化团队运作机制

1. 优化创业团队决策机制

(1)坚持控制权与决策权的统一。所有权的分配本质是对公司控制权的分配,实践表明,股权比例最大的团队成员如果不拥有公司的控制权,在创业初期的风险会非常大,因为该成员极有可能挑战决策者的决策权威,进而引发团队矛盾和冲突。

(2)坚持民主与集中管理权的统一。团队既要保证大股东对公司的控制权,又要发挥团队集体智慧。可采取大股东"一票否决制",即一项提议就算其他股东都同意,但只要大股东不同意,就可以否决这项提议。当然,其他股东不同意,而大股东同意,他也只能投一张赞成票,因为这项提议必须经三分之二股东同意才能通过。

2. 优化创业团队分配机制

利益分配要公平、公正,切实体现出贡献越大报酬越高,但贡献应当以团队成员在整个创业过程中的表现,而不是某一阶段的业绩为依据。此外,不同类型的员工对于利益的诉求不尽相同,因此企业的报酬体系不仅包括股权、工资、奖金等金钱报酬,还应包括个人成长机会和提高相关技能等非金钱激励。每个团队成员所看重的利益因素并不相同,这取决于个人的价值观、奋斗目标和抱负。有些成员将物质追求放在第一位,有些则希望能够获得荣誉、发展机会、能力提高等其他利益。因此,团队的领导者应当加强与成员的沟通交流,针对各成员的利益诉求采取恰当的方式并能够根据团队成员的期望适时调整,这是有效激励的重要前提。

3. 优化创业团队激励机制

俗话说:"亲兄弟,明算账。"创业之初,凡涉及责、权、利等问题,都应先说明白讲清楚,不能感情用事,不能一人说了算,更不能避而不谈。必须以契约形式明确团队成员的权利与利益分配机制(包括增资扩股、融资和退出机制等),并写入公司章程,这是创业团队长期稳定的制度保障。

在实际操作中,依据出资额确定股权分配比例是常见的做法,但对于没有投入资金却持有关键技术的团队成员,则需要谨慎考虑技术的商业价值,在资金和技术之间做出合理的权衡。此外,从企业长远发展考虑,还应给未来进入公司的优秀人才预留部分股权。

二、创业团队风险及类型

(一)创业团队风险的概念

创业团队风险也称为创业团队溃散,是指在新企业创办的过程中,无论企业的商业机会是好是坏，也无论团队成员是否密切合作，实施过程中总会遇到一些问题。企业可能尚未成立就四分五裂，也可能在成立初期夭折或者陷入长期而烦恼的分裂冲突和争权夺利中无法自拔，这些问题即便不会摧毁一个企业，也必定会严重地损害其发展潜力。

（二）创业团队风险的类型

创业团队风险的类型，归纳起来有以下几个方面。

1. 信任缺失

在创业过程中，创业团队成员容易出现不信任，这种不信任既包括人格的不信任，即不再信任他人的人品，例如认为他人"吃里爬外""干私活"等；也包括能力的不信任，即认为他人不能很好地完成任务。特别是创业团队的领导者，如果对其他人不信任，轻则会导致团队成员积极性的下降，重则会导致团队溃散。这种信任危机遇到利益分配、认知相左等情况时，便会使矛盾激化，很可能导致团队溃散的破坏性后果。

2. 分配不公

在整个创业过程中，团队成员都希望自己的贡献与得到的回报相匹配，希望在利益分配方面体现公平性。但是，创业团队成员所做贡献和得到的回报总是处于动态变化之中，在创业的不同阶段，创业所需的资源可能会有很大不同，每个创业团队成员所拥有的资源也会发生动态变化。这种变化将直接影响创业团队成员所做贡献的最佳组合方式，也影响着每个人对于贡献大小的判断和回报的期待。创业之初，创业团队成员通常能够为了共同的理想和目标一起奋斗，很少计较获得什么样的回报。但是，随着事业的发展，他们越来越关心个人所获得的回报。许多创业团队的散伙就是因为在创业初期没有制订明确的利益分配方案，从而导致日后在分配利益时出现争议。

3. 个性冲突

个性是一个人区别于他人的、在不同环境中显现出来的、相对稳定的、影响人的心理特征的总和，包括需要、动机、兴趣、理想、信念、能力、气质和性格等。现在有很多创业团队是由一些因私交很好而在一起共同创业的人组成，如朋友、同事、同学、校友、亲戚等，多是通过人际关系来寻找共同创业的伙伴。在这种情况下，团队成员的性格差异和处理问题的不同态度就容易被掩盖，有些团队从表面上看，好像大家都在努力，而实际上该团队并未形成真正的团队，充其量只是几个人力量的加和而已。若团队成员间个性不一致，则造成的结果就是"1+1＜2"，这种情况必定会导致创业团队的失败。

4. 理念差异

提高团队的效率，关键在于团队成员要有一致的创业目标、创业利益、创业思路，一致的行动纲领和行为规则。但事实上，就特定的创业团队而言，关于这些问题，创业之初可能是清楚、一致的，也可能是不清楚、不一致的。在不清楚、不一致的情况下，共事一段时间之后，部分人就会发现原来大家没有共同的价值观，这时创业团队就有可能解散。

这种情况非常普遍，一个典型的例子就是联想公司的倪光南和柳传志。柳传志是一位有科技背景的企业管理者,而倪光南是一名科学家,他们的分歧是经营理念的不一致,柳传志是市场导向,而倪光南是技术导向,这一根本分歧导致了曾被誉为"中关村最佳搭档"的联想创业组合的分裂。

5. 缺乏沟通

创业团队成员间的沟通非常重要,成员之间人际关系融洽,有利于做出能被广泛理解和接受的决定,并形成合力来完成共同的任务,最终有利于提高团队绩效;相反,创业团队成员之间缺乏真诚的沟通,则会导致情感冲突和人际关系冲突。在创业过程中,由于缺乏完善的沟通渠道,特别是在创业领导者存在"家长制作风"和团队成员缺乏沟通技能的情况下,沟通不善的存在便会为团队分裂埋下隐患。

6. 失去信心

当创业团队成员遭遇重大挫折,对未来失去信心时,创业项目可能因此而终止;当找不到新项目和出路时,创业团队便会因此而解散,团队成员各奔东西。同时,在创业过程中,创业团队成员还会产生更高层次的需要,如果他们认为未来无法满足这些需要,他们也会选择离开。特别是竞争激烈的情况下,如果团队成员的心理抗风险能力弱,过多地考虑自身的劣势,对外部可能产生的风险估计过高,对创业团队的未来没有信心,而且没有提供及时、有效的激励时,那么必然会危及团队的生命。

7. 自我膨胀

自我膨胀是指一个人表现出来的自信心超出本人的实际情况,演变成盲目自大和自负。当团队成员认为离开团队自己照样能够创业成功,不再需要其他人的配合时,就会产生甩开其他团队成员,独自创业的想法,最终可能导致创业团队分裂。特别是核心团队成员更容易因自我膨胀而"自立门户"。

8. 外部诱惑

在激烈的市场竞争中,人才的竞争更是激烈。当创业团队出现上面提到的问题,团队成员遇到更好的待遇或发展机会时,团队成员的流失现象就可能发生,尤其是掌握了核心技术和重要资源的成员流失,将会带给团队致命的损失。

三、创业团队的风险防范

从管理角度来讲,创业团队风险是系统性风险,是可以控制的。为此,在团队组建保持创业团队的稳定性、规避团队风险的同时还需要注意以下几点。

1. 提炼创业文化

在创业期,创业团队要形成一种优秀的创业文化。可以从以下几方面入手:

(1) 在沟通时,能够畅所欲言。

(2) 在决策时,充分吸收每个成员的聪明才智。

(3) 在执行时,积极向上,发扬顽强拼搏的精神。

(4) 在分配利润时,体现公平原则。

培育优秀的创业文化，有利于培养同甘共苦的团队精神和消除外部诱惑的负面影响，有利于留住团队成员和挖掘团队成员的潜能，也有利于团队成员的长远发展，从而提升团队成员的忠诚度。

2. 加强信任管理

信任对于各方都有益。一方面，信任对方就会表现出好感和信任；另一方面，创业团队成员在感受到对方的信任后，一旦有机会就可能回馈信任。在信任交换的过程中，信任关系会得到巩固和强化，最终有利于培养团队精神。

作为信任者，不仅需要尽量表现出信任，更关键的是要让对方感受到被信任，只有让团队成员感知到更多的信任，才更愿意回馈信任。作为被信任者，需要从产生信任感的条件加强自身的可信任度，例如强化自身能力、坚守诚信底线，表现出与人为善、助人为乐的优良品质等，让其他成员感觉值得信任。

3. 学会换位思考

换位思考是一种心理体验过程，是在人际交往过程中能够体会他人的情绪和想法，理解他人的立场和感受，并站在他人的角度思考和处理问题的能力。简单地说，换位思考就是站在对方立场进行思考。创业团队要想精诚合作，必须学会从他人的角度考虑问题，更多地为他人着想。

4. 提高沟通效果

为了达到沟通的目标，应该注意以下几个方面：

（1）要保证团队成员间沟通的及时性，进行持续不断的沟通。团队一起工作时要沟通，遇到问题和解决问题时还要沟通，有矛盾时更要沟通。

（2）在沟通时要有效互动。作为创业团队成员，对于团队中其他成员的短信、邮件等要及时回复，如果经常不回复，那么别人可能也不愿意给你发送短信和邮件了，这样就堵塞了沟通渠道。

（3）要完善沟通机制，提高沟通技巧，多考虑团队的愿景和目标，牢记团队合作的大局。

5. 加强制度建设

完善团队制度，有助于避免团队溃散，可以从以下几方面入手：

（1）以制度的形式确定所有权分配机制及利润分配方案，把最基本的责任、权力和利益界定清楚，尤其是股权、期权、表决权和分红权，此外还包括增资、扩股、融资、撤资、分工、解散等与团队成员利益密切相关的事宜，在制度设计上注重利益共享、风险共担。

（2）在薪酬制度的设计上尽量明确、具体，避免成员之间的利益冲突。

（3）加强沟通制度，包括股东会议制度、例会制度和冲突协调制度等。

任务三 创业资源

【任务目标】

(1) 了解创业资源的内涵与种类。

(2) 了解影响企业资源获取的因素。

(3) 掌握企业资源获取的途径与技能。

【任务描述】

创业者在创业的过程需要获得特定的创业资源,获取创业资源的最终目的是组织这些资源追逐并实现创业机会,提高创业绩效和获得创业的成功。影响创业资源获取的因素有创业导向、创业者资源禀赋、创业者资源整合能力、创业团队、外部环境条件和政府政策支持。创业资源获取的技能包括知人善任技能、合作技能、沟通技能、杠杆技能、信息获取与利用技能等。

【案例导入】

华为和英特尔:硬碰硬催生物联网时代的到来

不同于滴滴、快的、新美大的模式创新,也不同于荣耀和百度的软件创新,华为和英特尔之间的合作则是技术流对技术流的一场"硬碰硬"的创新,两家硬件企业开展了合作。

2015年,华为首次公开了自己在物联网领域的"1+2+1"战略,其中第一个"1"是指一个平台,华为要建立一个物联网平台,集中收集、管理、处理数据后向合作伙伴、行业开放,基于该平台行业伙伴可以开发应用;"2"代表网络接入,包括有线接入和无线接入;最后一个"1"则是华为要推出物联网操作系统 LiteOS。

有标准还不够,更需要硬件厂商进行落地。英特尔则成了华为的合作伙伴,为协助华为完善"云管端"的物联网连接功能,英特尔全面释放计算威力,不断扩充物联网产品系列,让更多样的解决方案变得触手可及。

随着5G、Wi-Fi技术的逐渐成熟,华为和英特尔两家企业在未来物联网的布局中还将有着更为紧密的合作。

【任务知识】

资源是构成市场经济活动的基本因素,拥有一定数量的资源,可以获得经济活动的主动性进而掌控行业制高点。但是,对于大多数创业者来说,资源稀缺已经常态化,它始终与创业行为如影随形。

一、创业资源的内涵与种类

(一) 创业资源的内涵

资源基础理论的创始人沃纳菲尔特认为:企业是各种资源的集合体。企业具有不同的有形和无形的资源，这些资源可转变成独特的能力；资源在企业间是不可流动的且难以复制的；这些独特的资源与能力是企业持久竞争优势的源泉。

资源基础理论的主要代表人物巴尼认为，创业资源是指企业在创业的整个过程中先后投入和使用的企业内外各种有形的和无形的资源总和。

综上所述，创业资源是指新创企业在创造价值的过程中所需要的特定资产，包括有形与无形的资产，如创业人才、创业资本、创业机会、创业技术和创业管理等。

（二）创业资源的种类

依据不同的标准，创业资源被分为不同种类。依据来源不同，创业资源分为自有资源和外部资源；依据形态不同，创业资源分为有形资源和无形资源；依据作用不同，创业资源分为生产型资源和工具型资源。依据资源的性质不同，创业资源分为以下六种类型。

1. 物质资源

物质资源是指创业过程中所需要的各类有形物质资产，包括生产型物质资源（如土地、厂房、生产设备、原材料等）和辅助型物质资源（如工作场所、办公设施等）两大类。

2. 财务资源

财务资源包括资金、资产、股票等。由于缺乏抵押物等多方面的原因，创业者从外部获取大量财务资源比较困难。因此，对创业者来说，财务资源主要来自个人、家庭成员和朋友，它是创业活动顺利实施的经济保障。

3. 人力资源

人力资源包括人，以及以人为载体的知识、经验、技术等智力资本。具体而言，人力资本包括创业者与创业团队的知识、经验，以及社会关系网络；也包括创业企业成员的专业智慧、判断力、视野、愿景等。创业者或创业团队是创业企业中最重要的人力资源，是创业企业建立和发展的基石，是创业成败的决定力量。同时，高素质的员工（如技术人员、营销人才、专业工人等）是推动创业企业成长的关键力量。

4. 技术资源

技术资源包括关键技术、制造流程、作业系统、专用生产设备等。具体而言，技术资源涵盖三个层次：

（1）根据自然科学和生产实践经验发展而成的各种工艺流程、加工方法、劳动技能和诀窍等。

（2）将这些流程、方法、技能和诀窍等付诸实现的，以技术为内核的生产工具和其他物资设备。

（3）适应现代劳动分工和生产规模等要求的，对生产系统中所有资源进行有效组织和管理的知识、经验和方法。

5. 品牌资源

品牌资源是一种无形资产，包括创业者及创业团队的社会声誉、信用和影响力等。品牌资源在创业企业获取外部投资、获得市场准入和顾客认同、建立战略联盟等方面扮演着重要角色。从某种意义上讲，品牌资源已经成为创业企业得到投资者、顾客、政府机构等利益相关方认可的重要影响因素。

6. 组织资源

组织资源包括组织结构、作业流程、工作规范、质量系统。组织资源通常指组织内部的正式管理系统，包括信息沟通、决策系统，以及组织内正式和非正式活动等。

以上六种创业资源具有不同程度的复杂性和生产性，它们互为补充、相互作用，共同构成创业企业成长和发展不可或缺的资源基础。

二、创业资源与一般商业资源的异同

一般商业资源是指经济学意义上的资源，即具有经济价值或能够产生新的价值和使用价值的客观存在物。从这个意义上说，具有经济价值并能够创造新的价值，这是创业资源与一般商业资源的共同点。但资源的通用性无法使企业获得高水平绩效和持续的竞争优势，也无法实现创业企业的成长。

1. 创业资源的外部性

创业资源大多为外部资源，新创企业普遍资源短缺，创业者往往只拥有少量的资源，甚至两手空空。因此，创业者获取资源的有效途径就是使外部资源内部化，特别是对于关键性创业资源要能够有效地获取与整合。

成功的创业者大多是资源整合的高手，创造性地整合外部资源是他们成功的关键因素之一。

2. 创业资源的异质性

资源基础理论认为企业的竞争优势源于企业拥有的异质性资源。

所谓资源异质性，是指其具有价值性、稀缺性、难以模仿性和难以替代性，从而构成了企业竞争优势的内生来源。创业者在创业过程中形成的有特色的创意、创业精神、愿景目标、创业动力、创业初始情境等，是属于这类具有异质性和固定性的资源。

Mark Casson 指出，创业者就是为了协调稀缺资源而实施判断性决策的人。企业内部拥有的异质性资源和能力是新企业成长的重要原因。

3. 创业资源使用价值的差异性

人类知识从来就不是以一种集中的且整合的形式存在的，而仅仅是作为有彼此独立的个人所掌握的不完全的而且还常常是相互矛盾的分散知识而存在的，这就是知识的分散性。

分散性知识的存在，意味着对于同样的资源创业者会看到他人未能发现的不同效用，产生不同期望，做出不同的投入产出判断，从而产生超出一般商业资源的新价值，甚至是超额利润的效果。

4. 创业资源能实现新效用

资源价值来自资源属性的效用,而资源效用不是一成不变的东西,会在社会活动中不断被发现。创业者按自身发现的效用对所获资源进行开发利用,把发现的资源新效用变成产品或服务的新功能,以此获得价值增值甚至是超额利润。

这种发现和实现资源新效用的过程,就是创业活动的本质。

由此可见,创业资源是指经由创业者识别并开发利用,充分实现其新效用、获得新价值甚至是超额利润,具有异质性的商业资源。

创业者必须注重控制、整合和充分利用创业资源,以建立新创企业的竞争优势。

三、影响创业资源获取的因素

1. 创业导向

创业导向是创业者在经营、实践和决策的过程中所采取的创新、承担风险、抢先行动、主动竞争和追求机会的一种态度或意愿。

创业导向强调如何行动,是创业精神的表现过程。创业导向的企业能自主行动,具备创新和风险承担的态度,面对竞争对手时积极应战,面临市场机会时能超前行动。企业追求机会所表现出的创业导向,驱使企业寻求与整合资源,并创造财富。

2. 创业者资源禀赋

创业者资源禀赋是指创业者所具有的与创业相关的自身素质和外在关系的总和,主要包括创业者的经济资本、社会资本和人力资本,它们能够为创业行为和新创企业生存与成长提供有价值的资源。

大量的文献强调企业家资源禀赋在创业过程中的重要作用,认为企业家资源禀赋是创业行为过程的关键资源,甚至在一定程度上决定着新创企业的资源构成特征。

3. 创业者资源整合能力

企业资源整合能力是指在创业过程中,以人为载体,在资源整合过程中所表现出的对资源的识别、获取、配置和利用的主体能力。

创业资源在未整合之前大多是零散的、一般性的商业资源,要发挥其最大的效用、转化为竞争优势、为企业创造新的价值,就需要新创企业运用科学方法将不同来源、不同效用的资源进行优化配置,使有价值的资源充分整合起来,发挥"1+1＞2"的放大效应。

资源整合能力在创业的各个阶段发挥着极为重要的作用。在创业起步阶段,资源整合能力影响并决定了创业者对创业机会的评估、识别与开发,同时帮助创业者摆脱资源约束,取得所需资源;生存与成长阶段,新创企业需要筹措更多的资源来满足自身的发展,创业者资源整合能力会对新创企业成长过程的战略决策与运营能力产生重要影响,资源整合的深度与广度将保障组织运作的持续性,进而影响创业绩效。

4. 创业团队

企业把创意变成产品或服务,把产品或服务市场化、产业化是一个艰苦的过程,必须组建好一个富有凝聚力和创新精神的创业团队,这是获取各项创业资源的重要前提,也是创业成功的一个基本保障。

借助团队就可能拥有创业所需要的各种知识和经验，如顾客经验、产品经验、市场经验和创业经验等。同时，通过团队，其人脉关系网络可以放得更大，能够有效地增进创业者社会资本，提高创业成功的概率。因此，创业团队本身就是一项极为重要的创业资源。

团队创业较个人创业能产生更好的绩效，其内在逻辑在于创业团队是一个特殊的群体，群体能够建立在各个成员不同的资源与能力基础之上，贡献并且整合差异化的知识、技能、能力、资金及关系等各类资源，这些资源及群体协作、集体创新、知识共享与共担风险产生的乘数效应，能够帮助企业更好地克服创新的风险和资源的约束。

5. 外部环境条件和政府政策支持

创业活跃程度的一个重要决定因素是创业的环境条件。创业环境与创业活跃程度呈很强的正相关关系。创业企业与创业环境有着密切的关系，而这种关系的核心是创业企业资源的需求和创业环境资源的供给所具有的有机联系。

创业水平和创业资源受到外部环境因素的影响极大，尤其是政府的法规政策。创业环境好的地方一般会呈现较高的创业活动水平，而政府创业政策作为创业环境的重要内容是直接影响一个国家和地区创业活动水平的重要手段。

四、创业资源获取的途径与技能

（一）获取创业资源的途径

1. 获取技术资源的途径

获取起步项目所依赖技术的途径方式有：

（1）吸引技术持有者加入创业团队。

（2）购买他人的成熟技术，并进行技术市场寿命分析等。

（3）购买他人的前景型技术，再通过后续的完善开发，使之达到商业化要求。

（4）同时购买技术和技术持有者。

（5）自己研发。但这种方式需要的时间长，耗资大。我们应该随时关注各高校实验室、老师或者学生的研发成果，定期去国家专利局查阅各种申请专利，养成及时关注科技信息，浏览各种科技报道，留意科技成果，从中发现具有巨大商机的习惯。政府机构、同行创业者或同行企业、专业信息机构、图书馆、大学研究机构、新闻媒体、会议及互联网等，都是我们获取这些信息的渠道，可以根据自己的实际情况与各种方式的特点，选择一种或多种方式，尽可能获取有效的信息。

2. 获取人力资源的途径

这里的人力资源不是指创业企业成立以后需要招募的员工，而是指创业者及其团队拥有的知识、技能、经验、人际关系、商务网络等。创业前，如果有可能，可以在读书期间做一些产品的校园或者地区代理，不管是热水袋、拖鞋、牛奶、化妆品，还是手机卡、数码产品、婚纱店、美容店、家教中心等都可以去尝试，这个过程中既能赚些钱、增长关于市场的知识，还可以锻炼组织能力（组织团队中人数切忌太多，不超过五个）。也可以考虑进入一个企业工作，通过打工的经历学习行业知识、建立客户资源渠道，了解企业运作的经验，学习开拓市场的方法，了解盈利模式。为了创业而到一个公司工作，应该选择什么样的公司呢？是世界500强之类的大公司还是小公司呢？在这一点上，有观点认为：在一个小公司的资深层任职，可给你一种广阔的视野并向你提供更具创意的机会，小公司承受不了人员冗杂的压力，你可了解发薪水时没有足够的现金情况如何，可了解贷款付息20%时的情况如何，这样涉猎范围广泛，为你在大公司发展经营战略打下了良好的基础。

3. 获取营销网络的途径

营销网络将帮助企业产品或者服务走向市场，换回用户的"货币选票"。一般情况下，企业可通过以下途径拥有未来的营销网络：

（1）借用他人已有的营销网络，使用公共流通渠道。

（2）自建的营销网络与借用他人营销网络相结合，扬长避短，使营销网络更适应于企业的要求。

4. 获取外部资金资源的途径

对于外部资金的获取，一般可通过以下五种途径获得：

（1）依靠亲朋好友筹集资金，双方形成债权债务关系。

（2）抵押、银行贷款或企业贷款。

（3）争取政府某个计划的资金支持。

（4）所有权融资，包括吸引新的拥有资金的创业同盟者加入创业团队，吸引现有企业以股东身份向新企业投资、参与创业活动，以及吸引企业孵化器或创业投资者的股权资金投入等。

（5）一个详尽可行的创业计划，以吸引一些大学生创业基金甚至风险投资基金的目光。在获取外部资源之前，一个企业家曾经说过："创业首先要用自己的钱干起来，你自己的钱不先投进去，凭什么让别人为你投钱？"

以上途径中，通过打工和创业实践来提升自己和团队的人力资源，通过创业计划获得支持，是大学生创业最能把握也是最需要把握的能力。

（二）获取创业资源的技能

1. 知人善任技能

当今社会任何人都不能靠单枪匹马获得事业的成功，作为创业者必须聚集一批志同道合的人一道来工作，这就要求创业者必须善于识人、敢于用人。那么如何做到看准人，用对人呢？对识人用人有独特见解的曾国藩认为"办事不外用人，用人必先知人"。就是说，用人慎重须以知人至深为前提，具备察人本质的眼力。曾国藩总结八句相人口诀，其中两句"若要看条理，全在语言中"。曾国藩特别重视有条理，并把它作为用人最重要的四个方面之一。通过听言，即两个人谈话，能不能切中要害、条理清晰、抓住对方，就能显示出有没有条理。

2. 合作技能

要获取创业资源，首先要找到资源提供者。创业者在寻求合作时，往往并不具备优势，很难找到拥有丰富资源的合作者。只能另辟蹊径，尽可能多地找潜在资源提供者。资源通常与利益相关，创业者要善于识别利益相关者，并且要设计好有助于合作的利益机制，借助利益机制把潜在的和非直接的资源提供者整合起来，借力发展。

3. 沟通技能

对于组织沟通中可能遇到的偏差，需要从多方面采取改进措施，除了改善沟通信息本身的质量，还需要改进对于他人信息沟通的理解。改进组织沟通的主要途径是增强沟通技能。在各类组织日益全球化、员工队伍日益多样化的今天，开放式沟通成为最为重要的管理技能之一。研究表明，成功的高层经理约有80%的时间花在谈话和倾听意见上；在几乎所有管理层，约有75%的工作日时间花在各类沟通中，而在商务沟通中，大约70%的沟通没能达到目的。这些都说明沟通技能对于组织管理具有特殊的重要性。

4. 杠杆技能

尽管存在资源约束，但创业者并不会被当前控制或支配的资源所限制，成功的创业者善于利用关键资源的杠杆效应，利用他人或者别的企业的资源来完成自己创业的目的。也就是说，用一种资源补足另一种资源，产生更高的复合价值；或者利用一种资源撬动和获得其他资源。

5. 信息获取与利用技能

在信息爆炸的网络时代，信息的发生源和信息的传播途径要比传统社会复杂、广泛得多，传统意义上的正规信息传输渠道和非正规信息传输渠道的界限变得越来越模糊。面对纷繁复杂的信息，创业者要掌握信息检索与获取、信息评价与处理、信息整合与学习、信息利用与开发等技能，才能把握商机、获取创业资源，取得创业成功。

任务四　创业资源管理

【任务目标】

（1）了解不同类型创业资源的开发。

（2）掌握有限资源的创造性利用。

（3）掌握创业资源的开发过程。

【任务描述】

创业者能否成功地开发出机会，进而推动创业活动向前发展，通常取决于他们掌握和能整合到的资源，以及对资源的利用能力。许多创业者早期所能获取与利用的资源都相当匮乏，而优秀的创业者在创业过程中所体现出的卓越创业技能之一就是创造性地整合和运用资源，尤其是那种能够创造竞争优势并带来持续竞争优势的战略资源。创业资源开发过程分解为资源识别、资源获取、资源整合和资源利用四个环节。

【案例导入】

借力修天桥

天津国际商场是天津市第一家上市公司，邻南京路。南京路是一条十分繁忙的主干道，道路对面就是滨江道繁华的商业街。在国际商场刚开业时，门口并没有过街天桥，行人穿越南京路很不方便，也不安全。应该修建天桥，这是很正常的一事情，估计经过那里的人都会很自然地想到这一问题。但是，估计绝大多数有这样认识的人会觉得这个天桥应该由政府来修建，所以想想、发发牢骚也就过去了。

有一天，一位年轻人同样也产生了这样的想法，他没有认为这是政府该干的事情，而是立即找政府商量，提出自己出钱修建过街天桥，希望政府批准，前提是在修建好的天桥上挂广告牌。不花钱还让百姓高兴，再说天桥也不注明谁出资修建，政府觉得不错，就同意了。这个年轻人拿到政府的批文后，立即找可口可乐这些著名的大公司洽谈广告业务，在这么繁华的街道上立广告牌当然是件好事情。就这样，这位年轻人从大公司那里拿到了广告的定金，用这笔钱修建了天桥还略有剩余。天桥修建好了，广告也挂上了，年轻人从大公司那里拿到余款，这就是他的第一桶金。

【任务知识】

一、不同类型资源的开发

大多数创业者难以整合到充足的创业所需资源。在非常不确定的环境中，创业者必须时刻对市场上有价值的资源进行关注。当一种资源十分稀缺时，企业就应通过一定手段进行获取，并经过与内部相关资源整合后加以利用，从而为企业带来优于竞争对手的绩效，这才是企业开发资源的初衷。

开发创业资源是有效利用创业资源的重要途径，开发创业资源表现为一些独特的创业行为。由于创业者和创业团队资源开发的能力和经验都相对薄弱，因此资源开发不仅需要量力而行，更需要创造性地获取、整合和利用。

（一）内部创业资源开发

内部资源主要包括企业内部的人、财、物等有形资产和技术、品牌、商标、专利等无形资产。

开发的最根本目标是如何更有效地优化配置和使用这些资源，因此可以把内部创业资源整合形象地比喻为内部挖潜。

1. 人力资源开发

人力资源开发的目标：

（1）通过开发活动提高员工的素质。

（2）通过开发活动增强员工的活力或积极性。

▶ 大学生就业与创新创业

人力资源的开发首先要改变传统观念,其次要采用科学方法招聘、选拔、培养、使用人才,最后要建立完善的激励机制吸引并留住人才。

2. 无形资产开发

1) 技术开发

技术开发主要指技术与产品创新。企业应当建立技术研发部门,加大对研发队伍和技术创新的投入。大力推进产品创新、服务创新、知识创新、管理创新、技术工艺创新、生产方式和流程创新,不断提高产品质量,开发出新的产品、提供新的服务,创造出新的市场价值。

2) 品牌开发

品牌是企业拥有的最大的无形资产,是增加企业收入的核心要素,品牌是市场竞争优势的代表,创业者必须高度重视创建和不断开发自主品牌。

品牌要得到消费者的认同,需要长期的建设过程,在这一过程中始终要把产品或服务的品质和质量及诚信放在首位,并努力在产品或服务的品质、样式、商标、工艺等方面独树一帜。

3) 企业制度

创业企业要想长远发展、做大做强,没有制度的保证,而只靠创业者个人魅力是不行的。

现代企业制度建设与不断完善是一个长期任务,要从创立之日起就开始考虑构建适应市场经济和本企业特点的有关组织机构、经营章程、经营范围、规模、方式、岗位职责和利益分配等一整套企业制度,并随着企业的成长而不断变革完善。

4) 企业文化

企业文化是企业发展过程中逐步形成和培育起来的具有本企业特色的企业精神、发展战略、经营思想和管理理念,是企业员工普遍认同的价值观、企业道德观及其行为规范。

5) 企业专利与商标的开发

必须将企业的核心技术申请基本专利,围绕基本专利构筑严密的外围专利网,实施专利交叉许可战略。制定商标战略时,应尽量同时用商标权和专利权来保护自己的商标设计,使用组合商标、注册相近似的商标,保护好驰名商标。

(二) 外部创业资源开发

对外部资源进行梳理、整合时,首先是要保证可以利用这些外部资源,然后才能谈到效率问题。因此,首先需要理清外部资源,其次才是拓展外部资源。

1. 人脉资源开发

人脉资源开发就是创业者人脉的构建和利用。在美国,有一句流行语:"一个人能否成功,不在于你知道什么,而是在于你认识谁。"在当前知识经济时代,人脉已成为事业的重要支撑体系。其实,职业和事业上的贵人就在身边,关键是要有人脉资源经营的意识,用心寻找,用心经营。

人脉是一种资源和资本。无论你从事什么职业，学会处理人际关系，掌握并拥有丰厚的人脉资源，那么你就在成功路上了。但人脉需要经营和细心呵护，人脉资源经营的原则有互惠原则、诚实守信原则、分享原则、坚持原则、用心原则、"二八"原则。

2. 客户资源开发

（1）开发客户的渠道包括亲朋同事渠道、网络渠道、展会渠道、媒体渠道、通信渠道等。

（2）开发客户的方法包括：①优惠待遇。新创企业可以通过价格优惠，吸引客户与企业建立交易关系。但初期的客户关系非常脆弱，客户与供应商还没有建立完全信任关系，稍有疏忽就会导致精心建立的关系毁于一旦。②"二八"原则。对客户进行分类，对重点客户和一般客户采取不同的营销策略。③中心开花。攻克了有影响力的客户，会为你带来一批新客户。客户会通过你拥有的客户来判断你的企业具备的素质和能力，拥有优质客户的企业更容易获得别人的认同。④顺藤摸瓜。通过老客户介绍新客户，以此类推，获得更多的客户。⑤找准机会，寻找最佳切入点。从潜在客户到正式客户并非轻而易举，需要选择合适的时机，才能实现客户关系的突破。⑥提升价值。以更具竞争力的产品或服务，为客户提供其他供应商无法满足的需求。

二、有限资源的创造性利用

资源利用是企业资源开发的最终目标，只有创造性地配置和利用企业获得的资源，企业的核心能力才能形成，企业才能够发展和成长。

（一）创造性拼凑

由于机会经常是转瞬即逝的，创业者有时必须迅速采取行动，哪怕是在资源匮乏的环境下。创业者没有时间用更广泛的途径整合资源，因此开发自身现有的资源十分重要。事实上，潜在创业者并不是真的"一无所有"，而是对自己手头拥有的东西视而不见。

"创造性拼凑"是使创业者能够"无中生有"地开发现有资源的一个有效手段。Levi-Strauss 最早提出创造性拼凑的概念，创造性拼凑笼统地指用手头现有资源直接行事。之后很多学者直接沿用了这个词的含义。贝克和纳尔逊将"创造性拼凑"定义为：为了解决新问题或利用新机会，整合手头现有的资源行事。其包含三层含义：一是创造性拼凑者利用的是手头的现有资源，即可以立即获得并使用的资源；二是创造性拼凑是一种立即行动的行为，即积极快速地应对机会或问题而不是拖延或深思熟虑；三是创造性拼凑强调为了新问题或新机会而重新组合资源，创造性拼凑的目的是解决新问题或利用新机会，是将现有的资源用到新的用途。

（二）步步为营

在资源匮乏的情况下，创业者为多个阶段投入资源并在每个阶段投入有限的资源，这种做法称为"步步为营"。这种方法不仅适合创业型小企业，而且适合高成长企业。

步步为营的策略首先表现为节俭，设法降低资源的使用量及管理成本，但过分强调降低成本会影响产品或服务质量，甚至会制约企业发展。步步为营的策略还表现为自力更生，最大限度地降低对外部融资的依赖，充分发挥企业内部资源的潜力，使经营风险最小化，实现创业者对所创事业所有权的有效掌控。步步为营是创业者在资源受限的情况下实现创业目标的有效途径，更是在有限资源的约束下获取满意收益的方法。事实上，步步为营往往是创业者自发的甚至是迫不得已的选择，其对创业企业生存与成长尤其重要。

（三）发挥资源杠杆效应

杠杆效应即以尽可能少的资源投入获得尽可能多的收益。尽管存在资源约束，但成功的创业者善于利用关键资源的杠杆效应，撬动和获得外部资源来实现自己的创业目的，或者用一种资源补足另一种资源，产生更高的复合价值。

对于创业者来说，最合适的杠杆就是创业者自己的人力资本和社会资本等非物质资源。人力资本由一般人力资本和特殊人力资本构成。一般人力资本包括教育背景、以往的工作经验及个性品质特征等；特殊人力资本包括产业人力资本与创业人力资本。

容易产生杠杆效应的是创业者的社会资本。社会资本存在于社会结构之中，体现在个体关系网络之中的真实或潜在社会资源的总和，它有助于个体开展目的性行动，并为个体带来行为优势。个人关系网络为创业者提供了丰富的市场和商业信息，从而有助于提升创业者对特定商业机会的认识与把握。使创业者更容易识别常规商业活动中难以发现的顾客需求，进而更容易获得财务和物质资源。

（四）设置合理利益机制

资源通常与利益相关，创业者之所以能够从家庭成员那里获得支持，原因在于家庭成员不仅是利益相关者，更是利益整体。既然资源与利益相关，创业者在整合资源时就要设计有助于资源整合的利益机制，借助利益机制把潜在的、非直接的资源提供者整合起来，借力发展。因此，整合资源需要关注有利益关系的组织或个人，尽可能多地找到利益相关者，同时分析这些组织或个体与自己以及自己想做的事情有何利益关系。利益关系越强、越直接，整合资源的可能性就越大，这是资源整合的基本前提。另外，存在利益关系并不意味着能够实现资源整合，还需要找到或发现利益共同点。创业者在设计共赢机制时，既要帮助对方扩大收益，也要帮助对方降低风险，降低风险本身也是扩大收益。在此基础上，需要考虑如何建立稳定的信任关系，并加以维护、管理，这就是价值维护。

三、创业资源开发过程

在日益变化的动态市场中，企业要想保持竞争优势，必须不断地获取资源并对其进行开发，创业资源的开发与整合贯穿整个创业过程。

Sirmon、Hitt and Ireland 建立了一个动态环境中资源开发整合的理论模型，将创业资源开发过程分解为资源识别、资源获取、资源整合和资源利用四个环节，并深入揭示创业环境、创业网络与资源开发之间的动态作用。

1. 资源识别

资源识别为资源获取和利用奠定了基础。资源识别是指创业者根据自身资源禀赋，对创业所需资源进行分析确认，并最终确定企业所需资源的过程，它是资源开发的起点。创业者尤其要关注自身已有的资源及创业所需资源间的缺口，特别是知识资源和社会资源，然后识别潜在的资源或资源供应商。

2. 资源获取

资源获取是指在确认并识别资源的基础上，获取或支配所需资源使之为创业企业服务的过程。新创企业主要通过内部培育和外部购买方式获取资源，在创业的早期阶段，应当充分利用已有的知识资源、社会资源和组织资源等无形资源，去撬动财务与物质资源，从而获得有形资源。企业还可以利用自身的信息优势来获取价值更高的知识资源，运用社会网络获取外部资源，通过企业之间的联盟帮助企业获取互补性资源。

3. 资源整合

资源整合是指企业在获取了必要的资源之后，对资源进行优化配置，使资源互相匹配、相互补充，以产生新的使用价值的过程。资源整合是资源开发过程的中心环节，整合资源的关键在于能否有效提升原有产品或服务的价值或创造出新的价值，以进一步形成具有价值创造潜力的能力集合，获得独特的竞争优势。

纵观中国和国外著名企业家，无一不是资源整合的高手。海尔集团的张瑞敏就提出："企业最重要的是利用多少科技资源，而不是拥有多少科技资源，企业要具备整合各种科技资源为自己所用的能力，整合力即竞争力。"

4. 资源利用

资源利用是指对所获取的资源进行优化配置形成能力集合后，将其运用于为顾客、为合作伙伴创造价值，同时为企业所有者创造财富的过程。这是资源开发过程的最后环节，是企业资源的价值实现过程。

资源利用是一个学习过程，资源利用的潜力蕴含在企业人力资本技术和潜在知识当中，企业只有拥有符合顾客需要和保持当前竞争优势的能力，及时识别并抓住创业机会，整合到必需的创业资源中，才能为顾客、合作伙伴和企业自身创造价值，使创业的最终目标得以实现。

任务五　创　业　融　资

【任务目标】

（1）了解不同类型创业资源的开发。

（2）掌握有限资源的创造性利用。

（3）掌握创业资源的开发过程。

【任务描述】

创业融资是指创业企业根据自身发展的要求，结合生产经营、资金需求等现状，通过

▶ 大学生就业与创新创业

科学的分析和决策，借助企业内部或外部的资金来源渠道和方式，筹集生产经营和发展所需资金的行为和过程。为了较为准确地估算创业投资资金，需要分类列表，越详细越好。创业融资的主要资金来源一般包括自筹资金、创业投资、天使投资、金融机构贷款、信用担保以及其他来源。

【案例导入】

雅虎的第一笔风险投资

1995年的一个夜晚，在斯坦福大学留校从事研究工作的杨致远和费罗为他们的网站排列出Yahoo这个字母组合。

聪明的杨致远认识到，必须自己制订一个周密的商业计划，以我为主通过广告盈利。于是，他迅速起草了一份商业计划。带着这份计划书，他们到处寻找风险投资者。

他们一边维护日益膨胀的网络资源，一边寻找商机，每天只睡四个小时。

杨致远找到了红杉（Sequoia）资本公司，它是硅谷最负盛名的风险投资公司，曾向苹果、Atari（视频游戏工业的领袖）、奥拉克（大型数据库供应商）、Cisco系统（网络硬件商）等公司投资。

至今，莫里兹回忆起1995年1月走访办公室的情景，还津津乐道："那里真的可以说是一片狼藉。比萨饼盒扔得满地都是，高尔夫球棒随随便便地搁在角落里，电话机扔在地板上，整个屋子里连张椅子都没有，满屋子黑乎乎的。我觉得杨致远和费罗大概连白天黑夜都分不清了。"

不过，莫里兹并没有被吓跑，杨致远和费罗最终使他相信，"这几个小子的确有眼力，抢先占据了网上的有利位置，如果发展顺利，其战略优势十分明显"。1995年4月红杉投资雅虎近200万美元。它是雅虎的首家风险资本投资者，也是唯一的风险资本投资者。现在，红杉的股本已升值到了34亿美元。

【任务知识】

资金好比创业企业的血液，对其生存和健康发展至关重要。大多数创业企业自诞生起就面临资金紧张的局面，多方筹集资金成为创业者及其团队成员在创业初期的重要工作。因此，创业融资成为创业企业开发和整合资源、确保企业持续成长的最关键任务。

一、创业融资的概念

融资是指货币资金的融通。狭义上讲，融资是企业资金筹集的行为与过程，即企业根据当前经营现状及未来发展需要，通过一定的渠道、采用一定的方法、付出一定的代价向资金持有者筹集资金的经济行为。广义上讲，融资既包括资金的融入，也包括资金的融出，即企业通过一定的方式，在金融市场筹措资金或贷放资金的行为。

创业融资则是在创业背景下的资金筹措行为和过程。具体而言，创业融资是创业企业为实现创业目标，满足企业生存和发展需求，通过多方渠道，采取不同策略筹集所需资金的经济行为。创业企业在不同的发展阶段有不同的资金需求,因而需要根据企业发展路径,结合创业计划以及企业发展战略,合理制订资金需求计划和创业融资方案。

二、创业所需资金预测

正确测量创业所需资金有利于确定筹资数额,降低资金成本。创业所需资金包括投资资金和流动资金。

(一) 投资资金

投资资金是指为企业购买的固定资产以及为开办企业而支出的一次性费用。作为创业者,必须预估投资资金。为了较为准确地估算创业投资资金,需要分类列表,越详细越好。创业者可以集思广益,先列出所需要的一切,从有形商品(如场地、库存、设备和固定设施)到专业的服务(如装潢、广告等),分门别类,然后逐项测算创业启动所需支付的费用。

投资资金主要包括三类:场地和建筑、设备以及一次性费用。

1. 场地和建筑

在筹集资金前,要清楚企业需要什么样的场地和建筑,然后确定采取何种形式来获取,一般来说有四种方案:

(1) 建造新房。如果企业对场地和建筑有特殊要求,最好自己建房子,但这需要大笔的资金和比较长的时间。

(2) 购买现房。如果能在交通便利的地点找到合适的建筑,购买现成的房屋既简单又快捷,但是这也需要大笔的资金。

(3) 租房。这是很多创业者普遍采取的方式,租房所花资金少,而且方便灵活。但是,租房缺乏稳定性,而且装修需要一笔资金。

(4) 在家开业。这种方式最便宜,对于大学生而言,在家开业是起步的好方法,待企业发展后再租房和买房都不迟。

2. 设备

设备是指企业创办所需的机器、工具、工作设施、车辆、办公家具等。制造商和从事服务行业对设备的需求较大,因此这类企业需要在设备上投入大量的资金,特别需要明确企业需要哪些设备并选择准确的设备类型。

3. 一次性费用

一次性费用主要是指开业前产生的一些费用支出,如开办费(包括开业前市场调查费、培训费、差旅费、印刷费、注册登记费等)、装修费等。

(二) 流动资金

企业在创建后要运转一段时间才能有销售收入,所以为了维持企业的正常运转,企业需要一定数量的流动资金。流动资金主要包括以下几方面的费用支出:

(1) 购买并储存原材料和成品。如果是制造商,生产产品需要原材料,而且要保证原材料有一定量的库存，这就需要一定的资金；如果是服务商，需要一些材料备用，还必须预估在顾客付款之前提供服务需要多少材料库存，这就需要花费一定的资金；如果是零售商或批发商，需要储存商品来出售。

（2）促销费用支出。企业在开张前，为促销自己的产品或服务而采取活动的费用。

（3）工资支出。它包括雇佣员工的薪水支出和自己以工资方式支付的家庭生活费用。

（4）租金。它是指企业用地用房的费用。这里要注意的一点是租金可能要3个月或6个月一付，将会占用更多的流动资金。

（5）保险。用于投保所支出的费用。

（6）其他费用。它包括设计费、办公用品费、交通费。

三、创业融资分析

1. 创业融资难的原因

（1）不确定性。根据清华大学中国创业研究中心GEM（全球创业观察）项目的研究成果，市场变化大是中国创业环境方面的重要特征。市场变化大，一方面意味着有更多的创业机会；另一方面则意味着创业活动本身面临非常大的不确定性，因而创业过程中存在诸多风险。

（2）信息不对称。一般而论，创业者比投资者对于创业项目、自身能力、创新水平与市场前景更加了解，处于信息优势地位。与创业者相比，投资者则处于相对信息劣势的地位。银行借贷是为了逃避风险，而风险的根源就是信息不对称。

2. 创业融资过程

（1）做好融资前准备。市场经济条件下，"个人诚信"是无形资产，它能有效拓展获取各项资源的渠道。此外，创业者需要广泛搭建人脉，与现实、潜在的资金提供者建立和发展良好的融资关系。

（2）计算创业所需资金。在筹集资金之前，要运用科学的方法测算出创业所需的资金量。

（3）编写创业计划书。撰写好创业计划书不仅有助于整体考虑创业启动阶段所需的资金量，还具有获得风险投资支持的不可替代的作用。

（4）融资方式与融资渠道选择。创业融资方式可分为股权融资和债权融资。股权融资也称为权益融资，即创业者用未来企业的部分股权换取创业融资，股权投资者成为企业的部分所有者，即股东。债权融资对于创业者来说主要是商业信贷，通过向商业银行贷款获得资金，而银行对贷出的款项要求必须按期还本付息。

一般说来，不管是新创立公司还是已建公司，如果创业者不想过度分散自己的股权但又想获得充足的运营资金，那么企业不仅要采取股权融资，还要采取债权融资的方式。

融资渠道分为内源式（内部）融资和外源式（外部）融资、直接融资和间接融资等。内源式融资主要指创业者自己通过原始积累或家庭、亲朋好友支持取得的资金；外源式融资是通过向外部债权融资或某种形式的股权融资来获得，要花费融资费用；直接融资是指创业者不经过银行等金融机构，而直接与资本供应者协商借贷或直接发行股票、债券等筹集资本的活动；间接融资则指创业者借助银行等金融机构而进行的融资方式，银行等金融机构发挥金融中介作用预先聚集资本，再提供给资本需求企业。

四、创业融资渠道

（一）私人资本融资

私人资本融资包括自我融资、亲朋好友融资和天使投资等。

1. 自我融资

自我融资是指创业者将自己的部分甚至全部积蓄投入到新企业创办之中。

2. 亲朋好友融资

家人和亲戚、朋友一般都是创业者理想的贷款人，许多成功创业人士在创业初期都借用过家人或朋友的资金。

3. 天使投资

天使投资是指自由投资者或非正式机构对具有专门技术或独特概念的原创项目或小型初创企业进行一次性的前期投资。

天使投资实际上是风险投资的一种特殊形式，是对于高风险、高收益的初创企业最早介入的外部资金。

天使投资具有如下特征：

（1）天使投资的金额一般较小，而且是一次性投入。它对风险企业的审查也并不严格，更多的是基于投资人的主观判断或者是由个人的好恶所决定的。通常天使投资是由一个人投资，并且是见好就收，是个体或者小型的商业行为。

（2）很多天使投资人本身就是企业家，了解创业者面对的难处，是起步公司的最佳融资对象。比如，在硅谷，相当多的天使投资者是那些成功创业的企业家、创业投资家或者大公司的高层管理者，他们不仅拥有一定的财富，而且还有经营理财或者技术方面的特长，对市场、技术有敏锐的洞察力。

（3）天使投资人不但可以带来资金，同时也可以带来关系网络。如果他们是知名人士，也可提高公司的信誉。天使投资往往是一种参与性投资，也被称为增值型投资。

一般而论，一个公司从初创到稳定成长期，需要三轮投资：第一轮投资大多是来自个人的天使投资，作为公司的启动资金；第二轮投资往往会有风险投资机构进入，为产品的市场化注入资金；第三轮基本是上市前的融资，来自大型风险投资机构或私募基金。

（二）机构融资

1. 商业银行贷款

在中国，中国工商银行、中国农业银行、中国银行及中国交通银行四大商业银行，中国光大银行、民生银行、招商银行、深圳发展银行、上海浦东发展银行等中小型商业银行，以及各级农村信用社是创业者获得银行贷款的重要来源。

商业银行不提供股权资本，主要提供短期贷款，但也提供中长期贷款和抵押贷款。

目前，我国商业银行推出的个人经营类贷款对于创业者非常适合，包括个人生产经营贷款、个人创业贷款、个人助业贷款、个人小型设备贷款、个人周转性流动资金贷款等。

2. 担保机构融资

担保机构融资是指企业根据合同约定，由依法设立的担保机构以保证的方式为债务人提供担保，在债务人不能依约履行债务时，由担保机构承担合同约定的偿还责任，从而保障银行债权实现的一种金融支持方式。担保机构主要解决中小企业融资困难。

1）担保融资的程序

有担保需求的企业应首先选择担保公司并提出担保申请，担保公司对申请企业进行调查后，会要求企业提供反担保。经担保公司审批同意后，企业就可按正常程序向商业银行申请贷款，而由担保公司提供担保。

2）担保融资的条件

担保公司对客户的一般要求：

（1）在行业内具有比较优势（只要能领先别人一步就行）。

（2）健康、稳健、诚信，有持续经营能力，有还本付息能力。

3）担保融资注意事项

担保公司是经营信用的企业，担保公司所面临的风险中最突出、最不可控制的是企业的信用风险，因此担保公司非常看重企业及其老板以往的信用记录。

所以，创业者应当未雨绸缪，创业起步就要注重诚信建设和企业声誉，并尽早同担保公司建立联系、加强沟通、增进了解，使创业企业在担保公司有初步信用资料，一旦有担保需求，就可以大大缩短担保公司的工作时间，不至耽搁企业的商机。

3. 政府创业扶持基金

近年来，各级政府越来越重视对中小企业、创业企业的扶持，制定多种优惠政策。由政府主导的创业扶持基金不但能为企业带来现金流，更是企业壮大无形资产的利器。政府创业扶持基金主要包括科技创新基金、政府创业基金、专项基金和地方性优惠政策（如税收优惠、财政补贴、贷款援助等）。

4. 风险投资

创业投资也叫风险投资，是指在创业企业发展初期投入风险资本，待其发育相对成熟后，通过市场退出机制将所投入的资本由股权形态转化为资金形态，以收回投资，取得高额风险收益。

由于高新技术企业与传统企业相比更具备高成长性，所以风险投资往往把高新技术产业作为主要投资对象。在美国，70%以上的创业资本投资于高新技术领域，解决了高新技术产业化过程的瓶颈。

1）风险投资的起源

1946年,美国波士顿联邦储备银行行长弗兰德斯和哈佛大学教授多里奥特发起成立世界上第一家真正意义上的风险投资公司——美国研究与发展公司(American Research & Development,ARD)。它是首家专门投资于流动性差的新企业证券的公开募股公司,其诞生是世界风险投资发展的里程碑。ARD最著名的投资是1957年向数字设备公司的投资,提供了7万美元的风险资本和3万美元的贷款。到1971年,这笔投资已经增值到3亿多美元。

2)风险投资的定义

风险投资是由专业投资者投入到新兴的、快速成长、有巨大市场潜力的企业中的一种与管理相结合的资本。作为一种支持创业者的工具,风险投资在孵化创新型中小企业、推动高技术产业发展、拓宽就业市场、优化资源配置、培育新的经济增长点等方面发挥了巨大的作用,促进了经济结构的调整和社会科技水平的整体提高,因而越来越受到各国的重视。

3)风险投资的特征

(1)投资对象为处于创业期的中小型企业,而且多为高新技术企业。

(2)投资期限至少在三年以上,投资方式一般为股权投资,通常占被投资企业30%左右股权,而不要求控股权,也不需要任何担保或抵押。

(3)投资决策建立在高度专业化和程序化的基础之上。

(4)风险投资人一般积极参与被投资企业的经营管理,提供增值服务。

(5)由于投资目的是追求超额回报,当被投资企业增值后,风险投资人会通过上市、股份转让或清算方式撤出资本,实现增值。在美国,以清算方式退出大概占风险投资基金的32%,这种方法一般仅能收回原投资总额的64%。

(三)知识产权融资

知识产权融资,即用知识产权进行质押贷款或作价入股获取融资。现阶段,我国知识产权融资方式主要有质押贷款、作价入股与知产引资、融资租赁等。

1. 质押贷款

质押贷款是指企业或个人以合法拥有的专利权、商标权、著作权中的财产权经评估后作为质押物,向银行申请融资。这是我国商业银行正在积极探索的中小企业融资渠道。

2. 作价入股与知产引资

它是指合法拥有知识产权的企业或者个人,通过知识产权的价值评估后,以具有自主知识产权并能带来丰厚回报的潜力项目,吸引合作第三方投资,企业通过出让股权换取第三方资金,或与拥有资金的第三方机构合作创立新公司,使得拥有知识产权的企业或者个人获得企业股权;也指企业股东或者法人将自主拥有的专利或专有技术等,通过知识产权的价值评估后,转让到企业,从而增加其持有的股权。

3. 融资租赁

与传统行业中的设备融资租赁具有类似性,在租赁期间,承租方获得知识产权(除所有权外)的全部权利,包括各类使用权和排他的诉讼权。租赁期满,若知识产权尚未超出其有效期,根据承租方与出租方的合同约定,确定知识产权所有权的归属。知识产权的融资租赁、知识产权资产的证券化等在我国大陆地区属于尚未开拓的全新融资方式。

事实说明,优质的知识产权并不仅仅是一张证书,而且完全可能是一个可行的融资途径。

五、创业融资的策略选择

创业融资不只是一个技术问题,还是一个社会问题,应从建立个人信用、积累社会资本、撰写创业计划、测算不同阶段的资金需求量等方面做好准备。

(一)创业不同阶段的融资渠道

创业企业融资具有阶段性特征。创业企业完整的财务生命周期主要由不同的业务发展阶段组成,即种子期、创立期、成长早期、快速成长期和成熟期。在不同的阶段,创业企业基于不同的业务重点有不同的资金需求。因为创业企业主要采取的是一种商机驱动型财务模式,蒂蒙斯将其描述成"商机引导并驱动了商业战略,然后又驱动了财务需求、财务来源、交易结构以及财务战略"。在不同阶段,由于直接驱动力量不同,企业的财务需求各不相同,企业所面对的可获得的财务资源也呈现出很大的差异,具体见表8-1。

表8-1 创业不同阶段融资特点

创业阶段	融资需求
种子期和创立期	个人积蓄和家庭、朋友融资是最主要的资金来源,创业者无法得到更多的股权融资,很难满足企业进一步发展的需要
成长早期	成功的商业计划书吸引风险资本介入,加上公司最初的内部积累,使公司的融资渠道有所扩展
快速成长期	相对于受驱动的财务需求,原有资金规模仍然显得过小,但企业快速成长会吸引更多的风险投资和证券投资
成熟期	创业企业往往把公开上市作为一个较为彻底的解决方案,在有创业板市场的经济环境中,在此阶段上市意味着正好利用资本市场来丰富企业可利用的财务资源,以满足创业企业高成长的资金需求。在创业板上市,不仅是创业企业发展成为成熟企业的重要渠道,而且能满足参与创业的资金(如风险投资)退出的要求

因此,在不同的创业发展阶段,创业企业具有不同的特征,面临的风险各不相同,可供使用的融资渠道也不尽相同,具体如图8-1所示。

图8-1显示的是创业企业在不同发展阶段通常可能选择的融资渠道,不排除个别创业企业在某些发展阶段有其他融资渠道。例如,天使投资人可能在企业成长的种子期就投资创业企业,创业者、家庭、朋友的资金也有可能在企业成长的其他阶段继续投资于创业企业。

项目八　创业团队与创业资源

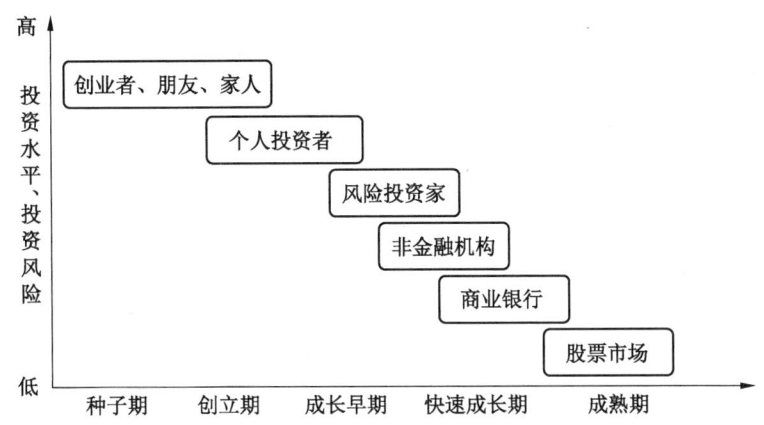

图 8-1　创业企业发展过程中的资金融资渠道

（二）融资结构的均衡

创业融资结构安排中最重要的内容是如何均衡股权融资与债权融资。股权融资与债权融资各有优缺点，具体见表 8-2。

表 8-2　股权融资与债权融资的比较

创业阶段	优　　点	缺　　点
债权融资	（1）只要按期偿还贷款，贷方就无权过问公司的未来及其发展方向。 （2）贷款的支付金额是可以事先预测的，它不会改变公司的命运	（1）如果借方不能按时偿还货款，贷方可以迫使公司破产。 （2）为了清算债务，贷方可以拿走独资所有者或合伙企业中合伙人的房子及其他财产用来抵债
股权融资	（1）股权融资往往数额大、成本低，如果公司没有利润，投资者甚至没有利润可供分享。 （2）投资者不能迫使公司破产。 （3）投资者对公司的兴盛与否更加关心，所以经常会向公司提供一些有益的建议和有价值的合同	（1）股权融资伴随着企业控制权和所有权丧失问题，股权融资对于投资者而言风险更大。 （2）投资者通常要求参与公司的经营，并要求获取比债权人更丰厚的回报，这会直接影响企业的近期效益与长远发展

1. 创业融资顺序的选择

创业企业融资时，首先应考虑内源融资，然后考虑外源融资；而在外源融资中，首先是债务融资，然后是股权融资。一般而言，在小企业起步时期，外部债务融资优于外部股权融资，因为债务融资可以有效减少外部所有权和控制、逆向选择等问题。此时，企业除了有少量的风险资本外，其股权资本的大部分来自业主、创业团队的其他成员以及家族和好友。但是，当企业需要大规模融资时，外部股权融资就显得极其重要了。新创企业与适当融资类型的匹配见表 8-3。

表 8-3 新创企业与适当融资类型的匹配

新创企业类型	新创企业特征	融资类型
具有高风险、不确定回报的企业	较弱的现金流； 高负债率； 低、中等成长； 未经证明的管理层	自我融资； 向亲朋好友融资
具有低风险、更可预期回报的企业	强大的现金流； 低负债率； 优秀的管理层； 健康的资产负债表	债务融资
提供高回报的企业	独特的商业创意； 高成长； 利基市场； 得到证明的管理层	权益融资

2. 融资对企业控制权的影响

财务杠杆和财务风险是企业在筹措资金时通常需要考虑的重要问题，同时又是一种两难问题：企业既要尽可能加大债权资本在企业资本总额中的比重，以充分享受财务杠杆利益，又要避免由于债权资本在企业资本总额中所占比重过大，给企业带来的财务风险。

严重依赖债权融资的公司常被称为"高杠杆公司"。高杠杆意味着债权融资比例高，这种高杠杆只有在企业经营状况良好、收益稳定的情况下才能奏效。创业企业的过度杠杆（负债）融资比成熟企业的过度杠杆融资更加危险，这是因为创业企业对市场因素的变化更加敏感。

但是，采用股权融资就意味着企业控制权和所有权的部分丧失。有时，这不仅直接影响企业生产经营的自主性、独立性，导致企业利润分流、原有股东的利益遭受巨大损失，还可能影响企业的近期效益与长远发展，过度依赖股权融资甚至可能导致公司所有者的垮台。

可见，在考虑融资的代价时，只考虑成本是不够的。当然，在某些特殊情况下，不能一味固守控制权不放。比如，一个急需资金、濒临破产的小型高科技企业，在面对某些投资公司拟投入巨额资金，但要求较大比例控股权的情形时，一般应该从长计议，在股权方面做出适当让步。

【项目习题】

1. 创业团队组建应遵循什么原则？

2. 创业团队组建的程序是什么?
3. 创业团队会有哪些风险?
4. 什么是创业资源?如何获取创业资源?
5. 创业资源有哪些分类?
6. 创业资源如何进行开发?
7. 什么是创业融资?
8. 创业融资有哪些渠道?

项目九　创业机会与创业项目选择

任务一　创业机会识别

【任务目标】

(1) 了解创业机会内涵、特征、类型。

(2) 了解创业机会的来源。

(3) 掌握影响创业机会识别的关键因素。

(4) 掌握识别创业机会的方法。

【任务描述】

创业机会是指有吸引力的、较为持久和适时的一种商务活动的空间，并最终体现在能够为顾客创造价值或增加价值的产品或服务中。好的创业机会，必然具有特定的市场定位，专注于满足顾客需求，同时能为顾客带来增值的效果。创业需要机会，机会要靠发现。创业难，发掘创业机会更难。要想寻找到合适的创业机会，创业者应学会识别创业机会。影响机会识别的因素主要集中在创业者的先前经验、认知因素、社会关系网络和创造性四个方面。识别创业机会较为常用且行之有效的方法包括：开展创业机会调查，宏观和微观环境分析，问题与意见处理分析，运用专业技术发明创造。

【案例导入】

"牛仔裤"诞生的启示

美国"牛仔大王"李维斯的故事多年来为人们津津乐道。

19世纪50年代，李维斯像许多年轻人一样，带着发财梦前往美国西部淘金，快到淘金地点的时候，一条大河挡住了所有淘金者的去路，很多人怨声载道，有的打道回府，有的绕道而行，李维斯这时突然想到了一个主意——摆渡，于是用自己仅有的钱租了一条船，摆渡淘金者，由于淘金心切，淘金者都愿出高价乘船过河，他也赚到了"第一桶金"。此后，他把船退掉，也前往西部淘金。来到西部，李维斯通过自己的努力找到了一个金矿。有一天，来了几个大汉，对他说："小个子，你明天不用来了，这个地盘属于我们了。"李维斯据理力争，但最后被痛打一顿，因为那时美国西部没有法律，解决问题靠的是武力和拳头。无奈之下，他只好灰溜溜地离开。他好不容易找到另一处合适的地方，又被人打了一顿后轰走。

李维斯突然又想到了一个挣钱的办法。那时西部缺水，由于采矿者出汗多，饮用水紧缺，于是李维斯做了一辆水车来卖水，卖水的生意非常好，一段时间下来就赚了不少钱。但好景不长，很多人都仿效李维斯来卖水，这样很快生意就被瓜分了。

李维斯就想，再这样继续下去也不是长久之计，于是他开始苦思冥想，结果又想到了一个赚钱的好办法。西部淘金的人成天跪地采矿，裤子的膝盖部分容易磨破，而矿区有许多丢弃的帆布帐篷，他就把这些旧帐篷收集起来洗干净，做成裤子销售，"牛仔裤"就这样诞生了。这种裤子样式大方、布料厚实、结实耐磨，大受欢迎。于是，李维斯索性创立了一家专门生产帆布工装裤的公司，最终成为举世闻名的"牛仔大王"，创造了世界牛仔服著名品牌"Levi's"。

迪士尼的卡通创意

当年，年轻的美术设计师迪士尼因为经济拮据，与太太租住在一间破陋的屋子里。无论白天黑夜，都有成群结队的老鼠在房间里上蹿下跳，劳累的迪士尼夫妇也常借由老鼠的滑稽动作慰藉心情。因付不起房租，他们被房东赶了出去。穷困潦倒的年轻夫妇只好来到公园坐在长椅上暂度时光。太阳开始西沉，夜幕即将降临，迪士尼夫妇几乎感到穷途末路。这时，从迪士尼的行李包里忽然伸出一个小脑袋，原来，那是他平时最喜欢逗弄的一只老鼠，想不到这个小动物也有点人情味，跟着他们一起离开了公寓。迪士尼望着老鼠那滑稽的面孔，脑海里忽然冒出一个前所未有的创意，他惊喜地叫了起来："对啦，世上像我们这样的穷人一定不少，他们也得有自己的快乐，让可爱的老鼠去逗他们开心吧。"第二天，迪士尼便开始了别出心裁的创作，不久，一个活泼可爱的"米老鼠"卡通形象诞生了，一家公司的老板慧眼识珠，特邀迪士尼合作制作米老鼠卡通连环画和电影。

迪士尼靠"米老鼠"开始了自己的创业生涯。

【任务知识】

创业是发现市场需求，寻找创业机会，通过投资创业，经营企业满足社会市场需求的活动。创业需要机会，而机会无时不在、无处不在，关键在于寻找和发现。在茫茫的信息经济大潮中，行情瞬息万变，商机也是稍纵即逝。要想找到合适的创业机会，就需要创业者具备一定的素质，并掌握发现市场机会的方法。

一、创业机会

1979年，纽约大学教授柯兹纳首次指出创业是一个机会发现活动，创业者往往对机会保持高度的警觉性，机会发现是创业中的一个重要环节。2000年，尚恩和文卡塔拉曼指出，解释如何发现和开发创业机会是创业研究领域应当关注的关键问题。创业机会识别作为创业活动的初始阶段和核心环节，对于新创企业起步与发展方向至关重要。创业机会识别源于创意的产生，但创意与机会并不能等同。

（一）创业机会内涵

▶ 大学生就业与创新创业

1. 创意与机会

无论何种创业都要善于抓住好的创业机会。好的创业机会往往又来源于好的创意，可以说"好的创意是成功的一半"，把握住了任何一个稍纵即逝的、真正的好创意，创业就等于成功了一半，创意是创业机会的来源。

然而，"创意"并不等于"创业机会"，管理学认为创意是一种创新，其突出的标志是具有新颖性、独特性。任何一个创意的产生，可以天马行空、可以不必十分注重其实现的可能性。但是一个真正的创业机会却必须是实实在在的、具备实施条件的，是能够用来作为新创企业的基础的。所以，创意是否具有商业价值存在不确定性。

好的创意应该具备实用性和价值性，即能够付诸实施，并能给消费者带来真正的价值，但创意的价值需要通过市场检验。这种具有商业价值的创意，往往能够点石成金，激活创业活动，推动产业升级，甚至创造出全新的产业，极大地推动社会进步，并获得巨大的经济效益。

2. 创业机会与商业机会的关系

奥地利经济学派认为，创业机会与商业机会的根本区别在于利润或价值创造潜力的差异，创业机会作为独特的商业机会具有创造超额经济利润的潜力，一般的商业机会则只可能改善现有的利润水平。把握一般的商业机会可以带来回报，但把握创业机会往往风险更大，相应的回报也更高。

简而言之，创业机会是具有商业价值的创意，是一类特殊的商业机会。

（二）创业机会的特征

1. 吸引力

吸引力是指创业机会对于潜在的顾客而言能够产生一种渴望的未来状态。

2. 持续性

持续性是指创业机会会持续一定的时间，从而有待创业者去发现、评价和开发利用。

3. 实时性

实时性是指创业机会虽然具有一定的持续性，但是必须在机会窗口存续期内加以开发利用，否则被其他竞争者开发利用。

4. 依附于为用户创造或增加价值的产品、服务或业务

创业机会最终是通过产品、服务或业务展示的。而这种产品、服务或业务是能够为用户创造新的价值或增加价值的。

对于创业机会特征的探讨，不同的专业学者也从不同的角度来分析。林崇、张帷和姜彦福从创业者选择创业机会的角度研究认为创业机会主要存在市场和产品两个方面的特征。其中，市场方面的特征主要指创业者所面临的市场环境特征，包括市场的成长性、规模、竞争程度和网络关系的发展状况等；产品方面的特征主要指产品本身的技术优势，包括相关的产品技术是否存在进入壁垒、是否有成本优势、技术优势能否持久等。陈海涛和蔡莉从创业机会的营利性和可行性两个方面分析了创业机会特征，并且把营利性分为产业

或行业吸引力、目标市场的利益和机会的竞争优势三个维度，把可行性分为创业者或创业团队的特征、能力和社会网络三个维度。

(三) 创业机会的类型

1. 按创业机会来源分类

根据创业机会的来源，分为技术机会、市场机会和政策机会三类。

1) 技术机会

技术机会是指技术变化带来的创业机会，主要源自新的科技突破和社会科技进步。通常，技术上的任何变化或既有技术的新组合，都可能给创业者带来某种商业机会。历史上每次跨时代的创新科技成果往往都是通过创业进入市场，进而催生出一个或若干庞大的产业部门，为社会带来巨额财富。

2) 市场机会

市场机会即市场变化产生的创业机会。一般而言，主要有以下几类情况：

(1) 市场上出现了与经济发展阶段有关的新需求。

(2) 当期市场供给缺陷产生新的商业机会。

(3) 先进国家（或地区）产业转移带来的市场机会。

(4) 从中外比较中寻找差距，差距中往往隐含着某种商机。

3) 政策机会

政策机会即政府政策变化带给创业者的创业机会。随着经济发展、社会变革、科技进步等，政府必然要不断调整政策以适应社会发展，而政策的变化必然给社会带来大量新的创业机会。

2. 按目的－手段关系明确程度分类

创业机会按照目的－手段关系的明确程度，分为识别型机会、发现型机会和创造型机会三类。

目的是指创业主体在观念上事先建立创业活动的未来结果或目标；手段则是指实现创业目的的方法和途径。借助一定的手段才能实现一定的目的，这是人类活动的一个基本特点。

1) 识别型机会

识别型机会指市场中的目的－手段关系十分明显的机会。比如当市场明显供不应求或根本无法满足需求时，人们已经察觉问题的存在，并且解决此类问题的手段也很明确，创业者就可通过目的－手段关系的有效连接来辨别机会。一般来说，识别型机会多处于供需尚未均衡的市场，无须复杂的辨识过程，满足市场需求的手段对创新程度要求不高，只要拥有一定的资源就可以进入市场获利。

2) 发现型机会

发现型机会指当目的或手段其中之一的状况未知时，等待创业者去发掘的机会。例如，一项技术被开发出来，但尚未实现产品的商业化转化，此时就需要创业者通过不断尝试来挖掘潜在的市场机会。

3）创造型机会

创造型机会指目的和手段皆不明朗的机会。因此，创业者要比他人更具先见之明，这种机会的开发难度非常大，但往往能为创业者带来巨额利润。可以预言，随着科学技术的迅猛发展、市场供过于求的加剧，未来社会创造型创业机会将占据主导地位。

二、创业机会的来源

创业需要机遇，商机对于创业十分重要。商机就是财富，只有发现和把握商机，才能赢得商战，从而实现创业成功。虽然商机稍纵即逝、难以再现，但是许多商机就蕴藏在人们的日常生活中，只要善于发现、开发并加以利用，就能实现成功的创业。

（一）寻求创业机会的途径

寻求创业机会可以从以下方面着手。

1. 问题

创业的根本目的是满足顾客需求，顾客需求在没有满足前就是问题。寻找创业机会的一个重要途径是善于体会自己和人在需求方面的问题或生活中的难处，新的需求出现及需求方式往往产生新的问题，有经验的创业者就可能从中找到富有价值的创业机会。

2. 发明创造

创造发明提供了新产品、新服务，更好地满足了顾客需求，同时也带来了创业机会。在人类社会发展史上，每次重大的发明创造都引起产业结构的重大变革，产生无数的创业机会。200多年前，蒸汽机推动了第一次工业革命，催生了众多产业部门；100多年前第二次工业革命中诞生了发电机、内燃机、汽车、电话机等一批革命性创新产品，引发了全球性创业高潮；20世纪50年代之后，半导体、计算机、集成电路、互联网等发明创造将人类带入了崭新的信息时代，开创了许许多多新的产业部门。即使你不能发明新的东西，但如果能跟上时代的步伐，成为销售和推广新产品、新服务或新技术的人，也会带来无限商机。

3. 差异

如果你能寻求和其他企业的差异，弥补竞争对手在消费者定位中的差异或产品的差异，这也将带来新的创业机会。

4. 变化

创业机会大都产生于不断变化的市场环境，随着环境变化，市场需求、市场结构必然发生变化，就会给各行各业带来商机。变化是创业机会的重要来源，没有变化就没有创业机会，人们通过这些变化，常常会发现新的创业机会。

（二）寻找创业机会的方法

改变人们生活最有效的方法之一，就是抓住每一次改进的机会。机会就在你的眼前，时时刻刻，但是你却没有发现它。所以，怎样才能使你睁大眼睛抓住机遇呢？怎样才能使你看清隐藏在你周围的每个机遇呢？

1. 和那些富有创造力的人交往

那些富有创造力的人通常能够看到所遇到的机会，而他们的洞察力也会影响你。学习认识世界一切可能性的最好方法就是多和这些将大量时间花在创造新事物上的人交往。同那些艺术家、文学创作者、创业者、网站设计师、思想家、音乐创作者、市场产品的开发者等一切从事建设性事业的人交往。尽可能多花些时间谈谈创造性思想及思考它们的可行性。随着Web2.0和社会媒体的发展，你遇见那些有创造性的人及和分享他们具有创造性思想的机会比过往历史上任何一个时代的机会都多。无论在哪儿，只要你能够上网，你就可以遇见并且和这些来自世界各个角落有创造力的人交谈，当今社会的连通性给人们带来了多少广阔无际的机遇。

2. 记下每件使你惊奇的事

许多良机都充满惊奇，而且惊奇常常是有趣的、神奇的和有深刻见解的。在任何时候都随身携带一个小小的记事本和一台数码相机，并且记录下每一件使你感到惊奇的事情。你将会从这些惊奇中发掘出无限的机遇来创造新事物。

3. 记录问题

伟人说世界上不存在问题，只有机遇。他们很可能是对的，因为每个问题都有解决的方法，而这些方法对其他人来说也同样充满价值。将一切障碍和困难及你克服这些问题的方法都记录下来，这样你就为他人带来了有价值的机遇。

4. 记录可能性

想象一些最有可能实现的事情并把他们记录下来。想象可是便宜的且用之不尽的清洁能源。它会是怎么样的呢？我们应该怎么利用他们呢？幻想一下你理想中的商业模式，幻想一下你的未来。如果你可以创造你的未来，它将会是什么样子的呢？将之记录下来，发掘潜藏在你想象中的机遇。

5. 用开放的态度对待那些非传统的提议（零度倾听）

如果你对非正统思想的第一反应是抗拒的，不要急于发表你的意见和想法。听听他们是怎么说的，让他们发表他们的意见。听完他们的整个构思后，再想想该构思的可行性。不要因提议有点奇怪或者是遥不可及就立刻将其全盘否决。给自己一点时间，待你的抗拒情绪过后，再重新看看该提议；或者先将其搁置一边，待几天你的偏见消除后，再想想提议的可行性。最终的事实证明，这些提议有可能是很有价值的。

6. 突破信仰和原有观念的限制

你是否常常认为自己不是一个有创意的人？你是否认为摆弄小零件是在做无聊的琐事呢？你是否会放纵你的好奇心还是担心会被别人当傻瓜来看？你是否会毫无疑问地遵循那些条条框框呢？这些受信仰和原有观念束缚的思想只会限制你捕捉机遇的能力，所以确认并且扔掉那些限制你发展的信仰吧。

7. 心存感激

心存感激是解除怨恨和自满的一服良药。怨恨和自满使你无法看清眼前的事物。从你脑中解除怨恨和自满的最好方法是对你现在的处境心存感激，感谢上苍赋予你的天赋，感谢上苍赋予你的弱点，感谢上苍赋予你的成功，甚至感谢上苍赋予你的失败。如果你能对所有的事情都心存感激甚至包括那些似乎已犯错误的事情，这样你就可以把原本不好的事物看作是帮你走向成功的机遇。

三、影响创业机会识别的关键因素

识别和选择合适的创业机会是创业者最重要的能力。识别创业机会受到历史经验等多种因素的影响，归纳起来影响机会识别的因素主要集中在创业者的先前经验、认知因素、社会关系网络和创造性四个方面。

（一）先前经验

所谓先前经验，是指创业者凭以往的创业实践和其他商业实践积累的经验。在特定产业中的先前经验有助于创业者识别出商业机会，这被称为走廊原理。它是指创业者一旦创建企业，他就开始了一段旅程，在这段旅程中通向创业机会的"走廊"将变得清晰可见。这个原理提供的见解：某个人一旦投身于某产业创业，这个人将比那些从产业外观察的人更容易看到产业内的新机会。

（二）认知因素

机会识别可能是一项先天技能或一种认知过程。有些人认为，创业者有"第六感"，使他们能看到别人错过的机会。多数创业者以这种观点看待自己，认为他们比别人更"警觉"。警觉很大程度上是一种习得性的技能，拥有某个领域更多知识的人，倾向于比其他人对该领域内的机会更警觉。

（三）社会关系网络

社会关系网络能带来承载创业机会的有价值信息，个人社会关系网络的深度和广度影响着机会识别。研究已经发现，社会关系网络是个体识别创业机会的主要来源，与强关系相比，弱关系更有助于个体识别创业机会。

（四）创造性

创造性是产生新奇或有用创意的过程。从某种程度上讲，机会识别是一个创造过程，是不断反复的创造性思维过程。在听到更多趣闻轶事的基础上，你会很容易看到创造性包含在许多产品、服务和业务的形成过程中。对个人来说，创造过程可分为准备、孵化、洞察、评价和阐述五个阶段。

四、识别创业机会的方法

创业机会可以采用多种技术和方法进行识别，对于缺乏创业经验的创业者而言，以下方法是较为常用且行之有效的方法。

（一）开展创业机会调查

创业机会调查途径非常广泛，除了传统意义上的问卷调研、专家咨询或小组访谈，创业者也可以通过阅读出版物、浏览互联网获取关于创业机会的想法。除了采用多种途径展开调查，创业者还需要在调查过程中建立有效的创意收集管理制度。创业者调查的范围越广，信息的传递和获取就越零散，也就越容易失真。因此，创业者需要采取相应的手段获取正确的第一手信息，保证这些信息能对新创意的筛选和确定提供帮助。具体而言，创业者需要采用原始记录、小组评定等方法对调研获取的数据进行管理，建立规范的信息收集、数据整理、创意处理机制，重视对从市场中获取的信息的归档整理。

（二）宏观和微观环境分析

从创业者和创业企业所处的宏观环境（政治、法律、技术、人口等）和微观环境（顾客、竞争对手、供应商等）的变化中发现机会，也是创业机会识别的常用方法。阿奎拉（Aguilar）针对当今商业竞争的不确定性和难以预测的市场环境，提出了环境扫描的方法。环境扫描方法是指从环境中收集、分析与组织密切相关的各类信息，以觉察正在出现的趋势并制定相应的措施和方案，通过环境扫描帮助组织确认那些可能创造新的价值或引发组织变革的环境趋势、问题、事件或信号。

创业者可以充分利用环境扫描技术和方法，对未来环境发展的趋势以及由其引起的市场规律进行预测，从而识别竞争对手尚未察觉的创业机会。

（三）问题与意见处理分析

某企业家说过："最大的商机往往出现在顾客抱怨最多的地方，创新往往来自顾客施加的压力。"这句话得到很多成功商人的认同，但创业者在面对顾客的抱怨和意见时，应该客观分析和判断。当顾客的需求无法得到满足时，通常会以抱怨或提意见的方式表现出来，这些没有得到满足的需求，对创业者而言是值得深入分析的。

当然并不是所有顾客的抱怨或意见都是创业机会，创业者必须经过理性思考和系统分析，探究这部分顾客需求得不到满足的原因。例如，是由于现有产品或服务与顾客期望有差距，还是这部分顾客的需求由社会发展趋势引发。通过思考和分析，创业者可以明确这些需求出现的原因，并了解这些需求背后的市场价值和价值持续增长空间，进而确定是否值得为满足这些需求投入资源并开展创业活动。

（四）运用专业技术发明创造

开发新技术、新材料，或是发明能替代原有产品的新产品，都能在一定程度上为创业者识别创业机会提供有启发的切入点。采用这种方法寻找创业机会，不仅适用于高科技行业，也能通过对传统行业中的现有技术和产品进行改良，实现在传统行业中的价值创造和传递。但采用这种途径识别创业机会时，要求创业者具备相应的专业知识与技能。

任务二　创业机会评价

【任务目标】

（1）了解有价值的创业机会的基本特征。

▶ 大学生就业与创新创业

（2）掌握个人与创业机会的匹配。
（3）了解创业机会评价的特殊性。
（4）了解创业机会的评价方法。
（5）掌握大学生创业机会的评价策略。

【任务描述】

创业者自身的特征及想法固然重要，但并不是每个想法都能转化为创业机会。许多创业者仅凭想法去创业，也对创业充满信心，但最终却失败了。不是每个创业机会都会给创业者带来益处，每个创业机会都存在一定的风险。因此，创业者在利用创业机会之前要对创业机会进行科学的分析与评价，然后做出选择的决策。

【案例导入】

软银公司孙正义：创造性成就大业

伴随着阿里巴巴在纽约证券交易所上市钟声的响起，孙正义及软银公司的财富急剧增值。14年前，孙正义的软银公司在当时名不见经传的阿里巴巴身上投入2000万美元，如今，这笔股份估值约580亿美元。由此，孙正义有望成为新的日本首富。

孙正义的开拓精神、创造性在他的早年就显露无遗。1957年8月11日，孙正义出生于日本佐贺县鸟栖市。16岁时，他只身去美国读高中。19岁时，他发明了有声电子翻译机，被"日本电子产业之父"佐佐木看中，签了一份价值100万美元的合约，孙正义收获了有生以来的第一桶金。1980年，孙正义在加州大学伯克利分校学习经济学和计算机科学，获得学士学位。他成立了一家名为"Unison World"的调研公司，并在当年以200万美元出售给合伙人。

1981年孙正义回到日本，成立Unison World（日本）公司，用一年半的时间对40个行业进行市场调查，寻找适合自己投入一生的事业。同年，孙正义成立了软银公司，从事的是个人电脑用的软件的流通买卖，当时的资本只有1000万日元。之后，1981年9月，孙正义投资了电子业界展览会。1982年创办了杂志，两个月后退货堆积如山。1984年，他创办了购物指南杂志，终因销售不佳停办，前后负债共计10亿日元。商场挫折让这位具有前瞻眼光的商业领袖果敢地抛弃了旧世界，决意闯入互联网这片新天地。

1988年7月，孙正义建立软银（美国）公司。当时局域网等网络产业在日本还未兴起。1991年软银公司引进网威系统产品，开创日本市场，同时吸引迪士尼入股，到1994年，网威系统年营业收入达1.3亿美元。

由于美国是这一波互联网浪潮的发源地，因此孙正义极富远见地跑到美国去投资了大批互联网公司，当时手上持有的公司的财富甚至一度超过比尔·盖茨。在美国赚到钱后，孙正义成立了雅虎（日本）公司，软银公司控股51%，雅虎（日本）公司成为日本最大的搜索引擎和门户网站。此后，孙正义又大量投资中国、印度市场的互联网公司，还在印度投资了 inMobi（全球第二大移动广告公司）等公司。

21世纪前十年，中国互联网产业无限繁荣，孙正义正是这个繁荣产业最大的受益者与股东。

【任务知识】

评估创业机会的目的是在众多的机会中，通过分析、判断和筛选，发现利己的、可以利用的创业机会。曾有人言："机会之中蕴含着商业利润，发现具有吸引力的商业机会是创业成功的基石。"一些创业者的经验表明，固然抓不住机会无法创业，但抓错了机会则有害于创业。

一、有价值的创业机会的基本特征

有价值的创业机会具有真实性、可行性、时效性、价值性等基本特征。

（1）真实性。只有具备真实的市场需求，才能对创业者和顾客都产生吸引力。

（2）可行性。创业者要具备资源、能力、法律等必备条件。

（3）时效性。即"机会窗口"——机会的大小、机会存在的时间跨度。机会窗口的长度和宽度决定着创业者进入的时机。创业者应当把握进入时机：机会窗口开启时，机会成长的速度加快，此时进入是"蓝海"；随着时间推移，机会窗口逐渐关闭，市场竞争激烈，一般不要进入该领域。

（4）价值性。蒂蒙斯等人认为，好的机会要有需求旺盛的市场和丰厚的利润。显然，创业者在承担风险和投入资源之后，应当能带来丰厚的回报。

二、个人与创业机会的匹配

创业是一个创业者、创业资源及创业机会整合的生态系统，科学地发现、捕捉及评价创业机会时要求做到创业者与创业机会的科学匹配。尽管发现了创业机会，但这并不意味着要创业，更不意味着成功就在眼前。首先，并非所有的创业机会都有足够大的价值潜力来填补为把握机会所付出的成本；其次，并非所有机会都适合每个人。一些学者逐渐认同创业活动是创业者与创业机会的结合，其核心观点有创业者识别并开发创业机会和创业机会也在选择创业者两方面，只有创业者和创业机会之间存在恰当的匹配关系时，创业活动才最可能发生，也更可能取得成功。

全民优点创始人王斐文这样总结自己创业失败的教训，对于失败的思考，他更多地从天时、地利、人和这三个层面来阐释。所谓天时，就是目前市场的金融大环境；所谓地利，便是项目所处的领域与题材；所谓人和，那是你的核心团队与投资人。

一个成功的公司，除了需要在一个合适的环境与土壤中萌芽，更免不了一群人正确地行事。为此，必须对创业者及创业机会进行正确的匹配。

创业者与创业机会的匹配一般有增补型匹配、互补型匹配和结构型匹配三种类型。

（一）增补型匹配

增补型匹配是指有关顾客的信息与创业者个人所掌握的顾客知识相同或相似，或者有关技术的信息与创业者个人所掌握的技术知识相同或相似，从而能产生类似于成员-组织匹配中的增补型匹配的效果。这种增补型匹配会增强创业者个人的创业意图。微臣教育创始人陈琦认为，创业灵感无外乎来源于两个方面，一是日常工作和生活，二是有意识地创新性思考。不管怎样都是为解决痛点而生，要么降低用户的时间成本或金钱成本，要么提升办事效率，要么增加趣味性。如何在这个基础上获取用户考验着团队的能力，如何在拥有用户的基础上保证稳定增长并源源不断地变相体验着团队的智慧。这就在一定程度上要看解决的痛点是否足够"痛"、刚需、高频、高效。

（二）互补型匹配

互补型匹配是指创业者个人或机会要素能在一定程度上改善创业环境或者补充创业环境所缺少的东西，从而产生类似于成员-组织匹配中互补型匹配的效果。因此，互补型匹配有利于识别创业机会。比如，创业者掌握了有关顾客问题的先前知识，外部环境提供了相关新技术的信息。如果这种新技术信息能用来解决创业者认知的顾客问题，那么创业者先前掌握的关于顾客问题的知识与外部环境提供的关于新技术的信息就属于互补型匹配；或者创业者先前掌握了技术知识，外部环境提供了有关顾客的信息，如果创业者先前掌握的技术知识恰好能用来解决新的顾客问题，那么两者也产生了互补型匹配。

（三）结构型匹配

结构型匹配是指通过直接推理、类比推理、相似性比较、模式匹配等方式，把某种关系（如某种技术或服务适合应用于某类顾客）应用于改进新的潜在或实际顾客需求与创业者个人所拥有的知识、技术和服务方法或新技术之间的匹配上，这与认知领域的结构匹配理论中的结构型匹配相类似。如户内保洁服务缺乏特点和标准，对于保洁来说，这个标准应该是对卧室、卫生间、厨房等不同性质房屋进行分类，然后确定不同的服务标准。为此，张松江创办了"小管家"并进行这一商业模式的创新。

三、创业机会评价的特殊性

创业者对机会的评价来自他们的初始判断，而初始判断简单地说，就是假设加上简单计算。假设加上简单计算只是创业者对机会的初始判断，进一步的创业行动还需依靠调查研究，对机会价值做进一步的评价。市场测试可以说是一种比较特殊的市场调查，是创业者的必修课程。特别是创业机会评价的特殊性：机会信息的不对称性、创业环境的不确定性、创业者的有限理性及多种其他因素影响对创业机会做出正确的评价。

索尔·辛格认为，创业者越来越年轻是全球的趋势，以色列很多高中生都开始创业，因为创业本身就是一个试错的过程。无论在以色列、中国、美国，创业都面临极大的风险和困难，对于年轻的创业者来说，虽然经验可能不足，但是他们试错的成本更低，失败了很容易再重新来过。

"在创业的过程中，也许在资金和人力方面都会遇到困难，但是对于创业者来说，最重要的是要弄清楚自己在做一个什么样的产品，这个产品能为用户解决什么样的问题，并提供核心的解决方案。"索尔·辛格还指出,"有时候产品出来,却没有市场,那么你付出再多的汗水也是没有意义的"。把创业想法付诸实践,在市场竞争中检验创业项目成为创业机会评价的重要途径。

四、创业机会的评价方法

创业机会评价有利于应对并化解环境不确定性,其评价方法有很多,这里主要介绍两种有代表性的评价方法。

(一) 蒂蒙斯的创业机会评价

蒂蒙斯于1999年提出了创业机会评价体系,共包括8项一级指标、53项二级指标,几乎涵盖了其他理论涉及的所有内容,包括行业与市场、经济价值、收获条件、竞争优势、管理团队、个人标准、致命缺陷、理想与现实的战略性差异等方面,被认为是目前最全面的创业机会评价指标体系,创业者只需要回答该体系中的问题,就能对创业机会的投资价值做出初步判断,具体见表9-1。

表9-1 蒂蒙斯创业机会评价表

一级指标	二级指标
行业与市场	(1) 市场容易识别,可以持续带来收入。 (2) 顾客接受产品或服务,愿意为此付费。 (3) 产品的附加价值高。 (4) 产品对市场的影响力大。 (5) 将要开发的产品生命力强。 (6) 项目所在的行业是新兴行业,竞争不激烈。 (7) 市场规模大,销售潜力达到 (0.1~10) 亿元。 (8) 市场增长率为30%~50%甚至更高。 (9) 现有厂商的生产能力几乎完全饱和。 (10) 在5年内能占据市场主导地位,市场份额达到20%以上。 (11) 拥有低成本的供货商,具有成本优势
经济价值	(1) 达到盈亏平衡点所需要的时间为1.5~2年,甚至更短。 (2) 盈亏平衡点不会逐渐提高。 (3) 投资回报率在25%以上。 (4) 项目对资金的要求不是很大,能够获得融资。 (5) 销售额的年增长率高于15%。 (6) 有良好的现金流量,能占到销售额的20%~30%,甚至更高。 (7) 能获得持久的毛利,毛利率达到40%以上。 (8) 能获得持久的税后利润,税后利润率超过10%。 (9) 资产集中程度低。 (10) 运营资金不多,需求量是逐渐增加的。 (11) 研发工作对资金的要求不高
收获条件	(1) 项目带来的附加价值具有较高的战略意义。 (2) 存在现有或可预料的退出方式。 (3) 资本市场环境有利,可以实现资本的流动

▶ 大学生就业与创新创业

表9-1（续）

一级指标	二级指标
竞争优势	（1）固定成本和可变成本低。 （2）对成本、价格和销售的控制程度较高。 （3）已经获得或可以获得对专利所有权的保护。 （4）竞争对手尚未觉醒，竞争较弱。 （5）拥有专利或具有某种独占性。 （6）拥有良好的网络，容易获得合同。 （7）拥有杰出的关键人员和管理团队
致命缺陷	是否存在致命缺陷
管理团队	（1）创业团队是优秀管理者的组合。 （2）行业和技术经验达到本行业的最高水平。 （3）管理团队的正直廉洁程度达到最高。 （4）管理团队知道自己缺乏哪方面的知识
个人标准	（1）个人目标与创业活动相符合。 （2）创业家可以做到在有限的风险下成功。 （3）创业家能接受薪酬减少等损失。 （4）创业家渴望进行创业这种生活方式，而不只是为了赚大钱。 （5）创业家可以承受适当的风险。 （6）创业家在压力下状态依然良好
理想与现实的战略性差距	（1）理想与现实情况相吻合。 （2）管理团队已经是最优秀的。 （3）在客户服务管理方面有很好的理念。 （4）所创办的事业顺应时代潮流。 （5）所采取的技术具有突破性，不存在许多替代品或竞争对手。 （6）具备灵活的适应能力，能快速进行取舍。 （7）始终在寻找新的机会。 （8）与市场领先者的定价几乎持平。 （9）能够获得销售渠道或已经拥有现成的网络。 （10）允许失败

蒂蒙斯的创业机会评价体系虽全面，但该体系的设计更便于为风险投资者建立风投标准，创业者要运用该评价体系对创业机会进行评估，还需要结合自身条件、创业机会所属行业特征及机会自身的属性等进行重新分类、梳理简化，才能提高该评价体系的使用效果。

（二）刘常勇的创业机会评价

我国台湾的创业学教授刘常勇提出了更为简单的评价方法，他归纳的创业机会评价基本框架较有代表性，他认为创业机会评价主要围绕市场和回报两个层面展开，具体见表9-2。

表9-2　刘常勇创业机会评价表

一级指标	二级指标
市场评价	（1）是否具有市场定位、专注于具体顾客需求、能为顾客带来新的价值。 （2）依据波特的五力分析模型进行创业机会的市场结构评价。 （3）分析创业机会所面临的市场规模大小。 （4）评价创业机会的市场渗透力。 （5）预测可能取得的市场占有率。 （6）分析产品的成本结构
回报评价	（1）税后利润率至少高于5%。 （2）达到盈亏平衡的时间应该低于2年。 （3）投资回报率应高于25%。 （4）资本需求量较低。 （5）毛利率应该高于40%。 （6）能否创造新企业在市场上的战略价值。 （7）资本市场的活跃程度。 （8）退出和收获回报的难易程度

需要强调的是，常规的市场研究方法不一定完全适用于创业机会评价，尤其是原创性创业机会的评价。创业者应当根据需要选择若干要素来判断创业机会的价值特征。

五、大学生创业机会评价策略

创业机会评价对大学生创业者而言至关重要，除了以上介绍的创业机会评价方法，大学生在开始创业之前，可以着重思考以下几个方面的问题，以对自己所选择的创业机会产生较全面的认识。

（一）是否关注了顾客的现有困难

在商业领域有这样一句话："别人的困难往往就是企业成功的机会。"已经有创业创意的大学生在开展行动前，应该将自己的创业机会与市场中顾客的现有困难对应比较，再次确认自己的创业机会关注了顾客哪些方面的困难，是否能够比市场上现有竞争者以更有效的方式解决这些困难。例如，北大方正创始人王选看到印刷行业由于采用传统印刷术而导致工作效率很低，很多印刷企业为此入不敷出，于是发明了激光照排系统，一举创业成功。

（二）是否改进了已有商品的问题

市场上销售的商品总会存在各样的问题，这些问题可能由生产质量或外观设计引起，也可能由功能属性引起。大学生创业者可以采用规范的调查分析方法，罗列这些商品存在的问题，再与自己的创业机会进行比较，在创业机会中加入关于现有商品问题的改进、完善、提高措施，以有效提高创业的成功率。例如，美国迪士尼乐园创始人沃尔特·迪士尼就是针对当时市场上卡通影片存在的问题通过改进技术创业的。

▶ 大学生就业与创新创业

（三）是否符合市场发展的商业规律

大学生创业者在选择和评价创业机会时，不能只关注市场上的热门行业或是热销商品，还要认真分析这些行业或商品受到顾客欢迎的原因，以及采用发展的眼光探索市场发展背后的商业规律，从而从动态的视角考察创业机会的价值。例如，当市场上某种商品需求剧增时，该行业看起来会是一个很好的创业机会，但这个行业也会在短时间内出现大量竞争者，大学生创业者在资源局限性较大的情况下，可以进一步分析这种市场现象背后新的商业机会，包括生产该商品的原材料、销售该商品的平台或渠道等，都可能是既能创造价值又具有可持续性发展的创业机会。

（四）是否存在行业供求失衡

从经济学的视角看，产品或服务的市场需求总量和市场供给总量之间往往会存在一定的差距。在特定时期，这样的差距是创业机会具有可行性的前提和基础。大学生创业者在评价创业机会时，应花费一定的时间和精力去评估该商品的市场供给是否存在不足，从而对创业机会做出更科学的判断。需要注意的是，市场供需失衡不仅可能体现为量的失衡，而且可能体现为质的失衡。大学生创业者如果能够准确把握供需结构差异，那么就能判断该创业机会是否值得投入。

任务三　创业项目选择

【任务目标】

（1）了解创业项目类型。

（2）掌握创业项目选择的原则。

（3）掌握选择投资创业项目的步骤。

【任务描述】

创业项目类型多种多样，创业者需要根据创业项目选择的原则选择创业项目。选择投资创业项目的步骤：用排除法否定大部分；划出一个范围；把能做的事情排列顺序；集中一点切入。创业项目选择确定后，还要靠创造性的艰苦努力去实现。

【案例导入】

当年，清华紫光公司通过观察、询问及问卷调查等大量的市场调研了解到，随着笔记本电脑的普及和校园无线宽带网络环境的逐渐成熟，笔记本电脑与台式机相比具有明显的移动应用优势，更能满足学生个人学习和社会实践的需求，越来越受到学生用户的青睐。调研表明，作为重要的学习工具，学生普遍希望他们的笔记本电脑能够在保证低价位的同时，兼具高性价比、无线网络接入、更长待机时间能力。紫光公司针对学生的实际需求成功开发了新产品S200笔记本电脑，整体外观小巧轻盈，采用超低功耗专用CPU和高性价比主板芯片组，并集成了无线网络天线模块，以便扩展该产品进入无线网络的能力，深受学生用户的欢迎，占领了广大学生的电脑市场。

【任务知识】

一、创业项目类型

据中国创业招商网统计，90%的人曾经有过创业冲动，其中60%的会付诸实施，但是其中仅有10%的人会成功。那么，为什么会有这么多人失败呢？中国创业招商网的调查发现：98%的失败者是因为没有选准合适的项目。俗话说得好，"万事开头难"，选择了一个好的项目，就成功了一半。

从观念上来看，创业项目分为传统创业、新兴创业以及最新兴起的微创业。

（一）传统创业

传统创业是指那些从很久以前就流传下来的传统的行业。例如，餐饮、房地产、服装等筹集资金投资，建立工厂，生产产品，为顾客提供产品或服务的创业项目。

（二）新兴创业

传统行业是某个时期处于成熟期的行业，新兴创业是相对传统行业而言的，是在任何一个时期处于发展初期的产业。21世纪的新兴产业有新能源、绿色房地产、生物医药、绿色保健品、环保装修、高端交通、新兴产业证券市场、教育、新型建材、现代信息通信等。

（三）微创业

微创业是指用微小的成本进行创业，或者在细微的领域进行创业。它的特点是投资微小、见效快、可批量复制或拓展，主要以网络为平台、为载体，与实际实体结合展开。

用微小成本创业的方式很早就已经出现在各个行业中，但是受限于传统的创业观念，一直没有明确地提出微创业这一概念。直到近年来微博的火爆，才出现微创业这一词汇，但是早期局限于借助微博创业的狭窄领域。目前是指用微小的成本进行创业或者在细微的领域进行创业，其核心内容包括自主解决就业问题的创业模式。目前来说，自主创业需要资金链、人员、场地、产品等多项内容的系统化规划，创业起步较高、风险较大；加盟方式比较普遍，而且比较正统、专业、规模化，但同时创业者也需要从资金和经验问题客观地考虑选择加盟项目；体验式培训创业类似于一个创业模拟，从中可以领略创业经验。

二、创业项目选择的原则

（一）选择有发展前景、国家政策鼓励和支持的行业

根据社会学家和经济学家的预测，随着中国市场经济的发展和经济结构的调整，各行业在社会发展中的地位和发展潜力也在发生变化。某些行业社会需求的加大促进了这些行业的蓬勃发展，并使它们成为未来社会发展的主导产业。

选择创业项目，就要知道哪些行业是国家政策鼓励和支持的，哪些是允许的，哪些是限制的。创业者选择国家政策扶持鼓励的行业，对于企业发展将起到不可估量的作用。当地政府出台的优惠政策和银行贷款利率都需要核查清楚，确保资金充裕。

▶ 大学生就业与创新创业

我们要选择国家政策鼓励和支持，并有发展前景的行业。有关专家指出，21世纪巨大发展潜力的行业主要有：①网络信息咨询与服务业；②房地产开发业；③社会保险业；④家用汽车制造业；⑤邮政与电讯业；⑥老年医疗保健品业；⑦妇女儿童用品业；⑧旅游休闲及相关产业；⑨建筑与装潢业；⑩餐饮、娱乐与服务业。

（二）寻找市场空白处

从市场空白处寻找创业项目比较难，因为创业者并不总是能够发现空白，而且我们也常常自我否定：自己发现的，别人或许早就发现了或已经在做了。具体一点说，我们可以将顾客需要分成几个大类，即衣、食、住、行、玩、交际等，同时再来考察本地区还缺少哪些项目或者哪些项目别人目前做得很失败。

比如衣着，在国内许多城市或乡村，许多服装生产企业或是零售店往往都是面向年轻人，生产或销售的往往也都是一些较现代的衣着，而较少有面向中老年人以及带有传统色彩的衣着。那么开一家专门针对中老年人的内衣、服饰的专卖店或生产企业就是个不错的主意；可以销售或生产带有浓厚民族特色的布鞋、草鞋、室内拖鞋和一次性拖鞋等。

（三）要适应社会需求，做好前期市场调研

创业者必须树立这样一个观点，即"企业是为解决顾客的问题而存在的"。没有满意的顾客就没有公司的存在，项目的选择必须以市场为导向。就是说，搞什么项目不能凭自己的想象和愿望，而要从社会需要出发。要深入研究社会需求，认真做好前期市场调查工作。尤其是第一次创业，创业者更是要做详细的了解，要了解市场需要什么？需要多少？你的顾客是谁？谁会来购买你的产品或服务？竞争对手有哪些等。

不少创业者只是认为，办企业办公司就是为了赚钱，哪些行业热火、哪些赚钱就做那个，其实这种想法是不对的。创业必须树立一个"企业是为解决客户需求才存在"的观点，才能确保企业长盛不衰。创业项目的选择是以市场为导向，投资什么项目不是凭空想象出来的，必须要从社会需求出发。要想知道社会需求，就必须要做调查，特别是第一次创业者就必须对市场做出详细的调研报告。

（四）要从自己感兴趣的、熟悉的事做起，充分发挥自己的优势和长处

市场好比一个汪洋大海，创业老前辈都称之为下海。创业者好比沧海一粟，但是每一个人都有自己的长处和优势，当你对某一行业、某一领域感到熟悉时，又在技术上有所专长，这就是自己行业长处之一了。切记，能充分发挥自己的长处和优势，并且选择自己有兴趣熟悉的行业，创业就成功一半了。

（五）要从做小事获小利做起，不要盲目贪大

创业算是一种价值风险投资，所以每位创业者都必须遵从量力而行原则，才能安稳创业。若拿着自己血汗钱或者借钱创业，就应该尽量规避风险较大的创业项目，用为数不多的资金投资到风险较少、规模较小的创业项目当中，积少成多滚动发展起来。

俗话说"不以善小而不为"，创业也要从干小事、求小利做起。创业是一种有风险的投资，必须遵循量力而行的原则，对于大学生来说，刚刚步入社会，自身的资金积累有限,应该尽量避免风险大的事情,而应该将为数不多的资金投到风险较小、规模也较小的事业中去,先赚小钱,再赚大钱,聚沙成塔,滚动发展。

(六) 要坚持创新,做到"人无我有,人有我优,人优我特"

创新是企业的生命,管理大师汤姆·彼得斯认为"商业世界变幻无常,持续创新才是唯一的生存策略"。创新也是创业成功的关键。创新的概念是著名经济学家熊彼特提出的,他将其定义为"企业家对生产要素的重新组合"。就目前的中国市场来说,目前市场上不是缺大路货的商品及一般劳务,而缺的是特殊的商品、特殊的服务。创业者只有加强市场调研,刺激和创造需求,生产适合需求的新的具有特色的产品和服务,才能使企业得以生存发展。只有创新,才能在产品和服务上形成竞争优势。

因此创新可以包括以下五种情况:一是开发新产品或改造老产品;二是开辟一个新的市场;三是采用一种新的生产方法;四是获得原料或半成品的新的供给来源;五是实行一种新的企业组织形式。对创业者来说,创新更具紧迫性、重要性。

创业项目的选择最终是由创业者自己决定的。创业者可以广泛听取专家、成功企业家的建议,结合自己的调查研究使自己的决策更切实可行。

三、选择投资创业项目的步骤

(一) 用排除法否定大部分

有所为有所不为,一定要理性选择,不要被各种诱惑迷乱思维,要知道什么事情是不可以做的。有个地方有100户人家,每家有1元钱,你有很大本事,把所有人家的所有的钱都赚来了,也就100元;还有个地方有100户人家,每家有10000元,你本事不大,只能把1/10人家的1/10的钱赚来,那就是10000元。

(二) 划出一个范围

知道哪些事情是能长期做的。把社会恒久需要的、已初露端倪的大趋势划进来,圈子里的事才具有发展的空间与时间。空间意味着有发展的广阔天地,时间意味着可以长期地做下去。以趋势为例,任何一种趋势都是一个长长的链条,环环相扣。只要能够抓住其中的一个环节,项目的前景便大体确定了。例如,为保护生态环境,国务院明令取缔小造纸厂,这样必然会使纸制品的供求不平衡,腾出了一块市场。如果用再生纸做资源去填补,会怎么样呢?

(三) 把能做的事情排列顺序

把可能做的事情排列起来。回头看看过去的20年中,做强、做长的企业是生存在哪些行业,很大程度上能够证实行业与发展的联系,比如房地产、医药、保健品、证券市场、建材、装修、交通、教育、通信等。那么,就把大的范围圈定在这里,选出若干项。

(四) 集中一点切入

成就事业的公认法则是集中和持续。让生命之火在一点上持续地燃烧,不发光才是奇怪的事。在已经缩小的范围内,可做的事仍然很多,该是把眼睛转向自己的时候了,这时

▶ 大学生就业与创新创业

比较优势的道理是有用的：认真地审视自己的强项、优势、兴趣何在，可能同时有几个，与他人比较哪个优势是最有利的。这时，机会成本的概念也是有用的：同样多的时间、同样的付出，比较自己哪个能力所对应的事业会有更大的前景收益，比较中优势会凸显出来，选出最强的。

项目选择固然重要，但创业还需要记住，再好的项目也要靠创造性的艰苦努力。结果由过程决定，过程由细节决定。人生的成败主要源于选择，展示自我、张扬个性、发扬特色是选择的出发点。学会放弃是一种明智的选择，放弃该放弃的是明智，不放弃该放弃的是无知，放弃不该放弃的是愚蠢，不放弃不该放弃的是执着。如果你选择财富，你就去做商人；如果你选择科学研究，你就去做科学家；如果你选择打工一族，你就永远不会当上老板，这就是选择。人生的命运都是自己选择的结果。运用选择的力量，做自己命运的船长、灵魂的舵手。

【项目习题】

1. 什么是创业机会？创业机会的来源有哪些？
2. 识别创新创业机会有哪些方法？
3. 如何对创业机会进行评价？
4. 如何对创业项目进行选择？

项目十 创业风险及防范

任务一 创业风险概述

【任务目标】
(1) 了解创业风险的概念。
(2) 了解创业风险的特征。
(3) 掌握创业风险的来源。
(4) 掌握创业风险的种类。

【任务描述】
创业风险是指在创业过程中存在的风险。创业风险是来自与创业活动有关因素的不确定性。在创业过程中，创业者要投入大量的人力、物力和财力，要引入和采用各种新的生产要素与市场资源，要建立或者对现有的组织结构、管理体制、业务流程、工作方法进行变革。这一过程中必然会遇到各种意想不到的情况和困难，从而有可能使结果偏离创业的预期目标。

【案例导入】

创业风险面面观

世界级家电企业老板詹姆斯·戴森（James Dyson）曾说过："我花了五六年时间开发一种全新的吸尘器，我制造了5000多个原型产品来试验。年复一年，我的负债越来越高，最后欠下了大约400万美元。我用房子申请了两三笔抵押贷款。如果我失败了，我拥有的一切都会归银行所有。所有人都认为我完全疯了。"同样重要的还有个人的牺牲。许多常年一周工作70个小时的企业家，挣的钱很少，可为别人打工时他们工作的时间会更少，并能赚得更多。但是，他们仍为梦想努力，对眼前的收入毫不在意；渴望独立，希望掌控自己的命运。这是为别人打工的人永远无法体会到的。

【任务知识】
每一个创业者都会想这样一个问题：自己在开始创业的时候，愿意承担多大的风险。每个人在开始创业之前都应该认真思考一下自己是否真的具备创业的决心。众所周知，荣耀的代价是很大，每一个光鲜亮丽光环的背后都存在着惨痛的代价，对于大多数人而言，代价可能更为高昂。

▶ 大学生就业与创新创业

毕竟当你不惜一切代价投身事业时,"一切代价"不只是说说而已——它很可能成为现实。每一个人都不简简单单地仅以自己的资金来衡量创业的风险,如果一项创业计划落败,创始人一定会失去他们投入的资金,甚至一切,几乎无一例外,并且所有支持创业者的资金也会蒙受损失,亲朋好友、投资者,甚至银行也会随之损失大笔的钱财,此外还有一些额外的费用,如人工费、水电费、租金等,这些费用都会全部打水漂。

而大多数公司的所有者都放弃了假期,不仅在工作上做出了重大的牺牲,在家庭生活上同样也做出了重大牺牲,以此来支持创业初期公司的发展。在这种情况下,这些现象甚至会直接导致他们的婚姻破裂、与子女关系疏远、忽视了友谊和兴趣爱好。

此外,拥有并运营一家机构的压力以及要确保其成功的终极责任感可能会对任何一个领导者的健康造成伤害。当然,这样的情况并非不可避免,这只是大部分企业者渴望成功的执着所致。从某种意义上讲,公司是一个必须用资金、精力和热情喂养的"孩子",贪婪而自私,企业家希望有朝一日这个孩子长大成人,回报之前所有的努力。若没有这种始终如一的热忱,几乎任何企业都无法实现当初成立时的目标。

综上所述,并不是说每个企业家都是喜欢冒险的。那些善于思考、经验丰富的企业家一般都会学习别人的经验,从而使自己在创业的过程中不断降低风险。这些成功的企业家总是把问题的答案想到一个最坏的结果,并且在创业的过程中不断地自我追问:"我能承受怎样的损失?我能接受的最大损失是什么?"他们认真评判创业中的不利因素,因此他们承担的风险至少是估算过的,而非草率冒险。

一、创业风险的概念

美国学者 A·H·威雷特早在 1901 年就对风险进行研究,他认为:"风险是关于不愿发生的时间发生的不确定性的客观体现。"风险是指在一定条件下和一定时期内,由于各种结果发生的不确定性而导致行为主体遭受损失的大小及这种损失发生可能性的大小。风险是一个二维概念,以损失发生的大小与损失发生的概率两个指标进行衡量。

日本学者武井勋归纳出了风险的三个基本要素:第一,风险与不确定性有差异;第二,风险是客观存在的;第三,风险是可以预测的。

风险的四个特征:风险是客观存在的;风险是相对的、变化着的;风险是可以识别的,也是可以控制的;风险与收益是对等的。

风险的类别:从企业风险因素的来源看,可以划分为外部风险和内部风险;从企业风险内容的表现形式看,现代企业面临的主要风险通常表现为市场经营风险、投资风险、财务风险、管理风险、技术风险、法律风险等。

创业风险是指在创业过程中存在的风险,是指由于创业环境的不确定性、创业机会与创业企业的复杂性,创业者与其他创业相关人员的能力与可控资源的有限性等主客因素而导致创业活动偏离预期目标的可能性。

二、创业风险的特征

新创企业面临技术风险、市场风险、财务风险、管理风险、环境风险等一系列风险难题,其风险具有如下基本特征:

(1) 客观必然性风险是由客观存在的自然现象和社会现象引起的,它本身是一种不以人的意识为转移的客观存在。风险具有客观性,那么产生风险的前提条件在完全消除之前,风险的发生是不可避免的。虽然风险的存在是客观的必然,但由于风险是未来的结果,对风险程度的评价是主观的,是人们根据所掌握的客观规律做出的主观判断。对风险的选择也是主观的,取决于人们对风险的主观判断和自身承受风险的能力。也就是说,人们在风险面前是具有主观能动性的,主观能动性作用的效果取决于主观的判断和选择是否与客观变化规律相符合。

(2) 不确定性风险的发生是必然的,但是,风险是否发生,在何时、何地发生以及将如何发生、损失的程度如何等完全是一种偶然的、杂乱无章的组合和不确定的结果。单个风险的发生具有偶然性,风险损失往往是偶然和不确定的。风险产生的不确定性是由风险形成过程的复杂性和随机性决定的,而人们对其产生不能完全理解和全面掌握。

(3) 可度量性风险是无法达到期望结果的可能性,这种可能性起源于不确定性,但又不同于不确定性。风险与不确定性的区别:不确定性强调未来有不同的结果,风险强调未来结果发生的可能性。尽管风险具有不确定性,但是任何事物的产生、发展都不是偶然的,而是有规律可循的,因此随着科学技术的进步和人们素质的提高,风险的规律是可以逐步被认识和掌握的。企业可以根据以往类似事件的统计资料,运用一定的技术方法,对各种结果发生的概率做出估计和判断。如果风险程度不能加以度量,风险管理便失去了存在的意义。

(4) 双面性风险具有两面性,既有损失的一面,又有风险价值的一面。风险的这一特性有助于人们全面把握风险的实质,既要看到风险的危害性,提高风险的控制能力,实现风险的消除、转化或降低;同时要加强对风险规律的探索和研究,准确把握时机进行科学决策,获取风险收益,促进企业快速发展。

(5) 转移性随着诱发风险的客观条件的变化和风险管理措施的采取,风险的形态、后果、性质在一定条件下会发生转化。风险转移性的基本表现:一是风险性质的转移。风险会随着风险管理措施的实施,由一类风险转化为另一类风险。二是风险承担者的转移。通过一定的风险管理机制,可以把风险从一部分人身上转移到另一部分人身上。三是风险形态的转移。随着科学技术的进步发展,消除风险与制造风险几乎是同步的,高科技在提供征服自然能力的同时,又带来了新的风险。

三、创业风险的来源

创业环境的不确定性,创业机会与创业企业的复杂性,创业者、创业团队与创业投资者的能力与实力的有限性,是创业风险的根本来源。

1. 融资缺口

融资缺口存在于学术支持和商业支持之间,是研究基金和投资基金之间存在的断层。其中,研究基金通常来自个人、政府机构或公司研究机构,它既支持概念的创建,也支持概念可行性的最初证实;投资基金则将概念转化为有市场的产品原型(这种产品原型有令人满意的性能,对其生产成本有足够的了解并且能够识别其是否有足够的市场)。创业者可以证明其构想的可行性,但往往没有足够的资金将其实现商品化,从而给创业带来一定的风险。通常来说,只有极少数基金愿意鼓励创业者跨越这个缺口,如有些人专门进行早期项目的风险投资,政府的资助计划也会对符合条件的创业者提供资金支持。

2. 研究缺口

研究缺口主要存在于仅凭个人兴趣所做的研究判断和基于市场潜力的商业判断之间。当一个创业者最初证明一个特定的科学突破或技术突破可能成为商业产品基础时,他仅停留在自己满意的论证程度上,但是这种程度的论证后来不可行了,在将理论化产品真正转化为商业化产品(即具备有效的性能、低廉的成本和高质量的产品,大量生产的产品),并能从市场竞争中生存下来的过程中,需要大量复杂而且可能耗资巨大的研究工作(有时甚至需要几年的时间),从而形成创业风险。

3. 信息和信任缺口

信息和信任缺口存在于技术专家和管理者(投资者)之间。也就是说,在创业中存在两种不同类型的人,即技术专家和管理者(投资者)。这两种人接受不同的教育,对创业有不同的预期、信息来源和表达方式。技术专家知道哪些内容在科学上是有意义的,哪些内容在技术层面上是可行的,哪些内容是根本无法实现的。在失败案例中,技术专家要承担的风险一般表现在学术、声誉上受影响以及金钱上没有回报。管理者(投资者)通常比较了解将新产品引进市场的程序,但当涉及具体项目的技术部分时,他们不得不选择信任技术专家,可以说管理者(投资者)是在拿别人的钱冒险。如果技术专家和管理者(投资者)不能充分信任对方,或者不能够进行有效的交流,那么这一缺口将会变得更深,带来更大的创业风险。

4. 资源缺口

资源与创业者之间的关系,就如颜料和画笔与艺术家之间的关系。没有了颜料和画笔,艺术家即使有构思也无从实现。创业也是如此,如果没有所需的资源,创业者将一筹莫展,创业也就无从谈起。在大多数情况下,创业者不可能拥有所需的全部资源,这就形成了资源缺口。如果创业者没有能力弥补相应的资源缺口,要么创业无法起步,要么在创业中受制于人。

5. 管理缺口

管理缺口是指创业者并不一定是出色的企业家,不一定具备出色的管理才能。管理缺口的形成主要有两种:一是创业者利用某一新技术进行创业,他可能是技术方面的专业人才，但却不一定具备专业的管理才能，从而形成管理缺口；二是创业者往往有某种"奇思妙想"，可能是新的商业点子，但在战略规划上不具备出色的才能或不擅长管理具体的事务，从而形成管理缺口。

四、创业风险的种类

创业是一种高风险的活动，可以说贯穿了创业的全过程，尤其是在创业初期（种子期和初创期），企业更是处于风险的高危期。不同的企业，由于创业者、创业机会、技术、产品、业务、市场、竞争、行业、经营模式、组织机构等方面存在差异，因此其创业风险的种类不尽相同。即使是同样的创业风险，在不同的企业，其表现形式也不是完全相同。创业风险大致有如下几种类型。

1. 机会风险

一个人如果选择创业，那么就要放弃自己原先所从事的职业，就会丧失其他的选择，这就是所谓的机会成本风险。如果创业者认为目前创业时机成熟，正好有一个绝佳的创业机会，那么就要狠下决心，立即着手创业。如果觉得没有太好的创业机会，而且自己对行业状况、公司经营管理知之甚少，就暂时不要急于创业，而是要培养自身的创业技能，积累创业资源。例如，可以边工作边学习，观察所在公司的各层领导是如何工作的，学习所在公司开拓市场的技巧及公司老总的管理技巧；创业者还可以为其他公司打工，留心建立良好的商业关系网，等待时机成熟，再开始创业。

2. 技术风险

技术风险是指在企业产品创新过程中，因技术因素导致创新失败的可能性。具体表现在以下几个方面：

（1）技术研发的不确定性。创新技术从研究开发到实现产品化、产业化的过程中，任何一个环节的技术障碍，都将使产品创新前功尽弃，归于失败。很多创业企业，在技术产业化实施过程中屡试屡败，其中的原因是多方面的。当用血汗赚来的资金或以家产抵押来的创业资金将要耗尽，却还没有生产出合格的产品时，风险达到极大。

（2）技术前景的不确定性。如果赖以创业的技术创新不能实现工业化，或不能在高技术寿命周期内迅速实现产业化，收回初始投资并取得利润，必然造成创业的夭折。

创业者在选择投资项目时，不能把握技术市场未来的发展方向，投巨资购买即将落后的技术，遭受损失理所当然。当一项投资花费巨大，可能需要较长时间才能收回成本时，投资者就不但要考虑它的现在，还要考虑它的将来，一项产品现在有市场，不等于将来也同样有市场。

（3）技术效果的不确定性。一项高技术产品即使能成功地开发和生产，事先也难以确定其效果。例如，有的技术有副作用或者会造成环境污染等，但若达不到创业前所预期的效果，那么会造成大的损失甚至创业夭折。

（4）技术寿命的不确定性。高技术产品的重要特点之一就是寿命周期短、更新换代快。高新技术产品变化迅速、寿命周期缩短，因此极易被更新的技术代替，但被代替的时间难以确定，如果更新的技术比预期提前出现，那么原有的技术将蒙受提前被淘汰的损失。

3. 市场风险

市场风险是指市场主体从事经济活动所面临的赢利或亏损的可能性和不确定性。其具体表现在以下几个方面：

（1）难以确定市场的接受能力。风险投资项目开发出来的是全新的产品，顾客在产品推出后不易及时了解其性能，这往往造成对该产品的市场潜力难以确定。产品的市场容量较小或者短期内不能为市场所接受，那么产品的市场价值就无法实现，投资就无法收回，从而造成创业夭折。

（2）难以确定市场接受的时间。一个全新的产品，打开市场需要一定的过程与时间，若创业企业缺乏雄厚的财力投入营销中去，那么产品为市场接受的过程就会更长，因而不可避免地出现产品销售不畅、前期投入难以回收，从而给创业企业资金周转带来极大困难。

（3）难以确定市场的竞争能力。高新技术产品常常面临激烈的市场竞争，如果新产品成本过高或其他方面存在着缺陷，都可能影响其在市场上的竞争能力。产品价格超出了市场的承受力，就很难为市场所接受，技术产品的商业化、产业化就无法实现，投资也就无法收回。当某种新产品逐渐被市场所接受时，其高额的利润会吸引来众多的竞争者，可能造成供大于求的局面，导致价格下跌，从而影响高技术产品创新的投资回报。

（4）市场战略缺乏针对性。一项好的高技术产品，如果没有好的市场战略规划，在价格定位、用户选择、上市时机、市场区域划分等方面出现失误，就会给产品的市场开拓造成困难，甚至功亏一篑。

4. 资产风险

根据资产的类型（包括需要保护的有形资产和人力资产）对风险进行细分，通常分为与财产有关的风险、与雇员有关的风险和与顾客有关的风险。

1）与财产有关的风险

与财产有关的风险首推资金风险，资金风险对于创业企业是致命的。资金风险是指因资金不能适时供应而导致创业失败的可能性。它主要有两种类型：一是高新技术产业化过程中风险投资的筹集风险；二是高新技术产业化创新活动中的投资风险。依托高新技术产品进行创业，需要的创业资金有资金规模较大和融资渠道少两个特点。另外，在资金风险中，一个不可忽视的因素是通货膨胀问题。

对于创业企业，资金缺乏是最为普遍的问题，如果创业者不能及时解决，非常容易造成创业夭折。对于高新技术的创业活动，由于资金不能及时供应，致高新技术迟迟不能产业化，其技术价值随着时间的推移不断贬值，甚至很快被后来的竞争对手超越，从而使初始投资付之东流。

其他与财产有关的风险主要涉及有形财产,如火灾、各种自然灾害、盗窃、商业欺诈等原因导致的风险,具有丢失或毁坏的特点,一般可以通过保险来分散风险。

2) 与雇员有关的资产风险

与雇员有关的资产风险就是由于雇员的行为所造成的资产损失,主要有现有雇员的不诚实、来自企业过去雇员的竞争、关键管理人员的流失等类型的风险。

3) 与顾客有关的资产风险

这类风险是指顾客在店内受到意外伤害和因产品责任所导致的风险。

顾客在店内受到伤害的风险主要包括两方面含义:一是商店内来往的人多而杂,顾客在商店内有可能受到各种伤害;二是由于商店内缺乏足够的安全措施导致抢劫、袭击等暴力犯罪对顾客造成的伤害。

产品责任风险主要是指产品在使用过程中给顾客带来的伤害,有可能是产品质量的问题,也有可能是产品使用不当带来的后果。

5. 管理风险

管理风险的大小主要由管理者素质、决策行为、组织和人力资源等因素所决定。

(1) 管理者素质。一个优秀的创业家,可以不具备精深的技术知识,但必须具备这样一些素质:具有强烈的创新精神与创业意识,不墨守成规、不人云亦云;具有追求成就的强烈欲望,富于冒险精神、献身精神和忍耐力;具有敏锐的机会意识和高超的决策水平,善于发现机会、把握机会并利用机会;具有强烈的责任感和自信心,敢于在困境中奋斗,在低谷中崛起。发达国家创业企业的成功经验之一,就是技术专家、管理专家、财务专家、营销专家的有机组合,形成团队的整体优势,从而为创业企业奠定坚实的组织基础。那种由技术所有者包揽一切、集众权于一身的家长式管理,往往由于管理水平、管理模式等方面的问题,导致创业夭折。

(2) 决策行为。决策失误是最大的风险,无论是政治、军事,还是商业,由于决策失误而造成失败的事例实在太多了。对于创业者而言,绝不可以根据自己的喜怒哀乐或不切合实际的个人偏好而做出决策。不进行科学分析,仅凭个人经验或凭运气的决策方式都可能导致惨重的失败。

(3) 组织和人力资源风险。组织和人力资源风险是指由于创业企业的组织结构不合理、用人不当所带来的风险。创业企业的迅速发展如果不伴随着组织结构、用人机制的相应调整,往往会成为创业企业潜在危机的根源,其中管理体制的不畅是主要原因之一。因此,对于创业企业,创业者从一开始就应该注意组织结构的设计、调整,人力资源的甄选、考评,薪酬的设计及学习与培训等管理。从创业初始就需要建立健全各项规章制度,并开始建立企业文化。

用人不当已经成为制约企业发展的重要因素。用人不当有多种形式:不任人唯贤而任人唯亲,缺乏信任而疏于选人,激励机制落后导致人才流失。其后果只有一个,那就是企业缺乏人才,不能形成核心人力资本。技术、资本、产品、服务的竞争,归根结底是人力的竞争。创业之初,江湖义气第一桩,大家同甘共苦、同心同德。然而,创业者之间这种模糊的产权关系,以及模糊的分配关系却往往为企业管理者的内讧埋下伏笔,这两种关系引发的不良后果发展到极端,就出现这样的场面:创业成功之际,几个创业者开始计较功过、权衡得失;企业壮大之时,企业的管理者们对于企业未来的归宿产生分歧;企业初具规模,准备进一步扩张之时,企业的高层们开始形成派系,相互排挤。

6. 环境风险

环境风险是指一项高技术产品创新活动由于所处的社会、政治、政策、法律环境变化或由于意外灾害发生而造成失败的可能性。因此,高技术产品创新,必须重视环境风险的分析和预测,把环境风险降到最低限度。例如,我国许多化工化学园区,企业与居民区交错布置,普遍缺乏统一的区域性环境风险应急预案、监测体系和风险防范措施,环境风险意识淡薄、防范制度不健全,环境保护考虑少,应急预案和风险防范措施缺乏。环境风险对国民经济和人民生命财产安全构成严重威胁,使得产业整体布局存在很大的环境风险。

创业风险还可以根据风险对创业投资的影响进行分类,可分为安全性风险、收益性风险和流动性风险。所谓安全性风险,是指从创业投资的安全性角度看,不仅预期实际收益有损失的可能,而且专业投资者与创业者自身投入的其他财产也可能蒙受损失,即投资方财产的安全存在危险。所谓收益性风险,是指预期的实际收益有损失的可能。所谓流动性风险,是指资金有可能不能按期转移或支付,造成资金运营的停滞,使投资方蒙受损失的可能性。

要创业就一定要在风险和收益之间进行抉择和权衡,既不能为了收益而不顾风险的大小,也不能因害怕风险而错失良机,而是要在争取实现目标的前提下管理风险、控制风险、规避风险,这才是创业者对待风险的正确态度。

另外,创业企业在其生命周期的各个时期,存在各种导致风险发生的主客因素。比如,在种子期和初创期,可能存在计划不明、资源不足、仓促上阵等情况;在发展期,可能存在目标游离、急功近利、孤军奋战、遇难而退等情况;在成熟期,可能存在管理失效、缺乏创新等情况。这些情况或因素都可能导致创业风险的发生。

任务二 创业各阶段的风险

【任务目标】

(1) 了解创业前期面临的风险。

(2) 了解创业过程中面临的风险。

(3) 了解创业后期面临的风险。

【任务描述】

创业阶段,一般从开始有创业的准备到进入再到稳定发展扩张,可以分为创业前期、创业过程和创业后期。在创业过程中,各类风险都会一直存在于各个阶段,只是不同阶段的各类风险表现得强弱不同而已。

【案例导入】

23 岁大学生办公司开业 9 天宣告倒闭

23 岁的小舒是"陕西××科技发展有限公司"的创办人,毕业于西安工程大学电子信息专业,和许多大学毕业生一样跑过招聘会、托过家人找工作。他后来虽然有一份不错的工作,但却选择了辞职,想在自己的专业上有所发展。

小舒和同学、朋友等 8 人筹资 7.8 万元,开始创办自己的公司。4 月 21 日,这家主营域名注册、网站建设开发等项目,并取得了一种环保防水手电陕西总代理的公司成立了。"把一件平凡的事做好就不平凡,把一件普通的事做好就不普通——这是我和我们公司的宗旨。"公司成立当天,小舒信心十足。

公司先后招聘了 20 多名员工,而且大多数是在校大学生,他们代理的产品也在不断地拓宽市场。但是经营公司和上学完全是两回事,短短几天时间,小舒就感到了压力,而且当初承诺办理公司注册手续的代理公司在拿了他 1 万元后杳无音讯,一时资金短缺成了这家刚刚起步公司的绊脚石。

4 月 29 日,小舒一天没有吃饭,他拖着疲惫的身体跑学校、跑银行,但是贷款没办成,"原因很简单,现在我没有房子、汽车做抵押,也没公司愿意担保"。

在这个困境中,小舒没有跳出来,而是做出了一个决定,通知媒体,召开记者招待会让公司"破产"。

7 万元,9 天就都用光了吗?小舒认为他没有赔钱,只是钱都投入到公司了。租办公室时,"所有的朋友都反对,认为设计网站只要有台电脑就可以了",但小舒还是把它租了下来,并花了 2000 多元买了原房客的一些工艺品,又花了不少钱添置会议桌、办公桌以及二手的传真机、打印机等办公用品,"开公司就得有个公司的样子吧。我也到过很多公司,都很长时间了,还不如我公司气派呢"。当时,当地一家知名度不高的媒体的记者鼓动小舒做广告,仍然是所有的朋友都反对,但小舒却说:"觉得人家过来了,不好意思。我请他吃了肯德基,后来做了 2000 元的广告。"

【任务知识】

创业是一种高风险的活动。虽然市场有效性在逐渐提高,信息可得性也在逐渐提高,然而创新的不确定性却增大了,创业的风险也会进一步加大。当前的创业大多发生在高科技产业,如信息、生物、新材料、新能源等,更多是凭借创业者的高智力劳动进行的,高智力劳动使得创新过程更难以把握,创新结果的不确定性更大,这也会加剧创业的风险。

创业阶段的具体工作包括:创业者从有一个好的创意到开始注册公司,再到后来成为稳定、可盈利的企业。其一般要经过若干环节:创意→第一笔投资→注册(组建公司)→产品开发→新品上市→市场营销→构建经营网络→完善组织结构→盈利。跨过这一阶段就进入了再融资、扩大规模的发展阶段。创业前期、创业过程和创业后期很难截然区分,各类

▶ 大学生就业与创新创业

风险在创业的各个时期都一直存在,只是不同阶段的各类风险表现得强弱不同而已。

一、创业前期面临的风险

"创业前期"从本质上讲是指创业活动从酝酿走向企业生存的阶段,包括孕育、论证、筹建、开业等过程。按照企业生命周期理论,这个阶段是最容易遭遇挫折或失败的,遇到的主要问题有资金不足、缺乏长期目标和长期投资能力、将短期资金用在长期项目上、不注意资本运用和资本结构、经营管理缺乏计划和目标、投机意识强、风险意识差,所以在遇到复杂情况或困难时缺乏应变策略和抗风险能力。

1. 项目风险

(1) 时机不当。国家有规定,许多行业是不能由私营业主经营的。也有一些行业原先允许经营,因政策改变而受到限制,甚至会无限期对某个行业关停并转等,作为创业者这些都要事先了解清楚。所以,有的创业者创业不久就受到国家、地方新颁布的行业管理条例所限制,造成资源浪费或无法经营。如果产品的生命周期太短,或者生产出来的产品不合潮流,容易被淘汰,那么它在创业之后短期内就很可能遭到失败的命运。

(2) 盲目跟风。有些创业者在确定经营方向时爱盲目跟风,哪行赚钱就做哪行,对当下市场的需求变化匆忙做出反映。然而,市场运作有其自然周期,"一窝蜂"热潮有时意味"恶性竞争"即将来临。一些创业者由于缺乏全面管理的能力,没有建立必要的财务会计的管理系统,企业的重大决策缺乏可靠依据,草率估算或低估企业的资金需求,错误选择设备和技术。因此,创业前周密的市场调查和理性的分析尤为重要。成功的创业者关键就在于迈好这第一步,而创业失败的案例中,不少创业者就是夭折在这一关。

2. 资源配置风险

(1) 资金短缺。只有提供足够的现金,创业项目才能实施,企业才能生存。资金短缺,必将影响企业的营利能力和偿债能力,从而影响企业的信用等级和资金周转,甚至资不抵债走向破产。处在创业前期的企业融资条件苛刻,只能主要依靠自有资金运作来创造自由现金流。自由现金流一旦出现赤字,企业将发生偿债危机,甚至导致破产。有些创业者对现金流入的状况预设太理想,在没有足够的流动资金的前提下就贸然创业,在遇到困难需要坚守一段时日时,就因为没有充足的流动资金而捉襟见肘。产生现金风险的主要原因有:过分注意利润和销售的增长,忽视现金管理;固定资产投资过多,使资金沉淀;不考虑条件和时机,盲目扩张。

(2) 配置失衡。要精兵简政。创业初期,有限的资源应该用在刀刃上,企业的规模必须精简,生产、管理和营销要有效率、重实质,不能一味追求表面的浮华而徒增费用,不要着急过大老板的瘾。有些创业者在创业初期提出不切实际的扩张目标,盲目铺摊子、上规模,结果只能"企者不立,跨者不行"。

3. 管理风险

由于创业者管理经验不足,在创业前期管理风险凸显。比如用人不当,造成不必要的内耗；财务制度有漏洞，导致损公肥私现象产生；有些时候由创业者本人独自管理全部业务的局面难以为继，但却不愿意或不放心授权别人分担责任，也不注意建立一个管理班子；不采用有效的领导和管理方式，工作不论轻重，事必躬亲，认为"只有我才能干好"，对下级缺乏信任感。一些创业者只强调员工的忠诚，而不重视员工的利益，一旦员工提出利益诉求，创业者就视其为不忠，从而影响彼此的有效沟通和合作。利益是任何员工生存和成长的根本物质基础，如果创业者忽视这一问题，不但难以吸引优秀的人才，就连已有的人才也将流失。

4. 团队风险

提摩在他所著《开创新企业》一书中提出了一个创业管理模式，他认为创业活动必须将机会、创业团队、资源三者做出最适当的搭配，并且这是一个动态的过程，随着企业的发展而做出动态的平衡。创业流程由机会启动，在取得必要的资源与组成创业团队之后，创业计划方得顺利推进。创业前期，创业团队的成员大都是朋友或亲戚，但是经过一个阶段时间的合作之后，各种矛盾就会显现出来，制约企业的发展，这时创业团队都要经过一个痛苦的"洗牌"过程。创业团队的风险主要来源于以下几个方面：

（1）结构松散。企业管理团队必须在专业领域、技能、经验等方面保持一个合理的平衡关系，并且其结构要与企业发展不同阶段的主要任务动态适应。而初创阶段的企业，其人力资源结构显然无法达到这种要求，难以满足企业经营管理的专业化要求，使企业经营暗藏巨大风险。

（2）纪律松懈。在创业企业的团队创建过程中，有一个比较普遍的现象，即过于追求团队的亲和力与人情味，团队成员之间不论分工皆兄弟相称，然而相对严明的团队规范和纪律却会阻碍团结。这种情结直接导致了管理制度的不完善，或者虽然制定了相应的制度，但形同虚设，这种过于松散的气氛常常使得管理软弱无力。

（3）效率低下。许多创业者一旦取得初步成功，创业成员内部就为各自利益开始争斗，导致财产、市场、技术、人才分割，最终使企业垮掉。管理团队的合作必须以明确的责、权界定为基础，有的创业团队主要由同学、亲戚组成，产权关系不清晰，角色模糊，责任、权力不明确，缺乏有效的激励约束和监督机制，使得合作协同困难重重，常会为职位安排、报酬分配而产生矛盾影响企业形象和运行效率。

二、创业过程中面临的风险

创业过程与创业前期和创业后期很难截然区分。因此，创业前期和创业后期企业面临的各类风险在创业过程中也相应存在。在创业过程中，风险主要来自市场和资金两个方面。

1. 市场风险

这里的市场风险是新创企业从事经营活动所面临亏损的可能性和赢利的不确定性。其主要表现为市场接受能力的不确定性、市场接受时间的不确定性、竞争激烈程度的不确定性等。无论是处于分散风险的考虑，还是发现市场机会的趋利性使然，多元化曾经一度成为企业发展的一个趋势和潮流，但对于很多企业来讲，尤其是新创企业目前最大的市场风险来自于多元化的经营。虽然俗话说"不要把鸡蛋都放在一个篮子里"，但对新创企业来讲，有时候把鸡蛋都放在一个篮子里，集中精力看管好这个篮子不失为一个聪明的选择。

1）市场进入与进入风险

市场进入是指企业根据自身的发展战略而决定进入一个企业尚未涉足的新领域或新产业领域的行为或过程。市场进入是一项挑战性的充满风险的事业，在市场进入中，由于各种因素的复杂性、变动性的影响，往往使企业进入的实际后果与预期发生背离，导致利益损失。

市场进入风险主要从以下几个方面进行分析：一是市场进入收益与进入成本。进入成本主要是企业在退出时无法收回的费用，一般称为沉没成本，包括处置专用性资产、设备所造成的损失，无形资产的损失以及取得政府许可的费用。这些在企业退出市场以前是无法预期和弥补的，也是企业在整个生命周期内所无法收回的。沉没成本越大，意味着企业进入市场的机会成本越高。二是市场进入的定位。从整体而言，市场是一个巨大的系统，它是由众多提供各种产品的子市场系统和区域市场系统构成的。因此，任何一个企业都没有能力进入所有的市场，即无法为所有的客户服务，只能根据自己的优势和特长进入某一细分市场，在其目标市场上确定自己的竞争优势。企业进行进入区位（包括产业区位和地理区位）选择时，既要考虑到竞争者，又要考虑消费者，做到消费者导向和竞争者导向有机结合。

2）市场营销风险

市场营销风险一般分为以下几类：一是消费者风险。产品的接受程度，直接决定新创企业的生存和发展。消费者的购买行为受到如下因素影响：消费者可以用其他产品或技术来满足自身的需要；信息不对称导致消费者对创新产品的认知存在障碍；消费者不愿投入太多使用成本；存在对新产品的缺陷和副作用的恐惧心理及预防心理。二是竞争者风险。企业在市场上面对的竞争者有两类，一类是受到威胁的行业中的中低技术者，另一类是行业中的其他同类企业。低技术企业可以大幅降低销售价格提高产品的性价比，并通过成熟的销售渠道提供全方位的服务。行业中的其他同类企业也会竞相推出新的产品以避免老产品被淘汰带来的损失，价格竞争也就更可能发生。三是政策法规风险。很多国家对新技术产品的检查和管制日益加强，技术输入与输出也受到强制性和规范化控制。

市场营销风险产生的原因：一是企业的营销实力不足。降低市场风险首先要靠一个过硬的营销队伍，尤其是新创企业要求营销人员不仅是营销专家，还应是技术内行，因为他们不仅要销售产品，还要负责技术推广并正确地反馈市场信息。二是进入市场的时机选择不当。何时进入市场、以什么样的方式进入市场对市场竞争力的影响很大，若进入过晚，则很难挤占现有市场并取得好的销售业绩。三是过分依赖价格策略。价格策略严重脱离定位策略，不能反映产品和品牌定位，由此引发价格大战，竞争双方两败俱伤。四是市场不规范。由于我国目前市场体系不完善、法规不健全，一些企业可能采用恶性竞争手段排挤对手，使得原本激烈的竞争更加无序。

规避市场风险的基本策略：一是树立以市场为导向的整合营销理念。在产品规划、价格制定、销售渠道选择上以市场为导向，从客户的需求出发。二是加强营销队伍的建设。要求营销人员既要掌握营销技能又要掌握技术知识，注意招聘和选拔符合条件的人员充实到营销队伍中，同时加强现有人员的培训。三是制定合理的价格策略。在确定价格时，降价不是向顾客表明优质产品的最好方式。尤其对于技术含量比较高的产品，顾客对产品质量的要求使得企业不能采用牺牲品质降低价格的策略，加之市场的不完全竞争性，企业更应积极主动控制价格。

2. 资金风险

资金风险是指因资金不能适时供应导致创业失败的可能性。创业资金有两个特点：一是资金需求的规模大，而此时的收入却没有或很少；二是融资渠道少。对新创企业来讲，资金缺乏是普遍的问题，资金作为企业的生命线，直接关系到企业的生存。

1）筹资风险

筹资风险是由于筹资效益带来的不确定性给出资人带来的损失或不确定性。筹资风险是企业风险管理的首要环节和重要内容。企业筹集借入资金给财务带来的风险主要有两个方面：一是指负债筹资导致企业所有者权益下降的风险；二是指负债筹资可能导致企业财务困难甚至破产的风险。

筹资风险产生的原因主要是举债规模过大、举债方式和负债结构不尽合理以及制度环境的变化。

筹资风险的防范策略主要有：一是确定适度的负债数额，保持合理的负债比率。财务风险是一种客观存在，只要企业对外欠债就会有财务风险，适当的对外负债有利于企业发展，所以应该有选择地使用。二是根据企业实际情况，制订负债财务计划。

2）投资风险

投资风险是指投资项目不能达到预期收益，从而影响创业企业赢利水平和资金回收的风险。其主要表现在：急于求成，盲目扩张而不考虑实际和步骤；低估项目投资，将大量资金投入土地、建筑物、生产设备等无形资产和固定资产。

投资风险的防范策略主要有：一是择优投放建设项目，将有限的资金用在高效产品上。如果企业没有一种产品能形成规模经济效益，力量分散，将使企业缺乏自我改造和发展的能力。二是在项目选择上尽可能选择技术成熟、短平快的项目。创业企业经不起太长时间的入不敷出，技术不成熟会给市场开拓造成困难，项目的销售周期太长，有限的资金很可能在项目成功之前就消耗殆尽。三是优化资金配置。降低固定资产、无形资产等在资产总额中的比重，因为固定资产、无形资产流动性较差。四是在立足主业的基础上适当进行多元化经营以分散风险。但多元化经营有一个度的问题，就是一定要和企业的实际情况相适应，否则就会给企业带来更大的资金风险。

3）现金流量风险

现金流量风险指企业在收益不错的情况下，由于实行权责发生制（又称应收应付制），不错的收益并不等于有足够的现金，一旦资金链断裂，就会把企业带入困境。其产生的主要原因有：片面重视利润和销售的增长，忽视手头可以使用的资金；原料库存占用流动资金过多；销售额、投资金额和费用，无论在数量还是时间的进度上都会偏离预期。

现金流量风险的防范策略主要有：一是改善企业经营活动，开源节流，增收增效。企业经营活动的净现金流等于经营活动的现金流入减去付现的全部成本费用，所以企业需要在销售货款的增加及付现成本费用的降低上下功夫。二是加快资金周转，让有限的流动资金创造出更大的收益，比如加快应收账款的回收。三是密切关注现金流量指标。权责发生制在确认、计量和记录企业的资产、负债、收入、费用时采用了一系列应计、分配和摊销的方法，难免带来人为的主观因素，而相对客观的现金流量成为衡量企业经营业绩和财务状况的一个日益重要的指标。

三、创业后期面临的风险

新创企业在经历了创业前期和创业过程之后，有的发展比较顺利，进入了再融资、扩大规模的发展阶段。在创业后期，分析企业面临的风险就要站在比较宏观和系统化的立场上进行考量，因为此时的新创企业无论在生产、财务、管理、营销、人力等方面都比较正规和稳定了，企业面临的某些不确定性和盲目性经过创业初期的摸爬滚打之后相对减少了；企业面临的某些外部不确定性和风险经历了市场残酷的竞争选择之后相对缓解了。综合影响新创企业成败的文献资料，可以将创业后期的风险影响因素分为五大类，即环境因素、管理因素、技术与产品因素、市场因素和融资因素，各类风险因素相互作用、相互影响。

1. 环境因素

环境因素是指属于外部环境的风险因素。

（1）经济形势。宏观经济环境是新创企业风险环境要素中最根本的组成要素，国家或地区的经济体制、经济结构、经济发展水平的情况，直接限定了新创企业发展的方向、方式、规模和结构，进而影响到企业的发展。

（2）竞争对手（包括潜在的竞争对手和显现的竞争对手）。竞争对手的数量和竞争力的大小也是影响新创企业成败的重要影响因素。新创企业不仅面临国内同行的竞争，而且也面临着来自进口产品的威胁，创业者应该了解国际市场的信息变化情况，追踪同类产品的技术发展趋势，熟悉了解进口产品在国内的市场竞争地位，将进口产品的影响作用降低到最低程度。

（3）消费需求。新创企业面对的是一个全新的市场，产品能否适应市场要求，关键在于是否了解消费者的需求变化、产品是否能满足消费者的消费诉求。对消费需求有三点理解：一是只有生产出受消费者欢迎的产品才是富有竞争力的企业。二是消费者已养成喜好于某种已有品牌的习惯或者已熟悉原有某一品牌产品的操作技能而不愿意使用哪怕是技术与效率更高的其他新产品等，这就是消费者对原有产品的一种依赖性。消费者对竞争产品的依赖性程度的大小，直接影响到新创企业产品的市场销售前景和产品的市场占有率。三是消费者对新产品在节能性、使用方便性、安全性等方面的了解和熟悉的情况以及对新产品的某些特定的要求，这一因素决定着用户对新产品的可能接纳程度，接纳的程度越高，产品的销路就会越好。

（4）产业环境。新创企业置身比较复杂的外部产业环境，对之认识越全面、分析越透彻，所面临的风险就会相对减少。产业环境大致包含以下内容：一是产业集中的程度。产业集中的程度越高，市场竞争就越激烈，实现创业企业预期经营目标的难度就越大，风险就越高。二是原材料及零部件的供应。原材料和零部件价格的波动、供给不足会影响创新产品的成本和价格，使创业时的预期设想发生变化，从而增加了新产品生产的不确定性。三是专业性中介服务结构。专业性服务机构是新创企业发展的外部支撑条件，健全完善的专业服务机构是创业企业顺利成长必不可少的条件之一。

2. 管理因素

新创企业的管理十分复杂，拥有一支高素质的管理团队是评判新创企业是否具有发展潜力的前提和基础。

（1）创业者素质。一是创业者应该具有支撑其持续奋斗的进取心，具备领导能力与战略眼光，了解目标市场，忠诚正直，团结协作，开拓创新。二是创业者是否有行业从业经验是一个重要因素。行业从业经验可以帮助创业者熟悉行业规范，了解行业的技术标准和操作模式，快速建立盈利模式，具有行业从业经验的创业者成功的可能性更大。三是创业者对行业的熟悉程度。创业者对行业越熟悉，就越能洞悉行业的发展变化趋势，避免行业变动带来的技术和市场风险，也有利于把握行业先机，赢得市场竞争优势。

（2）团队结构。首先，创业企业管理团队的人员结构必须合理，应该包括技术开发、企业管理、财务运作及市场营销等各种专业特长且具有丰富经验的人士。其次，创业企业内部的产权关系必须明晰，否则待创业企业发展壮大以后就会引发核心人员之间的财产之争，进而导致核心团队的瓦解，并增加管理风险。

（3）资源整合。新创企业成长的过程就是创业者组合创业资源，形成产品（或服务）并创造价值的过程。创业者或创业团队能否具有将其拥有的创业资源加以有效整合并形成企业的核心竞争优势的能力，直接关系创业企业的生存和发展。

（4）财务管理。财务管理能力体现了企业的资金运作水平，直接影响企业目标的实现，也反映了创业投资对其投入资本的关注。

（5）市场营销。市场是新创企业生存与发展的基础，营销能力反映了企业针对目标市场推广其产品或服务的实力。

3. 技术与产品因素

拥有创新技术，开发出功能独特的产品将会增强企业的竞争力。

（1）技术优势。一是技术创新能力反映了产品在相关产业的竞争力。新技术是创造市场、使创新企业获取超额利润的决定性因素。技术创新内容主要包括设备与工具、生产工艺、能源与原材料等方面的创新。二是技术的独占性是获取技术垄断进而形成市场进入壁垒的前提。增加技术的独占性，减少技术溢出效应可能带来的竞争对手，是新创企业保持竞争优势，赢得市场主导地位的有效途径。

（2）知识产权。具有独立知识产权的技术有高度的专属性与排他性，对创业企业的发展起着重要的保护作用。

（3）产品研发。高技术的市场垄断性和高附加值使得产品的更新换代速度加快，拥有新产品的持续开发能力是创业企业维持竞争优势的重要保证。一般新创企业的技术更新速度，应比社会或同行业同一种技术的更新速度快才有竞争力。

4. 市场因素

新创企业能否发展壮大直至实现创业者的奋斗目标，取决于市场对企业的认可。

（1）潜在市场。产品或服务市场应有一定的规模，而且能迅速成长。潜在的市场规模决定了企业潜在的获利能力。一个高速增长的市场提供企业扩张的空间，决定了企业的长期发展，使得创业投资公司采取长期投资后有可能获得高额回报。

（2）市场拓展。一是指开拓新的市场，主要包括地域市场开拓和客户群体市场开拓两方面。产品或服务不是被动地走在市场的后面，而要能开拓出一个新的市场，以此来引导消费、控制潮流。新创企业的市场拓展人员越多、素质越好，市场开拓能力就越强。二是指市场营销网络，包括批发商、代理商、零售商等，是产品进入市场的主要渠道。健全的营销网络有利于产品快速进入市场，实现产品的市场化。

（3）竞争优势。包括主要竞争对手产品、市场进入壁垒、替代产品的威胁等情况。

5. 融资因素

资金短缺是制约新创企业发展壮大的瓶颈要素，其关键在于是否具有良好的融资环境。

（1）银行贷款（创业企业的主要资金来源之一）。能否获得银行贷款将对高科技创业企业的发展起到十分重要的作用。

（2）风险投资（新创企业的"助推剂"）。风险投资家不仅提供风险投资，而且还会提供决策咨询、企业管理、市场运作等方面的服务，风险投资的存在会给新创企业插上腾飞的翅膀。

（3）政策扶持。如果新创企业能够获得国家和地方政策资金的支持，无疑对于缓解企业的资金压力、促进企业发展具有较大的影响作用。

任务三　创业风险的防范措施

【任务目标】

（1）了解创业风险防范的基础知识。

（2）了解外部风险防范的应对措施。

(3) 了解内部风险防范的应对措施。

【任务描述】

创业历程中存在风险，大学生应进行创业能力的自我培养和技能的提高，学会在创业前期及创业过程中如何对待、防范和应对创业过程危机。

【案例导入】

产品开发出奇制胜

麦片有很多好处，但是人们习惯只将麦片看作早餐。如何提高麦片的市场占有率？希洛公司想到的出路是重新定义麦片的使用价值，促使顾客把麦片当作任何时候都能食用的健康点心，而不是当作通常的早餐。希洛公司采用一种顾客熟悉的产品形状"巧克力条"，麦片加上巧克力条就出现了新的产品类别——麦条。

这种现在看来平常的产品，在当时却是一个新事物，并由此创造了新的消费需求。它的出现也为希洛公司带来新的生机和活力。

【任务知识】

虽然在创业各阶段的创业风险是难以预测、难以避免的，但是可以通过科学的方法，针对不同创业风险的特点制订出不同的防范措施，降低创业风险的发生概率，甚至化风险为机遇。

一、风险防范基础知识

识别风险是应对一切风险的基础，只有识别了风险才可能对其进行化解，继而将风险变为机遇。创业风险识别是创业者依据企业活动，对创业企业面临的现实及潜在创业风险运用各种方法加以判断、归类，并鉴别创业风险性质的过程。

（一）识别创业风险的基本理念

作为创业者，应该正确树立识别创业风险的基本理念，这主要包括以下几个方面。

（1）有备无患的意识。创业风险无处不在，其出现是正常的，且一般都可能会带来一些损失。这时，作为创业者，既不能怨天尤人，又不能骄兵轻敌，而应密切把控创业风险、减少损失、化解不利，甚至将创业风险转化为盈利的机会。

（2）识别创业风险的能力。发现和识别创业风险，是为了防范和控制创业风险。当企业进行决策、计划时，是否可以发现潜在创业风险、防范和控制创业风险，对于创业者来说是非常重要的，其能力来源于实际的经验判断。

（3）未雨绸缪的观念。创业者不仅要识别当前面临的创业风险及可能产生的后果，更重要的是识别创业过程中各种潜在的创业风险，为采取有效措施提前做好准备。

（4）持之以恒的思想。由于创业风险伴随着整个创业过程，同时又具有可变性和相关性的特点，因此创业者必须有打"持久战"的准备，将创业风险的识别工作作为企业一项持续性、制度化的工作。

(5) 实事求是的精神。虽然创业风险识别是一个主观过程，但是必须遵循客观规律。为了更好地识别创业风险、防范创业风险，识别创业风险应按特定的程序、步骤，选用适当的方法逐层次地分析各种现象。

(二) 如何识别创业风险

识别创业风险需要一定的专业知识，必须根据不同性质与条件，按照一定的途径，运用一定的方法，或借助一定的工具来实施。

1. 识别创业风险的步骤

识别创业风险、防范创业风险的方法是有一定规律可循的。识别与防范创业风险主要有以下步骤：

(1) 信息收集。通过调查、询问、现场考察等途径获得基本信息或数据，然后通过敏锐的观察和科学的分析对各类数据及现象做出处理。

(2) 识别创业风险。根据信息的分析结果确定创业风险或潜在创业风险的范围。

(3) 重点评估。根据量化结果进行创业风险影响评估，预计可能产生的后果，提出选择方案。

(4) 拟定计划。提出处理创业风险的方法和行动方案。

2. 识别创业风险过程中的注意事项

为了使创业者能根据现有情况，更好地识别现有创业风险或潜在的创业风险，在实际操作过程中应注意以下问题。

(1) 信息搜集。信息是了解创业风险、识别创业风险的基础，信息搜集全面与否，直接影响最终的判断。信息搜集一般可以通过两个途径：一是内部积累或专人负责；二是借助外部专业机构的力量，通常可获得更丰富的信息资料，有助于较全面、较好地识别所面临的潜在创业风险。

(2) 因素罗列。根据企业在运营过程中可能遇到的创业风险，逐步找出一级风险因素，然后进行细化延伸到二级风险因素，再延伸到三级风险因素。因素罗列得越全面，越有利于创业风险的识别。

(3) 分析方式。在创业风险识别与分析过程中，一定要在信息和影响因素的基础上进行综合分析。分析的方式要多样，既要进行定性分析，又要进行定量分析，从而避免因考虑不周导致创业风险识别错误。

二、外部风险防范的应对措施

外部风险，即非企业自身因素所造成的创业风险。外部风险很多是客观因素造成的创业风险，是每个创业者都无法避免的。下面是常见的外部风险的应对措施。

(一) 应对竞争对手跟进的措施

所有的行业都不可能是独家经营，都不可避免地面对竞争对手，当"棋逢对手"时，竞争对手与自己不相上下，为了保证自己始终处于优势状态，那么面对竞争对手跟进的措施包括：

（1）控制技术，限制竞争。如果创业依托的技术是专利权，那么将在很大程度上排除出现同类竞争项目的可能性，降低投资成本和投资的商业风险。

（2）紧密注视同领域的动向。在研发阶段，应密切注视其他企业类似工作的进行情况，如同类产品的功能设计、后期研发进度等，从而找出自己产品的优势，为产品上市后如何跟进提供可执行的方案。

（3）选择高技术项目。如果项目的技术含金量足够高，那么其他企业就无法通过完全破解技术配方或关键内核仿制新产品，自行研制开发也需要很长的时间。因此，高技术项目能够有效地延长其他企业跟进的时间，在此期间，创业企业可以确保收回投资、完成利益返回并且占据较大市场份额。

（4）制订换代产品开发规划。在产品开发阶段，因第一代产品还在酝酿中的时候，就要制订后继系列产品的开发计划，并在生产规划中详细论证以确保开发计划的实施。真正有生命力的企业不是停滞不前的，新产品的成功并不代表整个市场的认可。所以，企业一方面要抓紧时机生产出升级换代产品以改善原有产品的缺点，更好地满足顾客的需求；另一方面还要优化生产工艺和销售渠道，在成本和价格方面适应市场竞争的需要，使自己一直保持领先状态。

（5）注重产品多样性。在当今市场竞争日益激烈的情况下，创业企业推出主打产品的同时一定要采取产品多样化的战略，以扩大市场占有率。同时，以多样化的产品满足顾客不断变化的个性化、复杂化的需求。多样化的产品也能有效地防止竞争者的模仿和进攻。

（二）应对市场变化的措施

不管是企业还是企业的产品都需要面对市场，而市场不是一个固定不变的状态，它会随着当前的各种因素发生变化。面对市场的变化，创业者常用的应对措施包括：

（1）有效的市场调查。只有进行有效的市场调查和分析，才能了解顾客的需求，这是保证产品或服务有市场的可行办法。市场调查不仅包括项目创意的调查，而且要贯穿产品研发和试制过程的始终，成为可依赖的标准，切实指导产品的开发和改进。只有这样，新技术、新产品才能有顾客、有市场、有存在的价值。

（2）新领域的先锋。新技术、新产品不仅能适应顾客需求、满足顾客需要，而且能够发掘并引发新的市场需求，动态地改变消费者的偏好，成为新领域的先锋，由被动适应变为主动引领。

（3）扎实高效的组织。仅有好的创意、好的机会还不足以真正成就一个企业，新产品、新技术的实现和推广，特别是进入市场以后的环节，更要依靠扎实有效的团队。因此，只有建立高素质、善于学习和能够主动适应市场的团队，才能将新产品的营销推广策略真正落到实处，达到企业预期的效果。

（三）应对宏观经济环境及政策法规变化的措施

在整个宏观经济环境及政策法规的变化下，创业者可先做好以下准备。

▶ 大学生就业与创新创业

（1）选准恰当的时机。任何一个国家或地区都存在经济周期。创业企业要把握市场动向，在经济下滑阶段或是萧条阶段可以开始创意和研发，然后在宏观经济繁荣时期和经济上升期进行市场运作。在周期的上升阶段，投资形势和市场需求都将看好，商业风险相对较小，企业可以降低成本，提高效益。

（2）重视环境和市场的选择。创业企业应谨慎对待选址和市场开拓。不仅要注重行业发展特点，而且应对企业预选地区的政策、文化及自然环境进行综合考虑，对产业运作和资源条件要求比较高的企业更应如此。另外，市场开拓从哪里开始、整体发展规划如何，都应考虑其所在国家或地区的宏观环境和相应的政策法规。

（3）了解政策法规。创业企业在选择项目时，应充分了解国家及地方对相关产业的政策法规及该行业的发展动向。选择政策法规给予支持的产业、行业，对于企业是有一定帮助。同时，对关于企业的组建、运营及市场的各类法律和规范，创业企业应了解透彻、掌握最新动态，这对企业的短期、长期发展都是有很大帮助的。

（4）冷静对待法规的变化。如果政策法规有所改变，创业者应冷静分析如何利用新出现的商业发展机会、如何采取措施规避有可能出现的损失。切忌因盲目追随热门产业而放弃自己的优势项目或是拒绝变化，甚至做出违反国家和地方法律、法规的事情。

创业需要经营者有创新式的思维、敏锐的市场嗅觉及精密细致的管理方式，同时也要注意宏观经济环境和政策法规。政策有利有弊，创业者应趋利避害，找到与自己、与企业最好的融入点。

（四）应对资金风险的措施

资金是每个企业运营的关键因素，一般的创业者面对资金风险时，应多留意整个市场价格波动趋势，发现有价格变化苗头时应主动地采取措施。同时，企业要动态地配置生产资源，根据市场变化调整进货量、存货量和出货量。创业者要通过观察、内部调控顺利应对资金风险，同时还要争取将风险变为机遇，占领市场先机。

（五）应对信用危机的措施

创业者要提高警惕，对投资者、技术持有者、管理和技术开发人员、供应方等各方人员或组织的资本信用状况、技术和资金能力等都要了解清楚。另外，创业者要通过细致有效的合同，利用法律工具保护自己和他人的合法权益。

三、内部风险防范的应对措施

内部风险是指由企业本身控制或由企业决策失误等造成的创业风险。每个企业内部都存在不同程度的创业风险，下面分别介绍应对措施。

（一）应对投资分析风险的措施

传统行业的投资分析都是在产业的历史发展经验数据和可靠材料的基础上进行的，而创业企业绝大多数是高新技术企业，前期数据往往缺乏历史数据的支撑。创业企业进行投资分析时，仅凭创业者的直观感觉或一些不太成熟的调查数据，其精确度往往很低。

此时，创业企业可参考相关行业的发展，通过横向比较得出差异与共性，为自己的决策提供可参考的依据。不论如何，这都是采用估计和统计的方法，所以在实施时特别要注意动态分析和适时调整，不仅要考虑计算得出的数据，而且要考虑环境的变化和企业的真正需要。

（二）应对技术风险的措施

产品的核心是技术，在企业内部为了避免因技术问题产生风险，主要从以下两点考虑：

（1）专利/知识产权的保护。新技术可以估价入股成为创业企业的无形资产，因此寻求专利或知识产权的保护是不容忽视的重要环节。

（2）技术保护。除了专利的保护，在新技术或新产品推向市场之前，还应考虑加入技术成分的保护，如设法使他人无法通过成分检测破解化学配方，在机器的核心电路部分设置加密芯片或进行封装，软件内核加入自己的监控毁灭程序等。

（三）应对管理危机的措施

由于创业企业的管理团队一般比较年轻，刚刚组建又彼此缺乏默契，再加上管理经验不足，但团队却要在短时间内完成新技术、新产品的生产和推广，因而会出现很多的管理问题，创业者必须积极采取以下措施进行应对。

（1）借用外脑。对于创业企业管理队伍年轻化的问题，在企业起步这个比较关键的发展阶段，可以考虑与风险投资公司或孵化公司合作，邀请有经验的人士参与经营管理，也可以聘用各方面专业人才加盟。这样可以利用有经验的专业人才带动整个组织及其管理团队的成长和进步。

（2）培养团队精神。一个企业内部是否具有团队精神也是决定企业最终成功与否的重要因素。面对竞争日益激烈的市场，企业更应该注意自己团队人才的培养，更离不开企业各部门间的协作，要塑造符合自身发展目标的企业文化。

（3）控制人员流失。由于创业企业很容易遇到各方面的创业风险和阻力，因此企业常常要面对技术、管理和销售服务人员流失的问题。要留住人才，企业就要根据不同类型人才的特点，采取不同的措施。

控制管理、技术人才流失的措施：明确利益关系，对于重要人员可考虑分配一定数额的企业股份。同时，制订有效的激励机制，管理人员和技术人员应该适用不同的绩效考评机制，不仅要利用金钱激励，而且要用企业文化所形成的强大凝聚力留住人才。

控制销售服务人才流失的措施：根据业绩评估，及时提高工资与福利待遇；建立完善的晋升制度，做到奖罚分明；加强销售服务人员从业素质的培训，使其在公司中感受到个人价值的存在。

（四）应对财务危机

初创企业，在最初两年很可能会遇到财务危机，渡过这个危机，企业可能迎来一个春天。在面对这些财务危机时，创业者应采取相应的措施。

(1) 放弃追求高利润。在发展初期不能过多地追求利润指标，大多数创业者在企业略有起色的时候急于向外界表现自己的经营能力，而利润恰好是最有说服力的证据，但这对新企业来讲弊大于利。企业业务的快速膨胀，使存货、应收账款等占用了大量资金，而此时企业的经验和应变能力都比较弱，企业任何一个环节出了问题都会引发综合性的财务问题。

(2) 利用现代财务分析工具。良好的财务管理是达到创业目标的必要条件，如情况允许，企业可用先进的财务分析工具对财务状况进行控制。企业需要进行现金流量分析、现金流量预测，以及制订完善的现金管理机制。成长中的新企业必须能够预测公司现金需求量为多少、何时需要、目的是什么，要保证有较长的缓冲时间，从而保证企业可以筹措到所需的资金。

(3) 适时调整财务结构。企业在发展过程中应适时调整财务结构。事实证明，如果销售额提高，新企业的成长速度就会大于资本结构的成长速度，因此新企业的每一次成长都需要一个新的财务结构。当新企业成长时，来源于私人的资金往往无法满足企业成长需求。企业在运营一定年限后，会力求寻找更大的资金来源，主要途径有筹措权益资本（发行股票）、寻找合伙人或合伙企业、向金融机构求援等。在选择资金来源时，创业者必须充分了解合伙人或合伙企业的信誉、营业互补性及发展前景，并且确保该企业不会成为自己企业的竞争对手。

(4) 进行资金规划。企业每个年度都要进行资金规划。资金规划对大多数新企业来说是求生存的必要工具。如果成长中的新企业能事先合理地为资金需求及资金结构做好一定周期的计划，那么在需要资金时，不论资金的种类、时间及需求的方式如何，企业通常都不会出现太大的困难。如果等到新企业的成长超过资金基础及资金结构的成长时再进行财务规划，此时往往已经出现问题，从而使企业的发展受阻。

(5) 制订财务制度。制订出一套完善的财务制度，才能对应收款项、存货、制造成本、管理成本、服务、配销等进行有效的控制。同时，企业应随时根据实际情况制订并调整其财务制度，且要保证它被严格执行。

【项目习题】

1. 什么是创业风险？通常表现在哪些方面？
2. 如何规避融资风险？
3. 如何规避市场风险？
4. 如何规避竞争风险？

项目十一　创业计划书

任务一　创业计划书概述

【任务目标】
(1) 掌握创业计划书的概念。
(2) 了解创业计划书的作用。

【任务描述】
创业计划是创业者叩响投资大门的"敲门砖",是创业者计划创立业务的书面摘要,一份优秀的创业计划书往往会使创业者达到事半功倍的效果。创业计划书是一份全方位的商业计划,其主要用途是递交给投资商,便于他们能对企业或项目做出评判,从而使企业获得融资。它是用以描述与拟创办企业相关的内外部环境条件和要素特点,为业务的发展提供指示图和衡量业务进展情况的标准。通常创业计划是结合了市场营销、财务、生产、人力资源等职能计划的综合。

【案例导入】

没有计划的蛋糕房

小张是北京典型的高级白领,比较喜欢吃蛋糕、甜点等小零食,每月消费都在1000元左右。她看到蛋糕甜点店总是人潮如织,便开始琢磨要在自己住的小区里面开一家蛋糕店,小区里住的基本是年轻人,消费量应该很大,估算每年能挣个四五十万元。她赶紧咨询了同事、朋友,他们都非常肯定这个项目能挣钱。小张备受鼓舞,说干就干,立即租店面、装修、购买烘烤设备、招聘服务员……经过一番筹备,蛋糕店隆重开业,小张还请同事做了个小片花在电视上进行宣传。小张决定,最初一个月顾客购买甜点全部8折优惠。

前两天,小区里来询问的人还挺多,可是买的人很少。每天烘烤的面包和甜点由于只有一天的保质期,小张不得不痛心地看着大部分烘烤的甜点被扔掉。就这样整整扔了一个月,小张开始反思自己的创业是否正确?为什么没有达到预期的销售额呢?

白领一族在创业的时候总是因为细节问题,没有把好的创意变成生意。在产品和市场条件相同的情况下,自己没有经营红火的生意,短时间内却在别人手中欣欣向荣,而且失败的创业者可能仅因一个错误就加速了生意的失败。

▶ 大学生就业与创新创业

小张开店失败的原因：没有进行充分的市场调研；过高估算市场规模及销售额；关注片面，不能均衡发展。创业不能光凭自己的想象和满腔热血，更需要一个详尽的创业计划书。

【任务知识】

一个酝酿中的企业，目标往往很不明确。因此，对于初创企业来说，创业计划书的作用尤为重要。通过制订创业计划书，创业者能够对企业自身有更清晰的认识。一份好的商业计划书将会使投资者更快、更好地了解该企业，使投资者对项目有信心、有热情，促成投资者参与该企业，最终起到为企业筹集资金的作用。

一、创业计划书的概念

创业计划书又称商业计划书，是对与创业项目有关的所有事项进行总体安排的文件，包括人员、资金、物质等各种资源的整合、前景展望、战略确定等，即创业计划书是创业者自己制订的一份完整、具体、深入的行动指南，是创业者创业的蓝图，也是筹措创业资金的重要依据。

创业计划书的意义在于"计划"，一份精心打造又经过科学论证的创业计划书在企业创办过程中能起到指路作用，因为它说明了拟创企业想完成什么目标，以及为达到这些目标企业将如何去做。创业计划书不仅可以作为向风险投资家游说以取得创业投资的依据，同时也可以让创业者比较客观地分析创业的主要影响因素，使创业者保持清醒的头脑，并将创业计划作为创业者的创业指南或行动大纲。制订了全面、具体的创业计划书，才能明确创业的方向、吸引创业资源、凝聚创业团队，甚至获取政府的支持。

二、创业计划书的作用

创业计划书的作用主要体现在以下几个方面：

（1）为创业者理清项目思路提供载体。创业企业往往在生存的压力下，没有时间理清思路和探寻公司未来发展计划，这是非常不幸、非常可怕的。一个需要生存下来的小企业比大企业更需要创业计划，因为创业计划可以帮助创业者客观分析和识别创业机会，理性地确立自己的创业目标、理清创业思路。培根说："写作使人精确。"通过制订创业计划书，把正反方面的理由都写下来，然后逐条推敲，可以使创业者"在纸上犯错误"，从而减少在现实中犯错误的概率。

（2）凝聚创业团队及员工的重要手段。一份清晰的创业计划书对企业的使命和愿景做出详细的描绘，共同愿景表明了团队存在的理由，能够为团队运行过程中的决策提供参照物，同时能成为判断团队进步的可行标准，而且为团队成员提供一个合作和共担责任的焦点。员工的奉献精神与企业的共同愿景息息相关。如果没有共同愿景，那么不仅不会产生奉献行为，连真正遵从的行为也不可能。在《第五项修炼》中，彼得·圣吉博士精微地分析了奉献、投入、遵从之间的区别，他认为没有共同愿景的组织往往只会导致员工对上级对组织的被动式的遵从，而决不会导致对组织的真诚奉献。创业计划书中呈现的共同愿景能提升团队凝聚力，让团队每个人为共同愿景所激励，愿意为企业付出努力，最终打造出卓越的团队。

（3）集聚、整合外部资源的重要基石。在创业的过程中，各种生产要素是分散的，各种信息是凌乱的，各种工作是互不衔接的。创业计划书能够使创业者发现所需的资源，深刻了解资金、设备、人员等各方面的需求情况，找到各种程序之间的衔接点，最终把各种资源有序地整合起来，并根据这些整合的资源进行最佳要素的组合，保证创业企业的经营安全和相对效益。

（4）获取创业融资的重要工具。企业的发展离不开资金的支持，初创企业对资金的渴求更甚。创业者通过创业计划书就企业的发展潜力、所面临的机会，以创业方案的形式与潜在投资者、供应商、经销商、消费者及政府机构等利益相关者进行沟通，成为其投资决策的重要参考。这是一种更容易获取创业融资的有效渠道，并且一旦获得支持，往往能够同时成功游说风险投资者按照创业计划制定的合理方式撤出资本，使投融资两方获得双赢。

三、编写创业计划书的意义

1. 编写创业计划书是系统思考的过程

在编写创业计划书的时候，创业者必须深入思考创业所需的资金、设备、技术、人员、市场等各方面的因素，思考管理运营能力，思考提供的产品或服务是否满足顾客需要，将与竞争对手如何展开竞争，如何限制竞争对手的跟进模仿等问题。在创业融资之前，创业计划书首先应该是给创业者自己看的。创办企业不是"过家家"，创业者应该以认真的态度对自己所有的资源、已知的市场情况和初步的竞争策略，做尽可能详尽的分析，并提出一个初步的行动计划，通过创业计划书使自己心中有数。

另外，创业计划书还是创业资金准备和风险分析的必要手段。对初创的风险企业来说，创业计划书的作用尤为重要。一个酝酿中的项目，往往很模糊，通过制订创业计划书，把正反理由都书写下来，然后再逐步推敲，创业者就能对这一项目有更加清晰的认识。可以这样说，创业计划书首先是把计划中要创立的企业推销给创业者自己。

2. 创业计划书是创业者的行动指南

创业计划书是创业的总方案和行动大纲，一份好的创业计划书能够使创业者明白自己创业的内容与目标、策略与方法、管理与组织、利益与风险等，还能使团队其他成员了解创业的发展方向，增进创业团队的凝聚力。

3. 有利于对外进行宣传

在一定程度上，创业计划书也是企业对外宣传的文本，创业需要获得多方支持，需要与投资者进行沟通，吸引投资者的兴趣，促使投资者进行投资。此外，创业者还要和员工进行沟通,描绘企业的发展前景,激励员工工作的激情和创造性,吸引新员工加入企业。有时候,创业者还需要与供应商沟通,才能为创业获得良好的外部环境。除了使创业者更加了解自己要做的事情外,创业计划书更多还是让别人看的,尤其是那些能为创业者提供一定资金帮助的人,所以创业计划书的另外一个重要作用就是帮助创业者把计划中的企业推销给风险投资家。因此,创业计划书还要说明创办企业的目的、创办企业所需的资金、为什么投资人值得为此注入资金等一些问题。

此外,对于已建立的创业企业来说,创业计划书还可以为企业的发展定下比较具体的方向和重点,从而使员工了解企业的经营目标,并激励他们为共同的目标而努力。更重要的是,它可以使企业的出资者以及供应商、销售商等了解企业的经营状况和经营目标,说服原有的或新来的出资者为企业的进一步发展提供资金。

任务二 创业计划书的编制规范

【任务目标】

(1) 了解创业计划书的信息收集。
(2) 掌握创业计划书的基本结构。
(3) 掌握创业计划书的内容。
(4) 了解创业计划书的修订。

【任务描述】

创业计划书是将有关创业的想法最后落实的载体。创业计划书的质量,往往会直接影响创业发起人能否找到合作伙伴、获得资金及其他政策的支持。完整的创业计划书一般包括封面、目录、执行概要、正文、附录五部分。创业计划书必须有一个清楚的结构,使读者能够灵活地选择他们想要阅读的部分;内容要比较客观,使投资者有机会仔细地权衡其论据是否有说服力,同时还要简单、明了,让大众也能读懂。

【案例导入】

注重精细观察的商场密探

帕科·昂得希尔是著名的商业密探,他所在的公司叫恩维罗塞尔市场调查公司。

昂得希尔通常的做法是坐在商店对面,悄悄观察来往的行人。而此时,在商店里他的属下正在努力工作,跟踪在商品架前徘徊的顾客。他们的目的是要找出影响商店生意的因素,了解顾客走进商店以后如何行动,以及为什么许多顾客在对商品进行长时间挑选后还是失望地离开。他们通过自己的工作给商店提出了实际的改进建议。比如,一家主要是青少年光顾的音像商店,通过调查发现磁带放得过高,孩子们拿不到。昂得希尔建议商店把商品放在较低的位置,结果销售量大增。

【任务知识】

一、创业计划书的信息收集

准备创业计划的过程实质上是信息搜集的过程,是分析并预测环境进而化解未来不确定性的过程。

(一)所需收集信息的类型

创业计划书需要向团队成员、投资者或合作伙伴传递大量信息,结合创业活动的商业性质,创业者在信息收集过程中应重点收集市场信息、运营信息和财务信息。

1. 市场信息

市场信息是对市场上各种经济活动主体间的关系、经济活动现状、经济活动变化趋势以及与市场营销有关的各种消息和数据资料的总称。从创业计划书撰写的角度看,市场信息主要指新产品或新服务所针对目标市场的相关信息。创业者只有对目标市场做出清晰界定,才可能对市场规模和市场目标进行较为准确的预测。为了能在创业计划书中真实反映创业项目的市场潜力,创业者可以从以下渠道收集市场信息:对目标顾客开展市场调研得到反馈的信息;行业相关报纸、杂志、电视报道等媒体中发布的信息;国家主管部门及行业组织披露的信息;互联网上公开发布的信息;与业内权威人士沟通得到的信息。

2. 运营信息

运营管理是创业者将创业构想或技术研发进行量产化和市场化的重要环节,也是确保创业企业能够顺利成长的基础。创业者需要的运营信息包括六个方面:经营地点、生产运营模式,原材料或零部件采购,所需设备种类、数量及来源,知识技能,间接成本。

3. 财务信息

财务信息反映了创业项目的盈利能力,是创业计划书中非常重要的构成部分,不仅能告诉潜在投资者该项目的盈利能力和所需投入资本,也是创业者对项目本身进行反复评估的重要依据。创业计划书一般需要三个方面的财务信息:从创业起步到企业成立三年,创业企业的预计销售额和支出成本情况;起步阶段三年中的现金流数据;现阶段的资产负债数据及起步阶段三年中的预测资产负债数据。

(二)收集信息的步骤

创业者在撰写创业计划书前,可以遵循以下步骤进行信息收集,达到有效收集信息的目的。

1. 制订信息收集计划

在制订创业计划过程中,为避免创业者受到无关信息的干扰,或者在信息收集阶段花费过多时间和成本,导致信息收集工作效率低下,创业者应制定出周密、切实可行的信息收集计划,重点思考需要获取哪些方面的信息、信息收集需要花费多长时间和多少成本、可以通过什么渠道获取信息,通过计划指导信息收集工作的正常开展。

2. 设计信息收集工具

信息收集工具是指用来收集、获取、存储和加工信息的文本工具、办公设备和电子设备。例如，创业者在进行信息收集之前，需要设计出合理的收集提纲和表格，以方便对信息进行归类整理；对重要行业专家或顾客进行访谈，必要时需要准备录音笔、笔记本电脑和摄像机等电子设备，以方便对音频资料和视频资料进行收集。

3. 明确信息收集方法

信息收集方法主要包括调查法、观察法、文献检索法、实验法和网络信息收集法等。每种方法均有各自的优缺点，创业者在确定信息收集方法时，要依据收集信息的类型、数量和使用目的对信息收集方法进行选择或组合使用，以确保信息的有效性和可靠性。

4. 形成信息收集成果

信息收集的最后阶段，创业者要以调查报告、资料摘编、数据图表等形式把获得的信息整理并呈现出来。一方面，有助于创业者将信息资料与原有创业构想进行比较分析，对最初的创业构想进行调整；另一方面，信息收集成果可以作为创业计划书的有效支撑材料，增强创业计划书的说服力。

二、创业计划书的基本结构

创业计划并没有固定不变的格式，但为了给阅读者留下深刻的印象，创业计划必须遵循一定的基本结构。完整的创业计划一般包括封面、目录、执行概要、正文、附录五部分，其基本结构如图11-1所示。

1. 封面

封面上应该明确创业项目的名称，体现企业的经营范围，并以醒目的字体标示出创业计划的标题。此外，封面上还应注明公司名称、地址、主要联系人姓名、联系方式和企业网址等信息。

2. 目录

目录紧随封面页之后，目录概括了创业计划的各主要部分内容，展示了创业计划的整体结构。目录需要列出计划的章节、附录及对应页码。

3. 执行概要

创业计划内容繁多，投资者不一定每份计划都仔细阅读，为了能在最短时间里吸引住投资者的眼光，需要在篇头把创业计划的要点概括出来，这就是执行概要。人们把它比作"电梯推销"，就是要求在很短时间内激起别人的兴趣。

执行概要的内容应该是对相关问题给出简短回答，篇幅控制在两页内。其大致包括项目背景、产品和服务、市场机会、营销策略、公司战略、生产运营、风险管理、财务分析和团队介绍等几部分。撰写概要的简便做法是省略后篇的分析过程，直接呈现各部分的结论。例如，介绍营销策略时，不必把采用哪种策略的原因详细阐述，只需要直接介绍企业采用的营销策略是什么。

4. 正文

正文是创业计划书的主要内容，包括公司产品或服务介绍、市场分析、竞争分析、管

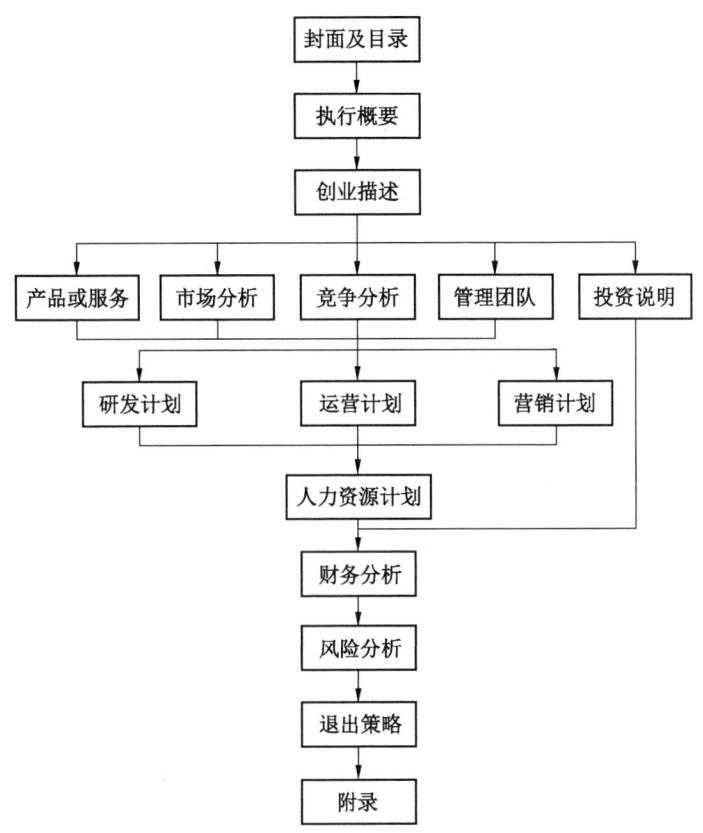

图 11-1 创业计划的基本结构

理团队、投资说明、研发计划、运营计划、营销计划、人力资源计划、财务分析、风险分析及退出策略等。

5. 附录

附录是对主体部分的补充。不宜放在创业计划书正文的所有材料都应放在附录中,如创业团队成员简历、产品图片、具体财务数据、市场调查计划。

三、创业计划书的内容

创业计划的内容包括创业描述、运营计划、人力资源计划、财务分析、风险分析、退出策略等。

1. 创业描述

创业描述是对创业企业相关事宜的总体介绍,包括产品或服务介绍、市场分析、竞争分析、管理团队简介、投资说明等。

2. 运营计划

运营计划描述如何开发、生产、销售新产品或服务。其主要包括厂房选址、设备购置、原材料供应、生产方式、制造流程、产品包装、成本预测、生产计划等内容。

3. 人力资源计划

管理学大师彼得·德鲁克在1954年出版的《管理的实践》中，明确提出"人力资源——完整的人——是所有可用资源中最有生产力、最有用处、最为多产的资源"。可见，人力资源对一个组织的重要性，创业者对此应该足够重视。一般而言，人力资源计划涉及职务分析与设计、员工招聘与选拔、绩效考评、薪酬管理、员工激励、员工培训与开发、员工职业生涯规划、劳动关系管理等方面。

4. 财务计划

财务计划包括资金需求量、融资方式、资金使用规划、预估的营业收入与支出等。这些方面都需要花费较多的精力进行具体分析，其中重点是现金流量表、资产负债表、损益表的制备。

5. 风险分析

机会和风险总是相伴而生的，对于一个创业者，其所面临的未来情况总是未知的，这就要求创业者要充分分析创业风险并采取有效措施减少风险发生的可能性。风险分析主要对项目存在的市场风险、技术风险、财务风险、组织风险、法律风险、经济及社会风险等因素进行评价，制定规避风险的对策，为项目全过程的风险管理提供依据。

6. 退出策略

这部分主要说明投资的退出方案，包括退出时间、所有权的转移方式、企业战略的延续性、高层管理者的变动、退出方式、公开上市、股票回购、出售、兼并或合并等。

四、创业计划书的修订

创业计划书初稿完成后，创业者还需要投入一定的时间和精力对其进行检查和修订。具体而言，创业者可以带着以下几个问题对创业计划书进行检查和修改。

1. 创业团队优势是否体现

在创业活动中，人的作用非常关键，很多风险投资者看创业计划书实际上看的是创业团队。因此，在对创业计划书进行修订时，应该反复检查团队自身的知识、经验、技能和专长等因素是否已经在创业计划书中得到很好的体现。

2. 市场分析是否完整

无论创业团队提供的是产品还是服务，只有满足顾客的需求，创业项目才能得到市场的认可，这就需要创业者设计合理的市场调研方案，并深入开展市场分析。市场分析和评价在创业计划书中必不可少，因此应重点对这个部分进行仔细检查。

3. 产品或服务的特点是否阐释清晰

任何产品或服务的独特性、创新性及其满足需求的程度，都是风险投资者重点关注的内容，也是其是否进行投资的判断依据。如果不能清楚阐述产品或服务的性能特点，或者没有基于与竞争者的对比阐明产品或服务的优势,创业计划书就很难打动风险投资者。

4. 文章结构是否合理

创业计划书只有结构具有逻辑性、各个章节安排合理,才能更好地被阅读者理解。除了反复检查创业计划书的整体结构,还可以通过添加索引和目录,方便阅读者较为容易地查阅各个章节。

5. 摘要是否引人入胜

摘要是创业计划书的门面,位于创业计划书的第一部分,同时又是对整个创业计划书的高度概括和总结,很多风险投资者会优先选择阅读摘要。为了保证风险投资者读完摘要,提起继续阅读具体内容的兴趣,创业者应对摘要反复修改、仔细斟酌。

6. 战略规划与具体运营计划是否一致

创业计划书中通常都会提出 3~5 年的战略规划目标,而后续的产品策略、价格策略、渠道策略与促销策略都应该与战略规划目标一致,这两个部分的前后不一致是创业计划书写作的一个通病,由于篇幅过长或结构复杂等原因,创业者容易在写后面部分的内容时,忽略如何为前面提出的战略目标服务。

7. 文面是否全部正确

创业者在排除了上面几个方面可能存在的问题后,还需要对创业计划书进行通篇阅读和校对,并查找细节中存在的问题,包括查找有语病的句子和错别字、检查专业术语的使用和表达是否符合规范、核对表格和数据的准确性等。

任务三　创业计划书的编写与演示

【任务目标】

(1) 掌握创业计划书的编写。

(2) 了解创业计划书的演示。

【任务描述】

编写创业计划书是一项综合性非常强的工作,编写时要依目标,即看计划书的对象而有所不同,譬如要写给投资者看,还是要拿去银行贷款,从不同的目的来写,计划书的重点也会有所不同。通常一本创业计划书在前面需要写一页左右的摘要,接下来是创业计划书的具体章节。任何创业计划书都必须十分注意管理阶层的背景资料,详细说明他们的姓名及令人信服的各种资料,这是创业计划基本要求,也是创业计划书包装的最基本要求。而好的创业计划书包装还要说明为什么你能开创这独特的产品或服务,并由此获得大量收益。

【案例导入】

5 分钟游说拿到数百万美元创投基金

互动百科创始人兼 CEO 潘海东曾感慨,海归创业的困难之一就是缺资金。2005 年,

▶ 大学生就业与创新创业

潘海东和两个哥们儿凑了100万元做起了互动百科网。2006年，在硅谷举行的一次互联网论坛上，潘海东找到了论坛的主讲人——硅谷创业基金负责人，在5分钟之内就成功吸引了他的注意，随后获得了数百万美元的风险投资。据说，这是该基金投资决策最快的一次。

"这5分钟，其实我就讲了一个概念——做中文的维基百科网站，这个创意一下子就打动了他们。"潘海东说，创业是场没有终点的马拉松，一夜成名是个传说，成功其实就是每天前进一小步。要让潜在的投资人对你感兴趣，一定要把自己独特的地方展现出来，打动他。比如，苹果公司的独特，就在于它把电子产品变成了时尚产品；李宇春的歌唱得不是最好，但走中性的独特路线，在中国娱乐圈很受欢迎。这些体现的都是一个道理。

【任务知识】

一、创业计划书的编写

创业计划书的编写是要求创业者既要清楚知道创业计划书的逻辑框架和主要内容，又要遵循相应的原则，掌握相应的编写技巧。

（一）创业计划书编写的原则

创业计划书不是写学术论文，也不是写主题报告，而是描述一个创业构想的整体执行方案、运行模式和运作机制。因此，创业计划书的撰写有自己的内在要求，不能过于简短而写成执行概要，也不能篇幅太长，要做到篇幅长短适中，一般20~40页为宜，最长不超过50页。编写创业计划书有以下五个原则。

1. 思路清晰，简明扼要

创业计划书一定要思路清晰、简单明了，一看就懂，一读便知，让投资者一看就知道创业者做的是什么、如何做、主要措施是什么、未来展望是什么。切忌因为写太多的内容，而让内容冲淡计划书的思路。

2. 逻辑严密，环环相扣

创业计划书虽然是语言文字表达，但也有内在逻辑，不能把主要事项前后颠倒，不能语无伦次。不同的创业计划书虽然内容不相同，但先写什么、再写什么、最后写什么是有基本要求的，即逻辑要严密，便于记忆、消化、演说和演示。

3. 通俗易懂，方便阅读

审阅创业计划书的投资者未必是所在行业的专家，创业计划书不能过多使用专业术语，少用、慎用偏僻词语，要易读、易会、易理解，文字尽量简练，语言尽量通俗。

4. 客观公正，实事求是

创业计划书必须客观公正、实事求是。计划书中所列数据要翔实准确，不能似是而非；对产品描述要真实，不能夸大其词；要面对问题，不能回避遮掩；要直视风险，不能掩饰。

5. 换位思考，客户至上

创业计划书不能只强调自己的利益，忽视对方利益，这只会引起对方的反感。创业计划书要兼顾利益相关者的利益，做到客户至上，尤其是投资者和消费者的利益。让投资者感到风险小、收益高；让消费者感到为他们好，解决他们的需求问题；让政府感到吸纳就业、增加税收、稳定社会。

（二）创业计划书编写的技巧

创业计划书编写既要遵循一般的原则，又要注意一些技巧。整体来说，即态度决定一切，细节决定成败，专业决定水平。

1. 态度决定一切

编写创业计划书要态度端正、心态积极，不能简单应付、马马虎虎。如果创业者思想不重视、态度不端正，不可能让投资者、内部员工、外部消费者重视，创业者的重视程度在创业计划书上能够显示出来。

态度来自创业者的内心，编写创业计划书必须要肩负使命、高度负责、敢于担当，以端正的态度、积极的心态编写创业计划书。

2. 细节决定成败

编写创业计划书要高度重视细节，强调计划书的精细化。创业计划书可能因为封面不大气、内容有错别字、标题不工整、符号不准确、数据不完整等一些小细节，而让投资者犹豫、让消费者排斥、让其他利益相关者不自信，所以必须要重视细节，多次认真修改，对内容千锤百炼。句子与词语要字斟句酌，不写废话，不说空话，不罗列大话，词语运用得当，描述准确；数据要准确，不能似是而非、模棱两可，数据来源要标注清楚，尤其是涉及财务资金，单位是千元、万元、亿元等要标注清楚。

3. 专业决定水平

创业计划书编写要有专业水平，让人一看就眼前一亮，是专业人士所写，是匠心之作。尽管创业计划书大同小异，但细节就能体现水平，比出高低。

以财务资金管理为例，财务使用术语、财务使用表格、财务需求预算、资金收支情况等非常专业，数据非常准确，表述非常严谨，让人感觉创业团队有很强的财务管理能力、资金运作能力。

编写专业性很强的创业计划书并不容易，由于每个人不可能既熟悉团队管理、市场营销，又熟悉财务管理、生产经营。这就需要分工合作，让专业的人做专业的事情，让专业的人做擅长的事，发挥每个人的优势。编写完毕，再请其他专业人士把关修改，做到至善至美。

（三）创业计划书编写的步骤

创业计划书是一个循序渐进、环环相扣的过程，需要遵循一定的原则、掌握一定的技巧、按照一定的步骤、围绕一个目标、沿着一条主线、紧扣一个主题来写，只有这样，编写创业计划书才能目标明确、思路清晰、逻辑严密、内容丰富、数据准确、客观公正、重点突出、主次分明。

▶ 大学生就业与创新创业

一般来说，编写创业计划书可以分为六个步骤：

（1）明确创业构想，确定写作提纲。确定创业计划书的主要内容，明确创业的目标，设计创业的商业模式、营销策略、预测创业资金需求等，初步制定创业计划构想，通过团队成员之间的头脑风暴，凝练出创业计划书的写作提纲。

（2）收集相关材料，提炼有用信息。在创业构想和写作提纲的指导下，进行行业和市场调研、收集相关材料和数据，并对材料进行整理、对数据进行处理、提炼有用信息，为编写创业计划书提供丰富的材料。

（3）分析市场情况，做到知己知彼。对市场进行深入分析，了解市场需求状况，细分市场，明确目标市场。对自己的优势、劣势进行全面评估，准确评价自己，同时全面了解竞争对手，做到有备无患。

（4）整合相关资源，做到随机应变。整合内部人力资源、财力资源、物质资源、信息资源，做到人尽其才、物尽其用。同时，根据外部市场环境、政策环境、经济环境、技术环境的变化，而适时调整措施，做到内部环境和外部环境的动态平衡，做到随机应变。

（5）预测资金需求，合理使用资金。对创业的启动资金、经营成本支出、未来资金需求进行科学预测并准确把握，确保资金充足，确保业务正常开展。同时，也要采取措施，做好预算，严格管理，合理使用资金。

（6）认真修改完善，做到精益求精。好的创业计划书，不是一次就能写好的，需要进一步理清思路、突出重点内容、填补必要材料、校对财务数据、丰富计划内容、修改错误部分，努力做到精益求精。

在编写创业计划书时，不能死搬硬套，而要结合实际、因地制宜、突出自身特点，做到与众不同。

二、商业计划书的编写

创业者对商业计划书的编写，标志着公司融资工作的正式启动。对创业者来说，商业计划书一个很重要的用途是帮助自己理清创业思路，第二个用途才是将自己的故事讲给风险投资听。

（一）商业计划书的版式

商业计划书的版式，具体来说有如下要点：

（1）整体风格需简洁、美观、传递信息明确。

（2）版式风格统一，颜色不超过三种（主色、搭配色、重点突出色）。

（3）不超过20页，适合20~30分钟的演讲。

（4）用PPT制作，将最终文件转换成PDF格式。

（5）文字内容不宜过多，搭配图片、图表、更清晰地展示问题。其中，图片需画质清晰、质量高；图表需制作精准，数据准确、易识别。

（二）商业计划书的内容规划

1. 项目概况

项目用一句话介绍。用简洁清晰的一句话概括项目在××领域解决××问题，目的是让投资人很直观地了解你现在做的事情。

2. 用户需求

分别列出用户最重要的需求方面的关键词，表明该用户群有此类需求（需求要合理且强烈）；需与产品功能相对应，此处正是体现产品价值所在的关键。

3. 行业分析

分析整个行业现状的目的是告诉投资人产品在行业内所担任角色的重要性。进行整体分析行业现状，分别列出用户需求的关键词并加以解释分析。

4. 产品优势

（1）具体描述产品的情况，一是表明产品解决了用户需求问题；二是向投资人阐述目前产品进行的阶段，其中应该包括产品的形式、核心功能、产品优势。需将产品亮点最大化，此部分内容应控制在1~3页。

（2）产品形式，如微信公众号、网站、APP、实物等（此时需要提供照片）。

（3）核心功能，如社交、交易等（简要描述其最核心的功能）。

（4）产品优势，如便捷、实惠等（最核心的优势列出三点即可）。

5. 竞争产品分析

分析产品主要是为突出产品的优势和差异化，分别列出竞争产品名称并分析出各自优势、劣势和差异，其中包括直接竞争对手和间接竞争对手（需要深入思考后得出结论，否则会让投资人对团队专业能力产生怀疑）。

如果没有竞争产品，则此项可不写。

6. 商业模式

商业模式最重要的是可行性，能否产生收入和利润。此页用一两句话清晰地描述项目运转情况及盈利模式；再用一两句话说清楚项目目前是否有盈利，有盈利时用数据图表证明，没有盈利时请注明何时会以怎么样的方式盈利。

7. 运营现状

（1）此部分应尽可能多地用图表展示出项目运营的进展及数据。

（2）进展，如开发阶段（请注明开发周期）、正式发布阶段、已有数据。

（3）数据，如用户量、活跃度、交易额、留存率等，列出项目涉及的主要关键性数据。

8. 核心团队

（1）在早期项目的最初阶段，团队是获得融资的一项关键考核指标。

（2）核心团队成员可以是创始人、联合创始人、CXO等，描述信息包括真实头像、姓名、简介（简介包括核心竞争力、过往职业背景，重点突出担任角色的匹配度即可）。

（3）核心团队成员不宜过多，介绍2~4人最为合适，适当补充相关行业有经验人士。

9. 发展规划

（1）发展规划清晰、明确，一是为创业者自己梳理思路；二是为投资人表明公司接下来的发展路线。其中包括产品线的拓展、新市场的进入、对外合作的战略、营销推广手段等。这可使得投资人清楚公司的想法及未来的走向和目标，也可增强投资人对项目的信心。

（2）发展规划可分三个阶段来写，即短期、中期、长期（长期规划不重要，中期规划次之，短期规划最重要）。短期规划，如产品迭代、团队招募、营销推广等；中期规划，如拓展功能、拓展品类等；长期规划，如拓展领域、营造生态链等。

10. 融资计划

（1）此处需要尽可能清楚地写明所需融资额度、出让股权、资金用途、是否有过往融资经历。

（2）融资额度，资金使用周期以24个月为宜。

（3）出让股权百分比。

（4）资金用途，如人员工资、产品研发、营销推广所占百分比。

（5）过往融资经历，获得××机构或个人的××万××轮融资，出让××股权（如果没有，可不写）。

11. 联系方式

（1）此页留联系方式是为了意向投资人联系创业者更加方便。

（2）产品图+项目。

（3）个人电话+微信号。

三、创业计划书的演示

进入创业计划书演示阶段，说明你的项目的确有一定的价值，至少投资者愿意给你时间，听你详细描述。

创业计划书内容丰富，一般都在20~40页。要想把创业计划书的内容形象直观、简明扼要地介绍给投资者和内部员工，并给他们留下深刻印象，就需要采取幻灯片（PPT）形式演示。在演示过程中，需要熟练掌握演示技巧，这样能事半功倍，取得更好的演示效果。

创业计划书的演示包括PPT的制作和演示两个部分。

（一）创业计划书PPT制作

凡是参加过创业大赛或商业路演的创业者都知道，有的PPT制作精美、简单大方，让人过目不忘；有的PPT制作粗糙，只是简单材料的堆积，让人看过没有什么印象。商业PPT一定要做到简单大气，内容清晰明了。所以，PPT制作是一个技术含量高、制作过程精的工作。

制作精美的PPT，需要注意以下几个方面：

（1）列出文字大纲。先列出文字大纲，大纲要求主线明确、条理清晰、重点突出、内容完整。

（2）准备资料。根据所列大纲准备资料，做好数据收集和材料整理，以备制作PPT时使用。

（3）选择模板。制作PPT时，选取模板非常重要。模板的选取要和演示的内容相一致，如果演示与科技有关的内容，一般用蓝色为主的模板；如果演示与公益有关的内容，则选取暖色为主的模板。

（4）设计标题。标题是演示思路的体现，标题是否醒目、是否有特点，对于吸引投资者很重要，所以标题不能罗列，而要精心设计，设计字体、颜色、字号等。

（5）增加特效。尽管不提倡使用过多的特效，但有些内容无法用实物展示，这时用软件设计特效展示是非常必要的，恰当的特效可以增强演示效果。

（6）注重细节。制作PPT时需要注意字号、颜色、字体、行间距、字数等细节，字号不能太小，字间距和行间距不能太小，颜色不能太艳等。

（7）图文并茂。PPT不要求内容罗列，主要演示思路、演示重点、演示特点，凸显特色。所以，在不影响演示思路的情况下，多插入图标、多使用图片，这样形象直观、印象深刻、容易记忆。

（8）植入视频。PPT制作过程中，根据需要植入视频，这样会增强演示效果。但是，视频用时不能太长，一分钟左右即可，视频画面要精美、节奏要快、衔接要好、解说清晰等。

（9）控制张数。无论是商业演示和比赛演示，一般都是8分钟左右。如果PPT张数过多，每张所用时间就会少，解释就会不清楚，即使解释清楚，也会给人一种紧张感。

如果创业者不具备制作精美PPT的能力，就需要找比较专业的机构来制作，因为PPT演示不仅仅是内容的演示、信息的传递，更是形象的展示、态度的表现、重视的体现。

（二）创业计划书PPT演示技巧

创业计划书演示的目的不是演示什么、如何演示，而是投资者和内部员工看到什么、听到什么，演示不是自我表演，而是让受众接收更多的演示信息、了解更多演示的内容。

同样的PPT、同样的内容、同样的受众，演示人不同，其效果就会不同。为了取得更好的演示效果，掌握一定的演示技巧是必要的。

在演示过程中，演示者需要注意以下几个方面。

1. 演示前准备

（1）了解受众。在演示前，必须对受众的性格特点、兴趣爱好、知识背景、学历层次、工作经历、感兴趣话题进行全面深入了解。因为演示是以受众为导向，如果受众是专业人士，在准备演示内容时，要多用专业术语、讲专业问题、说专业话。如果受众人员是普通受众、学历层次不高，在准备演示时，就要尽量通俗易懂，易于接受和理解。只有了解受众，才能有的放矢，针对性强。

（2）组织材料。尽量收集足够多的相关信息，并对信息进行整理加工，尤其是数据信息，不但要牢记在心，还要记住数据来源。掌握信息和数据，讲起来说服力强，便于回答受众所提的问题，与受众进行互动。把信息和数据转化为自己的语言，讲起来更自然流畅，在演示创业计划时，经常会碰到演示人员不是在演讲，而是在背稿，其效果很不好，这就是没有很好地把书面语言转化为演讲语言。

（3）准备内容。演示中经常会碰到忘词的尴尬现象，很多人都认为这是心理素质不好、高度紧张、压力过大导致，这只说出了表面原因，根本原因还在于掌握内容不熟练。判断熟练掌握演示内容的最重要标准就是只要一开口，即使大脑一片空白，也能本能地做出反应，把内容准确表达出来。在大脑一片空白的情况下本能地演示好创业计划内容的奥秘在于熟练，这就需要对着镜子背诵内容，在背诵的同时，把自己当成受众，注意自己的面部表情和肢体语言，反复训练，直到滚瓜烂熟；然后再把背诵内容转化为自己的语言，再面对镜子练习，一分耕耘，一分收获，只要练习到家，一定能熟能生巧。

（4）做好演示分工。PPT演示不一定由创业者一个人"唱独台戏"，可以由创业核心团队成员相互配合，共同演示，让成员讲各自熟悉的内容。这样既可以演示内容，又可以展示团队形象，起到双重功能。此外，还可以减轻一个人的压力，容易在比较短的时间内准备好。当然，团队集体演示好的前提在于分工明确、责任到人、各尽其职。

2. 演示中投入

演示中投入是演示成功的关键，在有限的时间内，演示人员必须集中精力投入到演示当中。在准确充分的情况下，还要掌握演示技巧。

（1）自信登场，得体大方。登场要自信，步伐要稳健，目光要有神，打招呼手势自然，面带微笑，彬彬有礼，和善从容，热情大方。

（2）幽默开场，直奔主题。幽默语言可以活跃气氛、放松心情、缓解压力，开场语言不能太多，因为时间有限，尽快直奔主题、进入状态。

（3）自信演讲，注意互动。在演讲时，语调要沉稳，咬字要清楚，发声要洪亮，语速要适中，表达要清晰，重点要强调；同时要用眼光或者肢体语言与公众进行有意识的互动，以增强演讲效果。

（4）突出主题，强调重点。演示要围绕中心、突出主题，不能脱离主线，对重点内容要通过语速、语调、手势等方式加以强调，引起受众注意。

演示过程中，如果感情丰富、富有激情，则更具有感染力，会提高演示效果。

3. 演示后互动

演示完毕后还有重要的提问和互动环节。投资者根据创业计划书或演示情况进行提问，并进行互动交流，互动时要注意以下几点：

（1）要谦虚而自信。在回答问题或者互动过程中，要谦虚，对投资者提出的问题要肯定和赞扬，要表示他们提的问题很好、很有水平，以示尊重对方；同时回答问题要自信，用语要准确，不要用口语，不要用或许、大概、也许、差不多等词语。

（2）要积极而礼貌。态度积极，对投资者提出的问题要积极回答、正面应对，实在回答不出来时，不要拐弯抹角、不懂装懂。回答完要说谢谢，用词要礼貌，尊重受众。

（3）要讲理而有节。针对投资者的质疑，要摆事实、讲道理，如果与投资人争辩可能会使效果适得其反。

【项目习题】

1. 编制创业计划书的意义是什么？
2. 创业计划书应包含哪些结构？
3. 创业计划书的内容包括什么？
4. 在演示创业计划书时应注意什么？

项目十二　新企业创建

任务一　新企业组织形式选择

【任务目标】

(1) 了解新企业组织形式。
(2) 了解企业法律组织形式的选择。
(3) 了解新企业运营的相关法律规定。
(4) 掌握创业企业组织形式选择的影响因素。

【任务描述】

随着我国经济的快速发展，各种企业形式也纷纷出现。面对多样、复杂、性质不同、各具特色的企业组织形式，投资者将如何选择适合自身企业的形式呢？这是一个不容回避且影响企业长足发展的问题。企业组织形式的选择不仅要与自己的创业目的、设计相契合，而且要了解我国的现行的企业制度，结合自己的创业需求，选择合适的企业组织形式，这是一位创业者一开始就需要考虑的问题。因而，创业者在选择企业组织形式时需要通盘考虑，只有将自己的创业需求与企业组织形式的优劣相契合，企业才会助力你的事业。

【案例导入】

"英年早逝"的24券

24券是中国最早、规模最大的本地服务团购平台之一，在全国200多个城市全天24小时提供最新的同城时尚消费服务，涉及餐厅、影剧院、酒吧、美发美体、KTV、SPA、夜店、户外运动、旅游等多个领域。24券凭借"分享每天的幸福"和"体验至上"的宗旨被广大消费者评为"最具幸福感的团购网站"。

24券创始人杜一楠是麻省理工学院电子工程学士、经济学硕士，曾任美国最大私募产权基金的投资经理。光环笼罩下的24券同样备受资本家追捧。2011年2—8月，24券先后拿到两轮千万美元级融资，投资方有马来西亚成功集团等机构。

然而，2011年9月，在疯狂扩张过后，24券出现重大财务问题。24券同多数团购企业一样，分别在上线团购服务后的3个时点进行结款，毛利只有5%。此时24券的债务（应付给商家的账款）已经超过8000万元，不能一下子停业，只能靠新收入填补。财务问题出现后，杜一楠在2011年先后聘请过5位财务总监。2011年11月，24券的账面上已经分文不剩，公司只能大幅裁员撤站，短短4个月内将公司员工从4500人减至300人。留在公司的员工甚至无法获得现金，改为发4000元团购券抵扣。2012年1月和4月，为了清账和止损，成功集团再向24券投了C轮和D轮，共1000万美元。可惜，此时24券负债太多且潜力已不大，无人愿意接手。

2012年9月，投资方想将杜一楠赶出董事会。杜一楠做出反击，以保障员工利益为由划走公司账户中的200万。作为回击，投资方撤出了已经注入的230万美元。最终，双方的信任关系彻底破裂。经历漫长的停运后，2013年1月24券正式关闭。

【任务知识】

创业者选择的新创企业组织形式，是新企业生存与发展的重要法律基础。目前，最常见的企业组织形式有个人独资企业、合伙企业与公司制企业，其中公司制企业包括有限责任公司与股份制公司。新创企业一般都是小型企业，常见的企业法律形式有个体工商户、个人独资企业、合伙企业和有限责任公司。

一、新企业的组织形式

创业者新创办的企业一般都是小型企业，从工商部门的统计数据来看，当前我国创办企业中最常见的企业法律形式有以下四种。

（一）有限责任公司

1. 有限责任公司的概念

有限责任公司是指股东以其出资额为限对公司承担责任，公司以其全部资产对公司的债务承担责任的企业法人。

股份有限公司由于注册资本要求较高，且需经省级政府部门的批准，不为一般的创业者所采用。合伙或个人独资公司因创业者须承担无限责任，选择这两种企业形式的也较少。有限责任公司内部的法律关系界定得比较清楚，规范起来也相对容易，企业以注册资本对外承担责任，投资者不负连带责任。规模较小的公司如果股东相当少，则不必召开形式上的股东大会，对提案做书面表决即可。一般来说，这种表决需要全票通过才能生效。这样，小股东就受到某种保护，不会任由大股东摆布。因此，有限责任公司是绝大多数创业者所乐于采用的组织形式。

有限责任公司是我国企业实行公司制最重要的一种组织形式，指根据《中华人民共和国公司登记管理条例》规定登记注册。其优点是设立程序比较简单，不必发布公告，也不必公布账目，尤其是公司的资产负债表一般不予公开，公司内部机构设置灵活；缺点是由于不能公开发行股票，筹集资金范围和规模一般都比较小，难以适应大规模生产经营活动的需要。因此，有限责任公司（有限公司）这种形式一般适于中小型非股份制公司。

对于创业来说，有限责任公司是比较适合创业的企业类型，大部分的投融资方案、VIE架构等都是基于有限责任公司进行设计的。

2. 有限责任公司的特征

（1）有限责任公司是企业法人。个体工商户不是企业；个人独资企业和合伙企业虽然是企业，但不具备法人资格；而有限责任公司具备企业法人资格，有独立的法人财产和法人财产权。

（2）股东责任的有限性。有限责任公司的股东对公司所负责任，仅以认缴的出资为限，对公司的债务不负直接责任。有限责任公司以其全部财产对公司债务承担责任。

（3）股东人数的限制性。有限责任公司的股东人数为50人以下。

3. 一人公司

一人有限责任公司（简称"一人公司"）其实是有限责任公司的一种，根据最新版《中华人民共和国公司法》规定，一人有限责任公司，是指只有一个自然人或者一个法人股东的有限责任公司。其基本特征是：一个投资者是公司唯一的股东，是特殊有限责任公司，公司对债务承担有限责任；投资者是企业法人，而不是自然人；公司财产与个人财产严格分开，投资者只在自己的出资范围内对外承担有限责任。

《公司法》中第五十八条规定：一个自然人只能投资设立一个一人有限责任公司。该一人有限责任公司不能投资设立新的一人有限责任公司。第五十九条规定：一人有限责任公司应当在公司登记中注明自然人独资或者法人独资，并在公司营业执照中载明。

一人公司的合法化给创业者带来了很多的方便，成为创建新企业的重要形式，在很大程度上激励了创业企业的形成。首先，一人公司允许和鼓励个人创业，从一定程度上降低了公司创立的门槛，开辟了就业领域，拓宽了就业门路。其次，创业者创业存在很大的风险，与个人独资企业不同，一人公司承担有限责任，降低了投资者的风险。再次，一人公司结构简单，经营机制灵活，从而增加了企业的柔性。一人公司既不存在股东大会和董事会，所有者与经营者合一，也不存在代理成本，从而有利于企业决策迅速灵活，更好地应付复杂多变的市场需求和外部环境变化。最后，一人公司有利于人力资本价值的实现，激励创新。

（二）合伙企业

1. 合伙企业的概念

合伙企业是指依照《中华人民共和国合伙企业法》在中国境内设立的，由各合伙人订立合伙协议，共同出资、合伙经营、共享收益、共担风险，并对合伙企业债务承担无限连带责任的营利性组织。

合伙企业是一种古老而富有生命力的共同经营方式，它以自身的特点和优势大量存在于世界许多国家的诸多行业之中。有许多国际知名的大企业在创业阶段，甚至已经成长为大规模企业后都采用了合伙企业的组织形式。合伙制企业的数量不如个人独资企业和公司制企业多，一般在广告、商标、咨询、会计师事务所、法律事务所、股票经纪人、零售商业等行业较为常见。

2. 合伙企业的设立条件

（1）有两个以上的合伙人，并且都是依法承担无限责任者。人数上限没有限定。合伙人只能是自然人，且应当具有完全民事行为能力。合伙人不能是法人或其他经济组织。

（2）有书面合伙协议。合伙协议应当载明的事项：合伙企业的名称和主要经营场所的地点；合伙目的及合伙企业的经营范围；合伙人的姓名及其住所；合伙人出资的方式、数额和缴付出资的期限；合伙企业的解散与清算；违约责任。

（3）有各合伙人认缴或实际缴付的出资。可以是货币、实物、土地使用权、知识产权或其他财产权利出资，甚至可以用劳务出资。对出资的评估作价可以由合伙人协商确定，无须验资。

（4）有合伙企业名称和生产经营场所。合伙企业在其名称中不得使用"有限"或者"有限责任"字样。

（5）法律、行政法规规定的其他条件。

3. 合伙企业的主要特征

（1）合伙企业的设立主体包括自然人、法人或其他组织。

（2）合伙人必须依法以书面形式订立合伙协议，合伙协议是合伙人建立合伙关系、确定合伙人各自权利和义务、使合伙企业得以设立的前提。

（3）合伙人对合伙企业的债务承担无限连带责任。"无限"是指所有的合伙人不以自己投入合伙企业的资金和合伙企业所有的全部资金为限，而以合伙人自己所有的财产对债权人承担清偿责任。"连带"是指所有的合伙人对合伙企业的债务都有责任向债权人偿还，而不论自己在合伙企业中所承担的比例。一个合伙人不能清偿对外债务时，其他合伙人都有清偿责任，但当某一合伙人偿还合伙企业的债务超过自己所应当承担的数额时，有权向其他合伙人追偿。

（三）个人独资企业

1. 个人独资企业的概念

《中华人民共和国个人独资企业法》规定，个人独资企业是指由一个自然人投资，财产为投资人个人所有，投资人以其个人财产对企业债务承担无限责任的经营实体。公司的创办人在公司管理控制权上最简单明了，独自拥有公司，独自做决定，独自承担决定的后果。

2. 个人独资企业设立条件

（1）投资人为一个自然人，而且只能是中国公民。

（2）有合法的企业名称，个人独资企业不能使用"有限""有限责任""公司"字样，个人独资企业的名称可以是厂、店、部、中心、工作室等。

（3）有投资人申报的出资，设立个人独资企业，投资人可以用货币出资，也可以用实物、土地使用权、知识产权或其他财产权利出资。以家庭共同财产作为个人出资的，投资人应当在设立登记申请时予以说明。

（4）有必要的从业人员。

(5) 有固定的生产经营场所和必要的生产经营条件。

3. 个人独资企业的经营方式

个人独资企业是指经登记机关核准登记的个人独资企业经营活动所采用的方式或方法。其经营方式一般有：自产自销、代购代销、来料加工、来样加工、来件装配、零售、批发、批零兼营、客运服务、货运服务、代客储运、装卸、修理服务、咨询服务等。代理销售、连锁经营是新产生的经营方式。国家允许个体工商户和私营企业采取的经营方式，个人独资企业均可以采用。

(四) **个体工商户**

1. 个体工商户的概念

公民在法律允许的范围内，依法经核准登记，从事工商业活动的为个体工商户。个体工商户是一种简单的创业组织形式，比设立企业的条件低，如对投资额没有限制，不需要会计师验资；经营者可以是个人，也可以是家庭。个体工商户对债务承担无限责任，个人经营的，以个人全部财产对债务承担责任；家庭经营的，以家庭全部财产对债务承担责任。

2. 个体工商户的设立条件

《促进个体工商户发展条例》（自2022年11月1日起施行）规定，有经营能力的公民在中华人民共和国境内从事工商业经营，依法登记为个体工商户。香港特别行政区、澳门特别行政区永久性居民中的中国公民，台湾地区居民可以按照国家有关规定，申请登记为个体工商户。

个体工商户的字号名称一般应体现所属行业，字号名称前冠以区县地点，直接冠市名的须经市级市场监督管理部门核准后方可使用。个体工商户可以个人经营，也可以家庭经营。除以上形式外，个体工商户也可以个人合伙形式经营，即由两个以上公民自愿组成，共同出资，共同劳动经营，但从业人数不得超过8人。

3. 个体工商户的特征

个体工商户是个体工商业经济在法律上的表现，具体有以下特征：

(1) 个体工商户是从事工商业经营的自然人或家庭。自然人或以个人为单位，或以家庭为单位从事工商业经营，均为个体工商户。根据法律有关规定，可以申请个体工商户经营的主要是城镇待业青年、社会闲散人员和农村村民。

(2) 自然人从事个体工商业经营必须依法核准登记。个体工商户的登记机关是县以上市场监督管理机关。个体工商户经核准登记，取得营业执照后，才可以开始经营。个体工商户转业、合并、变更登记事项或歇业，也应办理相关手续。

(3) 个体工商户只能经营法律、政策允许个体经营的行业。其经营范围包括工业、手工业、建筑业、交通运输业、商业、饮食业、服务业、修理业及其他行业。

二、企业法律组织形式的选择

一个新创企业可以选择不同的组织形式，或者由个体独立创办单一业主制企业和一人有限责任公司,或者由几个人创办合伙制企业,或者成立法人公司制企业,各种类型企业组织形式的优劣见表12-1。各种法律组织形式没有绝对的好坏之分,对创业者来说各有利弊,关键要看是否适合自己,因为不同的组织形式对企业责、权、利的安排不同,并直接影响企业筹资渠道、产权制度、治理结构、责任形式和税收负担等重大问题。选择适当的组织形式,有助于企业配置和利用好本企业资源,实现企业最佳的经济目标。

表12-1 各种企业组织形式对于创业者的优劣比较

组织形式	优 势	劣 势
个人独资企业	企业设立手续非常简便,费用低; 所有者拥有企业控制权; 可以迅速对市场变化做出反应; 只需缴纳个人所得税,无须双重课税; 在技术和经营方面易于保密	创业者承担无限责任; 企业成功过多依赖创业者个人能力; 筹资困难; 企业随着创业者退出而消亡,寿命有限; 创业者投资的流动性低
合伙企业	创办比较简单、费用低; 经营机制比较灵活; 企业拥有更多人的技能和能力; 资金来源较广,信用度较高	合伙创业人承担无限责任; 企业绩效依赖合伙人的能力,企业规模受限; 企业往往因关键合伙人死亡或退出而解散; 合伙人的投资流动性低,产权转让困难
有限责任公司	创业股东只承担有限责任,风险小; 公司具有独立寿命,易于存续; 可以吸纳多个投资人,促进资本集中; 多元化产权结构有利于决策科学化	创立的程序相对复杂; 存在双重纳税问题,税负负担较重; 不能公开发行股票,筹集资金的规模受限; 产权不能充分流动,资产运作受限
一人公司	设立比较便捷、管理成本比较低; 鼓励个人创业以及技术型创业; 风险承担责任小、经营机制灵活	缺乏信用体系,筹资能力受限; 财务审计条件严格,运营较难

创业者只有选择建立适合自己情况的企业形态,才能进行企业的有效运营管理,获得投资的回报。正是基于这样的诉求,企业组织形式才会不断演化,出现许多具体的可供创业者选择的企业法律形态。一般说来,创业者选择企业组织形式需要考虑的因素主要有:投资者的资本和规模、创业者的企业运作经验、企业税费负担和运营成本负担、企业设立程序繁简、利润分配与责任承担、组织存续期限等,投资者必须对这些影响因素进行综合考虑。

三、新企业运营的相关法律规定

市场经济从某种意义上讲就是法治经济,创业、投资离不开法律政策的引导、保障和规范。创业者如能了解一些常用法律及政策,以法律规范其投资、经营和管理行为,将会大有裨益;反之,则可能会走很多弯路,或者权益得不到保障,或者纠纷不断,或者受到行政处罚甚至被追究刑事责任。我国的法律及政策法规数量众多，创业者不可能熟悉所有这些法规，但熟悉或了解其中一些与创业相关的最重要的法律却是非常必要的。

与创业相关的法律法规大体可以分为以下三类：

（1）涉及主体身份、调整平等主体之间关系的主体法和程序法。包括《中华人民共和国民法通则》《中华人民共和国公司法》《中华人民共和国合伙企业法》《中华人民共和国个人独资企业法》《中华人民共和国中小企业促进法》以及《中华人民共和国公司登记管理条例》《中华人民共和国企业法人登记管理条例》等，这些法律规定了创业者参与经济生活的各种不同主体身份，以及各自的权利、义务。

（2）涉及企业运营和对于企业运行进行规范、管理的法律。包括《中华人民共和国票据法》《中华人民共和国消费者权益保护法》《中华人民共和国合同法》《中华人民共和国劳动法》《中华人民共和国担保法》《中华人民共和国著作权法》《中华人民共和国商标法》以及《中华人民共和国专利法》等。其中《劳动法》《合同法》《担保法》以及知识产权方面的法律是尤其重要的。

（3）涉及税收的法律。对于创业者而言，比较重要的税收法律有流转税法（包括增值税、营业税和消费税）和所得税法（包括个人所得税和企业所得税）。

四、创业企业组织形式选择的影响因素

一般而言，创业者或创业团队选择组织形式需要考虑的因素包括创业人数与资金规模、创业者及创业团队成员经验、企业税收负担以及所在行业特点四个方面。

（一）创业人数与资金规模

建立创业企业的发起人数量以及所拥有的资金规模，对创业企业组织形式的选择具有重要影响。一方面，企业的组织形式都有特定的人数要求。如果创业者个人想建立创业企业，那么个人独资企业和一人公司是理想选择。如果创业团队人数较多，则可以考虑合伙制和公司制的企业组织形式。另一方面，如果创业资金比较充裕，创业企业组织形式的选择余地就比较大，公司制企业形式可能是比较理想的选择。但若资金比较紧张，选择个人独资企业或者合伙企业则可能更为合适。

（二）创业者及创业团队成员经验

创业者及创业团队成员具备的经验水平对创业企业未来发展影响很大，因而在选择创业企业组织形式时也要重点考虑。如果创业者或创业团队成员具有丰富的行业经验、管理经验甚至是创业经验，那么可以选择对管理与运营规范性要求较高的公司制企业形式。如果缺乏相关的行业和管理经验，就尽可能选择个人独资企业和合伙企业，甚至是一人公司。这样能够降低管理复杂性，或充分借助合伙人的资源和能力，发挥团队力量有效地管理和运营创业企业。

（三）企业税收负担

在欧美发达国家和地区，税收是创业企业选择组织形式时的首要影响因素，在我国，

目前各级政府出台了许多鼓励和支持创业活动的税费优惠甚至减免政策,因而有关税收负担问题并没有在创业者或创业团队建立创业企业时被优先考虑,不过它仍然是影响创业企业组织形式选择的重要因素。根据我国税法相关规定,不同组织形式的企业在增值税等流转税上的税负待遇并无二致,但在所得税上差异很大。根据我国税法规定,个人独资企业、合伙企业不是法律上的法人实体,对于企业收益国家仅对企业所有者征收个人所得税,不缴纳企业所得税。而有限责任公司(包括一人公司)和股份有限公司对经营收益要缴纳企业所得税,企业所有者还要就从企业获得的股利和红利等依据股权取得的收益,按20%的税率缴纳个人所得税。因此,采用公司制企业的所有者实际负担的所得税税率,远高于个人独资企业和合伙企业所有者所承担的税率。

(四) 所在行业特点

创业企业所在行业的特点也会影响创业者或创业团队对企业组织形式的选择。具体而言,行业整体规模、行业集中度以及行业企业数量与差异性等因素会影响创业企业的组织形式选择。若创业企业选择进入的行业适宜较大规模经营且企业数量相对较少,如机械制造型企业、贸易加工型企业以及技术开发型企业,选择合伙企业和公司制企业的组织形式较为合适。如果创业企业所在行业的企业比较分散、规模较小,或者行业企业同质化程度较高,如家政服务型企业、教育咨询型企业,则可以优先选择个人独资企业或者一人公司的组织形式。总之,不同的组织形式导致企业责、权、利安排存在差异,并且可能影响创业企业融资渠道、产权制度、治理结构和税收负担等经营管理重大问题。

任务二 新企业的创建过程

【任务目标】
(1) 了解创建新企业的选址和名称设计。
(2) 掌握创建新企业注册登记流程。

【任务描述】
新企业的选址,创业者需借助多种方法对多个选点进行评价。同时,创业者还需根据企业名称登记相关规定设计企业名称。创业者在各种条件准备就绪后,要向市场监督管理机关登记注册,方可开业。

【案例导入】

雪贝尔:开一间火一间

雪贝尔蛋糕店开一间火一间是业内有目共睹的。同样是蛋糕店,为什么雪贝尔就可以越开越火?

雪贝尔公司的原"选址员",现在雪贝尔深圳公司经理倪修兵介绍说:我刚刚到雪贝尔公司的工作就是选址员。在广州培训了一个月后,我就被派到了人生地不熟的深圳,专门负责公司新开蛋糕店的选址。当时我选的店面开一间火一间,所以我倪修兵认为,开店的人都特别讲究一个人气,有人气才有生意。但是,是不是选择店址的时候,找准人多的地方就好呢?其实也不尽然。很多人都有的一个误区,那就是把人流量当成了一个地段好坏的唯一标准。诚然,人流量是决定生意成败的一个重要因素,但是了解客流的消费目标才是更为重要的工作。今天坐到了经理的位置,那么倪修兵选址有什么诀窍?

在开店以前要研究的不是人有多少,而是这些人中"潜在顾客"或者说"有效客流量"有多少。雪贝尔每建立一个新连锁店,都要做大量的最佳店址选择,其中一项最重要的工作就是测算分析人流量,他们派员工拿着秒表到目标场所测算流量。这些测算人员除了要汇报一日人流数量以外,还要详细汇报如下数据:附近有多少路公共汽车经过;过往人中,多少是走路来的、多少是坐公共汽车来的、多少是打的或开车来的,这样来分析该地区人群的消费水平和消费习惯。

据了解,倪修兵可以很快成为选址专家,还在于他很有悟性,他发现肯德基与雪贝尔都同属于一种业态,于是就取巧地看肯德基开在哪里,雪贝尔的新店址就选在肯德基方圆百米内,这样一来新店生意果然火爆!

【任务知识】

一、创建新企业的选址和名称设计

创业者选择新企业的注册与经营地点涉及两方面。一是选择地区,包括不同国家地区、一个国家内的不同地理区域或城市,主要考虑国家、地区、城市的经济、技术、文化、政治等总体发展状况。二是选择具体地址,包括商业中心、住宅区、路段、市郊等,重点是考察市场因素、交通因素、商圈因素、物业因素、价格因素、资源、消费群体、社区环境、商业环境等。此外,新企业及其产品的名称对消费者有直接影响,创业者在企业正式成立之前,必须精心设计。

(一)新企业选址

一个科学而行之有效的选址过程,一般遵循市场信息的收集和研究、多个选点的评价、最终厂址的确定等步骤。

1. 对多个选点进行评价

通过对市场上各种信息的收集、汇总、整理以及初步的定性分析后,创业者应该已经得出若干个新企业厂址的候选地,这时便可以借助科学的定量方法进行评价。目前最常用的有关选址的评价方法有:量本利分析法、综合评价法、运输模型法、重心法和引力模型法等。

劳拉加能与斯达福两位学者曾总结过服务业创业区位选择中应该坚持的两大原则:

(1)占有总顾客60%的顾客高度集中区,组成主要贸易区;而与此相连的另20%顾客集中区,组成次级贸易区;另外的20%则为外围区。服务企业选址应优先考虑将自己建在主要贸易区。

(2) 大商店比小商店更具较大的吸引力，即大商店有大的贸易区，在给定的贸易区内具有较高的销售穿透性，而这种市场穿透性随着距离的增加而减弱。因此创业者可考虑要么将自己的企业建大，要么将自己建在大商店附近。而"引力模型"恰好能够体现服务业这一决策特征，可以用来进行服务设施的选址决策。

2. 最终厂址的确定

创业者依据已经汇总整理的市场信息，根据其所要进入的行业特点及自己企业的特征，借助以上一种或几种方法进行评估，最终完成选址决策，从而迈出自己创业至关重要的第一步。

（二）新企业名称设计

1. 企业名称

创业者在企业正式成立之前，必须进行企业名称设计，这是新创企业注册的第一步。企业名称，通常是某一企业的专有名称，是用文字形式表示一个企业区别于其他企业或组织的特定化标志，也曾被俗称为"厂牌"，具有标志性、排他性、说明性、地域性和可选择性特征。

2. 企业名称的构成

根据我国《公司法》《企业名称登记管理实施办法》及其他相关法律法规的规定，公司名称应由行政区划、字号、行业、组织形式四部分组成。

字号是公司名称的最重要的核心组成部分，也是公司名称中与其他公司名称相区别的特有部分和主要标志。字号一般应由两个以上的汉字组成，其内容由当事人自主选择确定。字号不得包含下列内容和文字：

（1）有损国家、社会公共利益的。

（2）可能对公众造成欺骗或误导的。

（3）外国国家名称、国际组织名称。

（4）政党名称、党政机关名称、群众组织名称、社会团体名称。

（5）汉语拼音字母（外文名称除外）、数字以及其他法律法规规定禁止使用的内容和文字（驰名商标等）。

3. 企业名称登记相关规定

国家市场监督管理总局和地方各级市场监督管理局是企业名称的登记管理机关，登记主管机关依照《中华人民共和国企业法人登记管理条例》，对企业名称实行分级登记管理。目前，全国已取消企业名称预先核准，实行企业名称自主申报。国家市场监督管总局还保留无行政区划及冠以"中国""中华""中央""全国""国家"等字样的名称的预先核准。外商投资企业名称，由国家市场监督管理总局核定。

二、创建新企业注册登记

新企业注册登记是市场准入的关口所在，是国家对市场主体给予法律上的认可，是市

▶ 大学生就业与创新创业

场主体取得法人资格或合法地位的一种形式,是对市场主体的开业、歇业、合并、转业、迁移和生产经营活励进行监督管理的一项重要行政职能。

(一)注册登记相关法律法规

(1)法律:《中华人民共和国公司法》《中华人民共和国合伙企业法》《中华人民共和国个人独资企业法》《中华人民共和国农民专业合作社法》《中华人民共和国外商投资法》等。

(2)行政法规:《中华人民共和国市场主体登记管理条例》(自2022年3月1日起施行)《促进个体工商户发展条例》(自2022年11月1日起施行)等。

(3)部门规章:《公司注册资本登记管理规定》《企业名称登记管理规定》《企业法人法定代表人登记管理规定》《企业信息公示暂行条例》《工商行政管理机关股权出质登记办法》等十余部。

(4)司法解释:最高人民法院关于适用《中华人民共和国公司法》若干问题的规定(一)至(五)。

(二)开业登记有两个基本要求

1. 开业者要符合国家规定的开业条件

根据《工商企业登记管理条例施行细则》规定,工商企业申请登记时应符合下列基本条件:

(1)有固定的生产经营场所和必要的设施。

(2)有必要的资金。

(3)有固定人员。

(4)常年生产经营或季节性生产经营在3个月以上。

(5)有明确的生产经营范围并符合国家相关政策法令。

2. 要备齐的法律文件

(1)批准文件或者许可证件(非必要)。

(2)企业名称预先核准通知书(非必要)。

(3)市场主体住所(经营场所)登记申报承诺书(必要)。

(4)主体资格证明或身份证(非必要)。

(5)公司章程(必要)。

(6)公司登记(备案)申请书(必要)。

(三)新企业注册登记程序

1. 注册登记的市场主体类型

注册登记的市场主体类型如图12-1所示。

2. 登记注册流程(以甘肃省为例)

新企业登记注册流程如图12-2所示。其中,半程电子化注册流程如图12-3所示,全程电子化注册流程如图12-4所示。

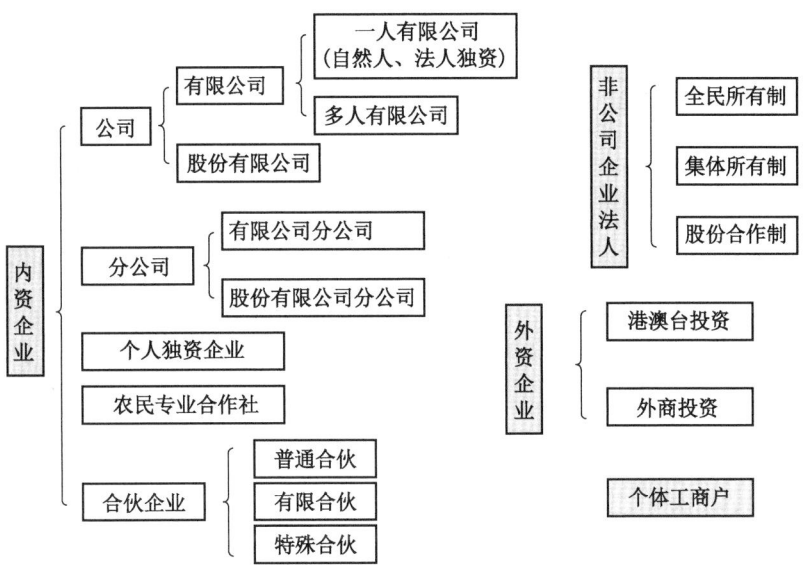

图 12-1 注册登记的市场主体类型

2018年12月28日全省无纸全程电子化登记上线，不用准备纸质材料，甚至不用来窗口，正式实现了零见面办理公司注册登记。

图 12-2 新企业登记注册流程

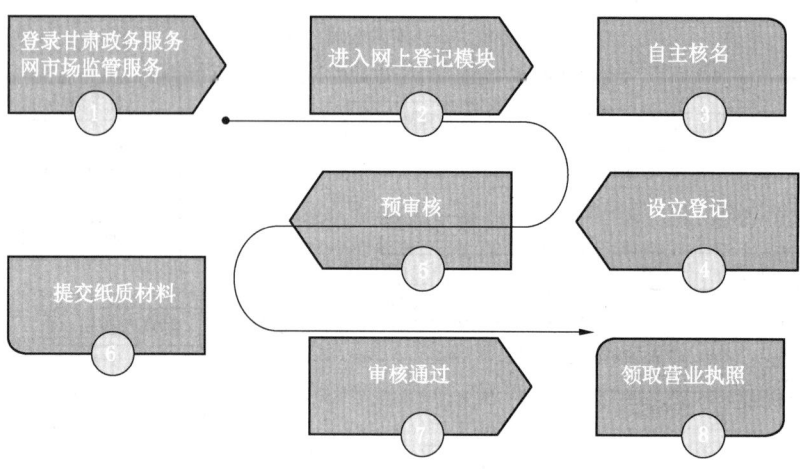

图 12-3 半程电子化注册流程

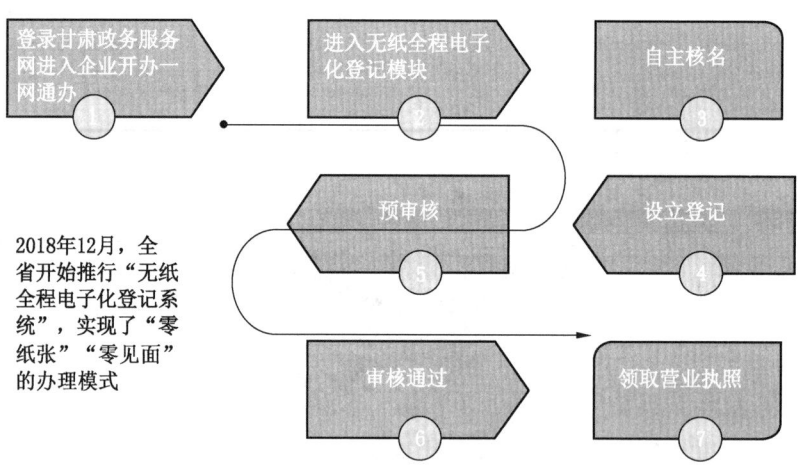

图 12-4 全程电子化注册流程

1）实名认证流程

（电脑登录）甘肃政务服务网→注册（个人注册）→登录（个人登录）→旗舰店→市场监管服务→市场主体登记注册办理→全程网办（点击手机 APP→安卓系统手机用浏览器扫二维码下载掌上注册通）→点击全程网办→在手机（掌上注册通）进行实名认证。

2）公司设立流程

（电脑登录）甘肃政务服务网→登录（个人登录，用法人的个人账号）→热门办事【企业开办、注销】→企业开办一网通办→我要开办企业→内资企业开始办理→我已同意上述内容→开始申办→全程网办→企业/个体户设立→自主名称→名称查验→进入设立(标有红色*的为必填项)→填写：基本信息、住所信息、经营范围、投资人、主要人员(执行董事、经理、监事)、企业联络人、财务负责人、委托代理人、材料上传→多证合一(确认事项：公章和税务)→提交→进入一网通办(填写社保、公章、税务、银行等信息)→收到业务确认短信时在手机(在掌上注册通上进行业务确认签字)→收到领取营业执照短信时（法人本人携带本人身份证复印件1张）领取营业执照。

任务三 新企业的管理

【任务目标】
（1）了解新企业的管理原则。
（2）掌握新企业的管理要务。

【任务描述】
新企业的初期管理要遵循一定的原则：初创期，要遵循生存第一原则、现金为王原则、分工协作原则、事必躬亲原则；成长期，应遵循专一经营原则、主动销售原则、有效授权原则、任人唯贤原则。新企业的管理要务要尽可能地抓好。

【任务知识】
创业企业作为行业的新进入者，企业资源和能力存在缺陷，市场影响力不足，加之自身还处在发展的初始阶段，面临着诸多内外部的挑战。因此，做好初创企业管理，企业才会有可持续发展的能力。

一、新企业的管理原则

新企业的初期管理包括初创期和成长期，在这两个阶段，企业能否健康成长，直接关系到企业的未来。

（一）初创期企业的管理原则

初创期企业管理的首要目标是让新创企业在市场中生存下来，让消费者认识和接受企业的产品，尽快使新产品开始盈利并进入良性循环。初创期企业要遵循以下四个原则。

1. 生存第一原则

初创期的企业，首要任务就是把自己的产品或服务卖出去，把满足顾客的需求放在第一位，只有不断满足顾客的需求，才能在市场上找到立足点，使自己生存下来。这一阶段，初创企业一切都要围绕生存来运作，不要提出不切实际的扩张目标、盲目上规模等，一切危及企业生存的做法都应避免。

2. 现金为王原则

初创期企业可以承受一时的亏损，但决不能出现现金断流。企业成长需要现金，现金不仅能促进当前的成长，还能为未来的成长做准备。新创企业应该为未来的成长自筹资金，以减少对风险资本的依靠。

3. 分工协作原则

初创期企业应建立合理的组织结构，形成既分工又协作的管理模式。创业团队内部，既施行按部就班的分工模式，又有齐心协力做好当前最急、最紧、最重要事情的团结协作机制，建立良好的团队精神。

4. 事必躬亲原则

初创期的创业者切忌做"甩手掌柜"，要有事必躬亲的精神，对企业经营过程中的每一个细节做到心中有数、了如指掌，只有这样企业才会越做越大。当然，企业进入成熟期后，创业者就不适宜事必躬亲，不能实现有效授权，反而会影响企业的发展。

（二）成长期企业的管理原则

企业经历了初创期，进入成长期，在管理上应遵循以下四个原则。

1. 专一经营原则

创业企业进入成长期管理的重点：不要涉入不相干的业务，不要尝试多样化经营。企业应确立优先发展顺序，集中企业全部之力做好、做精、做强新事业。

2. 主动销售原则

创业企业进入成长阶段，企业就要以销售为导向，销售是企业的利润源泉。这一阶段的销售原则是学会主动销售，决定以何种价格来销售，通过哪些渠道分销、怎样销售。企业要控制好营销的边际成本和边际收益。

3. 有效授权原则

企业刚成立时，创业者一般都身兼多种职务。但随着新创企业的成长，创业者开始从"自己做事"转变为"管理他人做事"，应逐渐把更多的权责下放给他人。做好集权与分权的管控，学会有效授权。

4. 任人唯贤原则

处于成长期的企业，应坚持任人唯贤的人事原则，推行现代企业管理制度，聘请职业经理来管理企业，只有这样，创业者所领导的企业才能充满活力，才能健康成长。

二、新企业的管理要务

新创企业的成长不是一帆风顺的。创业者必须应对企业在初创期和成长期所面临的不同问题，其领导风格和必备的技能也必须随发展阶段的不同而变化。因此，成长中企业的最大问题是要把营销管理、财务管理和人力资源管理工作尽可能地抓好。

（一）新企业的营销管理

管理学大师彼得·德鲁克曾说过，"企业有且只有两项基本职能——营销和创新。"对任何类型的企业而言，营销都是企业最关键的职能，创业企业也不例外。持续地获取顾客并更多地占领市场是创业企业获得成长的关键前提。

1. 创业企业的营销特征

由于产品组合相对单一、市场规模未知、资源基础比较薄弱等方面的先天缺陷，相对于成熟企业，创业企业的营销管理具有其独特性。

（1）营销的首要任务是快速进入市场。创业企业缺乏足够的市场影响力、渠道资源以及现金流支撑。因此，加快将技术转化为产品或服务，快速进入市场，快速获利，快速进行营销组合，这是创业企业的首要任务。

（2）营销的关键活动是品牌。创业企业进入成长阶段，营销活动的关键目标便是塑造和传播企业或产品品牌。有效的品牌传播能够提升企业的社会影响力和顾客认知度，从而为企业持续成长提供重要基础。

（3）营销目标具有阶段性。由于创业企业的市场资源，如渠道建设、广告支持等方面的费用是有限且逐步投入的，因而创业企业在制定营销目标时，需要特别强调阶段性，即将营销活动设定为不同的实施阶段，上一阶段目标的实现为下一阶段活动的开展提供基础。

（4）营销策略具有灵活性。创业企业选择的目标市场具有不确定性，顾客需求偏好还不是非常确定，竞争者的行为也难以预测，这要求创业企业在营销活动中保持高度的灵活性，根据环境变化及时调整策略。

2. 创业企业的营销策略

创业企业的营销策略主要包括以下四个方面。

1）开发差异化的产品或服务

市场定位是企业营销管理的核心，开发差异化的产品或服务是创业企业快速成长的重要营销策略。产品或服务的差异化既能够凸显产品特性、获得顾客的青睐，又能够以独特价值获取更好的市场经济回报。

2）设计阶段性的市场推广计划

创业企业在进行市场推广时，要注意限定范围、控制节奏、把握分寸，设计阶段性的市场推广计划。这样既符合创业企业资金有限的现实情况，又能够让创业企业在市场竞争中逐步积累行业经验和运营经验。

3）平衡营销渠道的效率与风险

创业企业在进行营销时，需要建立营销渠道。不同的渠道既有各自的效率，也存在相应的风险。创业企业需要科学谨慎地评估各类渠道的价值与潜在风险，建立适合企业产品特征和行业特性的营销渠道组合。

4）构建忠诚且有价值的顾客关系

创业企业需要寻找并建立忠诚、稳定的顾客关系。依据产品或服务的差异化特征，锁定关键目标顾客群体，通过系统的顾客关系管理措施获取、维护和增加忠诚且有价值的顾客。这是创业企业获得生存空间的关键收入保障，也是企业赢得发展空间的重要市场基石。

（二）新企业的财务管理

▶ 大学生就业与创新创业

初创企业所有的管理活动基本上都要建立在财务管理的基础之上，要使创业企业的经营管理更加合理、走上正轨，创业者就必须加强财务管理。

1. 核心资产的管理

企业资产有多种不同的形态和特征，现金资产、存货资产、设备设施等都是企业的核心资产，必须加强管理。一方面要加强资产单据的建账管理，另一方面要定期核对账务。有条件的企业可以购买企业财务会计电算化的管理软件，以方便创业者了解整个企业的现金流、应收付款及产、供、销的运转情况。

2. 融资资金的管理

处于初创期和成长期的企业，融资问题几乎成了创业管理的核心财务问题。成长初期的新创企业由于无法获得足够的股权资本，银行的信用也难以取得，因此必须借助其他可能的债权融资渠道和方式。创业企业在融资管理过程中，应注意两个问题：一是融资成本；二是要注意避免过度负债而造成的短期高投资收益率假象。

3. 应收账款的管理

在企业规模较小时，创业者往往只关心销售额，不太关心货款及时回笼的管理问题。因此，防范应收账款管理过程中的各种风险，减少坏账损失，加快企业资金周转，提高企业资金的使用效率，显得十分重要。商业赊销业务所产生的应收账款以及企业经营中发生的各类债权，主要有应收销售货款、预付购货款和其他应收款，严格监督每笔账款的回收和结算是创业企业管理的重点。

4. 财务管理制度构建

处于成长期的企业，规范有效的财务管理制度是确保企业健康发展的重要工具。新创企业要在明晰产权的基础上，明确董事会、财务经理、一般财务人员各自在财务战略制定和实施中的地位与职责，并形成内部牵制以及责、权、利相结合的激励性制度。

（三）新企业的人力资源管理

对于创业企业而言，除了市场和资金是成长时期关注的焦点外，有效开发和使用企业人力资源，是企业人力资源管理的重要目标，也是企业持续成长和发展的重要基础。

1. 初创企业人力资源管理的内容

创业企业在成长阶段，员工数量逐渐增加，工作复杂性不断提升，岗位对员工素质的要求也持续提高，因而初创企业重点做好以下几方面内容。

1）岗位分析与人力资源规划

创业企业首先应对企业各岗位的工作内容、职责要求、任职资格等方面做出明确的界定，并确定完成各项工作需要的规范行为和执行过程。同时，要对企业未来的人力资源供给和需求进行规划并合理预估，避免造成人力资源上的浪费。

2）招聘与培训管理

创业企业应该根据人力资源需求及发展规划，运用科学和规范的招聘流程和方法，识别和选择符合企业发展需要、契合岗位要求的人员，为企业发展提供人力资源保障。同时，注重对员工的培训工作，通过培训不断提高员工的个人素质、知识和技能，进而提高员工工作效能，从而提升企业绩效。

3）绩效与薪酬管理

绩效和薪酬管理更多地体现在用人、留人和激励人。绩效管理以绩效考核为主体，创业企业在初创阶段更强调对短期绩效和量化指标的考核，如月回款额、签单率等；进入成长阶段后，应关注长期绩效和非量化指标的考核，如员工忠诚度、关键顾客关系维护等。同时，创业企业应注重薪酬管理，最大限度地激励员工努力工作、积极创造，为创业企业持续成长贡献知识和力量。

2. 初创企业人力资源管理策略

1）重视激励，吸引专业人才

创业企业应根据企业所处行业的特点及企业发展战略，明确企业的竞争优势，确定关键人才类型，进而设计有效的激励政策。

2）确保规范，提高工作效率

创业企业可根据自身实际情况，通过在企业内部设立专人专职或者采用人力资源管理外包方式，灵活实现企业的规范化人力资源管理；确保创业企业在成长阶段各方面的工作规范有序，工作效率逐步提升。

3）强调文化，加强制度建设

创业企业成长阶段要实现"人治"向"法治"的转变，依靠文化和制度来实现员工的管理，努力实现文化育人、制度管人的局面；强调企业文化的重要性，重视文化和制度建设。

任务四　新企业的社会责任

【任务目标】

（1）了解企业社会责任的划分标准。

（2）了解企业社会责任的分类。

（3）掌握企业社会责任的承担。

【任务描述】

企业社会责任（简称CSR）是指企业在创造利润、对股东承担法律责任的同时，也要考虑到对各相关利益者造成的影响。企业社会责任是企业通向可持续发展的重要途径，它符合社会整体对企业的合理期望，不但不会分散企业的精力，反而能够提高企业的竞争力和声誉。

【任务知识】

企业社会责任，是指企业在其商业运作里对其利害关系人应负的责任。利害关系人是指所有可以影响或会被企业的决策和行动所影响的个体或群体，包括员工、顾客、供应商、社区团体、母公司或附属公司、合作伙伴、投资者和股东。

企业有很大的社会责任,如提供就业机会、资助社会公益事业、保护生态环境、支持社会保障体系等。除此之外,就外部关系而言,企业还对股东、媒介、社区、政府、交易伙伴、消费者等相关社会组织及个人负有特定的社会责任。具体来说,对于股东,企业要承担的社会责任是保护股东及其他出资人的投资,并使其得到合理的收益;对于新闻媒介,企业的责任是保证提供信息的准确、及时,维护新闻传播的真实性、客观性和时效性原则,并自觉接受社会监督。在社区环境中,企业应当通过积极参与本社区的公益活动,提供更多的就业机会和保持环境清洁,为社区居民提供更好的生活场所。企业对政府的社会责任是认真遵守政府的有关法令和政策规定,接受有关部门的监督、指导或管理,自学履行作为公民应承担的各项义务。就消费者而言,企业应当把满足消费者需要作为责无旁贷的义务,尊重和维护消费者的合法权益,担负起教育、引导消费者的职责。

一、企业社会责任的划分标准

依据不同的标准,可对企业社会责任的内容进行不同的划分。有学者将企业社会责任的内容依据不同的标准划分为五大类:

(1)以与企业所从事的经营活动之间的关系为准,企业社会责任可以分为相关的社会责任与不相关的社会责任。前者是指企业为了增进那些受企业经营活动影响的利害关系人的福利而付出的努力;后者是指超出企业经营活动的范围,纯粹为解决某一方面的社会问题、增进那些与企业经营活动没有直接利害关系的社会集团的福利而实施的行为。

(2)以表现形式为准,企业社会责任可以分为程序意义上的企业社会责任和实质意义上的企业社会责任。前者是就企业决策的程序和过程而言的,要求企业决策程序考虑和反映社会利益与社会权;后者是就企业决策的结果而言的,要求企业决策的结果能够对社会利益与社会权负责。

(3)以受激励与约束的行为规范为准,企业社会责任可以分为道德意义上的责任和法律意义上的责任。前者指企业的社会行为要合乎道德伦理的价值要求;后者指有法律规定的可由法律予以强制执行的责任。

(4)以企业行为背后的动机为准,企业社会责任可以分为价值主义态度的社会责任与工具主义态度的社会责任。

(5)以企业行为导致的结果为准,企业社会责任可以分为牺牲营利的社会责任与促进营利的社会责任。

二、企业社会责任的分类

一些学者把企业社会责任明确归纳为四类责任,包括法律、经济、伦理和慈善的责任。

(1)法律责任。社会制定一些基本原则——法律,希望企业在法律的框架内开展生产经营活动。但法律涵盖不了社会对企业的所有期望行为，法律应付不了企业可能面对的所有新情况和新问题，如电子商务、基因工程食品等带来的新问题；法律常常滞后于新的科技进步，如当技术可对环境污染做出更精确的测量时，则基于原来技术的相应法律就变得不合时宜了；法律总是由立法者制定的，往往体现的是立法者的利益和政治动机。

（2）经济责任。企业首先是一个经济机构。也就是说，企业应该是一个以生产或提供社会需要的商品和服务为目标，并以公平的价格进行销售的机构。

（3）伦理责任。法律是重要的，但永远不够用。伦理责任包括那些为社会成员所期望或禁止的、尚未形成法律条文的活动和做法。消费者、员工、股东和社区认为公平的、正义的，同时也能尊重或保护利益相关者道德权利的，凡能反映如此信义的所有规范、标准、期望都是伦理责任所包括的。

（4）慈善责任。企业自愿的慈善活动或行为被视为责任，是因为它们反映了公众对企业的新期望。这样的活动包括企业捐款、赠送产品和服务、义务工作、与当地政府和其他组织的合作，以及企业及其员工自愿参与社区或其他利益相关者的活动。

虽然社会总是期望企业负起慈善责任，但总的看来，这类责任是由企业自由决定是否承担。用更实际或体现管理目的的词汇来说，一个对社会负责的企业应该努力做到盈利、遵守法律、合乎伦理地做事、成为好的企业公民。

在欧美发达国家，企业承担社会责任已经从当初以处理劳工冲突和环保问题为主要追求，上升到实施企业社会责任战略以提升企业国际竞争力的阶段。在实践中，随着企业社会责任运动的发展，越来越多的企业通过设立企业社会责任委员会或类似机构来专门处理企业社会责任事宜，越来越多的企业公开发表社会责任报告。对于西方国家的创业者及其企业来说，承担企业社会责任就是要积极参与企业社会责任运动，贯彻执行由此衍生的 SA 8000 等各种企业社会责任标准。

社会责任国际标准的规定具有普遍适应性，不受地域、产业类别和公司规模的限制。它目前的重点推广领域是零售业、跨国公司、劳动密集型产业。其主要内容包括：①不使用或不支持使用 15 周岁以下的童工；②不使用或不支持使用强迫劳动；③健康与安全；④尊重结社自由与集体谈判权力；⑤不歧视或不支持歧视；⑥禁止体罚、精神或肉体的压迫或语言辱骂；⑦工作时间每周不得超过 48 小时，每周至少休息一天，每周加班时间不得超过 12 小时；⑧工资报酬必须达到法律或行业规定的最低标准；⑨建立长期贯彻执行的管理体系。

三、企业社会责任的承担

在我国，强化企业社会责任是一个紧迫的现实问题，是企业提高国际竞争力面临的一项新的挑战。我国新企业在创建伊始就应清楚地认识到推行企业社会责任是人类文明进步的标志，劳工权益保护不仅是西方国家的要求，也是现代企业的历史使命，符合我国《劳动法》等许多现行法规的要求。

▶ 大学生就业与创新创业

创业者应该在积极参与和关注企业社会责任运动和企业社会责任国际标准出台的同时，从以下几个方面着手提高承担企业社会责任的意识和能力。

（1）制定实施体现企业社会责任的竞争战略。突破传统的企业竞争战略，在勇于承担企业社会责任的同时，打造企业新的竞争优势，是我国新一代创业者的必然选择。

（2）把企业社会责任建设融入企业文化建设中。企业文化建设其实是企业发展战略的一部分，既可以提高企业竞争能力，又可以使人在工作中体会生命的价值。把企业社会责任作为新时期企业文化整合和再造的重要内容，已成为国际企业文化发展的大趋势。

（3）把企业社会责任的理念付诸实实在在的行动。在企业的日常经营管理过程中，不仅要对股东负责、员工负责，还要对客户、供应商负责，以及对自然环境、经济的可持续发展负责。

企业来自于社会，也必将还原于社会，这是一种新形势下的社企关系。企业的发展壮大或被淘汰出局，都要由社会来承接它失败的代价。更主要是，社会是企业的生存环境，没有一个好的环境，企业也难以生存。因此，企业与社会有一个共荣的关系，市场经济下的企业与社会甚至有着更密切的关系，而不是关系变得相对疏远。新形势下的企业与社会关系，一个重要表现就是企业要通过纳税和缴费的形式来履行应尽的社会保障的责任、增强社会的保障能力，而不是千方百计逃避这一责任。

【项目习题】

1. 企业的组织形式有哪些？
2. 新企业选择组织形式时应考虑哪些因素？
3. 新企业的注册登记流程是什么？
4. 新企业成立要注意哪些管理要务？
5. 新企业有哪些社会责任？

参 考 文 献

[1] 杨璟，陈起风，房利．大学生职业发展规划与就业指导［M］．哈尔滨：哈尔滨工业大学出版社，2019．

[2] 易玉梅，易华．大学生职业生涯规划与就业创业指导［M］．长沙：湖南师范大学出版社，2019．

[3] 李峻，范建礼．大学生职业发展与就业指导［M］．北京：北京师范大学出版社，2017．

[4] 李业旗．大学生职业发展与素质拓展训练教程［M］．北京：科学出版社，2017．

[5] 朱德建．大学生职业发展与就业指导［M］．济南：山东人民出版社，2016．

[6] 刘金祥，高建东．大学生劳动就业法律问题解读［M］．北京：高等教育出版社，2015．

[7] 解廷民．大学生就业求职法律指导［M］．北京：中国政法大学出版社，2014．

[8] 卢少华．大学生就业权益保护实用手册［M］．北京：中国政法大学出版社，2014．

[9] 宁焰，虞筠．就业指导［M］．西安：西北工业大学出版社，2013．

[10] 杨红英．大学生就业指导［M］．昆明：云南大学出版社，2012．

[11] 赵麟斌．大学生职业生涯规划与就业指导［M］．北京：北京大学出版社，2011．

[12] 杨德敏．大学生就业促进法律机制研究［M］．北京：知识产权出版社，2013．

[13] 李冲．我国大学生平等就业法律保护研究［D］．合肥：安徽大学，2016．

[14] 温建宇．大学生就业过程中的合同纠纷及对策研究［D］．上海：上海师范大学，2016．

[15] 彭继玲．职业生涯规划与就业指导［M］．长沙：湖南师范大学出版社，2015．

[16] 向勇，吴东红．大学生职业生涯规划与就业指导［M］．北京：科学出版社，2010．

[17] 于祥成，彭萍．大学生生涯规划与发展［M］．长沙：湖南师范大学出版社，2009．

[18] 赵敏，张凤．大学生生涯规划与辅导实务［M］．北京：电子工业出版社，2010．

[19] 王小云，王辉．大学生社会实践概论［M］．北京：中国经济出版社，2005．

[20] 刘维利．大学生如何进行时间管理［J］．潍坊学院学报，2009（5）．

[21] 张世泽．大学生时间管理能力培养途径研究［J］．经济师，2016（2）．

[22] 刘开明．大学生就业创业指导［M］．兰州：兰州大学出版社，2020．

[23] 尹小娟．大学生创新思维与创业基础［M］．西安：西北工业大学出版社，2020．

[24] 王攀．大学生职业生涯规划与就业指导［M］．武汉：华中师范大学出版社，2020．

[25] 丁木金．大学生就业与创业指导［M］．上海：上海交通大学出版社，2018．

[26] 储克森．职业、就业指导及创业教育［M］．北京：机械工业出版社，2019．

[27] 张宏升．大学生就业指导与创新创业教育［M］．北京：航空工业出版社，2021．